2021년 12월 현행법

대외무역법

라 공 우

탑 북 스

머리말

21세기를 눈앞에 두고 있는 현시점에서도 거의 대부분의 국가들은 국제무역 환경의 변화나 자국의 경제여건에 걸맞도록 대외무역거래를 특정한 법규를 통해 관리와 조정을 하고 있다.

우리나라에서도 무역법과 무역거래법 시대를 거쳐 현재는 대외무역법을 통해 수출입거래의 인적·물적 요건을 관리하도록 하고 있기 때문에 무역거래의 원만한 이행을 위해서는 무엇보다 무역법규, 특히 무역거래의 일반법이며 기본법이 되는 대외무역법의 내용들에 대한 철저한 이해가 선행되어야 한다.

그럼에도 불구하고 기존에 출간된 서적들은 법규내용을 나열하여 일반인이나 학생들이 무역법규를 연구하거나 공부하며 그 내용을 이해하는데 상당한 시간과 노력을 투자해야 하는 상황이었다.

이에 본서는 그동안 저자가 다년간 대학강의를 통해 가르치고 배운 강의안과 경험을 토대로 대외무역법을 공부하는 학생들에게 좀더 쉽고 재미있게 연구할 수 있도록 하고자 하는 의도와 목적을 가지고 집필하였는데, 본서의 특징은 다음과 같다.

첫째, 무역의 자유화 추세에 따라 2021년 12월에 대외무역법규가 개정 · 삭제됨에 따라서 본서에서는 그 내용을 충분히 반영하였다.

둘째, 본서는 대외무역법을 연구하는 학생들이 대외무역법을 쉽게 이해하는데 도움이 되도록 하기 위해 대외무역법의 내용을 절차별로 배열하면서 서두에 각 단원의 전반적인 해설을 추가하였으며, 법규의 빈번한 수정과 개정을 감안하여 가장 최근의 법규내용을 이해하기 쉽게 간결하게 기술하였다.

셋째, 본서는 대외무역법을 주요 과목으로 채택하고 있는 각종 고시나 시험의 출제경향을 파악하고자 하는 학생들로 하여금 그 내용을 쉽게 이해할 수 있도록 전문용어 등에 대한 해설을 자세하게 추가하였다.

아무튼 본서가 대외무역법을 연구하는 학생들에게는 교과서로, 무역업체의 실무자들에게는 무역법규의 실무지침서로 활용되어 무역법규의 본질을 이해하는 데 미력하나마 작은 보탬이 된다면 커다란 보람으로 여기고 싶다.

당초에는 좀더 좋은 교재를 만들고자 의도하였지만, 저자의 천학비재와 시간제약 등으로 내용과 체제에 있어 미비한 곳이나 오류를 범한 곳이 없지 않을 줄 안다. 이에 대해서는 선배동료 여러분과 독자들의 가차없는 비판과 호된 질책의 지도·고견을 기대하면서 부족한 부분은 차후에 계속적인 연구를 통해 수정과 보완할 것을 약속드린다.

끝으로 본서가 출간되기까지 많은 조언과 격려를 해 주신 선배 및 동료 교수님들과 법령의 확인과 교정을 도와준 김지환군에게 감사를 드린다. 그리고 어려운 출판환경에도 불구하고 미흡한 원고를 기꺼이 출간해 주신 탑북스의 사장님과 세심한 부분까지 교정을 보아주신 편집부 임직원 여러분에게도 고마움을 전한다.

2022년 1월 20일

저 자 씀

차 례

제 1 편 무역관리의 의의와 관리기구

제1장 대외무역관리의 의의와 기본체계

제2장 대외무역관리제도

제 2 편

무역거래 주체 및 통상의 진흥

제3장 무역거래자 등의 관리

제4장 통상의 진흥 및 무역업무의 과학화

제 3 편
물품의 수출입관리

제5장 물품의 수출입 관리 및 승인

第10장 수출입물품의 원산지표시

제 4 편
수입수량 제한과 수출입 질서유지 및 행정벌

제11장 수입수량 제한조치와 수출입 질서유지

제12장 행정벌

부 록

제 1 편

무역관리의 의의와 관리기구

제1장 대외무역관리의 의의와 기본체계

제1절 대외무역관리

1. 대외무역관리의 의의

무역[1)]이란 국제간의 물품의 이동을 말하는 것으로서, 오늘날 모든 국가(정부)가 자유무역을 지향하면서도 자국의 국제수지균형을 달성하기 위하여 자국의 수출입거래에 어느 정도 제한을 가하고 있다. 이러한 정부시책은 경제환경의 변화에 따라 변경될 수도 있으며, 이렇게 볼 때 무역관리는 무역정책의 한 부분으로서 무역에 관한 제 법규에 의해서 경제주체의 무역거래에 대한 권리를 제한하는 소극적 간섭이라고 할 수 있다.

이러한 무역관리는 무역거래과정에 대한 정부의 인・허가, 면허, 승인, 인증, 행정지도 등의 방법으로 나타난다. 결국 무역관리(Trade Control)는 "국가 또는 정부가 대외무역거래에 대한 규제나 통제행위를 행하는 것으로 통상・무역의 전부 혹은 일부에 대하여 총액, 내용, 시기, 결제방법 및 거래상대국 등

---

1) 넓은 의미의 무역은 국제물품거래활동(sales of goods across frontiers), 국제서비스거래활동(sales of service across frontiers), 지적재산권, 국제거래활동(sales of knowledge across frontiers), 국제투자활동(sales of investment across frontiers) 등으로 나눌 수 있다(강용찬, 무역법규, 형설출판사, 1998. p. 1). 그러나 현행 우리나라 대외무역법 제2조 정의에서 "무역"이라 함은 물품과 '대통령령이 정하는 용역', '대통령령이 정하는 전자적 형태의 무체물'의 수출・수입을 말한다"고 하여 무역의 대상을 물품과 용역, 전자적인 형태의 무체물까지 확대하고 있다.

을 적극적으로 규제하는 것을 의미한다"고 할 수 있다. 즉 무역관리라 함은 무역거래에 대한 국가의 간섭 내지 통제·관리함으로써 국민경제의 발전을 도모하자는 것이다.[2]

2. 대외무역관리의 수단

1) 법률적 관리

현행 우리나라의 무역관리는 대외무역의 관련법률, 시행령 및 관리규정 등의 법규적인 수단에 의해 관리되고 있으며, 다음과 같이 둘로 나눌 수 있다.

첫째, 우리나라의 무역관리 법규로는 대외무역법, 무역대금결제를 관리하는 법규로는 외국환거래법, 통관법규로는 관세법, 농산물검사법 등이 있다. 이러한 법규에 의한 무역관리 외에도 고시와 공고가 있으며, 이는 원칙적이고 기본적인 것은 법령에서 규정하고 구체적인 것은 유동적인 국제경제질서에 효율적으로 대처하기 위해 고시와 공고를 통하여 관리한다.[3]

둘째, 법제정의 본래 목적은 무역관리가 아니었으나 그 법을 집행하는 과정에서 반사적으로 무역에 영향을 미치는 개별행정법들이다. 이러한 법규들은 국민보건, 위생, 환경, 문화재보호 및 특정의 국내산업을 규제할 목적으로 제정된 법률[4]이지만 운용과정에서 관련부문에 무역활동에도 규제하게 된다. 이러한 특별법[5]에 의한 무역관리는 대외무역정책의 범위 내에서 법을 관장하는 소관 주무부처에 의해 관리되고 있다.

---

2) 박종수, 국제통상무역관리, 삼영사, 1997, pp. 29~30.

3) 고시 등은 상위법규에서 위임된 구체적인 집행사항 등에 관한 내용을 담음으로써 사실상 법규의 집행만이 아니라 법규의 보완기능을 수행한다고 볼 때 고시·공고는 넓은 의미의 법규에 포함된다고 볼 수 있다(안광구, 무역거래요론, 영문사, 1976, p. 36).

4) 강용찬, 전게서, p. 7.

5) 특별법으로는 약사법, 마약류 관리에 관한 법률, 화장품법, 식품위생법, 화학물질관리법 등 63개가 있으며, 자세한 내용은 본장 2절 2항의 개별행정법 내용 참조.

2) 행정지도에 의한 관리

이는 행정청의 행정행위에 의한 대외무역관리이다. 여기서 행정행위(administrative act)라 함은 학문상의 용어로서, 실정법에서는 허가, 인가, 면허, 특허 또는 승인 등의 용어가 사용되고 있다. 일반적으로 행정주체가 구체적인 사실에 대한 법규적 행위로서 하는 공권력의 발동으로서 단독적 공법행위를 말한다.

3) 일반적 무역관리수단

일반적 무역관리수단으로는 무역진흥수단, 무역규제수단, 그리고 무역균형수단의 3가지 형태로 구분된다.

(1) 무역진흥수단

(가) 내국신용장

내국신용장(local credit)은 무역업체가 국내에서 수출용 완제품을 구매하여 직수출하거나, 수출물품 제조업자가 수출물품 제조에 필요한 수출용 원자재를 구매하여 제조가공 후 직수출하거나 또는 국내 공급하고자 하는 경우, 그 업체의 의뢰에 따라 외국환은행이 국내의 완제품 또는 원자재 공급업자를 수혜자로 하여 개설한 일종의 지급보증서를 말한다.

(나) 수출금융

수출금융은 물품의 수출을 지원하기 위하여 수출입업자, 수출용 완제품 및 수출용 원자재 생산업자를 지원대상으로 하여 수출상품의 제조, 가공에 필요한 소요자금을 지원하는 우대금융을 말한다.

(다) 관세환급제도

관세환급은 수출물품을 제조할 당시에 소요된 원재료가 수출 등에 제공된 때에는 원재료의 수입시에 납부한 관세 등을 수출업자에게 되돌려 주는 제도를 말한다.

(라) 무역보험

무역보험(trade insurance)은 수출거래에 수반되는 위험 중에서 수출업자가 예기치 못하는 전쟁, 파산 등의 비상위험이나 신용위험, 환위험 등에 대비하기 위한 제도로서 수출업자, 생산업자, 금융기관 등이 입게 될지도 모를 경영손실의 위험을 보상함으로써 수출진흥을 도모하기 위한 비영리 정책보험을 말한다.

(2) 무역규제수단

무역규제수단이라 함은 일반적으로 수입을 제한하는 수단을 말하는데, 주로 관세장벽(tariff barriers)과 비관세조치(non-tariff barriers)이다.

(가) 수출입 금지

각국은 경우에 따라서 국내산업의 보호 또는 정치적 이유 기타 등에 의하여 특정물품의 수출입 또는 특정국가와의 수출입을 법령에 의하여 금지 또는 제한하고 있다. 국제무역에서 주로 문제되는 것은 수입의 금지 또는 제한이다. 보호관세정책은 국내산업의 보호를 위한 수입의 억제로서 나타나고 있으나, 긴급한 필요가 있을 때에는 이러한 관세제도만으로는 부족하므로 여러 가지 직접적인 억제정책이 채택되고 있다.

이러한 의미의 억제정책은 일반적으로 특수한 상품의 수출에 대하여 어떠한 종류의 억제가 가해지고 있는 이외에는 오직 수입의 억제수단으로서 실현되고 있으며, 그 목적은 주로 국내산업의 보호와 국제대차의 개선에 있다.

(나) 반덤핑관세 및 상계관세

반덤핑관세(anti-dumping duty)는 일국의 상품이 정상적인 가격 이하로 수입되어 수입국의 산업에 실질적으로 피해를 줄 우려가 있을 때 부과되는 관세를 말하며, 이를 덤핑방지관세라고도 한다.

상계관세(countervailing duty)는 제품의 생산, 수출과정에서 직·간접으로 수출업자에게 주어지는 각종 보조금 등의 특혜를 상쇄할 목적으로 수입국이 부과하는 특별관세를 말한다.

상계관세의 목적은 반덤핑관세와 마찬가지로 자국산업을 보호하는 데 그 근본목적이 있으나, 그 혐의가 있는지의 판단과 사실조사에 많은 노력과 시간이 소요되고, 덤핑제소를 받음으로써 소비자의 심리적 영향을 고려할 때 수출입에 상당한 영향을 줄 수 있는 강력한 규제수단이 되고 있다.

(다) 수량제한

수량제한(quantitative control)은 수출 또는 수입물품의 수량을 제한하기 위하여 일정한 기준에 따라 국가별 또는 품목별로 일정한 한도를 설정하고 그 한도내에서만 수출 또는 수입을 허용하는 제도이다. 이것은 보호무역주의의 가장 강력한 수단으로서 GATT(General Agreement on Tariff and Trade) 및 WTO(World Trade Organization)에서 가장 기피하고 있는 제도이다. 그러나 미국을 비롯한 많은 국가에서 섬유류를 비롯한 많은 품목에 대하여 이 방법을 활용하고 있다.

(라) 수출자율규제

수출자율규제(voluntary export restriction)는 수입국의 수입제한조치를 미리 방지할 목적으로 수출국 스스로 수출을 자제하는 것으로서 수입수량제한의 변형된 형태라고 할 수 있다. 미국은 1962년에 면직물에 대한 수출자율규제(국제장기면직물협정)를 각국에 요구한 바 있으며, 최근까지도 우리나라와 일본 및 홍콩 등은 미국에 의해 섬유류제품, 전자제품 등에 대한 수출자율규제를 요구받고 있다.[6]

(3) 무역균형수단

(가) 구상무역

구상무역(compensation trade)은 구상주의 또는 쌍무주의에 의하여 2국간의 무역을 균형 또는 조정하는 제도를 말한다. 이것은 무역량협정 · 상쇄협정 · 상계협정 · 바터제도 등의 다양한 여러 방식을 포함하는 것이다.

구상무역은 국가간 수출입이 곤란한 경우에 상대국으로부터 수입하는 대가로 자국의 수출을 상대국에 의무를 지워주는 방식으로서 무역역조가 심한 국

---

6) 윤광운, 「무역법」, 삼영사, 1998. p. 59.

가에 의해 수입초과를 시정하는 방법으로서 요청되고 있다.

이러한 구상무역에는 동시개설신용장(Back to Back L/C)[7] 또는 기탁신용장(Escrow L/C)[8] 또는 토마스 신용장(TOMAS L/C)[9] 등과 같은 특수한 신용장이 사용된다.

(나) 바터제 및 연계무역

바터제(barter system)는 두 나라 사이에 수입물품의 대금을 화폐로 결제하지 않고 그에 상응하는 만큼의 물품으로 수출하거나, 수출한 것에 상응하는 만큼의 물품을 수입하는 방식이다. 이는 두 나라 사이에 무역을 균형시키고자 하는 제도로서 이를 물물교환무역이라고 한다. 또한, 이 제도는 자국이 수출한 것만큼 무역상대국으로부터 수입함으로써 수출입의 균형을 이룬다는 구상주의에 입각한 무역형태이므로 바터제도 구상무역의 일종이라 할 수 있다.

(다) 수출입링크제

수출입링크제(export-import link system)는 수출과 수입을 연결(또는 연계)시켜서 일정한 수출(또는 수입)과 교환할 것을 조건으로 수입(또는 수출)을 허용하는 제도이다. 이것은 수출입의 연결방식에 따라 수출의무제와 수입권리제로 구분할 수 있다.

전자는 먼저 원료 등의 수입을 승인하고 일정한 기간 안에 그 원료를 사용하여 만든 제품의 수출을 의무화시키는 방식이고, 후자는 특정상품의 수출실

---

7) 동시개설신용장(Back to Back L/C)는 "동시개설약관(Back to Back Clause)"이 명시되어 있는 신용장이다. 동시개설약관은 예를 들면, 한 나라에서 일정액의 수입신용장을 개설하는 경우에, 그 신용장은 수출국에서도 그것에 대응하는 동일한 금액의 신용장이 동시에 개설되어 오는 경우에만 유효하다. 문철한, 무역상무론, 동성사, 1999. p. 220.참조.

8) 기탁신용장(Escrow L/C)는 '기탁약관(Escrow Clause)'이 명시되어 있는 신용장이다. 이러한 기탁약관은 개설의뢰인의 요청에 따라 개설은행이 신용장 상에 명시되는 특수약관으로서, "그 신용장에 의해 지급되는 금전은 수익자명의의 기탁계정(Escrow Account)에 기탁해 두었다가 그 금전은 수익자가 원신용장의 개설국으로부터 다른 상품을 수입하기 위한 결제자금으로만 사용할 수 있다"는 약관을 말한다. 문철한, 상게서, p. 219. 참조.

9) 토마스 신용장(TOMAS L/C)은 한 나라에서 수입신용장을 개설하는 경우에, 그 신용장은 "수출국의 수출업자인 수익자가 특정의 기간내에 그것에 대응하는 동일금액의 신용장을 반드시 개설하겠다"는 일종의 보증서를 통지은행에 제출하는 때에 비로서 유효하게 된다는 내용의 '특수약관'이 명시되어 있는 신용장이다. 전신약호인 'TOMAS'에서 유래되어 토마스 신용장으로(TOMAS L/C)명명되었다. 문철한, 상게서, pp. 220~221. 참조.

적에 따라 수입할 수 있는 권리를 부여하는 방식이다. 또한 링크제는 지역별, 상품별, 상사별 링크제가 있다.

제2절 대외무역 관리체계와 관계법규

1. 대외무역의 관리체계

정부는 대외무역관리의 목적을 달성하기 위한 수단으로서 수출입의 각 단계마다 각각 알맞은 각종법규에 의거 제한과 금지 또는 우대조치를 취하고 있다. 가장 기본이 되는 법규는 대외무역법, 관세법, 외국환거래법이 있다.

한편 기본법규 이외에 외국인투자촉진법, 조세특례제한법, 자유무역지역의 지정 및 운영에 관한 법률, 중재법, 무역보험법, 산업디자인진흥법, 전자무역촉진에 관한 법률 등 기타 관련법 및 무역관련 63개의 개별법[10)]을 가지고 있다.

10) 약사법, 첨단재생의료 및 첨단바이오의약품 안전 및 자원에 관한 법률, 마약류관리에 관한 법률, 화장품법, 식품위생법, 화학물질관리법, 화학물질의 등록 및 평가 등에 관한 법률, 양곡관리법, 비료관리법, 농약관리법, 가축전염병예방법, 식물방역법, 종자산업법, 축산법, 전기용품 및 생활용품 안전관리법, 계량에 관한법률, 석유및석유대체연료사업법, 원자력안전법, 전파법, 야생동물 보호 및 관리에 관한 법률, 폐기물의 국가간이동 및 그 처리에 관한 법률, 대기환경보전법, 소음・진동규제법, 산업안전보건법, 오존층보호를 위한 특정물질의 제조규제등에 관한 법률, 건설기계관리법, 먹는물관리법, 자원의 절약과 재활용촉진에 관한 법률, 화학무기・생물무기의 금지와 특정화학물질・생물작용제의 제조・수출입 규제 등에 관한 법률, 축산물 위생관리법, 건강기능식품에 관한 법률, 농수산물품질관리법, 방위사업법, 수산업법, 고압가스안전관리법, 영화 및 비디오물의 진흥에 관한 법률, 게임산업 진흥에 관한 법률, 음악산업 진흥에 관한 법률, 하수도법, 주세법, 지방세법, 총포・도검・화약류 등의 안전에 관한 법률, 의료기기법, 인체조직안전관리등에 관한 법률, 수산생물질병 관리법, 사료관리법, 생물의 답양성 보전 및 이용에 관한 법률, 유전자원의 접근・이용 및 이익공유에 관한 법률, 폐기물관리법, 전기・전자제품 및 자동차의 자원순환에 관한 법률, 액화석유의 안전관리 및 사업법, 목재의 지속가능한 이용에 관한 법률, 농업생명자원의 보존・관리 및 이용에 관한 법률, 기타 특정물품의 수출입절차 또는 요령을 정한 법률 및 국제협약, 수입식품안전관리 특별법, 어린이제품안전특별법, 위생용품 관리법, 에너지이용 합리화법, 잔류성 오염물질 관리법, 생활화학제품 및 살생물제의 안전관리에 관한 법률, 친환경농어업 육성 및 유기식품 등의 관리・지

2. 대외무역의 기본법규

1) 대외무역법

대외무역법은 대외무역의 기본법으로 대외무역법과 대외무역법시행령, 대외무역관리규정 및 각종 고시 · 공고 등이 있다. 이는 대외무역의 일반법이며, 대외무역을 총괄하는 기본법이다.

〈표 1-1〉 대외무역관리체계

대외무역관리체계

- 기타 대외무역관계법규: 외국인투자촉진법, 조세특례제한법, 중재법, 무역보험법 등
- 대외무역기본법규
- 개별법: 약사법, 마약류관리에 관한 법률, 화장품법, 식품위생법, 등 63개

	대외무역법	관 세 법	외국환거래법
인적관리	•무역업고유번호의 신청 및 부여 •전문무역상사	•납세의무자 •수출 · 수입신고자	•거주자 •비거주자
행위 및 대상의 관리	•수출입공고 등, 통합공고, 전략물자 수출입고시 •수출입승인 및 승인의 면제 •원산지 제도 •수출입질서유지	•관세의 부과 및 징수 •보세구역 및 보세운송 •수출 · 수입통관	•외국환, 환율 등 •결제방법
수출입 정책의 관리	•각종벌칙의 적용	•심사와 심판 •심사와 처분 •각종벌칙	•외국환수급계획 •외국환평형기금 •각종벌칙

원에 관한 법률, 생활주변방사선 안전관리법, 해양수산생명자원의 확보 · 관리 및 이용등에 관한 법률.

통합공고, 산업통상자원부고시 제2021-165호, 2021. 10. 8.

2) 외국환거래법

외국환거래법 제1조에서는 "이법은 외국환거래 기타 대외거래의 자유를 보장하고 시장기능을 활성화하여 대외거래의 원활화 및 국제수지의 균형과 통화가치의 안정을 도모함으로써 국민경제의 건전한 발전에 이바지함을 목적으로 한다"고 규정하고 있다.

외국환거래법 역시 최종 목적은 국민경제의 발전에 이바지하는 데 있다. 그 추진수단으로서 외국환거래 및 대외거래의 자유를 보장하고 시장기능을 활성화하여 대외거래의 원활화를 기하고 국제수지의 균형과 통화가치의 안정을 도모하려는 데 있다.

3) 관세법

관세법 제1조에서는 "관세의 부과 · 징수 및 수출입물품의 통관을 적정하게 하여 국민경제의 발전에 기여하고 관세수입의 확보를 기함을 목적으로 한다"고 규정하고 있다.

관세법은 궁극적으로는 국민경제 발전과 관세수입의 확보를 목적으로 하되, 그의 방법 및 수단으로서 관세의 부과 · 징수 및 수출입물품의 통관을 적정하게 하려는 것이므로 관세법은 조세법의 성격과 통관법의 성격을 가지고 있다고 할 수 있다. 그리고 관세징수와 수출입물품의 통관을 적정하게 하기위한 각종의 엄격한 처벌조항을 가지고 있기 때문에 형사법적인 성격을 가지고 있으며, 또한 이의신청과 소원에 있어서는 행정법적인 성격을 가지고 있다고 할 수 있다.[11]

3. 기타 주요 대외무역 관계법규

대외무역과 관계되는 법규에는 대외무역에 관한 기본법 이외에 여러 가지

11) 신동수, 관세법, 법경사, 1999. pp. 166~167 참조.

관련된 법률이 있는데 본서에서는 기타 무역관련법규와 개별행정법으로 나누어 살펴보고자 한다.

1) 기타 무역관계법규

주요 기타 무역법규를 살펴보면 아래와 같다.

(1) 무역보험법

이 법은 물품·용역 등의 수출 기타 대외거래에서 발생하는 위험을 담보하기 위한 수출보험제도를 효율적으로 운영함으로써 수출을 촉진하여 국민경제 발전에 이바지함을 목적으로 한다(무역보험법 제1조).

(2) 전자무역촉진에 관한 법률

이 법은 전자무역의 기반을 조성하고 그 활용을 촉진하여 무역절차의 간소화와 무역정보의 신속한 유통을 실현하고 무역업무의 처리시간 및 비용을 절감함으로써 산업의 국제경쟁력을 높이고 국민경제의 발전에 이바지함을 목적으로 한다(전자무역촉진에관한 법률 제1조). 이 법은 무역업무자동화촉진에 관한 법률이 1995년 폐기되면서 제정된 것이다.

(3) 외국인투자촉진법

이 법에서는 외국인 투자에 대한 지원과 편의 제공을 통하여 외국인 투자의 유치를 촉진함으로써 국민경제의 건전한 발전에 이바지함을 목적으로 한다(외국인투자촉진법 제1조). 한편, 이 법은 종전의 외자도입법을 1996년에 대체 제정한 것이다.

(4) 자유무역지역의 지정 및 운영에 관한 법률

이 법은 자유로운 제조·물류·유통 및 무역활동 등이 보장되는 자유무역지역을 지정·운영함으로써 외국인투자의 유치, 무역의 진흥, 국제물류의 원활화 및 지역개발 등을 촉진하여 국민경제의 발전에 이바지함을 목적으로 한다(자유무역지역의 지정 및 운영에 관한 법률 제1조).

(5) 중재법

이 법은 중재에 의하여 사법상의 분쟁을 적정 · 공평 · 신속하게 해결함을 목적으로 한다(중재법 제1조).

(6) 농수산물수출진흥법

이 법은 농수산물의 생산 · 수집 · 가공 및 수출체계를 계열화하여 안정된 수출기반을 조성함으로써 농수산물의 수출진흥과 농어민의 소득증대에 기여하게 함을 목적으로 하는 법이다(농수산물수출진흥법 제1조).

(7) 불공정무역행위조사 및 산업피해구제에 관한 법률[12]

이법은 불공정 무역행위 및 수입의 증가로 인한 국내산업의 피해를 조사하고 구제하는 절차를 정하여 공정한 무역질서를 확립함으로써 국민경제의 건전한 발전에 기여하는 한편, 세계무역기구설립을 위한 마라케쉬협정 등 무역에 관한 국제협약의 이행을 위하여 필요한 사항을 규정함을 목적으로 한다(산업피해구제법 제1조).

(8) 기타

그 외에도 수출용원재료에 대한 관세 등 환급에 관한 특례법, 조세감면규제법 등과 함께 무역금융규정 등의 수출지원을 위한 규정 등이 있다.

2) 개별행정법

개별행정법은 당초 대외무역관리를 위한 목적은 아니었다. 원래 이 법들의 목적은 국민보건, 안전, 환경보호, 소비자보호, 문화재보호 등의 목적을 갖고 있었으나 해당품목의 목적수행에 미치는 영향을 조정하기 위하여 해당품목의 무역을 규제 관리하고 있다.

이러한 법규에 의한 무역관리는 무역거래주체에 관한 관리와 품목에 관한 관리로 나누어 볼 수 있다. 주체관리에 관한 해당 법률에 의해 관리대상이 되

12) 이하에서는 "산업피해구제법"으로 한다.

는 품목의 수출입을 하려는 자는 대외무역법과는 별도로 관계행정기관 장의 허가[13]를 얻어야 한다.

제3절 대외무역법 개관

1. 대외무역법의 연혁

1) 미군정법령

해방 후 우리나라의 무역은 다른 경제부문에 있어서와 마찬가지로 미군정청의 관리하에 들어갔다. 즉 민간부문의 대외무역은 대외무역규칙이 1946년 1월 3일에 공포된 뒤에 재개되었다. 이 규칙에 의해서 모든 대외무역활동은 군정당국의 허가를 받아야 했다.

그 후 1948년 8월 15일 한국 정부수립을 계기로 수출입은 질적 통제 이외에 양적 통제를 병합해서 새로이 쿼터제(Quota system)를 택함으로써 무역을 국민경제에 기여하는 방향으로 유인하려고 하였다. 즉 구헌법 제87조에서 "대외무역은 법률이 정하는 바에 의하여 국가의 통제하에 둔다"는 규정이 있었지만 근거법률도 제정치 못한 채, 과거의 군정법령을 수정한 대통령령 제324호(1950년 4월 10일 공포)가 규제법규로 되었다.

1950년 후반기는 민간부문에 의한 수입은 실질적으로 전혀 없었으나 1951년부터는 정부가 식량과 기타 상품의 전시부족을 메우기 위해서 수입을 장려

13) (마약 및 향정신성의약품) 마약류관리에 관한 법률 제2조 제2호의 규정에 의한 마약은 별표 3에 게기된 품목으로 하고, 동법 제2조 제3호의 규정에 의한 향정신성의약품은 별표4에 게기된 품목으로 하며, 그 수출입은 동법 제6조의 규정에 의한 마약류수출입업자가 동법 제18조의 규정에 의해 매 품목마다 식품의약품안전처장의 허가를 받고, 수출입할 때마다 식품의약품안전처장의 승인을 받아야 한다. 다만, 완제의약품제조용 향정신성의약품 원료인 경우에는 식품의약품안전처장의 승인을 받아 수입할 수 있다. 통합공고, 제8조 1호.(2021. 10. 8)

하면서 민간의 수입활동이 매우 활성화되었다. 이에 따라 1952년 3월 상공부 고시 제88호로 '대외무역 수속에 관한 건'이 공포되었고, 이것이 1957년 무역법이 제정될 때까지의 무역제도의 법적인 근거가 되었다.

2) 무역법

1957년 12월에 전문 18조와 부칙의 대외무역의 기본법인 무역법이 제정되었다. 이 법의 목적은 수출을 진흥하며 수입을 적절히 조정하고 건전한 무역거래를 촉진함으로써 국제수지의 균형과 국민경제의 지속적인 발전을 도모하는 데 두었다. 즉 수출을 신장시키고 수입을 가능한 억제함으로써 국민경제에 있어 국제수지의 역조현상을 극복해 나가려는 데 있다고 하겠다.

한편 무역법의 주요내용을 보면 무역정책의 일원화 수출입업의 등록제 실시, 무역위원회구성, 대외신용유지를 위한 특정수출물품의 표준화와 검사규정, 수출장려금의 교부, 수출조합의 설치 등의 규정을 두었다.

1962년에는 수출진흥법을 제정하여 수출용원자재수입에 대한 특혜부여, 수출실적에 따르는 수입허가, 연대보증에 의한 무역금융의 대출 등을 규정하여 내수산업을 수출산업으로 전환하기 위한 법적 기초를 제공하였다.

3) 무역거래법

무역거래법은 새로운 정부의 대외경제 지향, 60년대 들어서 무역량의 괄목할 만한 신장 그리고 종전의 무역법(1957년 12월 13일, 법률 제460호)과 수출진흥법(1962년 3월 20일, 법률 제1033호), 수출장려금 교부를 위한 수출장려보조금 교부에 관한 임시조치법(1961년 4월 6일, 법률 제718호) 등의 거의 동일한 내용이 분산 제정되어 있어 이 법률을 통합·조정하여 제정되었다.

무역거래법은 1967년 1월 16일자 법률 제1878호로 공포되어 1967년 4월 1일부터 시행하였으며, 이 법은 전문 35조 부칙 4조로써 구성되었다. 또한 무역거래법시행령은 1967년 4월 4일 대통령령 제2979호로 제정·공포되었으며, 동년 4월 1일부터 적용토록 되었는데 전문 10장 50조 부칙 3조로 구성되었다.

이 법은 수십 차례의 개정을 통해 1986년 대외무역법이 제정될 때까지 무역관리의 기본법이 되었다.

〈표 1-2〉 무역법, 무역거래법, 대외무역법 비교

구분	무역법	무역거래법	대외무역법
제정 시기	1957년 12월 13일 제460호로 공포	1967년 1월 16일 법률 제1878호로 공포	1986년 12월 31일 법률 제3895호로 공포
구성	전문 18조, 부칙	전문 35조 부칙 제4조	전문 9장 72조 부칙 11조 →현행 전문 7장 59조 부칙
목적	수출을 진흥할 뿐만 아니라 수입을 적절히 조정하여 건전한 무역거래를 촉진함으로서 국제수지의 균형과 국민경제의 지속적인 발전을 도모함	수출을 진흥하며, 수입을 조정하여 대외무역의 건전한 발전을 촉진함으로써 국제수지의 균형과 국민경제의 발전에 기여한다.	대외무역을 진흥하고 공정한 거래질서를 확립하여 국제수지의 균형과 통상의 확대를 도모함으로서 국민경제의 발전에 이바지
내용	• 무역정책의 일원화 • 무역계획의 종합작성 • 수출장려 정책 • 수입정책 • 자금도피 방지책 • 대외신용의 확보 • 무역위원회의 설치 등	•수출 · 입업의 허가 •수출 · 입 통칙 •수출 · 입 개별공고 •수출 진흥 •권한의 위임 등 •담보제공 •수출입 물품의 기준가격 •수출입의 특례 등	•총칙 •통상의 진흥 •수출입 거래 •원산지 규정 •수출입의 질서유지 •보칙 •벌칙
특징	• 무역에 관한 법률적 기초확립 • 무역행정의 정비 · 강화 • 무역수지균형과 국내산업의 균형적 발전을 확립할 수 있는 새로운 전기 마련	•무역법+수출진흥법+수출장려금 교부에 관한 임시조치법을 통합하여 제정 • 3차에 걸쳐 개정 • 무역자유화의 기초수립	• 무역자유화의 확대 • 무역거래법+플랜트수출촉진법+수출조합법

4) 대외무역법

1980년대에 우리경제는 꾸준한 무역규모의 확대로 무역대국으로의 부상과 함께 미국을 중심으로 한 보호무역주의가 대두되고 공정무역과 상호주의를 명분으로 하는 외국으로부터 시장의 개방압력이 증대되는 등의 대내외 무역환경이 변화되었다. 따라서 우리정부는 대외신뢰를 제고하고 수입제한 또는 금지 성격이 강한 개별특별법에 의한 규제 등도 점진적으로 완화해야 했다.

이러한 환경의 변화에 따라 수입에 따른 국내산업보호제도 신설의 필요성과 대외신용의 유지향상, 종전의 무역거래법(법률 제1878조), 플랜트수출촉진법(법률 제3123호), 수출조합법(법률 제711호) 등의 통합관리하는 새로운 대외무역법이 제정되었다. 한편 대외무역법은 1986년에 제정된 이래 여러 차례의 개정을 보았으며 2021년 2월까지 수십차례에 걸쳐 개정되었다.

〈표 1-3〉 무역관리 기본법의 변화추이

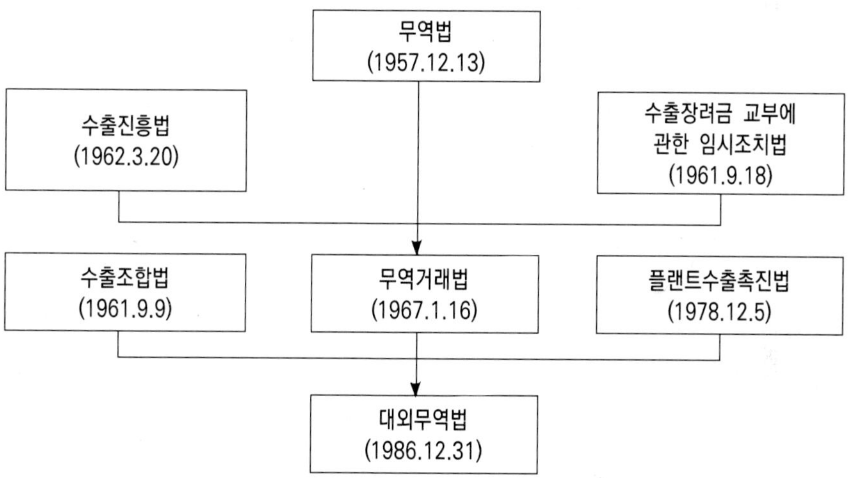

2. 대외무역법의 본질

1) 대외무역법의 목적

우리나라와 같이 국내시장이 협소하고 부존자원이 빈약한 국가는 무역이 국민경제에 미치는 영향이 매우 크다. 이와 같이 무역이 국민경제에 미치는 중요성을 감안하여 보면 통상의 확대를 위하여 수출입의 공정한 거래질서가 확립되어야 한다. 또한 수출입과 관련된 대외무역관리는 일국의 대내외 경제 여건에 따라 다소 상이할 수 있으나, 대외무역법은 우리나라의 무역정책과 밀접한 관계를 가지고 있으며, 무역정책의 중요한 비중을 차지하고 있다. 따라서 대외무역관리에 관한 정책의 기본방향은 국민경제 발전에 기여할 수 있도록 설정할 필요가 있다.

현행 대외무역법 제1조에서는 "이 법은 대외무역을 진흥하고 공정한 거래질서를 확립하여 국제수지의 균형과 통상의 확대를 도모함으로써 국민경제의 발전에 이바지함을 목적으로 한다"고 규정하고 있다.

이 법조항에 따라 전단의 '대외무역을 진흥하고 공정한 거래질서를 확립하여'라고 함은 우리나라 대외무역법의 기본목적이고 후단의 "통상의 확대를 통하여 국제수지의 균형에 기여하고 궁극적으로 국민경제의 발전에 이바지함에 있다. 따라서 궁극적인 목적은 국민경제의 발전에 있다고 할 수 있다"고 함은 대외무역법의 궁극적인 목적이 국민경제발전에 있다고 할 수 있다.

2) 대외무역법의 체계

대외무역에 관한 우리나라 헌법 조문인 "국가는 대외무역을 육성하며 이를 규제・조정할 수 있다"는 무역관리에 관한 헌법이념에 따라, 대외무역에 관한 기본법인 대외무역법(법률)은 전문 7장 59조와 부칙으로 구성되었으며, 대외무역법에서 위임된 사항과 그 시행에 관하여 필요한 사항을 정하기 위한 대외무역법시행령(대통령령)은 전문 6장 94조와 부칙으로 구성되었으며, 대외무역법과 동법 시행령에서 위임된 사항과 그 시행에 관하여 필요한 사항을 정함을 목적으로 하는 대외무역관리규정(산업통상자원부고시)은 7장과 112조와 부칙으로 구성되었다.

3) 대외무역법의 특성

대외무역법은 법의 목적(제1조)에 따라 다음과 같은 성격을 가지고 있다.

(가) 국제성, 대외적 성격을 갖고 있다.

대외무역법은 국민의 대외경제생활, 즉 국제상거래에 적용되며 또한 국제적으로 타당하다고 인정되는 범위내에서는 국제성을 지니고 있다.

대외무역법 제정시 "우리나라 헌법에 의하여 체결·공포된 무역에 관한 조약[14)]과 일반적으로 승인된 국제법규[15)], 기타 국제협정에 따른다."고 규정하여 국제성을 뚜렷이 하고 있다. 한편 대외무역법은 무역거래가 국제상거래라는 특성에 따라 국제 사법 적용의 문제와 국제상관습 등과 연관되는 점에 비추어 대외무역법은 본질적으로 국제성을 내재하고 있다.[16)]

(나) 종합성을 지니고 있다.

무역거래현상은 매우 복잡·다양하며, 개개의 현상은 각각 독립되어 있다기보다는 서로 유기적인 관계를 유지함으로써 전체로서 국민경제질서를 형성하며, 또한 이러한 국민경제질서는 국제경제질서와 밀접한 관련을 맺고 있다. 따라서 무역에 관한 어느 한 분야의 규제는 동시에 다른 분야의 경제활동에 영향을 미치게 된다.[17)]

(다) 규제 대상이 포괄적인 성격을 가지고 있다.

이는 대외무역법 규제내용은 구체적 거래를 대상으로 하는 것이 아니라 일반적인 사항에 관하여 다수의 당사자를 전제로 하며, 무역거래업체와 관련된 일반적인 사항을 규정하려고 하는 것이다.

(라) 위임 입법성을 가지고 있다.

대외무역법은 유동적인 대외거래를 규율하는 법으로써 탄력적인 법형식이 요청되기 때문에, 입법경직성이 강한 의회(국회)가 원칙적인 사항만을 제정법에 규정하고, 시행에 관한 세부적 사항 등은 행정부가 제정하는 시행령과 관

---

14) 무역에 관한 조약은 국가간에 무역거래에 관한 법률상의 권리의무를 창설, 변경·소멸시키는 2국 또는 2 이상의 국가간에 있어서의 명확히 표현된 항의라고 할 수 있다. 즉 조약은 명칭여하를 묻지 않고 국가간에 서면의 형식으로 체결된 명시적 합의를 말한다(강이수, 대외무역법, 무역경영사, 1998, p. 39).

15) 일반적으로 승인된 국제법규는 보편적, 일반적 규범으로서 세계다수 국가에 의하여 일반적으로 승인된 것이면 그대로 국내법적 효력을 가지며, 여기에 포함된다고 보아야 할 것이다. 또한 일반적으로 승인된 국제법규는 국제관습·법만을 의미한다는 견해도 있으나 그 이외에 우리나라가 체약당사국이 아닌 조약이라도 국제사회에서 일반적으로 그 규범성이 인정된 것은 이에 포함된다고 본다(강이수, 전게서, p. 39).

16) 윤광운, 무역법, 삼영사, 1998. p. 31.

17) 이상규, 신행정법론(下), 법문사, 1991, pp. 492~493; 강이수, 전게서, p. 38 재인용.

리규정에 위임하고 있다.

(마) 경제의 통제성을 지닌다.

대외무역법은 수출입질서와 대외신용의 유지, 향상을 통한 지속적인 무역의 진흥을 도모하기 위해 규제 및 조정하고 있다. 따라서 국민경제질서 중의 대외적 경제질서를 규제·조정하며, 직접 정부가 공익과 사익의 조화를 이루려는 일종의 경제의 통제법의 일종이다.[18)]

(바) 무역관리의 권한은 산업통상자원부장관의 전속이다.

모든 무역관리의 권한은 산업통상자원부장관의 전속이며, 그 중의 일부 권한을 관련기관, 협회, 단체 등에게 위임 또는 위탁을 통해 관리하고 있다.

4) 대외무역법의 운용원칙

대외무역법에서는 다음과 같은 운용원칙을 가지고 있다.

법 제3조 1항에서 "정부는 헌법에 의하여 체결, 공포된 무역에 관한 조약과 일반적으로 승인된 국제법규가 정하는 바에 따라 자유롭고 공정한 무역을 조장함을 원칙으로 한다"고 규정하고 있다.

또한 법 제3조 2항에서는 "정부는 이 법이나 다른 법률 또는 헌법에 의하여 체결, 공포된 무역에 관한 조약과 일반적으로 승인된 국제법규에서 무역에 대한 제한을 정한 규정이 있는 경우에는 그 제한을 정한 목적을 달성하기 위하여 필요한 최소한의 범위안에서 운영하여야 한다"고 규정하고 있다. 따라서 우리나라 대외무역법의 운용원칙은 무역관리체제를 자유무역을 추구하는 국제규범에 부합시키고 더 나아가 그러한 범위내에서 무역제한을 가할 때에는 최소한의 범위를 국한시킴으로써 자유·공정무역의 추진과 무역제한의 최소화 원칙을 가지고 있다.

---

18) 윤광운, 전게서, p. 32.

3. 대외무역법과 타법과의 관계

1) 개별행정법

개별행정법들은 대외무역법에 대하여는 특별법의 지위를 갖는다. 그러나 대외무역법은 무역에 관한 기본법이므로 개별 행정법에서 명시적으로 대외무역법의 적용을 배제하지 않는 한 무역에 관하여는 대외무역법 규정과 개별행정법 규정은 동시에 충족되어야 한다.

2) 관세법, 외국환거래법

(1) 관세법

대외무역법과의 관계에서는 대외무역법에 의해 먼저 수출입이 허용되고 이행되는 과정에서 발생하는 관세 등의 부과, 징수 및 통관절차는 관세법에 의해 적용되어진다. 따라서 대외무역법에서는 관세법상의 수입에 따른 산업피해구제제도(탄력관세제도)는 관세법에 의하여 별도로 운영되도록 특례규정을 도입하였으나, 유사한 행정기능이 이중적으로 운영됨에 따른 비효율성을 제거하기 위해 관세법상의 산업피해구제도 대외무역법상의 무역위원회[19]에 의한 피해구제를 적용하도록 하였다.

(2) 외국환거래법

기획재정부장관은 이 법의 실효성을 확보하기 위해 필요하다고 인정되어 대통령령으로 정하는 경우에는 지급수단 또는 증권을 수출 또는 수입하려는 거주자나 비거주자로 하여금 그 지급수단 또는 증권을 수출 또는 수입할 때 대통령령으로 정하는 바에 따라 신고하게 할 수 있다(외국환거래법 제17조 2항 2호).

19) 1992년 개정이전의 대외무역법 제23조를 보면 "수입에 의한 산업피해구제규정과 무역위원회에 관한 규정은 관세법상의 탄력관세제도운용에는 적용하지 않는다"고 규정하고 있다.

3) 국가보안법

대외무역법에 의한 물품의 수출·수입 행위에 대하여는 그 행위가 업무수행상 정당하다고 인정되는 범위 안에서 국가보안법을 적용하지 아니한다(대외무역법 제51조).

4) 독점규제 및 공정거래에 관한 법률

수출입의 질서유지를 위한 산업통상자원부장관의 조정명령의 이행에 대하여는 독점규제 및 공정거래에 관한 법률을 적용하지 않는다. 다만, 이 경우 수출입질서유지를 위해 산업통상자원부장관은 조정명령이 독점규제 및 공정거래에 관한 법률 제2조 제1호의 규정에 의한 사업자간의 국내시장에서의 경쟁을 제한하는 것인 때에는 공정거래위원회와 미리 협의하여야 한다(대외무역법 제50조).

제2장 대외무역관리제도

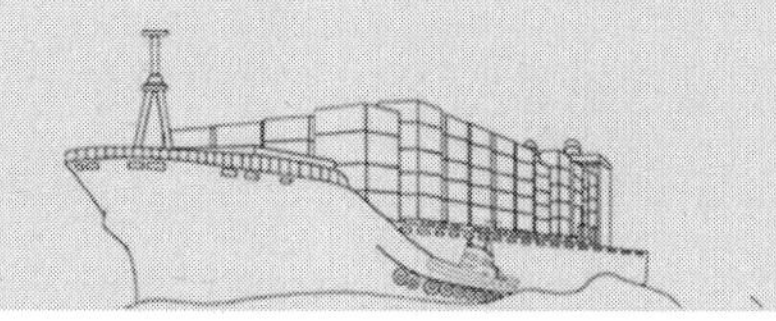

제1절 대외무역관리 기관

1. 대외무역관리 기관의 개요

1) 대외무역의 중앙행정기관

국제간의 물품거래활동에 대하여 국가는 일정한 조정, 간섭, 통제를 하고 있으며, 이는 무역이 국민경제에 미치는 영향이 매우 크므로 각국은 국민경제적인 입장에서 중앙행정기관을 통한 일원화된 무역관리가 필요하다.

우리나라의 대외무역관리에 관한 중앙행정기관은 산업통상자원부이며, 즉 대외무역과 통상정책에 관한 최고중앙행정기관이다. 산업통상자원부장관은 상업·무역·공업·통상, 통상교섭 및 통상교섭에 관한 총괄·조정, 외국인투자, 중견기업, 산업기술 연구개발정책 및 에너지·지하자원에 관한 사무를 관장하며[1], 자유무역지역관리원, 무역위원회 등을 두고 있다. 그러나 무역행정의 신속화와 능률을 높이기 위하여 산업통상자원부장관은 대통령령이 정하는 바에 의해 관계행정기관, 협회, 단체 등에 권한의 일부를 위임 및 위탁하여 관리하고 있다.

---

1) 정부조직법, 법률 제18293호, 2021. 7. 8., 제37조 1항.

2) 협조 중앙행정기관

무역에 관한 주무행정관청은 산업통상자원부장관에 대하여 협조중앙행정관청으로는 기획재정부장관(외자도입, 외환 등 대외결제에 관한 사항), 외교통상부장관(통상외교・조약체결 등에 따른 무역관련사항), 행정안전부장관(총포화약류의 수출입), 농림수산식품부장관(양곡, 비료, 농약 등의 수출입), 보건복지가족부장관(의약품, 마약, 독극물의 수출입), 국토해양부장관(건설장비 등의 수출입), 문화체육관광부장관(영화, 음반, 도서, 문화재 등의 수출입) 등이 관장하고 있는 업무중에서 수출・수입요령을 제정 또는 개정하는 경우에는 해당 수출・수입요령이 그 시행일전에 공고될수 있도록 산업통상자원부장관에게 제출하여야 하며, 산업통상자원부장관은 제출받은 수출・수입요령을 통합공고 할 수 있어야 한다.

2. 산업통상자원부장관 권한의 위임 및 위탁에 따른 관리기관

1) 기관별 위임을 받은 권한 내용(수임기관)

산업통상자원부장관은 그 권한의 일부를 대통령이 정하는 바에 따라 다음과 같은 기관(수임기관)에 권한을 위임한다.

(1) 기술표준원장

산업통상자원부장관이 관장하는 품목의 물품 중 다음 각호의 권한을 기술표준원장에게 위임한다(대외령 제91조 제2항).

① 외화획득용 원료・기재의 기준 소요량 결정에 관한 권한

② 외화획득 이행 여부의 사후 관리에 관한 권한

③ 시・도지사에게 위임된 사무에 지휘・감독 및 자료의 제출요청에 관한 권한

④ 산업통상자원부장관이 지정・고시한 관계 행정기관 또는 단체에 위탁된 사무에 대한 지휘・감독 및 자료의 제출 요청에 관한 권한

(2) 시 · 도지사

다음의 권한은 시 · 도지사에게 위임한다. 다만, 자유무역지역관리원의 관할 구역의 입주업체에 대한 권한은 자유무역지역관리원장에게 위임한다(대외령 제91조 제3항).

① 외화획득 이행기간의 연장에 관한 권한

② 사용목적 변경승인에 관한 권한

(3) 자유무역지역관리원장

자유무역지역[2]이라 함은 대외무역법 · 관세법 등 관계법률에 대한 특례와 지원을 통하여 자유로운 제조 · 유통 · 무역활동 등이 보장되는 지역이다(자유무역지역의 지정 및 운영에 관한 법률 제2조 1호). 이는 관계법령의 적용이 전부 또는 일부가 배제되거나 완화된 보세구역의 성격을 띤 지역이며, 자유무역관리원장에게는 관할 구역내의 입주업체에 대한 시 · 도지사와 세관장에게 위임되었던 권한을 위임한다(대외령 제91조 3-4항).

구체적으로 세관장에게 위탁한 권한 중 수입된 원산지표시대상물품의 단순한 가공활동 후 해당 물품 등의 원산지 표시를 손상하거나 변형한 자 또는 원산지의 거짓표시 · 오인표시하거나, 손상 · 변경표시하거나, 또는 원산지표시하지 아니하는 자(법 제33조 ⑥항)에 대한 시정조치 명령 또는 과징금(3억원 이하) 부과에 관한 권한(법 제33조 ⑥항) 중 자유무역지역관리원의 관할구역의 입주업체에 대한 권한

2) 기관별 위탁을 받은 권한 내용(수탁기관)

산업통상자원부장관으로부터 그 권한의 일부를 위탁받는 수탁기관은 다음과 같다.

---

2) 군산자유무역지역지정(산업자원부고시 제2000-105호), 대불자유무역지역 지정(산업자원부고시 제2000-110호), 마산자유무역지역 확대지정(산업자원부고시 제2000-111호), 인천항 자유무역지역 확대지정(산업자원부고시 제2005-38호), 동해자유무역지역(산업자원부고시 제2005-107호), 부산항 자유무역지역(산업자원부고시 제2007-28호), 울산, 포항항 자유무역지역 신규지정, 마산, 부산항(신항일부), 광양항 자유무역지역 확대지정 및 김제, 평택 · 당진항, 부산항(웅동지구) 자유무역지역 예정지역지정 고시(지식경제부고시 제 2008-174호)등이 있다.

(1) 관계중앙행정기관의 장

산업통상자원부장관은 장관이 관장하는 물품을 제외하고 해당품목을 관장하는 관계중앙행정기관의 장에게 다음의 권한을 위탁한다(대외령 제91조 1항).

① 국산원료・기재의 사용을 촉진하기 위한 외화획득용 원료・기재의 수입제한에 관한 권한(대외령 제24조 2항).

② 외화획득용 원료・기재의 기준소요량의 결정에 관한 권한(대외령 제25조).

③ 외화획득 이행기간의 결정 및 그 연장에 관한 권한(대외령 제27조).

④ 외화획득용 원료・기재 또는 그 원료・기재로 제조된 물품(산업통상자원부장관이 정하여 고시하는 품목에 한함)에 대한 다음의 권한.

- 외화획득 이행여부에 대한 사후관리에 관한 권한(대외령 제28조 1항).
- 사용목적 변경승인에 관한 권한(대외무역법 제17조 1항).
- 양도・양수의 승인에 관한 권한(대외무역법 제17조 2항).

⑤ 무역거래자에 대한 수출입 질서유지를 위한 조정명령에 관한 권한(대외무역법 제46조 1항).

⑥ 특별시장, 광역시장 또는 시・도지사에게 위임된 사무에 대하여 지휘・감독 및 자료제출요청에 관한 권한(대외무역법 제52조 2항~3항).

(2) 국립산림과학원장

국립산림과학원장에게는 산업통상자원부장관이 관장하는 품목의 물품 중 목재가구에 대한 외화획득용 원료・기재의 기준소요량의 결정에 관한 권한을 위탁한다(대외령 제91조 제2항).

(3) 세관장

산업통상자원부장관은 산업통상자원부장관이 관장하는 물품등에 대한 다음의 권한을 시・도지사에게 위임한다. 다만, 자유무역지역관리원의 관할구역의 입주업체에 대한 권한은 자유무역지역관리원장에게 위임한다(대외령 제91조 4항).

① 수출입승인면제의 확인에 관한 권한.

② 원산지 표시의 확인에 관한 권한.

③ 수입한 물품등과 관련 서류의 검사에 관한 권한.

④ 시정조치 명령.

⑤ 과징금 부과 및 과징금 납부기한의 연장, 분할납부 및 그 결정의 취소에 관한 권한.

⑥ 원산지증명서의 제출 명령에 관한 권한.

⑦ 원산지증명서 발급 업무 중 관세양허를 받기 위한 원산지증명서 발급업무에 관한 권한.

⑧ 대외무역법 제59조 제2항 제3호(이 항 제3호의 권한에 따른 경우만 해당)의 자에 대한 같은 조 제3항에 따른 과태료의 부과 · 징수에 관한 권한

(4) 한국무역협회, 한국선주협회, 한국관광협회중앙회, 한국소프트웨어산업협회

한국무역협회(Korean Foreign Trade Association; KFTA)는 수출진흥을 목적으로 1946년 7월 31일 설립된 사단법인으로서 무역업자들로 구성된 일종의 민간경제단체이다.

한편 산업통상자원부장관은 다음의 업무를 한국무역협회, 「민법」 제32조에 따라 해양수산부장관의 허가를 받아 설립된 한국선주협회(이하 "한국선주협회"라 하고, 제4호의 업무에만 해당한다), 「관광진흥법」 제41조 제1항 및 같은 법 제45조 제1항에 따른 한국관광협회중앙회(제5호의 업무에만 해당한다), 업종별 관광협회(제5호의 업무에만 해당한다) 및 「소프트웨어산업 진흥법」 제26조에 따른 한국소프트웨어산업협회(이하 "한국소프트웨어산업협회"라 하고, 제6호의 업무에만 해당한다)에 위탁한다(대외령 제91조 5항).

① 대외무역법 제8조의2 제1항 및 시행령 제12조의2 제2항 · 제3항에 따른 전문무역상사의 지정 및 대외무역법 제8조의2 제3항에 따른 지정의 취소

② 무역업고유번호의 부여 및 관리 등 수출입통계 데이터베이스를 구축하기 위한 전산관리체제의 개발 · 운영

③ 수출입거래에 관한 정보의 수집 · 분석

④ 용역의 수출입확인

⑤ 용역 중 해운업의 수출입 확인: 한국선주협회

⑥ 용역 중 관광사업의 수출입 확인: 한국관광협회중앙회, 업종별 관광협회

⑦ 전자적형태의 물체물의 수출입 확인: 한국소프트웨어산업협회

결국, 한국무역협회는 ①에서 ⑦까지의 모든 업무를 하고, 나머지 기관에서는 해당 업무만을 한다고 이해하면 된다.

(5) 관세청장

산업통상자원부장관은 다음의 권한을 관세청장에게 위탁한다(대외령 제91조 6항).

① 산업통상자원부장관이 정하는 원산지 표시방법의 범위에서 그 표시방법에 관한 세부적인 사항을 정하는 권한

② 원산지 표시방법의 확인 및 이의제기에 대한 처리 권한

③ 원산지의 판정 및 이의제기의 처리에 관한 권한

④ 세관장에게 위탁된 사무에 대한 지휘・감독 및 자료의 제출 요청에 관한 권한

(6) 관계행정기관 또는 단체의 장

산업통상자원부장관은 수출입승인대상물품에 대한 다음의 권한을 산업통상자원부장관이 지정하여 고시하는 관계행정기관 또는 단체의 장에게 위탁한다(대외령 제91조 제7항).

① 수출 또는 수입의 승인, 변경승인 및 변경사항 신고의 수리에 관한 권한.

② 외화획득용 원료・기재의 수입승인에 관한 권한.

③ 산업통상자원부장관이 관장하는 외화획득용 원료・기재에 대한 사후관리에 관한 권한.

이때 “산업통상자원부장관이 지정하여 고시하는 관계행정기관 또는 단체의 장”은 수출입공고에서 산업통상자원부장관이 지정・고시한 기관・단체(이하 “승인기관”이라 한다)의 장을 말한다(규정 제8조).

(7) 한국기계산업진흥회장

산업통상자원부장관은 플랜트수출의 승인 및 변경승인(일괄수주방식에 의한

수출로서 국토교통부장관의 동의가 필요한 경우를 제외한다)에 관한 권한을 산업통상자원부장관의 인가를 받아 설립된 한국기계산업진흥회에 위탁한다(대외령 제91조 8항).

(8) 한국수출입은행장

한국수출입은행장에게는 한국수출입은행법에 의해 연불금융지원의 경우로써 플랜트수출의 승인 및 변경승인을 하는 권한(일괄수주방식에 의한 수출로서 국토교통부장관의 동의가 필요한 경우를 제외한다)이 위탁되어 있다(대외령 제91조 8항 단서).

(9) 대한상사중재원

산업통상자원부장관은 다음의 권한을 대한상사중재원에 위탁한다(대외령 제91조 9항).

① 무역분쟁에 대한 분쟁조정 또는 알선에 관한 권한.

② 분쟁조정, 조정비용 부담 등에 관한 권한.

(10) 대한상공회의소

산업통상자원부장관은 원산지증명서 발급 업무(관세양허를 받기 위한 원산지증명서 발급 업무를 포함)를 「상공회의소법」에 따라 설립된 대한상공회의소(이하 "대한상공회의소"라 함)나 「민법」 제32조에 따라 설립된 법인 중 산업통상자원부장관이 지정하여 고시하는 법인에 위탁한다(대외령 제91조 10항).

(11) 외국환은행의 장, 전자무역기반사업자

산업통상자원부장관은 구매확인서의 발급 및 사후 관리에 관한 권한을 외국환은행의 장 및 「전자무역 촉진에 관한 법률」에 따라 산업통상자원부장관이 지정한 전자무역기반사업자에게 위탁한다(대외령 제91조 11항).

(12) 전략물자관리원

산업통상자원부장관은 전략물자의 판정 및 통보에 관한 권한을 전략물자관리원에 위탁한다(대외령 제91조 12항).

제2절 권한의 위임 · 위탁에 관한 규정

1. 권한의 위임 · 위탁의 의의 및 업무처리

1) 권한의 위임 · 위탁의 의의

권한의 위임이라 함은 행정관청이 그의 권한의 일부를 다른 행정기관에 이전하여 수임기관의 권한으로 행사하도록 하는 것을 말한다. 권한의 위임에 있어서는 그 권한의 위임의 범위내에서 수임기관의 권한이 되며, 수임기관은 그것을 자기의 권한으로서 그의 명의와 책임으로 행사하게 된다.

권한의 위임은 그 권한을 위임하는 행정관청의 하급행정청 또는 보조기관에 하는 것이 보통이다. 위임행정관청과 대등한 행정관청 기타 직접적인 지휘 · 감독 아래에 있지 않은 행정청이나 공공단체, 그 기관 또는 사인(私人)에 대해서도 할 수 있다. 또한 법령에서는 위임이라는 용어이외에 위탁이라는 용어도 사용되고 있는데, 전자는 상하관계에 있는 자 사이, 후자는 대등 관계에 있는 자 사이에서의 위임관계를 의미한다.[3)]

2) 위임 · 위탁기관 업무처리절차

대외무역법은 수출입행정의 신속화와 효율적인 운영을 꾀하기 위하여 무역에 대한 주무행정기관인 산업통상자원부장관은 수출입과 관련된 권한을 위임 또는 위탁하도록 하고 있다.

즉 산업통상자원부장관의 권한은 대통령령으로 정하는 바에 따라 그 일부를 소속기관의 장, 시 · 도지사에게 위임하거나 관계 행정기관의 장, 세관장, 한국은행 총재, 한국수출입은행장, 외국환은행의 장, 기타 대통령령으로 정하는 법인 또는 단체에 위탁할 수 있다(대외무역법 제52조 1항). 이와 같이 산업통상자원부장

3) 이상규, 전게서, p. 66.

관으로부터 권한을 위임 또는 위탁받은 자는 위임 또는 위탁받은 업무의 처리 기준 및 절차를 제정 · 운용할 수 있다. 또한 위임 또는 위탁받은 업무처리기준 및 절차를 제정 또는 개정하고자 할 때에는 산업통상자원부장관과 미리 협의하여야 한다(규정 제107조).

2. 권한의 위임 · 위탁의 자료제출과 조정 및 결과보고

1) 산업통상자원부장관의 지휘 · 감독 및 자료의 제출

산업통상자원부장관은 위임 또는 위탁한 사무에 관하여 그 위임 또는 위탁을 받은 자를 지휘 · 감독한다(대외무역법 제52조 2항). 또한 산업통상자원부장관은 위임하거나 위탁한 사무에 관하여 그 위임 또는 위탁을 받은 자에게 필요한 자료의 제출을 요청할 수 있다(대외무역법 제52조 3항). 산업통상자원부장관의 권한을 위임받거나 위탁받은 자는 위임받거나 위탁받은 업무의 처리 결과를 산업통상자원부장관에게 보고하여야 한다. 보고시기, 보고방법 등에 관하여 필요한 사항은 산업통상자원부장관이 정한다(대외령 제92조 제2항).

2) 권한의 위임 · 위탁에 따른 조정

시 · 도지사 또는 세관장은 대외무역법 제33조의2 제2항, 제59조 제3항(제59조 제2항 제3호를 위반한 경우만 해당) 또는 이 시행령 제91조 제4항 제4호의2 및 제7호에 따라 과징금이나 과태료를 부과하려면 각각 세관장이나 시 · 도지사와 미리 협의하여야 한다(대외령 제92조 제1항).

그리고 산업통상자원부장관은 제91조에 따라 권한을 위임 또는 위탁받은 자가 법 또는 이 영을 위반하여 그 위임 또는 위탁받은 업무를 처리한 때에는 시정조치 등 필요한 조치를 요구할 수 있으며, 시정조치를 요구받은 자는 지체 없이 그 업무를 시정하고 그 결과를 산업통상자원부장관에게 보고하여야 한다(대외령 제92조 제3항 및 4항).

3) 위임 · 위탁사무의 처리결과보고

(가) 위임 · 위탁업무 처리결과의 보고시기는 다음 각 호의 어느 하나와 같다. 다만, 산업통상자원부장관이 필요하다고 인정하여 사안별로 요청하는 경우에는 그러하지 아니하다(규정 제108조).

① 해당 분기가 끝난 후 30일 이내

㉮ 세관장에게 위탁한 다음의 권한. 다만, 자유무역지역관리원의 관할 구역의 입주업체에 대한 권한은 자유무역지역관리원장에게 위임한 사항

㉯ 한국무역협회, 한국선주협회, 한국관광협회중앙회, 업종별 관광협회 및 한국소프트웨어산업협회에 위탁한 권한 사항

㉰ 관세청장에게 위탁한 권한 사항

㉱ 수출입승인대상 물품 등에 대하여 산업통상자원부장관이 지정 · 고시하는 관계 행정기관 또는 단체의 장에게 위탁한 권한 사항

㉲ 대한상공회의소나 산업통상자원부장관이 지정 · 고시하는 법인에 위탁된 원산지증명서 발급업무에 관한 권한 사항

② 해당 반기가 끝난 후 45일 이내

㉮ 기술표준원장에 위임된 권한 사항

㉯ 시도지사에게 위임된 권한 중 권한 사항

㉰ 한국기계산업진흥회에 위탁한 권한 사항

㉱ 대한상사중재원에 위탁한 권한 사항

㉲ 외국환은행의 장 및 전자무역기반사업자에게 위탁한 권한 사항

③ 해당 연도가 끝난 후 2개월 이내 : 산업통상자원부장관이 관장하는 물품 등에 대한 권한은 제외하고, 산업통상자원부장관이 그 대상 물품 등의 품목에 따라 그 물품 등을 관장하는 중앙 행정기관의 장에게 위탁한 권한

(나) 보고항목, 양식 등은 산업통상자원부장관과 수임 · 수탁기관의 장이 협의하여 정하되 위임 · 위탁업무별로 종합적인 처리결과와 특이사항의 파악이 가능하도록 한다.

제2편

무역거래 주체 및 통상의 진흥

제3장 무역거래자 등의 관리

제1절 무역거래자의 의의

1. 무역거래자의 개념

"무역거래자"라 함은 수출 또는 수입을 하는 자, 외국의 수입자 또는 수출자의 위임을 받은 자 및 수출 · 수입을 위임하는 자 등 물품 등의 수출 · 수입 행위의 전부 또는 일부를 위임하거나 행하는 자를 말한다(대외무역법 제2조 3호).

여기에서 '수출 또는 수입을 하는 자'라 함은 본인거래로서 무역거래를 실행하는데 자기의 이름과 계산으로 거래하는 자를 말하며, '외국의 수입자 또는 수출자의 위임을 받은 자'는 타인으로부터 물품의 판매 또는 구매의 수탁을 받고 수탁자의 자격으로 물품을 수출입 하는 자이다. 또한 '수출 · 수입을 위임하는 자 등 물품 등의 수출 · 수입 행위의 전부 또는 일부를 위임하거나 행하는 자'는 물품 등의 판매 또는 구매를 위탁한 위탁자의 자격으로 물품을 수출입하는 자로 볼 수 있다.[1)]

---

1) 문철한, 전게서, pp. 24~25.

2. 무역업 구분의 변천과정

무역업의 관리제도는 대외무역법상 무역거래주체에 관한 것이며, 이는 누가 어떻게 무역을 영위할 수 있는가에 대한 주요 범위이다. 우리나라의 무역업의 관리제도는 1993년 6월 30일까지는 허가제를 시행하다가 1993년 7월 1일부터 등록제, 1996년 12월 30일 개정된 대외무역법에서 신고제로 변경 시행하였다.

이후 2000년 1월 1일부터 무역업의 관리 형태가 신고제에서 고유번호신청제도(자유업)로 바뀌게 됨에 따라 그 의미를 상실하게 되어 대외무역법에서는 무역업 및 무역대리업의 개념도 삭제시키게 되었다.

이하에서는 대외무역법상 무역업허가제, 무역업등록제 및 무역업신고제도 등의 변경내용을 살펴본다.

1) 무역업허가제

대외무역법의 전신인 무역법(1957년 12월 18일, 법률 제460호)과 무역거래법(1967년 1월 16일, 법률 제1878호)뿐만 아니라 1986년 12월 31일 제정・시행된 이후에도 1993년 6월 30일까지 무역업에 대한 관리제도는 허가제이었다.

허가제하에서는 누구나 무역업을 자유로이 영위할 수 있도록 허용되어 있지 않고, 법률에 특별한 규정이 있는 경우를 제외하고는 신용장요건, 자본금요건, 자격유지요건 등 일정한 요건과 수입자격을 갖춘 자로서 무역업의 허가를 받은 자만이 무역업을 영위할 수가 있었다.[2)]

2) 무역업등록제

종전의 무역업 허가제도는 1993년 7월 1일부터 무역업의 등록제도로 변경 시행하게 되었다. 따라서 무역업을 영위하고자 하는 자는 구(舊) 대외무역법

---

2) 허가의 권한은 당시 상공부장관(현 산업통상자원부장관)이 시・도지사에 위임하였으며, 당초 허가사항의 변경도 허가를 받도록 하였다(구법 제7조 1항, 구 시행령 제104조 제1항).

(1992년 12월 8일 개정)에서 정한바와 같이 등록기준[3]에 해당되면 누구든지 무역업 등록을 함으로써 무역업을 할 수 있었다.

이러한 등록제의 시행은 무역업을 외국의 자유화 추세에 맞추어 나가되 당분간 대외 신용과 수출입 질서를 적절하게 유지하고 부실한 무역업자의 난립을 방지하면서 수출입업을 효율적으로 관리하기 위함이다.

3) 무역업신고제

대외무역법이 1996년 12월 30일 전면적으로 개정됨에 따라 무역업이 등록제에서 신고제로 전환되었다. 따라서 무역업을 영위하고자 하는 자는 산업통상자원부장관(한국무역협회장)에게 신고만 하면 제한없이 수출입을 할 수 있게 되었다. 이때 신고의 요건은 모두 폐지되었으며, 사업등록을 필한 자로 무역업자로서 실체를 확인할 수 있는 최소한의 요건만 구비하면 된다. 이것은 무역업의 개방화조치로서 무역업자유화의 원칙에 근접하기 위한 과도기적[4] 체제이다.

무역업관리 용어

◆ 허가(許可; license)

법규에 의한 일반적인 상대적 금지를 특정한 경우에 해제하여 적법하게 일정한 행위를 할 수 있도록 자유의 상태를 회복시켜 주는 행정행위이다. 또한 허가는 허가를 유보한 금지(즉, 상대적 금지)에서만 가능하고, 어떠한 경우에도 해제될 수 없는 절대적 금지에 대해서는 허용되지 않는다.

---

3) 종전의 허가제하에서는 신용장요건, 자본금요건, 자격유지요건, 수입자격을 엄격히 규율하였다. 그러나 무역업등록기준은 자본금요건과 자격유지조건을 충족해야 했는데 자본금요건은 5,000만원에서 1,000만원으로 낮추었고, 자격유지조건은 기준이 되는 연도에 2년 중 어느 해에 5만달러의 수출실적을 유지하면 되었다.

4) 무역업의 신고제는 1997년부터 1999년 12월 31일까지 한시적으로 시행된다(대외법 부칙 제2조). 현재(2000.1.1 이후)는 무역업 고유번호 신청제도로 시행되고 있어 자율성을 강조하고 있다.

◆ **등록(登錄)**

등록을 준 법률행위적 행정행위 중 "공증(公證)"의 성질을 가지며, 공증은 특정한 사실 또는 법률관계의 존부를 공적으로 증명하는 행위이다. 따라서 무역업의 등록이라 함은 무역업자로서의 지위 공적으로 증명하는 행위라 하겠다.

◆ **신고(申告)**

신고는 사인(私人)이 행정청에 대하여 어떠한 사항을 그대로 신고・통고・보고함으로써 최종적인 법률효과를 발생하게 하는 공법행위이다. 신고에는 의사표시의 신고(예: 출생・사망신고 등 호적상 신고, 도난신고와 같은 질서 행정법상의 신고, 납세신고와 같은 조세법상의 신고) 등이 있다. 따라서 무역업의 신고는 의사표시의 신고로서 무역업을 영위하겠다는 의사표시로서 해당 행정청(한국무역협회)에 통고하는 행위이고, 해당행정청은 신고사항에 결격사유가 없으면 신고를 수리하여 신고필증을 교부하여 무역업을 영위하게 하여야 한다.

자료: 김증한, 법률학사전, 법문사, 1985, p. 282, p. 579.

3. 무역업 고유번호의 신청 및 부여

1996년 12월 30일 대외무역법 개정시에 무역의 활성화를 위하여 2000년 1월 1일부터 무역업의 신고제를 폐지하도록 하는 경과규정(부칙 제2조)을 두어 현재는 무역을 하고자하는 자가 산업통상자원부장관에게 신고할 의무가 없어졌다.

그러나 무역업신고제가 폐지되면 지금까지 무역업신고번호를 기초로 한 각종 무역통계의 작성이 사실상 곤란해지고, 기존통계와 연속성이 없어지게 되며, 쿼터관리, 수출실적 확인 등과 같은 업체별 통계관리가 불가능하게 되어 산업피해조사, 통상마찰대응 등 무역 및 산업정책 수립의 애로가 발생할 수 있다.

따라서 이와 같은 문제들을 해결하기 위하여 대외무역관리규정(규정 제3-5-1조)에서는 2000년 1월 1일부터 통계목적을 위해 무역업 고유번호를 부여하는 제도의 실시를 규정하고 있다.

이에 따라 지식경제부에서는 종전의 무역업신고 위탁기관이었던 한국무역협회로 하여금 우편・팩스・E-mail・EDI 등의 방법으로 무역업체의 신청을 받아 무역업고유번호를 부여하도록 하고 이를 관리하도록 위탁하고 있다.

무역업체가 무역업고유번호를 부여받지 않았다 하더라도 그에 따른 처벌규정은 없으나 수출(입)신고시 종전 무역업신고번호를 기재하던 것과 같이 무역업 고유번호를 필히 기재하도록 하고 있어 수출입활동을 원활히 영위하기 위해서는 무역업체는 반드시 무역업 고유번호를 한국무역협회에 신청하여 이를 부여받아야 한다. 단, 기존의 신고업체는 무역업신고번호를 그대로 사용하고, 신규업체만 무역업고유번호를 신청하여 사용하면 된다.

무역업 고유번호를 부여받지 아니한 업체가 수출·입업을 하고자 할 경우 무역업 고유번호를 부여받은 업체를 통해 수출·입 대행을 의뢰하여 신청업체의 명의로 수출입할 수 있다.

4. 특별법에 의한 무역업의 이중적 관리

대외무역법상 무역업의 고유번호를 부여받으면 무역을 업으로 영위할 수 있다. 그러나 인간의 건강, 안전, 환경, 안보, 미풍양속 등 경제외적인 부분에 관리가 필요한 물품의 무역에 대해서는 특별법에서 별도로 규정하고 있다. 이에 따라 무역업을 할 수 있는 자는 대외무역법과 특별법상의 요건을 동시에 충족해야 한다.

1) 마약수출입업

마약류의 수출입을 하기 위해서는 먼저 마약류취급자가 되어야 하고 마약류취급자가 되는 절차는 다음과 같이 한다. 마약류취급자가 되고자 하는 자는 다음 경우에 해당하는 자로서 총리령이 정하는 바에 따라 다음과 같이 허가를 받아야 한다. 허가받은 사항을 변경하고자 하는 때에도 또한 같다(마약류관리에 관한 법률 제6조).

① 마약류수출입업자: 약사법에 따른 수입자로서 식품의약품안전처장에게 의약품 품목허가를 받거나 품목신고를 한 자(식품의약품안전청장의 허가)

② 마약류제조업자 및 마약류원료사용자: 약사법에 따라 의약품제조업의 허가를 받은 자(식품의약품안전청장의 허가)

③ 마약류도매업자: 약사법에 따라 등록된 약국개설자 또는 의약품 도매상의 허가를 받은 자(시 · 도지사의 허가)

④ 마약류취급학술연구자: 연구기관 및 학술기관 등에서 학술연구를 위하여 마약류의 사용을 필요로 하는 자(식품의약품안전청장의 허가)

⑤ 대마재배자: 농업 · 농촌 및 식품산업 기본법 제3조 제2호에 따른 농업인으로서 섬유나 종자를 채취할 목적으로 대마초를 재배하려는 자(특별자치시장 · 시장 · 군수 또는 구청장의 허가)

2) 대마수출입

마약류관리에 관한 법률 제2조 제4호의 규정에 의한 대마는 수출입할 수 없다. 다만, 동법 제3조 제7호 단서 규정에 의해 공무, 학술연구 또는 의료목적을 위해서 동법 시행령에서 정하는 바에 따라 식품의약품안전처장의 승인을 받아 수출입할 수 있다(통합공고 제8조 2).

3) 통관 제한 품목

관세법 제234조의 규정에 의하여 다음에 해당하는 물품은 수출입할 수 없다(통합공고 제8조 5).

① 국헌을 문란하게 하거나 공안 또는 풍속을 해할 서적, 간행물, 도서, 영화, 음반, 조각물 기타 이에 준하는 물품

② 정부의 기밀을 누설하거나 첩보에 공하는 물품

③ 화폐, 지폐, 은행권, 채권 기타 유가증권의 위조품, 변조품 또는 모조품

4) 보호문화재

문화재보호법 제2조의 규정에 의한 문화재는 동법 제21조 및 제76조 제1항의 규정에 의하여 수출(반출을 포함한다) 할 수 없다. 다만, 동법 제21조 제1항 단서의 규정에 의하여 문화재청장의 허가를 받은 때에는 반출할 수 있고, 동법 제21조 제4항의 규정에 의하여 천연기념물 표본 · 박재의 수출허가를 받

은 때에는 수출할 수 있다(통합공고 제8조 6).

5) 방산물자

방위사업법에 의한 방산물자 및 국방과학기술의 수출과 총포·도검·화약류 등의 안전관리에 관한 법률에 의한 총포, 도검, 화약류 중에서 군용에 공하는 물자의 수출입은 방위사업법 제53조 및 제57조에 의하여 방위사업청장의 허가를 받아야 한다(통합공고 제8조 7).

6) 농약 또는 원제

농약관리법에 의한 농약 또는 원제의 수출입은 다음에 의한다(통합공고 제8조 8).

① 농약관리법 제17조 제1항에 따라 농촌진흥청장에게 등록한 농약이나 원제 또는 같은 법 제17조 제4항에 따라 농촌진흥청장에게 허가를 받은 농약이나 원제에 한하여 같은 법 제3조 제1항에 따라 수입업을 등록한 자만이 수입할 수 있다.

② 제조업자 또는 원제업자가 수출목적으로 농약, 농약활용기자재 또는 원제를 제조하여 이를 수출하는 경우 그 농약, 농약활용기자재 또는 원제에 대하여는 동법의 적용을 받지 아니한다.

제2절 전문무역상사의 관리

1. 전문무역상사의 지정 및 지정 취소

산업통상자원부장관은 신시장 개척, 신제품 발굴 및 중소기업·중견기업의 수출확대를 위하여 수출실적 및 중소기업 제품 수출비중 등을 고려하여 무역거래자 중에서 전문무역상사를 지정하고 지원할 수 있다(대외무역법 제8조의2 1항). 지정의 기준 및 절차, 지원내용 등에 관하여 필요한 사항은 대통령령으로 정하며, 산업통상자원부장관은 지정을 받은 전문무역상사가 지정기준에 적합하지 아니하게 된 때에는 그 지정을 취소할 수 있다. 다만, 거짓이나 그 밖에 부정한 방법으로 지정을 받은 경우에는 그 지정을 취소하여야 한다(대외무역법 제8조의2 2내지3항).

1) 전문무역상사의 지정기준

전문무역상사로 지정받을 수 있는 자는 다음의 어느 하나에 해당하는 자로서 신용등급이 산업통상자원부장관이 정하여 고시하는 기준을 충족하는 자로 한다(대외령 제12조의2 1항).

(가) 다음 각 목의 요건을 모두 갖춘 무역거래자

① 전년도 수출실적 또는 직전 3개 연도의 연평균 수출실적이 미화 100만달러 이상의 범위에서 산업통상자원부장관이 정하여 고시하는 금액 이상일 것

② ①에 따른 수출실적 중 다른 중소기업(「중소기업기본법」 제2조에 따른 중소기업을 말한다. 이하 이 조 및 제12조의3에서 같다)이나 중견기업(「중견기업 성장촉진 및 경쟁력 강화에 관한 특별법」 제2조 제1호에 따른 중견기업을 말한다. 이하 이 조 및 제12조의3에서 같다)이 생산한 물품등의 수출실적 비율이 100분의 20 이상의 범위에서 산업통상자원부장관이 정하여 고시하는 비율 이상일 것

(나) 신시장의 개척, 신제품의 발굴 및 중소기업 또는 중견기업에 대한 효과적인 수출 지원 등을 위하여 산업통상자원부장관이 농업·어업·수산업 등 업종별 특성과 조합 등 법인의 조직 형태별 수출 특성을 고려하여 고시하는 기준을 갖춘 무역거래자인데, 전문무역상사로 지정받을 수 있는 자는 농업·어업·수산업, 서비스업 등 수출시장 다변화를 위해 전략적 수출확대 지원이 필요한 분야에서, 다음의 어느 하나에 해당하여 주무 부처 장관의 추천을 받은 자 중 산업통상자원부 장관이 그 능력이 있다고 인정하는 자로 한다(규정 제7조 2항).

① 협동조합기본법에 의한 협동조합

② 농어업경영체 육성 및 지원에 관한 법률에 따른 영농조합법인 또는 영어

조합법인

③ 농업협동조합법에 따라 설립된 조합 및 조합공동사업법인

④ 수산업협동조합법에 따라 설립된 조합

⑤ 중소기업협동조합법에 따라 설립된 협동조합, 사업협동조합 또는 협동조합연합회

⑥ 대중소기업 공동출자형 수출전문기업

⑦ 업종별 협회·단체의 무역자회사

⑧ 공공기관(「공공기관의 운영에 관한 법률」 제4조에 따른 공공기관을 말한다)이 출자하여 설립한 무역상사

⑨ 기타 전문무역상사의 취지에 적합하다고 주무 부처 장관의 추천을 받아 신청한 수출조직

그리고 중소·중견 기업에 대한 효과적인 수출 지원을 위하여 다음 각 호의 어느 하나에 해당하여 산업통상자원부 장관이 그 능력이 있다고 인정하는 자로 한다 (규정 제7조 3항).

① 전년도 또는 최근 3년간 평균 수출 실적이 미화 1억불 이상인자로서 무역거래를 주로 영위하는 자

② 유통산업발전법 제2조 3호에 따른 대규모 점포를 국외에서 운영하면서 직전년도 매출액이 500억원 이상인자

③ 국내·외에서 방송채널 및 사이버몰 등 전자상거래 수단을 1개 이상 직접 운영하면서 직전년도 국외 매출액 또는 거래액이 미화 100만불 이상인 자

④ 최근 2년 내 해외정부 또는 국제기구에 대하여 직접 조달 납품한 실적이 미화 100만불 이상인 자

⑤ 재외동포의출입국과법적지위에관한법률 제2조에 따른 재외동포로서 직전년도 한국제품 교역실적이 미화 100만불 이상이면서 한국제품 구매실적이 미화 50만불 이상인 자

지정 요건에도 불구하고 한국무역보험공사 신용조사 보고서상 신용등급 중 최하위 2개 등급인 경우에는 전문무역상사의 지정을 거부 또는 취소한다(규정 제7조 4항).

2) 전문무역상사의 지정 절차

전문무역상사로 지정을 받으려는 자는 지정신청서에 산업통상자원부장관이 정하여 고시하는 서류를 갖추어 산업통상자원부장관에게 제출하여야 한다(대외령 제12조의2 2항).

이에 따라 권한의 위탁에 따라 전문무역상사로 지정받고자 하는 자는 다음의 서류를 갖추어 한국무역협회 회장에게 신청하여야 한다(규정 제7조의2 1항).

① 전문무역상사 지정신청서

② 사업자등록증

③ 중소기업 수출지원 기여에 관한 사업계획서

④ 기타 실적증명 및 활동계획서 등 전문무역상사 지정요건에 부합함을 증명하는 서류 등

그리고 한국무역협회 회장은 전문무역상사의 지정, 갱신, 지정취소 등을 심사·의결하기 위하여 전문무역상사 심사위원회를 구성하여 운영한다. 심사위원회의 구성 및 운영에 필요한 세부사항은 별도로 정하며, 한국무역협회 회장은 심사위원회를 통해 전문무역상사 지정한 경우에는 지정증을 발급하여야 한다(규정 제7조의2 2내지3항).

산업통상자원부장관은 전문무역상사의 지정을 신청한 자가 지정 요건을 갖추었을 때에는 전문무역상사로 지정하고, 그 결과를 신청인에게 통보하여야 한하며, 전문무역상사의 지정 절차 등에 관하여 필요한 세부 사항은 산업통상자원부장관이 정하여 고시한다(대외령 제12조의2 3내지4항).

2. 전문무역상사의 지원사항

산업통상자원부장관은 전문무역상사를 통한 신시장의 개척, 신제품의 발굴 및 중소기업 또는 중견기업의 수출 확대 등을 위하여 필요하다고 인정되는 경우에는 전문무역상사의 국내외 홍보, 우수제품의 발굴, 해외 판로개척 등에 필요한 사항을 지원할 수 있다(대외령 제12조의3 1항). 이에 따른 산업통상자원부장관은 지원과 관련하여 필요하다고 인정되는 경우에는 관계 중앙행정기관 및 지방자치단체, 무역 또는 통상 업무를 수행하는 기관이나 단체에 협조를 요청할 수 있다(대외령 제12조의3 2항).

제4장 통상의 진흥 및 무역업무의 과학화

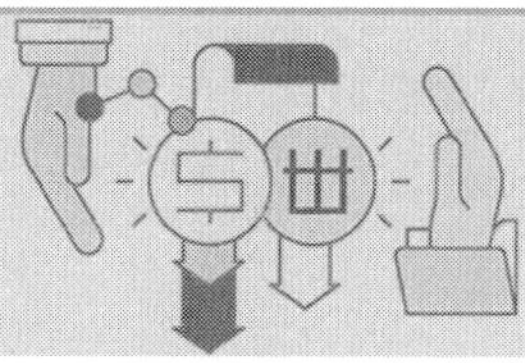

제1절 무역 진흥정책과 지원

1. 무역 및 통상정책의 개념

통상(通商)이란 "상(商)"을 "통(通)"하게 만든다는 의미로서 현재 막혀 있는 경제활동을 트이게 하거나 자유로운 경제활동을 이루어지는 상태를 의미하는 것이다. 즉 경제주체의 합리적인 의사결정과 이러한 의사결정에 따른 상거래에 대한 제약요인을 완화해 나가는 과정 및 활동을 포함하는 것으로 해석할 수 있다.[1)]

이러한 국제적인 상거래 활동의 범위는 대외무역법상 수출입 개념인 물품의 거래뿐만 아니라 서비스・지적재산권・해외자본투자까지도 포함하는 것으로서 일반적인 상행위만이 아니라 국가간에 이동될 수 있는 각종의 유형재 및 무형재는 모두 포함하는 것을 의미한다.

따라서 넓은 의미의 무역과 같다고 할 수 있으며, 통상정책이란 정부가 정책적으로 대외경제거래에 개입하여 관리・조정하는 것을 말한다.

한편, 무역정책은 일국의 일방적으로 이루어지는 대내 및 대외적인 정책을 의미하며, 통상정책은 외국의 상대방과 이루어지는 관계에 우리나라가 대응하는 것을 말한다. 따라서 이러한 통상정책은 국제적인 조화와 협력관계를 유지

1) 김인수 외, 국제통상론, 박영사, 1998, pp. 37~38.

하는 상태에서 자국의 경제발전을 도모할 수 있어야 한다.[2)]

이미 현행 대외무역법규에서도 무역진흥정책과 통상진흥정책을 따로 구분하여 정책을 열거하고 있다.

2. 무역진흥을 위한 조치

1) 무역진흥을 위한 조치

산업통상자원부장관은 법 제4조에 따라 무역의 진흥을 위한 다음 각 호의 조치를 하거나 관계 행정기관의 장에게 필요한 조치를 하여 줄 것을 요청할 수 있다(대외령 제5조 1항).

① 수출산업의 국제경쟁력을 높이기 위한 여건의 조성과 설비 투자의 촉진
② 외화가득률을 높이기 위한 품질 향상과 국내에서 생산되는 외화획득용 원료·기재의 사용 촉진
③ 통상협력 증진을 위한 수출·수입에 대한 조정
④ 지역별 무역균형을 달성하기 위한 수출·수입의 연계
⑤ 민간의 통상활동 및 산업협력의 지원
⑥ 무역 관련 시설에 대한 조세 등의 감면
⑦ 과학적인 무역업무 처리기반을 효율적으로 구축·운영하기 위한 여건의 조성
⑧ 무역업계 등 유관기관의 과학적인 무역업무 처리기반 이용 촉진
⑨ 국내기업의 해외 진출 지원
⑩ 해외에 진출한 국내기업의 고충 사항의 조사와 그 해결을 위한 지원
⑪ 그 밖에 수출·수입을 지속적으로 증대하기 위하여 필요하다고 인정하는 조치

2) 김선광, 국제통상학개론, 동성사, 1997, pp. 35~36.

2) 무역진흥을 위한 지원

산업통상자원부장관은 무역의 진흥을 위하여 필요하다고 인정되는 때에는 다음에 해당하는 자에게 필요한 지원을 할 수 있다(대외무역법 제4조 2항).

① 무역의 진흥을 위한 자문 · 지도 · 대외홍보 · 전시 · 연수 · 상담 알선 등을 업으로 하는 자.

② 무역전시장 · 무역연수원 등의 무역관련시설을 설치 · 운영하는 자.

③ 과학적인 무역업무 처리기반을 구축 · 운영하는 자.

여기서 "과학적 무역업무 처리기반을 구축 · 운영하는 자"라 함은 「전자무역 촉진에 관한 법률」 전자무역기반사업자 중에서 과학적인 무역업무 처리기반을 구축 · 운영하고 있는 사업자를 말한다(대외령 제5조 3항).

이에 따라서 지원 대상이 되는 무역 관련 시설은 다음의 구분에 따른 기능과 규모를 갖춘 시설로서 산업통상자원부장관이 지정하는 것으로 한다(대외령 제5조 3항).

- 무역전시장: 무역관련 견본전시가 가능한 시설 및 그 부대시설로서 연면적이 2,000㎡ 이상일 것.
- 무역연수원: 무역전문인력의 양성이 가능한 시설로서 연면적이 2,000㎡ 이상이고 최대수용인원이 500명 이상일 것.
- 컨벤션센터: 회의용 시설로서 연면적이 4,000㎡ 이상이고 최대수용인원이 2천명 이상일 것.

이와 같이 무역관련시설로 지정받고자 하는 자는 다음의 서류를 첨부하여 산업통상자원부장관에게 신청하여야 한다(규정 제6조 1항).

- 사업계획서 1부(사업계획서에는 시설 및 부속토지의 면적 등 시설계획, 조직, 사업운영기본방향 등 향후 2개년의 사업계획 등이 포함되어야 함)
- 건축물등기부등본, 건축물관리대장 및 토지대장등본 각 1부 또는 건축허가서 사본 1부

제2절 통상진흥정책과 지원

1. 통상진흥시책의 수립

1) 통상진흥시책의 수립

산업통상자원부장관은 무역 및 통상을 진흥하기 위하여 매년 다음 연도의 통상진흥시책을 수립하여야 한다(대외무역법 제7조 1항).

그리고 산업통상자원부장관은 통상진흥시책을 수립하고자 하는 경우에는 관계행정기관・지방자치단체・대한무역투자진흥공사・한국무역협회 기타 무역 및 통상과 관련되는 기관의 협조를 요청할 수 있다(대외령 제7조).

통상진흥시책을 수립할 경우에 통상진흥시책에 포함되어야 할 사항은 다음과 같다(대외무역법 제7조 2항).

① 통상진흥시책의 기본방향

② 국제통상 여건의 분석과 전망

③ 무역・통상 협상 추진 방안과 기업의 해외 진출 지원 방안

④ 통상진흥을 위한 자문・지도・대외홍보・전시・상담알선・전문인력양성 등 해외시장 개척 지원방안

⑤ 통상관련 정보수집・분석 및 활용방안

⑥ 원자재의 원활한 수급을 위한 구내외 협력 추진 방안

⑦ 그 밖에 대통령령이 정하는 사항. 여기서 대통령령이 정하는 사항이란 다음과 같다(대외령 제8조).

- 주요 지역별・경제권별 또는 업종별 통상진흥시책.
- 무역 및 통상의 진흥과 관련되는 기관 또는 단체의 통상활동계획.
- 기타 산업통상자원부장관이 무역 및 통상의 진흥과 관련하여 필요하다고 인정하는 통상진흥시책.

2) 통상관련제도 조사

산업통상자원부장관은 통상진흥 시책의 수립을 위한 기초 자료를 수집하기 위하여 교역상대국의 통상 관련 제도·관행 등과 기업이 해외에서 겪는 고충 사항을 조사할 수 있다(대외무역법 제7조 3항).

또한 산업통상자원부장관은 해외에 진출한 기업에 통상진흥 시책의 수립에 필요한 자료를 요청하고, 필요한 경우 지원할 수 있다(대외무역법 제7조 4항).

따라서 산업통상자원부장관은 통상진흥시책을 수립하기 위하여 필요한 경우에는 관계행정기관·대한무역투자진흥공사·한국무역협회, 기타 무역 및 통상과 관련되는 기관 또는 단체에 해당 분야 또는 특정사안에 대한 조사 또는 사실확인을 요청할 수 있다(대외령 제9조).

3) 지방자치단체와의 협조

산업통상자원부장관은 통상진흥시책을 수립하는 경우에는 미리 특별시장·광역시장 또는 도지사(이하 "시·도지사"라 한다)의 의견을 들어야 하고, 통상진흥시책을 수립한 때에는 이를 시·도지사에게 통보하여야 한다. 이를 변경한 때에도 또한 같다(대외무역법 제7조 5항).

그리고 통상진흥시책의 통보를 받은 시·도지사는 그 관할구역의 실정에 맞는 지역별 통상진흥시책을 수립·시행하여야 한다. 또한 시·도지사는 지역별 통상진흥시책을 수립한 때에는 이를 산업통상자원부장관에게 통보하여야 한다. 이를 변경한 때에도 또한 같다(대외무역법 제7조 6,7항).

또한 산업통상자원부장관은 법 제7조(통상진흥시책의 수립) 제6항의 규정에 의한 지역별 통상진흥시책이 효과적으로 추진될 수 있도록 특별시·광역시 또는 도 및 무역·통상관련 기관 또는 단체 등이 포함되는 협의기구를 설치·운영할 수 있다(대외령 제10조 1항). 그리고 지방자치단체와의 협조 등을 위한 협의기구의 구성 및 운영 등에 관하여 필요한 사항은 산업통상자원부장관이 정한다(대외령 제10조 2항).

2. 민간협력활동의 지원

1) 민간협력 추진

산업통상자원부장관은 무역·통상관련 기관 또는 단체가 교역상대국의 정부·지방정부·기관 또는 단체와 통상·산업·기술·에너지 등 협력활동을 추진하는 경우 대통령령이 정하는 바에 따라 필요한 지원을 할 수 있다(대외무역법 제8조 1항).

그리고 산업통상자원부장관은 기업의 대외진출을 지원하기 위하여 무역·통상관련기관 또는 단체로부터 정보를 체계적으로 모집·분석하여 지방자치단체 및 기업에 대하여 필요한 정보를 제공할 수 있다(대외무역법 제8조 2항).

2) 민간협력활동의 지원신청

교역상대국과의 민간협력추진에 따른 지원을 받고자 하는 무역 및 통상관련 기관 또는 단체는 신청서에 사업내역·사업성과 등이 포함된 사업계획서를 첨부하여 산업통상자원부장관에게 제출하여야 하며, 산업통상자원부장관은 제출받은 사업계획서를 검토하여 통상·산업·기술 또는 에너지 등 협력활동을 효율적으로 추진하기 위하여 필요하다고 인정되는 경우 자금·인력 및 정보 등을 지원할 수 있다(대외령 제11조 1-2항).

한편 그 지원의 기준 등에 관하여 필요한 사항은 산업통상자원부장관이 정하며, 산업통상자원부장관은 동 지원과 관련하여 필요한 경우에는 관계행정기관의 장에게 협조를 요청할 수 있고, 그리고 지원을 받은 관련단체는 해당 지원 사업이 끝난 후 3개월 이내에 사업결과보고서를 산업통상자원부장관에게 제출하여야 한다(대외령 제11조 3-5항).

3) 무역·통상관련 정보의 수집·분석

산업통상자원부장관은 정보의 수집·분석을 위하여 필요한 경우에는 무역·통상관련기관 또는 단체에 동향분석 또는 전망에 관한 정보를 요청할 수 있다(대외령 제12조).

3. 해외진출지원센터의 수립 및 운영

1) 해외진출지원센터의 수립

산업통상자원부장관은 기업의 해외 진출을 지원하기 위하여 무역·통상 관련 기관 또는 단체로부터 정보를 체계적으로 수집하고 분석하여 지방자치단체와 기업에 필요한 정보를 제공할 수 있으며, 이러한 정보의 수집·분석 및 제공을 위하여 필요한 경우 관계 중앙행정기관의 장, 시·도지사, 무역·통상 및 기업의 해외 진출과 관련한 기관 또는 단체에 자료 및 통계의 제출을 요청할 수 있다(대외무역법 제8조 2-3항).

산업통상자원부장관은 기업의 해외 진출과 관련된 상담·안내·홍보·조사와 그 밖에 기업의 해외 진출에 대한 지원 업무를 종합적으로 수행하기 위하여 「대한무역투자진흥공사법」에 따른 대한무역투자진흥공사에 해외진출지원센터를 두며, 이러한 해외진출지원센터의 구성·운영 및 감독 등에 필요한 사항은 대통령령으로 정한다(대외무역법 제8조 4-5항).

2) 해외진출지원센터의 구성·운영 및 감독

해외진출지원센터는 대한무역투자진흥공사 소속 임직원과 파견자로 구성한다. 대한무역투자진흥공사의 장은 기업의 해외진출 지원업무를 수행하기 위하여 필요한 경우에는 관계 행정기관의 장 및 해외진출과 관련된 기관 또는 단체(이하 "해외진출 유관기관")의 장에게 소속 공무원 또는 그 임직원의 파견을 요청할 수 있으며, 이러한 공무원 또는 임직원의 파견을 요청받은 관계 행정기관의 장 및 해외진출 유관기관의 장은 업무수행에 적합한 자를 선발하여 해외진출지원센터에 파견하여야 한다. 파견기간 중 파견근무를 해제하려는 경우에는 대한무역투자진흥공사의 장과 미리 협의하여야 한다. 해외진출지원센터에 파견된 공무원 또는 임직원의 복무에 관해서는 대한무역투자진흥공사의 장의 지휘·감독을 받는다(대외령 제12조 1-4항).

대한무역투자진흥공사의 장은 파견된 공무원에게는 '공무원 성과평가 등에 관한 규정' 또는 '지방공무원 임용령'에 따라 근무성적평정에 관한 의견서를 작성하여 그 공무원을 파견한 관계 행정기관의 장에게 이를 송부하여야 하며, 그 의견서를 송부받은 관계 행정기관의 장은 근무성적을 평정할 때 이를 참작하여야 한다. 그리고 대한무역투자진흥공사의 장은 매년 1월 31일까지 전년도의 해외진출 지원업무 추진실적 및 해당 연도의 해외진출 지원 업무추진계획을 작성하여 산업통상자원부장관에게 보고하고, 매 분기 종료 후 1개월 이내에 분기별 업무추진실적을 산업통상자원부장관에게 보고하여야 한다. 이 경우 산업통상자원부장관은 보고받은 사항 중 관계 행정기관의 협조가 필요한 사항에 대하여는 해당 행정기관의 장에게 통보하여야 한다. 그리고 산업통상자원부장관은 해외진출지원센터의 운영에 필요한 경비를 지원할 수 있으며, 이 외에 해외진출지원센터의 구성 · 운영 등에 필요한 세부 사항은 대한무역투자진흥공사의 장이 산업통상자원부장관과 협의하여 정한다(대외령 제12조 5-8항).

4. 무역에 관한 명령 등의 협의

무역에 관하여는 이 법이 정하는 바에 의한다. 그러므로 관계행정기관의 장은 물품의 수출 또는 수입을 제한하는 법령이나 훈령 · 고시 등(이하 "수출 · 수입요령"이라 한다)을 제정하거나 개정하고자 할 때에는 미리 산업통상자원부장관과 협의하여야 한다. 이 경우 산업통상자원부장관은 관계행정기관의 장에 대하여 해당 수출 · 수입요령의 조정을 요청할 수 있다(대외무역법 제6조 1,2항).

제3절 과학적 무역업무 처리

1. 과학적 무역업무 처리기반 구축

산업통상자원부장관은 물품 등의 수출입 거래가 질서 있고 효율적으로 이루어질 수 있도록 대외무역통계시스템 및 전자문서 교환체계 등 과학적 무역업무의 처리기반을 구축하기 위하여 노력하여야 한다(대외무역법 제15조 1항).

그리고 산업통상자원부장관은 과학적 무역업무의 처리기반을 구축하기 위하여 필요하다고 인정되면 관계 행정기관의 장에게 대통령령으로 정하는 바에 따라 통관기록 등 물품 등의 수출입 거래에 관한 정보를 제공하도록 요청할 수 있다. 이 경우 관계 행정기관의 장은 이에 협조하여야 한다. 또한 관계 행정기관의 장은 이 법의 목적의 범위에서 필요하다고 인정되면 산업통상자원부장관에게 구축된 물품 등의 수출입 거래에 관한 정보를 제공하도록 요청할 수 있다. 이 경우 산업통상자원부장관은 이에 협조하여야 한다(대외무역법 제15조 2,3항).

2. 전산관리체제의 개발운영

산업통상자원부장관은 수출입 거래가 질서 있고 효율적으로 이루어질 수 있도록 다음의 각 내용을 전산관리체제를 개발·운영하여야 한다. 산업통상자원부장관은 이러한 전산관리체제를 개발·운영하기 위하여 필요하다고 인정하면 그 경비의 일부를 해당 전산관리체제의 개발·운영에 필요한 정보를 제공한 기관에 지원할 수 있다(대외령 제21조 1,2항).

① 무역거래자별 고유번호(이하 "무역업고유번호"라 한다)의 부여 및 관리 등 수출입통계 데이터베이스를 구축하기위한 전산관리체제

② 「불공정무역행위 조사 및 산업피해구제에 관한 법률」 제4조에 따른 불공정무역행위를 방지하기 위한 전산관리체제

③ 효율적인 수출입거래를 위한 다음의 각 전산관리체제
- 부문별 무역전산관리체제를 유기적으로 연계하기 위한 전산관리체제
- 관계 행정기관의 장이 필요하다고 인정하여 산업통상자원부장관과 협의하여 정한 해당 기관 소관의 무역 관련 전산관리체제

④ 기타 무역업계의 요청에 따라 산업통상자원부장관이 필요하다고 인정하는 전산관리체제

3. 수출입거래에 관한 정보의 수집 · 분석

산업통상자원부장관은 전산관리체제의 개발 · 운영을 위하여 필요한 경우에는 관세청장에게 다음의 내용의 정보를 요청할 수 있다(대외령 제22조 1항).

① 수출입신고를 한 무역거래자의 상호 · 성명, 무역업 고유번호 등 무역거래자관련 정보

② 수출입신고건별 신고수리일, 수출입물품의 품명, 수량, 금액, 거래형태 등에 관련된 정보로서 산업통상자원부장관이 정하는 정보

또한 산업통상자원부장관은 이러한 전산관리체제를 개발 · 운영하기 위하여 필요하다고 인정하면 그 경비의 일부를 해당 전산관리체제의 개발 · 운영에 필요한 정보를 제공한 기관에 지원할 수 있고(대외령 제21조 2항), 업무를 위임 · 위탁한 자로부터 보고 받은 무역업무처리결과(대외령 제92조 2항), 무역거래자로부터 받은 보고(대외무역법 제48조 1항) 등에 의하여 수집된 관련정보를 종합적으로 분석 · 관리하여야 한다(대외령 제22조 2항). 정보의 제공 시기 및 방법, 정보의 형태, 그 밖에 정보 수집에 관하여 필요한 사항은 산업통상자원부장관이 정한다(대외령 제22조 3항).

제 3 편

물품의 수출입관리

제5장 물품의 수출입 관리 및 승인

제1절 수출입의 개념 및 거래의 일반원칙

1. 수출입의 개념

1) 수출의 개념

무역(foreign trade)은 물품과 대통령령이 정하는 용역, 전자적 형태의 무체물(물품 등)의 수출과 수입을 말한다(대외무역법 제2조 1호). 여기서 물품이란 외국환거래법에서 정하는 지급수단[1], 증권[2] 및 채권[3]을 화체(化體)한 서류이외의 동산을 말한다(대외무역법 제2조 2호). 무역거래자란 수출 또는 수입을 하는 자, 외국의 수입자 또

1) 외국환거래법 제3조 1항 3호에서 "지급수단"이라 함은 다음에 해당하는 것을 말한다.
   ① 정부지폐 · 은행권 · 주화 · 수표 · 우편환 · 신용장
   ② 대통령령으로 정하는 환어음 · 약속어음 기타의 지급지시
   ③ 증표 · 플라스틱카드 또는 그 밖의 물건에 전자 또는 자기적 방법으로 재산적 가치가 입력되어 불특정 다수인간에 지급을 위하여 통화에 갈음하여 사용할 수 있는 것으로서 대통령령이 정하는 것

2) 외국환거래법 제3조 1항 7호에서 "증권"이라 지급수단에 해당하지 아니하는 것으로서 「자본시장과 금융투자업에 관한 법률」 제4조에 따른 증권과 그 밖에 대통령령으로 정하는 것(무기명양도성예금증서, 그 밖에 재산적 가치가 있는 권리가 표시된 증권 또는 증서로서 투자의 대상으로 유통될 수 있는 것)을 말한다.

3) 외국환거래법 제3조 1항 9호에서 "채권"이라 함은 모든 종류의 예금 · 신탁 · 보증 · 대차 등으로 인하여 생기는 금전 등의 지급을 청구할 수 있는 권리로서 ① 내국통화, ② 외국통화, ③ 지급수단, ④ 대외지급수단, ⑤ 내국지급수단, ⑥ 귀금속, ⑦ 증권, ⑧ 외화증권, ⑨ 파생상품, ⑩ 외화파생상품 등에 해당되지 아니하는 것을 말한다.

는 수출자에게서 위임을 받은 자 및 수출과 수입을 위임하는 자 등 물품 등의 수출행위와 수입행위의 전부 또는 일부를 위임하거나 행하는 자를 말한다 (대외무역법 제2조 3호). 정부간 수출계약이란 외국 정부의 요청이 있을 경우, 정부간 수출계약 전담기관이 대통령령으로 정하는 절차에 따라 국내 기업을 대신하여 또는 국내 기업과 함께 계약의 당사자가 되어 외국 정부에 물품등(「방위산업 발전 및 지원에 관한 법률」 제2조 제1항제1호에 따른 방위산업물자등은 제외한다)을 유상(有償)으로 수출하기 위하여 외국 정부와 체결하는 수출계약을 말한다 (대외무역법 제2조 4호). '대통령령이 정하는 전자적 형태의 무체물'이라 함은 소프트웨어[4], 부호·문자·음성·음향·이미지·영상 등을 디지털 방식으로 제작하거나 처리한 자료 또는 정보 등으로서 산업통상자원부장관이 정하여 고시하는 것[5], 기타 산업통상자원부 장관이 정하여 고시하는 전자적 형태의 무체물을 말한다. 따라서 수출(export)이란 매매의 목적물인 물품 등을 외국에 매각하는 것을 말한다. 현행 대외무역법 시행령에서의 수출의 정의는 다음과 같다 (대외령 제2조 3호).

① 매매, 교환, 임대차, 사용대차, 증여 등을 원인으로 국내에서 외국으로 물품이 이동하는 것(우리나라의 선박으로 외국에서 채취한 광물 또는 포획한 수산물을 외국에 매도하는 것을 포함한다)

② 보세판매장에서 외국인에게 국내에서 생산(제조·가공·조립·수리·재생 또는 개조하는 것을 말한다. 이하 같다)된 물품을 매도하는 것

③ 유상으로 외국에서 외국으로 물품을 인도하는 것으로서 산업통상자원부장관이 정하여 고시하는 기준에 해당하는 것

④ 거주자가 비거주자에게 산업통상자원부장관이 정하여 고시하는 방법으로 용역을 제공하는 것

---

4) 소프트웨어란 소프트웨어 진흥법 제2조 제1호의 소프트웨어를 말한다.

5) 대외무역관리규정에 보면, "부호·문자·음성·음향·이미지·영상 등을 디지털방식으로 제작하거나 처리한 자료 또는 정보 등으로서 산업통상자원부장관이 정하여 고시하는 것"이란 다음 각 호의 자료 또는 정보 등을 말한다. ① 영상물(영화, 게임, 애니메이션, 만화, 캐릭터를 포함한다) ② 음향·음성물, ③ 전자서적, ④ 데이터베이스

⑤ 거주자가 비거주자에게 정보통신망을 통한 전송과 그 밖에 산업통상자원부장관이 정하여 고시하는 방법으로 전자적 형태의 무체물을 인도하는 것

이와 같은 대외무역법상 수출의 개념을 재정리하면 다음과 같다.

첫째, 수출은 국내에서 국외로의 물품등의 이동이라고 정의하고, 수출의 원인을 매매 · 교환 · 임대차[6] · 사용대차[7] · 증여[8] 등을 규정하고 있다. 여기에서 국내란 대한민국의 주권이 미치는 지역을 말하고, 외국이란 국내이외의 지역, 즉, 대한민국의 주권이 미치지 않는 지역을 말한다. 따라서 수출은 국내에서 외국으로 이동되는 모든 물품등에 적용되는 개념이며, 수출의 원인을 보면 유상원인과 무상원인으로 분류해 볼 수 있다. 유상원인은 매매 · 교환 · 임대차이며, 무상원인은 사용대차 · 증여 등이 있다.

한편, 현행 대외무역법에서의 수출의 원인을 살펴보면, 국제간의 수출입거래가 복잡다양화 · 특수화되고 있음을 고려하여 종래의 물품의 매매나 임대차 중심의 수출입거래에서 교환 · 사용대차 · 증여 등의 원인을 추가시켜 종전의 무역거래법 보다 그 범위를 확대하였다.

그리고 우리나라 선박이 공해상의 원양어로에서 채취 또는 포획한 참치 등의 수산물 등을 현지에서 직접 매도하는 것도 수출의 범주에 포함시키고 있는데, 이는 물품이 현지(공해 혹은 외국)에 있을지라도 우리나라 물품이고 매매의 원인에 의해서 현지에서 인도하는 것이기 때문에 비록 물품이 국내에서 외국으로 이동하는 것은 아니지만 수출의 범주에 포함시키고 있다.

---

6) 임대차란 당사자 일방(임대인)이 상대방(임차인)에게 유상으로 목적물을 사용 · 수익하게 할 것을 약정하고, 상대방이 이에 대한 차임을 지급할 것을 약정함으로써 성립하는 계약을 말한다. 예를 들면, 산업용 기계를 임대차계약에 의해서 국내에서 외국으로 반출하는 것도 수출의 범위이다.

7) 사용대차란 당사자 일방(貸主)이 타방(借主)에게 무상으로 사용 · 수익하게 하기 위하여 목적물을 인도할 것을 약정하고, 상대방은 이를 사용 · 수익한 후 그 물건을 반환할 것을 약정함으로써 성립하는 계약을 말한다. 예를 들면, 프랑스 루부르 박물관에 일정기간 전시후 재반입될 목적으로 고려청자가 국내에서 외국으로 무상으로 반출되어지는 것도 수출의 개념이다.

8) 증여란 당사자 일방이 무상으로 재산을 상대방에게 수여하는 의사의 표시를 하고 상대방이 이를 승낙함으로써 성립하는 계약을 말한다. 예를 들면, 우리나라 적십자사가 난민구호를 위해서 무상으로 의류, 식품 등을 국내에서 외국으로 반출하는 것도 수출의 개념이다.

둘째, 보세판매장에서 외국인에게 국내에서 생산(제조·가공·조립·수리·재생 또는 개조하는 것)된 물품을 매도하는 것을 포함하여 종전 보다 수출의 범위를 확대하고 있다.

셋째, 유상으로 외국에서 외국으로 물품을 인도하는 것으로서 산업통상자원부장관이 정하는 것은 수출의 범위에 포함시키고 있는데, 여기서 유상(有償)이란 물품을 인도함으로써 그에 상응하는 반대급부로서 외화 또는 물품을 수취하는 것을 말하고, '외국에서 외국으로'라는 것은 국내이외의 지역 간에 이루어지는 거래이다. 또한 '산업통상자원부장관이 정하여 고시하는 기준에 해당하는 것'을 대외무역관련규정에서 찾아보면 외국인도수출[9]이나 중계무역[10]에 의한 수출입을 말한다.

넷째, 외국환거래법에 따른 거주자가 비거주자[11]에게 산업통상자원부장관이 정하여 고시하는 방법으로 용역을 제공하는 것이다. 여기서 용역의 제공은 용역의 국경을 넘은 이동에 의한 제공, 비거주자의 국내에서의 소비에 의한 제공, 거주자의 상업적 해외주재에 의한 제공, 거주자의 외국으로의 이동에 의한 제공 등을 말한다(규정 제3조 1항).

다섯째, 정보통신의 발달로 정보통신망을 통한 온라인 거래 등에 의한 수출과 수입이 크게 증가하여 수출의 범위에도 정보통신망을 통한 온라인 거래로 추가하게 되었다. 거주자가 비거주자에게 정보통신망을 통한 전송과 그 밖에 산업통상자원부장관이 정하여 고시하는 방법으로 전자적 형태의 무체물을 인도하는 것이다. 여기서 전자적 형태의 무체물을 인도하는 방법이란 컴퓨터 등 정보처리능력을 가진 장치에 저장한 상태로 반출한 후 인도하는 것을 말한다(규정 제5조).

관세법에서는 수출의 정의를 내국물품을 외국으로 반출함을 말한다(관세법 제2조 2호).

---

9) 외국인도수출을 수출대금은 국내에서 영수하지만 국내에서 통관되지 아니한 수출물품을 외국으로 인도하는 수출(대외무역관리규정 제2조 13호).

10) 중계무역이란 수출할 것을 목적으로 물품을 수입하여 제3국으로 수출하는 수출입을 말한다(대외무역관리규정 제2조 11호).

11) 먼저 거주자와 비거주자라 함은 각각 외국환거래법 제3조 12와 13호의 규정에 의한 것을 말하며 구체적으로 다음과 같다. '거주자'라 함은 대한민국안에 주소 또는 거소를 둔 개인과 대한민국안에 주된 사무소를 둔 법인을 말한다. 또한 '비거주자'라 함은 거주자외의 개인 및 법인을 말한다. 다만, 비거주자의 대한민국안의 지점·출장소 기타의 사무소 또는 법률상 대리권의 유무에 불구하고 거주자로 본다.

여기서 내국물품이라 함은 다음과 같은 것이다.

① 우리나라에 있는 물품으로서 외국물품이 아닌 것

② 우리나라의 선박 등이 공해에서 채집하거나 포획한 수산물 등

③ 입항전수입신고가 수리된 물품

④ 수입신고수리전 반출승인을 받아 반출된 물품

⑤ 수입신고전 즉시반출신고를 하고 반출된 물품

이는 우리나라와 외국간의 물품의 이동만이 아니라 국내 이외의 지역간에 물품이 이동하는 것도 수출의 범위에 포함시킴으로써 다양화되는 기업의 거래방법을 수용하고 있다.

이러한 개념을 살펴보면, 국내에 있는 물품 중 외국물품이 아닌 것에서 외국물품이란 외국으로부터 우리나라에 도착된 물품으로 수입신고가 수리되기 이전의 것과 수출신고가 수리된 물품을 말하며(관세법 제2조 4호), 여기에는 외국의 선박에 의해서 공해에서 채포된 수산물을 포함한다. 이러한 근거에서 대외무역법상 수출의 범위에 포함되었던 "우리나라의 선박에 의하여 외국에서 채취 또는 포획한 광물 또는 수산물을 외국에 매도하는 것"은 관세법상 수출의 범주에 포함되지 않는다고 볼 수 있다. 왜냐하면 동 수산물 등은 실질적으로 국내에 있지 않기 때문에 내국물품이라고 볼 수 없기 때문이다.

그러나 경제적 의의를 고려하여 우리나라 선박에 의하여 공해에서 채포된 물품을 외국에 반출하는 경우에 기타의 내국물품은 외국에 반출하는 것과 실질적인 차이가 없기 때문이다. 결국 대외무역법과 관세법상의 수출의 개념의 차이점은 대외무역법에서는 특별한 경우를 제외하고(외국인도수출, 중계무역) 물품의 이동을 기준으로 하는데, 관세법에서는 물품이 국내에 있다고 하더라도 통관기준인 관세선을 기준으로 구분한다.

2) 수입의 개념

현행 대외무역법의 규정에서 수입(import)이라 함은 다음의 하나에 해당하는 것을 말한다(대외령 제2조 4호).

① 매매, 교환, 임대차, 사용대차, 증여 등을 원인으로 외국으로부터 국내

로 물품이 이동하는 것

② 유상으로 외국에서 외국으로 물품을 인수하는 것으로서 산업통상자원부장관이 정하여 고시하는 기준에 해당하는 것

③ 비거주자가 거주자에게 산업통상자원부장관이 정하여 고시하는 방법으로 용역을 제공하는 것. 여기서 용역의 제공은 아래와 같은 방법에 따라 제공되는 것을 말한다(규정 제3조 2항). 용역의 국경을 넘은 이동에 의한 제공, 거주자의 외국에서의 소비에 의한 제공, 비거주자의 상업적 국내주재에 의한 제공, 비거주자의 국내로 이동에 의한 제공

④ 비거주자가 거주자에게 정보통신망을 통한 전송과 그 밖에 산업통상자원부장관이 정하여 고시하는 방법으로 전자적 형태의 무체물을 인도하는 것. 여기서 전자적 형태의 무체물을 인도하는 방법이란 컴퓨터 등 정보처리능력을 가진 장치에 저장한 상태로 반입한 후 인수하는 것을 말한다(규정 제5조).

수입의 경우에도 수출의 개념과 같으나, 물품의 이동방향이 '외국에서 국내로' 이루어진다는 것이 다르다. 종전의 무역거래법령에서는 수입을 외화 또는 물품으로 대금을 결제하는 방법에 의하여 외국으로부터 물품을 구매하거나 무상으로 외국에서 송부된 물품을 수령 또는 반입하는 것으로 규정하였는데 대외무역법에서는 사용대차, 증여의 용어를 사용하여 무상으로 수령 또는 반입하고 동기를 구체화시켰다. 그리고 유상으로 외국에서 외국으로 물품을 인수하는 경우에도 수입의 범위에 포함시키고 있는 것은 대가를 지불하고 국내가 아닌 외국으로 물품을 인수하더라도 그 물품은 우리나라에 속하는 물품이 되어 수입의 개념으로 보는 것이 타당하다.

이러한 거래 중 산업통상자원부장관이 정하여 고시하는 기준에 해당하는 것은 해외건설사업현장에서 사용하기 위한 시설·원료 및 기재를 외국에서 구입하여 사업현장에 송부하는 외국인수수입과 중계무역 대상물품을 국내에 반입하지 않은 상태에서 수출용으로 수입하는 경우의 중계무역 형태가 있다.

한편 관세법에서 "수입"이란 외국물품을 우리나라에 반입(보세구역을 경유하는 것은 보세구역으로부터 반입하는 것을 말한다)하거나 우리나라에서 소비 또는

사용하는 것(우리나라의 운송수단 안에서의 소비 또는 사용을 포함하며, 제239조 각 호의 어느 하나에 해당하는 소비 또는 사용은 제외한다)을 말한다(관세법 제2조 1호).

위에서 열거한 두 가지 물품은 외국으로부터 우리나라에 도착된 물품 또는 수출신고가 수리된 물품으로서 국내에 있는 물품이지만 관세법상 외국 물품으로 규정한다. 따라서 수입이란 외국물품을 국내로 인취하는 것이다.

한편, 외국의 선박 등에 의해서 공해[12)]에서 채포된 수산물을 포함하고 있는 것은 그 지역이 공해라고 하더라도 외국선박이 채포한 수산물을 우리나라에 속하지 않는 재화이기 때문에 외국으로부터 우리나라에 도착한 물품과 구분할 실익이 없는데, 이는 수입이 갖는 경제적인 의미를 고려하였기 때문이다.

이상과 같이 대외무역법과 관세법상의 개념을 살펴보았는데 수출의 개념에서와 같이 각각 물품의 이동기준과 통관기준(관세선)을 구분한다.

2. 수출입 거래의 일반원칙

1) 수출입의 원칙

대외무역법에서는 물품등의 수출입과 이에 따른 대금을 받거나 지급하는 것은 이 법의 목적의 범위에서 자유롭게 이루어져야 하며, 무역거래자는 대외신용도 확보 등 자유무역질서를 유지하기 위하여 자기 책임으로 그 거래를 성실히 이행하여야 한다(대외무역법 제10조).

이러한 원칙을 살펴보면 대외무역법의 목적에 벗어나면 물품의 수출입 및 이에 따른 대금의 영수 또는 지급은 제한될 수 있다. 따라서 수출입 물품의 거래의 원칙은 원칙적으로 자유이며, 예외적으로 최소한의 관리이다.

또한 두 번째 원칙은 대외무역법이 1996년 12월 30일 개정되면서 무역업이 등록제에서 신고제로 전환되고, 수출입 승인대상을 일반적으로 승인된 국제법

12) 외국이란 국내 이외의 지역이라 하여 공해도 외국으로 간주하고 있으나 관세법에서는 명확한 규정이 없다. 한편 관세법상 수입의 정의 ①항의 외국의 선박 등에 의해서 공해에서 채포된 수산물을 포함한다고 부기하고 있는 것은 공해는 국제법상 외국이 아니기 때문이다.

규상 의무이행을 위하여 지정한 물품 등 예외적인 경우에만 수출입 승인대상으로 한다. 사후관리 대상에서 대금결제에 관한 사항, 수출입승인의 사후관리 등이 삭제되는 등 무역의 완전자유화를 위한 각종 조치가 이루어짐에 따라 무역업자가 앞으로는 자기 책임하에 스스로 해당 수출입거래를 성실히 이행하도록 함으로써 무역거래자가 대외신용도를 확보하면서 자유무역질서를 유지하기 위해 설정된 것으로 수출입 거래에 대한 무역거래자의 신의·성실 원칙이다.

2) 수출입의 제한

산업통상자원부장관은 다음의 어느 하나에 해당하는 이행 등을 위하여 필요하다고 인정하여 지정·고시하는 물품 등의 수출 또는 수입을 제한하거나 금지할 수 있다(대외무역법 제11조 1항).

① 헌법에 따라 체결·공포된 조약과 일반적으로 승인된 국제법규에 따른 의무의 이행
② 생물자원의 보호
③ 교역상대국과의 경제협력 증진
④ 국방상 원활한 물자 수급
⑤ 과학기술의 발전
⑥ 그 밖에 통상·산업정책에 필요한 사항으로서 대통령령으로 정하는 사항

여기서 "대통령령으로 정하는 사항"이란 항공 관련 품목의 안전관리에 관한 사항을 말한다(대외령 제16조).

이에 따라 수출 또는 수입이 제한되는 물품등을 수출하거나 수입하려는 자는 대통령령으로 정하는 바에 따라 산업통상자원부장관의 승인을 받아야 한다. 다만, 긴급히 처리하여야 하는 물품등과 그 밖에 수출 또는 수입 절차를 간소화하기 위한 물품등으로서 대통령령으로 정하는 기준에 해당하는 물품등의 수출 또는 수입은 그러하지 아니하다(대외무역법 제11조 2항). 따라서 승인을 받은 자가 승인을 받은 사항 중 대통령령으로 정하는 중요한 사항을 변경하려면 산업통상자원부장관의 변경승인을 받아야 하고, 그 밖의 경미한 사항을 변경하려면

산업통상자원부장관에게 신고하여야 한다(대외무역법 제11조 5항).

따라서 수출 또는 수입 승인(제8항에 따라 수출승인을 받은 것으로 보는 경우를 포함한다)의 유효기간은 1년으로 한다. 다만, 산업통상자원부장관은 국내의 물가 안정, 수급 조정, 물품등의 인도 조건 및 거래의 특성을 고려하여 대통령령으로 정하는 바에 따라 유효기간을 달리 정할 수 있다(대외무역법 제11조 3항). 그리고 수출 또는 수입 승인의 유효기간은 대통령령으로 정하는 바에 따라 1년을 초과하지 아니하는 범위에서 산업통상자원부장관의 승인을 받아 연장할 수 있다(대외무역법 제11조 4항).

제2절 수출입의 실적

1. 수출입 실적의 의의

무역업자는 수출입 실적에 따라 각종 사후관리 기준의 결정, 무역금융 한도 결정, 종합무역상사의 지정유지 등 금융 및 세제상의 지원을 받을 수 있다. 따라서 무역업자에게는 수출입 실적이 매우 중요한 개념이며, 수출입 실적 의의를 살펴보면 다음과 같다.

먼저 수출실적이란 산업통상자원부장관이 정하여 고시하는 기준에 해당하는 수출통관액・입금액, 가득액과 수출에 제공되는 외화획득용 원료・기재의 국내공급액을 말한다(대외령 제2조 11호). 여기에서 수출에 제공되는 외화획득용 원료・기재의 국내공급액은, 대외무역법상에 수출의 개념에 포함되지 않지만 수출실적에는 포함된다. 즉 국내에서 무역업자에게 수출용원자재를 공급한 경우로서 이것을 수출실적으로 인정해주는 것은 수출을 진흥하기 위한 정책적인 목적인데 수출물품에 대한 국산원자재의 공급을 촉진하여 외화가득률을 높이기 위함이다.

둘째, 수입실적이란 산업통상자원부장관이 정하여 고시하는 기준에 해당하는 수입통관액 및 지급액을 말한다(대외령 제2조 12호).

2. 수출실적

1) 수출실적의 인정범위

수출실적이란 산업통상자원부장관이 정하여 고시하는 기준에 해당하는 수출통관액・입금액, 가득액과 수출에 제공되는 외화획득용 원료・기재의 국내 공급액을 말한다(대외령 제2조 11호). 따라서 산업통상자원부장관이 정하고 있는 수출실적의 인정범위는 다음과 같다(규정 제25조 1항).

① 수출 중 유상으로 거래되는 수출(대북한 유상반출실적을 포함한다)

② 승인이 면제되는 수출 중 다음의 어느 하나에 해당하는 수출

- 외국에서 개최되는 박람회, 전람회, 견본시, 영화제 등에 출품하기 위하여 무상으로 반출하는 물품 등의 수출로서 현지에서 매각된 것
- 해외에서 투자, 건설, 용역, 플랜트수출, 기타 이에 준하는 사업에 종사하고 있는 우리나라 업자(현지 합작법인 포함)에게 무상으로 송부하기 위하여 반출하는 기계, 시설자재, 근로자용 생활필수품 및 기타 그 사업에 관련하여 사용하는 물품등의 수출 중 해외건설공사에 직접 공하여지는 원료・기재, 공사용 장비 또는 기계류의 수출(수출신고필증에 재반입하지 않는다는 조건이 명시된 분만 해당한다)

③ 수출자 또는 수출 물품등의 제조업자에 대한 외화획득용 원료 또는 물품등의 공급 중 수출에 공하여 지는 것으로 다음의 어느 하나에 해당하는 경우

- 내국신용장[13]에 의한 공급
- 구매확인서[14]에 의한 공급

---

13) 내국신용장(local L/C)이라 함은 한국은행 총재가 정하는 바에 의하여 외국환은행의 장이 발급하여 국내에서 통용되는 신용장(규정 제2조 19호)으로서 외국환은행이 국내에서 생산된 수출용원자재 또는 수출용완제품을 구매(임가공위탁 포함)하고자 하는 업체의 신청에 의하여 개설하는 신용장(무역금융 시행세칙 제27조 1항)을 말한다.

14) 구매확인서란 외화획득용 원료・기재를 구매하려는 경우 또는 구매한 경우 외국환은행의 장 또는 「전자무역 촉진에 관한 법률」 제6조에 따라 산업통상자원부장관이 지정한 전자무역기반사업자(이하 "전자무역기반사업자"라 한다)가 내국신용장에 준하여 발급하

- 산업통상자원부장관이 지정하는 생산자의 수출물품 포장용 골판지 상자의 공급

④ 외국인으로부터 대금을 영수하고 외화획득용 시설기재를 외국인과 임대차계약을 맺은 국내업체에 인도하는 경우

⑤ 외국인으로부터 대금을 영수하고 「자유무역지역의 지정 및 운영에 관한 법률」 제2조의 자유무역지역으로 반입신고한 물품등을 공급하는 경우

⑥ 외국인으로부터 대금을 영수하고 그가 지정하는 자가 국내에 있음으로써 물품등을 외국으로 수출할 수 없는 경우 「관세법」 제154조에 따른 보세구역으로 물품등을 공급하는 경우

⑦ 외화를 받고 외항선박에 선박용품 등 관리에 관한 고시에 따른 내국선박용품을 공급하는 경우

2) 인정금액

수출실적의 인정금액은 다음의 경우를 제외하고는 수출통관액(FOB가격 기준)으로 한다(규정 제26조 1항).

① 중계무역에 의한 수출의 경우에는 "수출금액(FOB가격)에서 수입금액(CIF가격)을 공제한 가득액". 중계무역은 수출입거래가 동시에 한 것으로 이루어지고 중계무역업자는 수입한 금액과 수출한 금액의 차액인 가득액(FOB-CIF)이기에 가득액만 수출실적으로 인정한다.

② 외국인도수출의 경우에는 외국환은행의 입금액(다만, 위탁가공된 물품을 외국에 판매하는 경우에는 판매액에서 원자재 수출금액 및 가공임을 공제한 가득액)

③ 외국에서 개최되는 박람회, 전람회, 견본시, 영화제 등에 출품하기 위하여 무상으로 반출한 물품이 현지에서 매각된 수출은 외국환은행의 입금액.

④ 원양어로에 의한 수출 중 현지경비사용분은 외국환은행의 확인분

는 증서(구매한 경우에는 구매확인서 신청인이 세금계산서를 발급받아 「부가가치세법 시행규칙」 제9조의2에서 정한 기한 내에 신청하여 발급받은 증서에 한한다)를 말하는데(규정 제2조 18호), 내국신용장과 근본적인 차이는 발급은행의 지급의 확약이 없다는 것이다. 자세한 내용은 제8장 외화획득용 원료·기재의 수입에 관한 관리 중 제2절 3항 구매확인서와 내국신용장의 비교를 살펴보면 된다.

⑤ 용역 수출의 경우에는 용역의 수출 · 수입실적의 확인 및 증명 발급기관의 장이 외국환은행을 통해 입금확인한 금액.

⑥ 전자적 형태의 무체물의 수출의 경우에는 한국무역협회장 또는 한국소프트웨어산업협회장이 외국환은행을 통해 입금확인한 금액

⑦ 수출자 또는 수출 물품 등의 제조업자에 대한 외화획득용 원료 또는 물품 등의 공급 중 수출에 공하여 지는 것으로 내국신용장(Local L/C)에 의한 공급, 구매확인서에 의한 공급, 산업통상자원부장관이 지정하는 생산자의 수출 물품 포장용 골판지상자의 공급에 해당하는 경우에는 수출실적의 인정금액은 외국환은행의 결제액 또는 확인액으로 한다.

⑧ 외국인으로부터 대금을 영수하고 외화획득용 시설기재를 외국인과 임대차계약을 맺은 국내업체에 인도하는 경우, 외국인으로부터 대금을 영수하고 「자유무역지역의 지정 및 운영에 관한 법률」 제2조의 자유무역지역으로 반입신고한 물품 등을 공급하는 경우, 외국인으로부터 대금을 영수하고 그가 지정하는 자가 국내에 있음으로써 물품 등을 외국으로 수출할 수 없는 경우 「관세법」 제154조에 따른 보세구역으로 물품 등을 공급하는 경우에는 수출실적의 인정금액은 외국환은행의 입금액으로 한다.

⑨ 외화를 받고 외항선박에 선박용품 등 관리에 관한 고시에 따른 내국선박용품을 공급하는 경우에는 수출실적의 인정금액은 선박용품 등 관리에 관한 고시에 따라 보고된 적재허가서에 기재된 금액으로 한다.

3) 인정시점

수출실적의 인정시점을 다음과 같이 수출신고 수리일, 입금일, 결제일, 허가일자 등 네가지로 나누어 설명할 수 있다.

첫째, 수출실적의 인정시점을 수출신고 수리일로 하는 경우는 다음과 같다(규정 제27조 1항).

① 유상으로 거래되는 수출

② 해외에서 투자, 건설, 용역, 산업설비수출 그 밖에 이에 준하는 사업에 종사하고 있는 우리나라 업자(현지 합작법인 포함)에게 무상으로 송부하기 위

하여 반출하는 시설기재, 원료, 근로자용 생활필수품 및 그 밖에 그 사업에 관련하여 사용하는 물품으로서 주무부장관 또는 주무부장관이 지정한 기관의 장이 확인한 물품(별표 3의 2호 아목)에 해당하는 물품 등의 수출 중 해외건설공사에 직접 공하여지는 원료・기재, 공사용 장비 또는 기계류의 수출(수출신고필증에 재반입하지 않는다는 조건이 명시된 분만 해당)

둘째, 수출실적의 인정시점을 입금일로 하는 경우는 다음과 같다(규정 제27조 1항 단서).

① 유상으로 거래되는 수출 중 용역 또는 전자적 형태의 무체물의 수출

② 외국에서 개최되는 박람회, 전람회, 견본시, 영화제 등에 출품하기 위하여 무상으로 반출하는 물품에 해당하는 물품 등의 수출로서 현지에서 매각된 것

③ 중계무역

④ 외국인도수출

⑤ 외국인으로부터 대금을 영수하고 외화획득용 시설기재를 외국인과 임대차계약을 맺은 국내업체에 인도하는 경우의 수출

⑥ 외국인으로부터 대금을 영수하고 자유무역지역으로 반입신고한 물품 등을 공급하는 경우의 수출

⑦ 외국인으로부터 대금을 영수하고 보세구역으로 물품등을 공급하는 경우의 수출

셋째, 수출실적의 인정시점을 결제일로 하는 경우는 다음과 같다(규정 제27조 2항).

① 내국신용장 또는 구매확인서에 의한 공급 또는 산업통상자원부장관이 지정하는 생산자의 수출 물품 포장용 골판지상자의 공급에 대하여 외국환은행을 통하여 대금을 결제한 경우에는 결제일

② 내국신용장 또는 구매확인서에 의한 공급 또는 산업통상자원부장관이 지정하는 생산자의 수출 물품 포장용 골판지상자의 공급에 대하여 외국환은행을 통하여 대금을 결제하지 아니한 경우에는 당사자간의 대금 결제일

넷째, 수출실적의 인정시점은 허가일자로 하는 경우로 선박용품 등 관리에 관한 고시에 따른 적재허가서에 기재된 허가일자로 한다(규정 제27조 3항).

3. 수입실적

1) 인정범위

수입실적이란 산업통상자원부장관이 정하여 고시하는 기준에 해당하는 수입통관액 및 지급액을 말한다(대외령 제2조 12호). 따라서 산업통상자원부장관이 정하고 있는 수입실적의 인정범위를 보면 대외무역법시행령 제2조 4호의 수입의 정의 중 유상으로 거래되는 수입으로 한다(규정 제25조 2항).

2) 인정금액

수입실적의 인정금액은 수입통관액(CIF가격 기준)으로 한다. 다만, 외국인수수입과 용역 또는 전자적 형태의 무체물의 수입의 경우에는 외국환은행의 지급액으로 한다(규정 제26조 5항).

3) 인정시점

수입실적의 인정시점은 수입신고수리일로 한다. 다만, 외국인수수입과 용역 또는 전자적 형태의 무체물의 수입의 경우에는 지급일로 한다(규정 제27조 4항).

4. 수출입실적 확인 및 증명발급

1) 수출입실적의 확인 및 증명발급

무역업자에 대한 수출입실적의 확인 및 증명발급기관은 한국무역협회장 또는 산업통상자원부장관이 지정하는 기관의 장인 원칙적인 경우(규정 제28조 1항2호)와 외국환은행의 장인 예외적인 경우(규정 제28조 1항 2호)로 나누어 볼 수 있다. 먼저, 수출실적 인정금액의 확인 및 증명 발급기관이 한국무역협회장인 경우는 ① 외국인으로부터 대금을 영수하고 「자유무역지역의 지정 및 운영에 관한 법률」

제2조의 자유무역지역으로 반입신고한 물품 등을 공급하는 경우, ② 외국인으로부터 대금을 영수하고 그가 지정하는 자가 국내에 있음으로써 물품 등을 외국으로 수출할 수 없는 경우 「관세법」 제154조에 따른 보세구역으로 물품 등을 공급하는 경우, ③ 외화를 받고 외항선박에 선박용품 등 관리에 관한 고시에 따른 내국선박용품을 공급하는 경우

그리고 외국환은행의 장이 수출입실적을 확인하고 증명을 발급하는 경우는 다음과 같다(규정 제28조 1항).

① 중계무역에 의한 수출

② 외국인도수출

③ 승인이 면제되는 수출 중 외국에서 개최되는 박람회, 전람회, 견본시, 영화제 등에 출품하기 위해 무상으로 반출하는 물품에 해당하는 물품 등의 수출로서 현지에서 매각된 것

④ 원양어로에 의한 수출

⑤ 용역수출

⑥ 전자적 형태의 무체물의 수출

⑦ 내국신용장 또는 구매확인서에 의한 공급 또는 산업통상자원부장관이 지정하는 생산자의 수출 물품 포장용 골판지상자의 공급

⑧ 외국인으로부터 외화를 영수하고 외화획득용 시설기재를 외국인과 임대차계약을 맺은 국내업체에 인도하는 경우의 수출

⑨ 외국인수수입

다만, 구매확인서에 의한 공급에 따른 수출실적 인정금액의 확인 및 증명 발급기관은 대금을 영수한 외국환은행의 장으로 하며, 당사자간에 대금을 결제한 경우에는 그 구매확인서를 발급한 외국환은행의 장 또는 전자무역기반사업자로 하며, 이 경우 외국환은행의 장 또는 전자무역기반사업자는 당사자간에 대금 결제가 이루어졌음을 증빙하는 서류를 확인하여야 한다(규정 제28조 1항 단서).

수출·수입실적의 확인 및 증명 발급기관으로 지정받으려는 자는 동 증명서 발급에 필요한 인력 및 시설 등을 갖추고 있음을 입증할 수 있는 서류를 첨부하여 산업통상자원부장관에게 신청하여야 한다(규정 제28조 2항). 이에 따라 산업통상

자원부장관은 신청을 받은 경우 필요한 인력 및 시설 등을 갖추고 있는지를 확인하여 수출·수입실적 확인 및 증명 발급기관으로 지정하여야 한다(규정 제28조 3항).

그리고 수출입실적의 확인 및 증명 발급을 받고자 하는 자는 수출실적의 확인 및 증명발급신청서, 수입실적의 확인 및 증명발급신청서에 필요한 서류를 첨부하여 발급기관에 신청하여야 한다(규정 제29조 1항). 발급기관은 수출입 실적 확인 및 증명서를 발급한 때에는 발급대장을 각각 따로 비치하고 발급상황을 기록하여야 한다(규정 제29조 2항).

2) 거래형태상 수출입실적 인정대상 등의 비교

수출입실적의 인정대상, 인정금액, 인정시점, 증명확인 및 발급기관을 정리하면 다음과 같다.

〈표 5-1〉 수출입실적 인정대상 및 인정금액 등의 비교

<table>
<tr><th></th><th colspan="3">인정 범위</th><th>인정 금액</th><th>인정 시점</th><th>증명확인·발급기관</th></tr>
<tr><td rowspan="8">수출실적</td><td rowspan="8">일반수출</td><td>유상으로 거래되는 수출</td><td>유상으로 거래되는 수출(대북한 유상 반출실적 포함)</td><td>수출통관액(FOB)</td><td>수출신고수리일</td><td>한국무역협회</td></tr>
<tr><td colspan="2">중계무역</td><td>가득액(수출통관액 - 수입통관액: FOB - CIF)</td><td>입금일</td><td>외국환은행</td></tr>
<tr><td colspan="2">외국인도수출</td><td>외국환은행의 입금액</td><td>입금일</td><td>외국환은행</td></tr>
<tr><td colspan="2">외국인도수출중 위탁가공된 물품을 외국에 판매하는 경우</td><td>판매액에서 원자재수출 금액 및 가공임을 공제한 가득액</td><td>입금일</td><td>외국환은행</td></tr>
<tr><td colspan="2">원양어로에 의한 수출중 현지 경비 사용분</td><td>외국환은행의 확인분</td><td>-</td><td>외국환은행</td></tr>
<tr><td colspan="2">용역의 수출</td><td>입금 확인액</td><td>입금일</td><td>증명확인기관:한국무역협회장, 한국선주협회장, 한국관광협회장(발급기관:외국환은행)</td></tr>
<tr><td colspan="2">전자적형태의 무체물</td><td>입금 확인액</td><td>입금일</td><td>증명확인기관:한국무역협회, 한국소프트웨어산업협회장
(발급기관:외국환은행)</td></tr>
</table>

<table>
<tr><th></th><th colspan="2">인정 범위</th><th>인정 금액</th><th>인정 시점</th><th>증명확인 · 발급기관</th></tr>
<tr><td rowspan="6"></td><td rowspan="2">수출
승인
면제
대상
물품</td><td>박람회 등에 출품한 물품중 현지에서의 매각분</td><td>외국환은행의 입금액</td><td>입금일</td><td>외국환은행</td></tr>
<tr><td>해외건설공사에 직접 공하여지는 원료, 기재, 공사용 장비 또는 기계류의 수출</td><td>수출통관액(FOB)</td><td>수출신고수리일</td><td>한국무역협회장</td></tr>
<tr><td rowspan="2">외화
획득용
원료의
공급</td><td>내국신용장 및 구매확인서에 의한 공급</td><td rowspan="2">외국환은행의 결제액 또는 확인액</td><td rowspan="2">①결제일
②당사자 간의 대금결 제일</td><td rowspan="3">외국환은행
전자무역기반사업자(당사자 간의 대금결 제시 구매확인서 발급기관이 증빙서류 확인)</td></tr>
<tr><td>수출 물품 포장용 골판지상자의 공급</td></tr>
<tr><td colspan="2">외국인으로부터 외화를 영수하고 외화획득용 시설기재를 외국인과 임대차계약을 맺은 국내업체에 인도하는 경우</td><td>외국환은행의 입금액</td><td>입금일</td></tr>
<tr><td colspan="2">외화를 받고 외항선박에 내국선박용품을 공급하는 경우</td><td>적재허가서에 기재된 금액</td><td>허가일자</td><td>한국무역협회장</td></tr>
<tr><td rowspan="4">수입
실적</td><td rowspan="4">일반
수입</td><td>유상으로 거래되는 수입</td><td>수입통관액(CIF)</td><td>수입신고수리일</td><td>한국무역협회</td></tr>
<tr><td>외국인수수입</td><td>외국환은행의 지급액</td><td>지급일</td><td>외국환은행</td></tr>
<tr><td>용역의 수입</td><td>외국환은행의 지급액</td><td>지급일</td><td>수출과 동일한 기관</td></tr>
<tr><td>전자적 형태 무체물의 수입</td><td>외국환은행의 지급액</td><td>지급일</td><td>수출과 동일한 기관</td></tr>
</table>

5. 용역 또는 전자적 형태의 무체물의 수출입확인

산업통상자원부장관은 용역이나 전자적 형태의 무체물을 수출입한 자가 수출입에 관한 지원을 받기 위하여 수출입 사실의 확인을 신청하면 수출입 확인을 할 수 있다(시행령 제23조 제1항).

1) 수출입 사실의 확인 신청 및 발급

용역의 수출입 사실의 확인 및 실적증명 발급을 받으려는 자는 별지 제24호 서식에 의한 수출·수입실적의 확인 및 증명발급 신청서에 거래 사실을 증명할 수 있는 서류를 첨부하여 다음 각 호의 어느 하나에 해당하는 발급기관의 장에게 신청하여야 한다. 이 경우 발급기관의 장은 수출입 사실의 확인이 가능하고 신청 사실에 하자가 없다고 인정하는 경우에만 별지 제25호 서식에 의한 수출·수입실적의 확인 및 증명서를 발급하여야 한다(규정 제30조 제1항).

① 한국무역협회장

② 한국선주협회장(해운업의 경우만 해당한다)

③ 한국관광협회중앙회장 및 문화체육관광부장관이 지정하는 업종별 관광협회장(관광사업의 경우만 해당한다)

그리고 전자적 형태의 무체물의 수출입 사실의 확인 및 실적증명 발급을 받으려는 자는 별지 제26호 서식에 의한 수출·수입실적의 확인 및 증명발급신청서에 거래 사실을 증명할 수 있는 서류를 첨부하여 한국무역협회장 또는 한국소프트웨어산업협회장에게 신청하여야 한다. 이 경우 한국무역협회장 또는 한국소프트웨어산업협회장은 수출입 사실의 확인이 가능하고 신청 사실에 하자가 없다고 인정하는 경우에만 별지 제27호 서식에 의한 수출·수입실적의 확인 및 증명서를 발급하여야 한다(규정 제30조 제2항).

2) 수출입확인서 발급심사자료의 제출

수출·수입실적의 확인 및 증명 발급기관의 장은 신청인에게 수출·수입실적의 확인 및 증명서의 발급심사를 위하여 필요한 자료의 제출을 요구할 수 있다(규정 제30조 제3항).

3) 수출입확인서 발급현황의 보고

수출·수입실적의 확인 및 증명 발급기관의 장은 수출·수입실적의 확인 및 증명서의 발급현황 등에 관한 매분기 실적을 다음달 20일까지 산업통상자원부장관과 관세청장에게 보고하여야 한다(규정 제30조 제4항).

제3절 수출입 승인

1. 수출입 승인의 개요

1) 수출입 승인의 의의

우리나라 대외무역법에서는 거래물품, 거래형태, 거래지역을 비롯한 대금결제 방법 등에 대하여 관리대상으로 하고 있다.

이는 종전에 무역거래자가 수출입행위시 개별거래마다 산업통상자원부장관(당시 통상산업부장관)의 승인을 얻어야 하는 수출입 승인제를 실시해 왔다. 이러한 거래 건별 승인제는 무역관리의 규제규정으로서 1996년 WTO체제의 출범과 더불어 각종 정부규제의 완화를 통해 원칙적으로 자유화하고 예외적으로 승인을 받도록 하는 "원칙자유 · 예외제한"의 네가티브제(Negative system)로 변경하였다. 또한 긴급을 요하는 물품, 기타 수출입의 절차 간소화를 위하여 필요한 물품의 경우에는 승인면제제도를 운용함으로써 예외적 승인제를 더욱 완화하고 있다. 이에 대한 대외무역법상 규정을 살펴보면 다음과 같다.

물품등의 수출입과 이에 따른 대금을 받거나 지급하는 것은 이 법의 목적의 범위내에서 자유롭게 이루어져야 하며, 무역거래자는 대외신용도 확보 등 자유무역질서의 유지를 위하여 자기 책임하에 해당 거래를 성실하게 이행하여야 한다(대외무역법 제10조 1,2항).

그러나 산업통상자원부장관은 다음의 어느 하나에 해당하는 이행 등을 위하여 필요하다고 인정하여 지정 · 고시하는 물품 등의 수출 또는 수입을 제한하거나 금지할 수 있다(대외무역법 제11조 1항).

① 헌법에 따라 체결 · 공포된 조약과 일반적으로 승인된 국제법규에 따른 의무의 이행

② 생물자원의 보호

③ 교역상대국과의 경제협력 증진

④ 국방상 원활한 물자 수급

⑤ 과학기술의 발전

⑥ 그밖에 통상·산업정책에 필요한 사항으로서 대통령령으로 정하는 사항. 여기서 "대통령령으로 정하는 사항"이란 항공 관련 품목의 안전관리에 관한 사항을 말한다(대외령 제16조).

한편 현행 대외무역법에서 결제부분이 삭제됨에 따라 종전의 수출입 승인기관이었던 외국환은행이 배제되고 종전의 수출입공고 등에서 지정, 고시된 추천기관이 승인기관이 되어, 절차를 간소화하였다.

또한 무역거래자는 본인의 책임하에 신의성실에 따라 무역거래를 이행해야 하며, 수출입 승인에 관련된 대외무역법상의 행정형벌은 허위, 기타 부정한 방법으로 수출입승인 또는 변경승인을 얻거나 그 승인 또는 변경승인을 면제받고 물품을 수출입한 자는 3년 이하의 징역 또는 3천만원 이하의 벌금에 처한다(대외무역법 제54조 1호).

결국, 수출입승인이란 예외적으로 제한하는 품목에 대해 승인절차라는 방법으로 그 품목의 수출입이 가능하도록 해 주는 제도이다.

2) 수출입 승인의 성질

"승인(承認)"이라 함은 공법상, 국가 또는 지방자치단체의 기관이 다른 기관이나 개인의 특정한 행위에 대하여 부여하는 동의·승낙 등의 뜻으로 사용되고 있다. 그러나 그 법적 성질은 인가(認可)적, 허가(許可)적인 것으로 살펴볼 수 있는데, 수출입의 승인제에서는 개인의 특정한 행위의 승인은 그 행정행위의 효력요건이 된다.[15] 따라서 승인은 허가적인 것으로 상대적 금지를 특정한 경우에 해제하여 적법하게 수출입거래행위를 할 수 있도록 자유상태를 회복시켜 주는 행정행위이다.

그러면 수출입 승인의 법적 성질을 살펴보면 다음과 같다.

---

15) 김중한, 전게서, p. 574.

(가) 수출입행위의 전제요건

위에서 살펴본 바와 같이 승인대상물품은 수출 또는 수입하고자 할 때에는 승인을 얻어야 한다. 따라서 승인을 얻지 않은 상태에서는 수출입을 할 수 없으므로 승인은 수출입 이행의 전제가 되어야 한다.

(나) 승인은 기속행위

수출입승인은 법령 규정된 요건을 충족할 경우 이를 이행하여야 한다. 허가와 같이 행정기관에게 주어진 재량행위가 아니며 특정한 행위에 대하여 부여하는 동의라고 볼 수 있다.[16] 따라서 수출입의 승인을 거부할 이유가 없음에도 불구하고 거부하는 경우 위법이 된다.[17]

(다) 산업통상자원부장관의 전속권한

수출입승인은 산업통상자원부장관이 가지고 있는 전속권한이다. 그러나 대외무역법령에 의하여 관계행정기관, 단체의 장, 세관장 등에게 그 권한을 위임 및 위탁을 하고 있다.

(라) 승인은 대인대물의 혼합적 성질

산업통상자원부장관은 수출입승인시 거래주체(對人) 및 거래물품(對物)을 혼합하여 심사한다. 다시 말하면, 대외무역법령에 따라 무역업을 할 수 있는 자인지(수출입거래를 이행하기전 관계행정기관에 인적요건을 갖추어야 하는 물품 ; 특별법에 의한 이중요건), 수출입하고자 하는 물품이 수출입공고 등에 제한되는 품목인지를 심사하여 적격여부를 판단하는 대인 및 대물의 혼합적 성격이다.[18]

(마) 거래이행의 강제성

무역업자는 수출입 승인을 받아 거래를 이행할 때에 승인 받은 내용대로 이행해야 한다. 즉 수출입 승인에는 유효기간을 두어 각각 수출대금의 회수 및 수입대금의 지급을 유효기간 내에 이행해야 하며, 그렇지 않을 시에는 수출입

---

16) 상공부무역정책연구회, 대외무역법, 법문사, 1988, p. 203; 강용찬, 전게서, p. 119.
17) 강이수, 전게서, p. 116.
18) 안광구, 전게서, p. 95; 신동수, 전게서, p. 149; 강용찬, 전게서, p. 120.

승인은 무효가 되는 동시에 제재를 받게 된다. 한편 당초 승인의 유효기간 내에 이행을 하지 못할 때에는 경미한 경우[19]에는 변경신고 그 외의 경우에는 변경승인을 받고 이행해야 한다.

2. 수출입 승인의 대상물품과 승인절차

1) 수출입 승인 대상물품

수출 또는 수입이 제한되는 물품 등을 수출하거나 수입하려는 자는 대통령령으로 정하는 바에 따라 산업통상자원부장관의 승인을 받아야 한다. 다만, 긴급히 처리하여야 하는 물품등과 그 밖에 수출 또는 수입 절차를 간소화하기 위한 물품 등으로서 대통령령으로 정하는 기준에 해당하는 물품 등의 수출 또는 수입은 그러하지 아니하다(대외무역법 제11조 2항).

수출입 승인대상 물품은 수출입공고 대상물품 및 수출입별도공고 대상물품으로, 수출입공고 및 수출입별도공고에 게기되어 있는 물품을 수출입하고자 하는 자는 산업통상자원부장관으로부터 수출입승인을 받아야 한다.

다만, 긴급을 요하는 물품, 수출입절차를 간소화하기 위한 물품, 중계무역물품, 외국인도수출물품, 외국인수수입물품, 선용품 등은 수출입승인이 면제된다.[20]

한편, 플랜트수출 승인물품 및 전략물자공고 대상물품은 승인으로 간주처리[21]하고 별도관리하며, 특정거래형태의 수출입은 승인과는 별도로 인정제도

---

19) 여기서 경미한 경우란 원산지, 도착항(수출에만 해당), 규격, 수출입 물품의 용도(단, 수출입 승인 용도가 지정된 경우) 등의 변경은 당초 승인기관장에게 변경신고를 한다.

20) 수출입 승인대상이 중계무역, 외국인도수출 및 외국인수수입은 국내에서 이루어지는 것이 아니라, 외국에서 외국으로 이루어지는 만큼 수출입 승인과는 관련이 없는 것으로 간주하여 별도의 승인 면제 규정을 두지 않았다. 그러나 이것들에 대해 수출입 승인면제 규정이 없으므로 다른 거래형태와 마찬가지로 수출입 승인을 받아야 하기 때문에 대외무역법의 개정시에는 이를 수출입승인대상에서 명시적으로 제외하였다(1998년 2월 개정). (법 14조 2항 단서 참조)

21) 전략물자의 수출허가(대외무역법 제33조) 플랜트수출의 승인(법 제50조)에 의하여 수출허가를 받거나 수출승인을 얻은 자는 본 수출입승인의 규정에 의한 수출승인을 얻은 것

를 도입하여 별도로 관리하고 있다.

또한 통합공고 대상물품은 대외무역법상 수출입 승인대상에서 제외하여 각 개별법에 의해서만 관리되도록 하고 있다. 즉 대외무역법 이외의 50개 개별법에 의한 수출입제한내용을 통합하여 고시하는 통합공고에 따라 요건확인 등을 받아야 하는 물품은 수출입 승인대상에 포함되지 않는다. 따라서 해당 개별법에서 정하고 있는 바에 따라 요건확인 등을 받은 후 곧바로 세관에 수출신고나 수입신고를 함으로써 수출입을 이행하면 된다.

2) 승인기관

수출입의 승인을 하는 기관은 산업통상자원부장관이다. 산업통상자원부장관은 수출입승인 대상물품등에 대한 다음의 권한을 산업통상자원부장관이 지정하여 고시하는 관계 행정기관 또는 단체의 장에게 위탁한다(대외령 제91조 7항).

① 수출 또는 수입의 승인, 승인의 유효기간 설정 및 연장, 변경승인 및 변경사항 신고의 수리에 관한 권한

② 외화획득용 원료·기재의 수입승인에 관한 권한

③ 산업통상자원부장관이 관장하는 외화획득용 원료·기재에 대한 사후관리에 관한 권한

종전에는 수출입 승인을 얻고자 하면 추천기관의 추천을 받고 외국환은행의 장이 대외무역법에서는 승인을 하였으나, 수출입 승인권한은 1997년 개정된 종전의 추천기관으로 변경 시행하게 되었다. 즉 수출입 승인은 수출입공고 등의 산업통상자원부장관이 지정·고시한 기관 및 단체의 장에게 하게된다(규정 제8조).

3) 수출입 승인요건

수출입 승인기관의 장은 수출입의 승인을 하고자 할 때에는 다음의 각 요건에 합당한지 여부를 확인하여야 한다(규정 제11조).

으로 본다(대외무역법 제14조 6항). 이것은 수출승인의 의제(擬制)로서 특정한 물품수출의 경우 별도의 승인절차 없이도 수출승인으로 간주한다. 한편 의제란 성질이 다른 법률상 같이 취급함을 말한다.

① 수출 · 수입하려는 자가 승인을 받을 수 있는 자격이 있는 자일 것
② 수출 · 수입하려는 물품 등이 수출입공고 및 이 규정에 따른 승인 요건을 충족한 물품 등일 것
③ 수출 · 수입하려는 물품 등의 품목분류번호(HS)의 적용이 적정할 것

4) 수출입 승인 절차

(1) 수출입 승인 신청서류

수출입의 승인을 얻고자 하는 자는 수출의 경우 수출승인신청서류, 수입의 경우에는 수입승인신청서류, 그리고 수출입이 공히 이루어지는 경우에는 수출입승인신청서류, 업체용, 세관용, 승인기관용 및 사본(신청자가 신청한 경우에 한한다)에 다음의 서류를 첨부하여 수출입 승인기관의 장에게 신청하여야 한다(규정 제10조 1항).

① 수출신용장, 수출계약서 또는 주문서(수출의 경우만 해당한다)
② 수입계약서 또는 물품 등 매도확약서(수입의 경우만 해당한다)
③ 수출 또는 수입대행계약서(공급자와 수출자가 다른 경우 및 실수요자와 수입자가 다른 경우만 해당한다)
④ 수출입공고에서 규정한 요건을 충족하는 서류(다만, 해당 승인기관에서 승인 요건의 충족 여부를 확인할 수 있는 경우를 제외한다)

(2) 수출입 승인서의 발급

수출입의 승인신청이 승인요건에 합당한 경우 수출입 승인기관의 장은 각각 수출승인서(규정별지 제3호), 수입승인서(단, 외화획득용 원료의 수입승인일 때에는 외화획득용 원료 수입승인서), 수출입승인서를 각각 업체용, 세관용, 승인기관용(산업통상자원부) 및 사본(신청자가 요청한 경우에 한한다) 등으로 발급하여야 한다. 다만, 수출입 물품등을 분할하여 발급할 수 있다(규정 제10조 2항).

(3) 수출입의 복수승인

하나의 수출 또는 수입에 대하여 둘 이상의 승인을 받아야 하는 경우 각각

의 승인은 상호 독립적으로 받아야 한다. 이 경우 두 번째 이후의 승인기관의 장은 수출입승인서상의 여백에 승인 사항을 표시한다(규정 제13조).

5) 수출입 승인서 기재사항

(1) 수출자(상호 · 주소 · 성명), 무역업 고유번호

수출자의 상호, 주소, 성명 및 무역업 고유번호를 기재한다. 수출자는 대외무역법상 무역업 고유번호를 부여받은 자이어야 한다.

(2) 위탁자(상호 · 주소 · 성명), 사업자 등록번호

일반적인 수출의 경우에는 수출자와 동일하나, 수출대행의 경우에 위탁자(화주)의 상호, 주소, 대표자 성명 및 사업자등록번호를 별도로 기재한다.

(3) 원산지

수출물품의 원산지를 기재한다. 수출물품의 원산지가 우리나라인 경우에는 R.O.K로 기재하여야 한다(강제규정).

(4) 구매자 또는 계약대상자

수출승인신청의 근거서류인 수출신용장상의 개설의뢰인(Name of the Applicant for the Credit) 또는 기타 거래인 경우 계약당사자(수입자)를 기재하되, 수출승인서 발급 근거서류인 수출신용장 또는 계약서와 일치해야 한다.

(5) 신용장 또는 계약서번호

신용장 방식의 거래조건일 때는 신용장 번호(Number of the Credit)를 기재하고, 기타 무신용장방식의 거래일 경우에는 계약서번호를 기재하며, 동 번호는 수출승인 신청시 첨부되는 신용장 또는 계약서번호와 일치하여야 한다. 개설은행의 신용장번호는 통상 신용장상 환어음 표시문언인 drawn under documentary credit No.~의 부분에서도 확인되고 있으며, 모든 선적서류에 명시되어야 한다.

(6) 금액

해당 수출물품의 총 금액을 기재한다.

(7) 결제기간

결제기간란에는 다음과 같이 기재한다(2가지 이상의 결제방식이 혼합되어 있을 때에는 결제방식별로 병기).

① 화환수출신용장에 의한 거래는 일람불 수출신용장(At Sight L/C)에 의한 수출과 기한부 수출신용장(Usance L/C)의 수출이 있는 바, At Sight L/C 거래의 경우에는 at sight, Usance L/C 거래인 경우에는 at~days after sight(or date of B/L)로 결제기간란에 기재한다.

② 추심결제방식에 의한 거래는 선적서류의 인도가 어음의 지급을 조건으로 하고 있느냐, 인수를 조건으로 하고 있느냐에 따라서 지급인도조건(D/P; Documents Against Payment)과 인수인도조건(D/A; Documents Against Acceptance) 거래로 구별할 수 있다.

D/P 조건이란 화환어음의 지급인(수입자)이 수출자가 발행한 일람출급 환어음 대금을 결제하여야만 관계선적서류가 인도되는 거래인 바, 결제기간란에는 At sight로 기재한다.

D/A 조건이란 수출자가 발행한 일람후 또는 선적후 정기출급화환어음의 대금지급 없이 인수행위만 함으로써 선적서류가 인도되는 이른바 인수인도조건을 말한다. 따라서 결제기간란에는 일람후 정기 출급조건일 경우 at~days after sight, 선적후 정기출급조건일 경우 at~days after date of B/L로 기재한다.

③ 송금방식에 의한 수출은 화환수출신용장 또는 추심결제방식과 같은 어음결제방식이 아닌 대금결제방식으로써 수출대금전액을 외화로 영수하는 조건으로 수출하는 거래를 말한다. 대외무역법에서는 송금방식에 의한 수출형태로서 ㉠ 수출대금을 미리 외화로 영수한 후 수출하는 사전송금방식의 수출과 ㉡ 물품의 인도와 동시에 또는 물품의 인도 후에 수출대금을 영수하는 조건인 현물상환불(COD)과 서류상환불(CAD)이 있다.

사전송금방식수출의 경우 결제기간란에는 Payment in Advance 또는 단순히 In Advance로 기재하고, 현물상환불조건 수출(COD/Cash on Delivery)은 결제기간란에는 COD로, 서류상환불조건 수출(CAD/Cash against Documents)은 결제기간란에는 CAD로 기재한다.

④ 기타 위탁한 수출, 현지인도수출 등은 계약서 또는 신용장상의 대금결제방식에 의거 결제기간을 각각 기재한다.

(8) 가격조건

국제무역에 있어서 가격조건은 두 가지 의미로 해석할 수 있는데, 계약물품의 인도장소, 그리고 비용 및 위험부담의 범위에 따라 인도장소 기준조건과 가격구성요소 기준 조건으로 대별된다.

① 인도장소 기준조건: 본 조건의 용어는 물품의 인도장소와 인도방법을 나타낸다. 가령 FOB(Free On Board)의 경우 On Board(갑판상)는 인도장소를 나타내고 있으므로 화물을 선적하여 갑판상에서 인도하면 수출자의 책임은 끝남을 나타낸다(INCOTERMS는 전통적으로 위험부담의 분기점을 ship's rail로 보고 있음). 따라서 선적지인도조건은 인도하는 선적지의 지정지명이나 수출항명이 부기되고, 양륙지인도조건은 지정목적지명 또는 수입항명이 부기된다.

② 가격구성요소 기준조건: 본 조건은 선적지인도를 기준으로 하여 수출자는 수입자 부담의 특정비용을 부담하고 그 비용을 포함하는 가격으로 매매계약을 맺고, 수입자는 수출자가 부담하지 않는 위험과 비용을 부담하는 조건인 바 수출자가 부담하는 비용을 명시하기 위하여 지정목적지 또는 항구명을 부기한다.

(9) 도착항

통상 신용장(또는 계약서)상에 Shipment from~to~로 기재되는 문구 중, to 다음의 도착지(Port of Destination)를 기재한다.

(10) HS 부호

상품의 수출입관리는 수출입공고에 따른다. 수출입공고란 통상산업부장관이 물품의 수출 또는 수입에 대한 제한승인여부, 제한승인 품목의 품목별 수량, 금액, 규격 또는 지역 등의 제한에 관한 사항 및 동 제한에 따른 추천 또는 확인 등에 관한 사항을 종합적으로 규정하고 실시일 전에 이를 공고하는 것을 말한다.

(11) 품명 및 규격

수출신용장(또는 계약서)상의 품목명세와 일치하도록 기재한다. 다만, 소요량증명서 발급, 관세환급, 추천 등을 위하여 신용장상의 상품명세 이상으로 기재하는 것은 무방하다.

(12) 단위 및 수량

수량의 계산단위는 상품의 종류에 따라서 분류되는데, 일반적으로 상품의 수량은 다음과 같이 개수 혹은 도량형에 의하여 계산된다.

① 〈개수〉 상품수 : 개수(Piece), 조(Set), 다스(Doz) 등
포장수 : 상자(Case), 표(Bale), 부대(Bag) 등

② 〈도량형〉 중량 : 톤(Ton), 파운드(lb), Kg
용적 : 입방피트(Cft, cubic feet), 용적톤(M/T, Measurement Ton)
길이 : 야드(Yard), 미터(Meter)
면적 : 평방피트(SF: Square Feet)

용적톤은 운임계산에도 사용되는 계산단위로서 40 cft = 1 M/T이다. 표시방법은 5 M/T 또는 5 ton of 40 cft와 같이 명기한다.

중량표시방법 중 Ton은 Long Ton, Short Ton, Metric Ton으로 구분된다. 특히 More or Less Terms(수량과부족용인조건)일 경우는 용인량의 한도와 과부족 선택권자를 명시한다(예: 5% More or Less at Seller's Option).

(13) 단가 및 금액

해당수출물품의 단가와 금액을 기재한다. 가격조건은 (8)항에 기재되므로 여기에는 기재하지 않는다.

(14) 승인조건 및 유효기간

수출입공고 등의 수출요령에 기재되어 있는 추천기관에서 승인조건을 기재한다. 예를 들면 대외무역관리규정상 특정거래형태별 수출승인조건이라든가, 외국환거래규정상 해당 허가 등의 조건 등을 기재한다.

수출입 승인유효기간은 원칙적으로 1년이다. 다만 경우에 따라 20년의 범위내에서 초과하여 설정할 수 있다.

3. 수출입 승인의 유효기간

대외무역법에서는 대외신용의 유지로 수출을 촉진하고 물자수급의 원활화를 도모하고자 수출입에 대한 유효기간을 채택하고 있다. 이것은 수출입의 승인을 얻은 자가 해당물품의 수출대금의 회수 또는 수입대금의 지급을 하고자 하는 경우에는 수출입의 유효기간[22]내에 이행해야 한다.

수출 또는 수입 승인(제11조 제8항에 따라 수출승인을 받은 것으로 보는 경우를 포함한다)의 유효기간은 1년으로 한다. 다만, 산업통상자원부장관은 국내의 물가 안정, 수급 조정, 물품등의 인도 조건 및 거래의 특성을 고려하여 대통령령으로 정하는 바에 따라 유효기간을 달리 정할 수 있다(대외무역법 제11조 3항).

산업통상자원부장관은 다음의 어느 하나에 해당하는 경우에는 해당 물품등의 수출 또는 수입 승인의 유효기간을 1년 미만으로 하거나 최장 2년의 범위에서 정할 수 있다(대외령 제18조 2항).

① 국내의 물가안정이나 수급 조정을 위하여 수출 또는 수입 승인의 유효기간을 1년 보다 단축할 필요가 있는 경우

② 수출입계약 체결 후 물품등의 제조·가공 기간이 1년을 초과하는 경우

③ 수출입계약 체결 후 물품등이 1년 이내에 선적되거나 도착하기 어려운 경우

22) 유효기간의 기산일을 수출입 승인받은 다음날로 하고, 종료시점은 기간의 마지막 날로 한다. 다만, 마지막날이 공휴일이면 그 다음날로 정한다(민법 제157조, 159조).; 이상호, 민법총칙, 서경대출판부, 1996, p. 361 참조.

④ 제1호부터 제3호까지의 규정 외에 수출입 물품등의 인도 조건 및 거래의 특성을 고려하여 수출 또는 수입 승인의 유효기간을 1년보다 단축하거나 늘릴 필요가 있다고 인정되는 경우

또한 허가의 유효기간(대외무역법 제19조 제2항에 따른 수출허가의 유효기간만 해당한다)이 2년을 초과하는 경우에는 그 기간까지 수출 승인의 유효기간을 정할 수 있다(대외령 제18조 2항 단서). 다음의 어느 하나에 해당하는 경우에는 1년 이내 또는 20년의 범위 내에서 유효기간을 단축 또는 초과하여 설정할 수 있다(규정 제12조).

① 산업통상자원부장관이 물가 안정 또는 수급 조정을 위하여 1년 이내로 유효기간의 단축이 필요하다고 인정하는 경우
② 물품 등의 제조·가공기간이 1년을 초과하는 경우 등 물품 등의 선적 또는 도착기일을 감안하여 1년 이내에 물품 등의 선적이나 도착이 어려울 것으로 수출입 승인기관의 장이 인정하는 경우
③ 수출·수입이 혼합된 거래로서 수출입 승인기관의 장이 부득이하다고 인정하는 경우

4. 수출입 승인사항의 변경승인

1) 수출입 승인사항 변경의 의의

수출입 승인을 얻은 자는 승인을 얻은 방법에 따라 수출입을 이행하여야 한다. 그러나 거래상대방과의 계약변경 등의 사유로 인해 승인을 득한 내용을 변경할 경우가 생긴다. 이러한 경우 사안의 경중에 따라 당초 승인기관에 변경승인을 얻거나 혹은 변경신고를 해야 한다.

2) 수출입 승인사항의 변경승인 · 신고절차

(1) 수출입 승인사항의 변경승인 신고의 대상

수출입 승인을 얻은 사항 중에서 대통령령이 정하는 중요한 사항은 변경승인 대상이며, 그외의 경미한 사항은 변경신고를 한다(대외무역법 제11조 5항, 대외령 제18조 제3항).

① 변경승인대상

여기서 대통령령이 정하는 중요한 사항이란 다음과 같다(대외령 제18조 3항).

• 물품등의 수량, 가격

• 수출 및 수입의 당사자에게 관한 사항

다만, 당사자의 변경은 파산 등 불가피한 경우에 신청한 것이라야 한다(규정 제17조 4항).

② 변경신고대상

수출입승인 사항 중 변경신고의 대상은 다음에 해당되는 경미한 사항으로 당초 승인기관의 장에게 변경신고를 하여야 한다(규정 제16조).

• 원산지

• 도착항(단, 수출의 경우에 한함)

• 규격

• 수출입물품의 용도(단, 수출입승인용도가 지정된 경우에 한함)

• 승인조건

그리고 수출입 승인사항의 변경승인기관의 장은 수출입 승인사항에 관하여 변경신고가 있는 경우 이를 확인한 후 신고를 수리하여야 한다(규정 제18조 2항).

(2) 변경승인 · 신고의 신청과 세관장에의 통보

수출입 승인사항을 변경하고자 하는 자는 당초 승인을 얻은 수출입 승인서 또는 수출입 승인사항 변경승인 · 신고신청서(규정별지 제9호 서식)에 변경사실을 증명하는 서류를 첨부하여 수출입 승인사항의 변경승인 기관의 장에게 신청하여야 한다(규정 제17조 1항).

수출입사항의 변경은 수출입 승인 유효기간 내에 신청하여야 한다. 다만, 수입의 경우로서 수입대금을 지급하고 선적서류를 인수한 후에 수입 승인사항을 변경하고자 하는 때에는 수입승인 유효기간 경과 후에도 변경승인 · 신고를 신청할 수 있다(규정 제17조 2항).

위와 같이 유효기간 경과 후에 승인기관의 장이 변경승인 · 신고수리를 한 때에는 그 변경승인 · 신고사실을 해당 세관장에게 알려야 한다(규정 제17조 3항).

(3) 수출입 승인사항의 변경승인요건

수출입 승인사항의 변경승인기관의 장은 수출입 승인사항을 변경하고자 할 경우에는 다음 각호의 요건에 합당한지 여부를 확인하여야 한다(규정 제18조 1항).

① 수출입승인을 받은 후에 수출입공고에서 수출·수입을 제한하는 사항이 추가된 품목으로서 관계 기관의 장의 허가 등을 추가로 요하는 품목일 때에는 그 허가 등을 받았을 것

② 수출 물품등의 단가를 인하하거나 수입 물품등의 단가를 인상하는 내용의 수출 또는 수입 승인 사항의 변경은 다음 어느 하나에 해당하는 경우일 것

- 거래상대방의 파산 또는 지급거절 등이 현지의 거래은행, 상공회의소 또는 공공기관에 의하여 객관적으로 확인되는 경우에 수출 물품등을 제3자에게 전매하는 경우
- 물품등의 성질과 국제거래관행상 승인 시점에 단가를 확정할 수 없는 경우
- 그 밖에 급격한 시장상황의 변화 등 변경 사유가 불가피하다고 인정되는 경우

③ 변경하려는 내용이 수출신용장, 수출입계약서, 주문서, 물품등매도확약서 등에 명시되어 있을 것. 다만, 수출신용장 등에 명시를 요하지 아니하는 경미한 사항일 경우에는 그러하지 아니하다.

④ 수출대상국가의 변경은 수출제한 사유 등을 고려할 때 타국으로 변경하여도 지장이 없을 것

수출입승인 사항의 변경승인기관의 장은 수출·수입승인 사항에 관하여 변경신고가 있는 경우 이를 확인한 후 신고를 수리하여야 한다(규정 제18조 2항).

제4절 수출입 승인의 면제

1. 수출입 승인면제의 의의

전술한 바와 같이 우리나라의 무역관리는 원칙자유 · 예외제한으로 하고 있다. 따라서 무역거래를 하고자 하는 자는 해당물품이 예외적으로 수출입 승인 대상으로 지정 · 고시된 물품인 때에는 수출입 승인을 받아야 한다.

그러나 예외적인 제한대상인 경우에도 소액거래품, 거래의 성질, 외교상의 이유, 출입국인의 휴대물품 등의 특수성 때문에 수출입 절차의 간편, 신속과 편의를 도모해 주기 위하여 그 적용상의 특례를 인정하고 있다.

2. 수출승인 면제대상

1) 외교관, 기타 산업통상자원부장관이 정하는 자의 특정물품

외교관, 기타 산업통상자원부장관이 정하는 자가 출국하는 경우에 산업통상자원부장관이 정하여 고시하는 물품으로서 본인이 휴대하거나 세관에 신고하고 송부하는 물품의 수출승인의 면제대상은 다음과 같다(대외령 제19조 1호).

① 일시적으로 출국하는 자 또는 일시적으로 입국하여 다시 출국하는 자(선박 또는 항공기에 승무하여 출국하는 승무원을 제외한다)가 출국할 때에 휴대하여 반출하는 물품 또는 별송으로 반출하는 물품으로서 출국의 목적, 여행의 기간, 출국자의 직업 그 밖의 사유에 의하여 세관장이 타당하다고 인정하는 물품

② 외국에 주거를 이주할 목적으로 출국하는 자(외국에서 2년 이상 체류할 예정으로 출국하는 자와 1년 이상 체류할 예정으로 출국하는 자 중 가족을 동반한 자를 말하며 일시적으로 입국하여 출국하는 자는 제외한다)가 출국할 때에 휴대하여 반출하는 이사물품이나 별송으로 반출하는 이사물품으로서 그 출

국의 사유 등에 의하여 세관장이 타당하다고 인정하는 물품

③ 우리나라와 외국간을 왕래하는 선박 또는 항공기의 승무원이 해당 선박 또는 항공기에 승무하여 출국할 때에 휴대하여 반출하는 개인용품으로서 세관장이 타당하다고 인정하는 물품

④ 우리나라에 온 외국의 원수와 그 가족 및 수행원에 속하는 물품으로서 출국시에 반출하는 물품

⑤ 외국정부의 초청으로 파견된 고문관·기술단원, 기타 이에 준하는 자에게 속하는 물품으로서 주무부장관이 확인한 물품

⑥ 해외이주법에 의한 해외이주자가 해외이주를 위하여 반출하는 시설기재 및 원료 등의 물품으로서 외교통상부장관 또는 외교통상부장관이 지정하는 기관의 장이 타당하다고 인정하는 물품

2) 긴급을 요하는 물품

긴급을 요하는 물품으로서 정상적인 수출절차를 밟아 수출하기에 부적합한 물품 중 산업통상자원부장관이 관계행정기관의 장과 협의를 거쳐 고시하는 물품(대외령 제19조 2호 가목)이나, 이 물품에 대해서는 대외무역관리규정의 별표 3에 게기되어 있지 않다.

3) 무역거래를 원활하게 하기 위한 물품

무역거래를 원활하게 하기 위하여 주된 수출에 부수된 거래로서 수출하는 물품의 수출승인의 면제대상은 다음과 같다(대외령 제19조 2호 나목).

① 반출하는 상품의 견품 및 광고용 물품으로서 세관장이 타당하다고 인정하는 물품. 다만, 유상으로 반출하는 경우 미화 1만불 상당액(신고가격기준) 이하의 물품

② 외국에서 개최되는 박람회, 전람회, 견본시, 영화제 등에 출품하기 위하여 무상으로 반출하는 물품

③ 수출된 물품이나 수입된 물품이 계약조건과 상이하거나, 하자보증이행 또는

용도변경 등의 부득이한 사유로 대체 또는 반송을 위하여 반출하는 물품 또는 수출된 물품의 누락이나 부족품에 대하여 보충을 위하여 반출하는 물품

④ 수출품의 성능보장기간 내에 해당물품의 수리 또는 검사를 위하여 반출하는 물품

⑤ 외국환거래법에 의한 허가를 받고 주무부장관의 허가 또는 추천을 받아 반입한 나용선 또는 임차항공기의 반입을 위한 반출물품

⑥ 무환수탁가공무역에 의하여 수입된 원료의 잔량분 또는 수탁판매방식에 의하여 수입된 물품의 판매되지 아니한 잔량분으로서 무상으로 반출하는 물품

⑦ 외국인투자촉진법에 또는 외국환거래법에 의하여 기술도입계약신고를 한 자가 신고된 내용에 따라 기술대가를 현물로 지급하기 위하여 반출하는 물품

⑧ 해외에서 투자, 건설, 용역, 플랜트수출, 기타 이에 준하는 사업에 종사하고 있는 우리나라 업자(현지 합작법인 포함)에게 무상으로 송부하기 위하여 반출하는 시설기재, 원료, 근로자용 생활필수품 및 기타 그 사업에 관련하여 사용하는 물품으로서 주무부장관 또는 주무부장관이 지정한 기관의 장이 확인한 물품

⑨ 수산업법 제41조 및 제42조의 규정에 의하여 해양수산부장관 또는 해양수산부장관이 지정한 기관의 장이 허가를 받은 자가 원양어선에 무상으로 송부하기 위하여 반출하는 물품으로서 해양수산부장관 또는 해양수산부장관이 지정한 기관의 장이 확인한 물품

⑩ 외국정부와의 사업계약을 수행하기 위하여 계약자가 계약조건에 따라 반출하는 업무용품으로서 주무부장관이 확인한 물품

⑪ 우리나라 정부와의 사업계약을 수행하기 위하여 외국의 계약자가 계약조건에 따라 반입한 물품으로서 다시 반출하는 물품

⑫ 우리나라와 외국간을 왕래하는 선박 또는 항공기 안에서 직접 그 선박 또는 항공기용으로 사용될 물품으로서 세관장이 타당하다고 인정하는 물품

⑬ 외국업자의 주문으로 제작되어 해당 수출물품의 생산에 사용된 후 반출하고자 하는 금형

⑭ 그밖의 무역거래를 원활히 하기 위하여 무상으로 반출하는 물품으로서 산업통상자원부장관이 타당하다고 인정하는 물품

4) 주된 사업 목적을 달성하기 위해 수출하는 물품

주된 사업 목적을 달성하기 위하여 부수적으로 수출하는 물품의 면제대상은 다음과 같다(대외령 제19조 2호 다목).

① 다음과 같이 무상으로 반입하여 다시 무상으로 반출하는 물품

㉮ 금속제실린더, 콘테이너, 권사구(卷絲具) 등 물품의 운송을 위하여 반복 사용될 용기 또는 기구

㉯ 우리나라에서 영화를 촬영하기 위하여 입국하는 영화제작자가 반입하는 영화 촬영용 기계 및 기구

㉰ 우리나라에 입국한 순회 흥행업자의 흥행용 물품

㉱ 텔레비전·방송국이 텔레비전 방송을 목적으로 반입한 영화필름

㉲ 공사용(수리용을 포함한다)이나 시험용의 기계 또는 기구

㉳ 우리나라에서 개최된 박람회 등의 종료후 반출되는 물품

㉴ 항공기(부분품을 포함한다) 또는 선박

㉵ 플랜트수출의 이행에 필요하여 반입한 기계 및 장치

㉶ 대학 및 연구기관이 외국으로부터 품질이나 성능검사 등을 위탁받아 반입한 검사의뢰 물품 및 검사장비

② 다음과 같이 무상으로 반입할 예정으로 무상으로 반출하는 물품

㉮ 금속제실린더, 콘테이너, 권사구(卷絲具) 등 물품의 운송을 위하여 반복 사용될 용기 또는 기구

㉯ 항공기(부분품을 포함하다) 또는 선박

㉰ 외국에서 영화(뉴스 포함)를 촬영하기 위하여 제작자가 반출하는 영화촬영에 사용되는 기계·기구로, 해당 영화촬영을 위하여 필요하다고 세관장이 인정하는 물품

③ 외국에서 수리 또는 검사를 받을 목적으로 반출하는 물품이나 국내에서 수리 또는 검사를 받을 목적으로 반입하는 물품으로서 다시 반출하는 물품

5) 무상으로 수출하는 물품

무상으로 수입하여 무상으로 수출하거나, 무상으로 수출할 목적으로 수입하는 것으로서 사업목적의 달성을 위하여 부득이하다고 인정되는 물품의 수출승인의 면제대상은 다음과 같다(대외령 제19조 2호 라목).

① 외국에서 물품을 보세구역에 무상으로 반입하여 가공을 하지 아니하고 다시 무상으로 반출하는 물품

② 외국인투자촉진법에 의하여 외국인투자의 인가를 받은 기업체가 관세법의 규정에 의한 보세공장에서 무상 또는 계정간의 이체방식에 의하여 유상으로 수입한 원료를 가공하여 무상 또는 계정간의 이체방식에 의하여 유상으로 수입한 원료를 가공하여 유상으로 수출하는 물품 및 동 시설보완용 부분품, 소모성 기자재 또는 시설재(단, 산업통상자원부장관이 지정한 기관의 장이 인정하는 경우에 한함)

6) 특정지역에 수출하는 물품

산업통상자원부장관이 정하여 고시하는 지역에 대하여 수출하는 물품의 수출승인의 면제대상은 다음과 같다(대외령 제19조 2호 마목).

① 우리나라 재외공관(대한무역투자진흥공사의 해외무역관을 포함한다) 또는 외교사절 등에 송부하기 위하여 반출하는 공용물품

② 외국에 있는 자에게 증여하기 위하여 반출하는 훈장, 기장, 기타 이에 준하는 물품

③ 해외에 파견된 우리나라 군대에 송부하기 위하여 반출하는 군공용물품

④ 우리나라의 공공기관이 외국의 공공기관에게 우호의 목적으로 기증하기 위하여 반출하는 물품

⑤ 국제운동경기대회에 참가하는 우리나라 선수단에 송부하기 위하여 반출

하는 경기용 물품 및 이에 준하는 물품

⑥ 무상으로 반출하는 구호품

⑦ 산업통상자원부장관이 해외에 반출하는 국내우표와 산업통상자원부장관의 해외우표 판매허가를 받은 자가 산업통상자원부장관의 추천을 얻어 반출하는 국내우표

⑧ 우리나라에 있는 외국의 대사관, 공사관, 영사관, 통상대표공관, 기타 이에 준하는 기관에서 반출하는 공용물품 또는 그 기관에 소속된 외무공무원 및 그 가족이 반출하는 자용물품

⑨ 국제협약 등에 의해 조사자 또는 사찰단이 협약 등에 의한 조사 또는 사찰을 위하여 반출하는 장비, 물품 및 그 구성원의 자용물품

7) 공공성을 가지는 물품

공공성을 가지는 물품이거나 이에 준하는 용도에 사용하기 위한 물품으로서 별도의 수출의 관리가 요구되지 아니하는 물품의 수출승인의 면제대상은 다음과 같다(대외령 제19조 2호 바목).

① 무상으로 송부하기 위하여 반출하는 기록문서와 기타의 서류(사진 및 마이크로필름을 포함한다)

② 뉴스를 취재한 필름이나 녹음테이프 등으로서 우리나라의 신문사, 통신사, 방송국 또는 우리나라에 있는 외국의 신문사, 통신사, 방송국의 특파원이 있는 본사, 지사 또는 주재원 등 앞으로 송부하기 위하여 반출하는 물품

③ 유골(유체를 포함한다)

④ 외국환거래법에 의하여 인정된 용역계약에 따라 문화체육관광부장관의 추천을 얻어 무상으로 반출하는 국산영화

⑤ 외국환은행으로부터 수입물품을 담보로 자금을 융자받은 무역업자의 파산, 해산, 행방불명 등으로 인하여 그 무역업자에 의한 통관이 불가능한 경우에 해당 외국환은행이 담보권 행사를 위하여 보세구역 내에서 반출하는 물품

⑥ 국제공동연구를 위하여 반출하는 연구용기자재 · 원료 또는 국제공동연구의 결과물로서 산업통상자원부장관이 추천한 물품

⑦ 기타 무상으로 반출한 물품 중 목적 · 사유 등에 의하여 세관장이 타당하다고 인정하는 물품

8) 해외이주자의 해외이주시에 반출하는 물품

해외이주법에 의한 해외이주자가 해외이주를 위하여 반출하는 원자재 · 시설재 및 장비로서 외교부장관이나 외교부장관이 지정하는 기관의 장이 인정하는 물품은 수출입승인 면제대상이다(대외령 제19조 4호).

3. 수입승인 면제대상

1) 외교관, 기타 산업통상자원부장관이 정하는 자의 특정물품

외교관, 기타 산업통상자원부장관이 정하는 자가 입국하는 경우에 산업통상자원부장관이 정하여 고시하는 물품으로서 본인이 휴대하거나 세관에 신고하고 송부하는 물품의 수입승인의 면제대상은 다음과 같다(대외령 제19조 1호).

① 일시적으로 입국하는 자 또는 일시적으로 출국하여 다시 입국하는 자(선박 또는 항공기에 승무하여 입국하는 승무원을 제외한다)가 입국할 때에 휴대하여 반입하는 물품이나 별송으로 반입하는 물품으로서 그 입국의 목적, 체류의 기간, 입국자의 직업 등의 사유에 의하여 세관장이 타당하다고 인정하는 물품

② 우리나라로 주거를 이전할 목적으로 입국하는 자(우리나라에서 2년 이상 체류할 예정으로 입국하는 자와 1년 이상 체류할 예정으로 입국하는 자 중 가족을 동반한 자를 말하며 일시적으로 출국하여 다시 입국하는 자를 제외한다)가 입국할 때에 휴대하여 반입하는 이사물품으로서 그 입국의 사유 등에 의하여 세관장이 타당하다고 인정하는 물품

③ 우리나라와 외국간을 왕래하는 선박 또는 항공기의 승무원이 해당 선박

또는 항공기에 승무 하여 입국할 때에 반입하는 개인용품으로서 세관장이 타당하다고 인정하는 물품

④ 우리나라에 온 외국의 원수와 그 가족 및 수행원에 속하는 물품으로서 입국시에 반입하는 물품

⑤ 정부와의 사업계약을 수행하기 위하여 외국의 계약자가 계약조건에 의하여 반입하는 업무용품으로서 주무부장관이 확인을 받아 반입하는 물품

⑥ 정부의 초빙이나 국제연합 또는 외국의 정부로부터 우리나라에 파견된 고문관, 사절단원의 업무용 물품

2) 긴급을 요하는 물품

긴급을 요하는 물품으로서 정상적인 수입절차를 밟아 수입하기에 부적합한 물품의 수입승인의 면제대상은 다음과 같다(대외령 제19조 2호).

① 조난선박의 수리 또는 구호에 필요한 비용과 해당 선박이 항해를 계속하는데 필요한 비용을 조달하기 위하여 매각하는 그 선박의 적재물품으로서 세관장이 부득이하다고 인정하여 반입하는 물품

② 긴급을 요하는 항공기의 부분품(항공용 유류 및 비상구급용품을 포함한다), 공항내에서 항공기에 전용되는 지원장비의 부분품, 수리용품 및 수리용원료를 구매 또는 임차함에 있어서 그 구매절차에 의하여는 적기에 공급이 불가능하다고 국토해양부장관 또는 국토해양부장관이 지정한 항공관계 전문기관의 장이 인정하여 반입하는 물품. 다만, 항공법 제112조의 규정에 의하여 면허를 받아 정기항공운송사업을 영위하는 자가 구매 또는 임차하는 경우에는 세관장이 인정하여 반입하는 물품

③ 긴급을 요하는 국제통신시설의 수리용 부품과 기기를 구매 또는 임차함에 있어서 일반적인 절차에 의하여서는 적기에 공급이 불가능하다고 방송통신위원회위원장이 인정하여 반입하는 물품

④ 긴급을 요하는 해난구조용품으로서 일반적인 절차에 의하여는 적기공급이 불가능하다고 해양수산부장관 또는 해양수산부장관이 지정한 해난관계 전문기관의 장이 인정하여 반입하는 물품

⑤ 긴급을 요하는 견품으로서 일반적인 절차에 의하여는 적기 공급이 불가능하다고 세관장이 인정하는 물품

3) 무역거래를 원활하게 하기 위하여 수입하는 물품

무역거래를 원활하게 하기 위하여 주된 수입에 부수된 거래로서 수입하는 물품의 수입승인의 면제대상은 다음과 같다(대외령 제19조2호 나목).

① 반입하는 상품의 견품 및 광고용 물품으로서 세관장이 타당하다고 인정하는 물품. 다만, 유상으로 반입하는 경우 미화 5만불 상당액 이하(과세가격 기준)의 물품

② 상품의 견품 또는 광고용 물품 제조용 원료로서 세관장이 타당하다고 인정하는 물품

③ 우리나라에서 수출된 물품으로서 수출할 때의 성질 및 형상을 변경하지 아니 하고 다시 반입하는 물품

④ 수입된 물품이나 수출된 물품이 계약조건과 상이하거나, 하자보증이행 또는 용도변경 등의 부득이한 사유로 대체를 위하여 반입하는 물품 또는 수입된 물품의 누락이나 부족품에 대하여 보충을 위하여 반입하는 물품

⑤ 수입물품의 하자보증기간 내에 동 물품의 유지보수 및 성능보장을 위해 해당물품의 수출자가 무상으로 공급하는 물품

⑥ 수출물품의 성능보장기간 내에 해당물품의 수리 또는 검사를 위하여 반출한 물품으로 다시 반입하는 물품

⑦ 수출물품의 제조·가공에 공할 일부 외화획득용 원료로서 세관장이 해당 수출계약 이행에 필요하다고 인정하여 무상으로 반입하는 물품

⑧ 무상으로 반입하는 라벨(LABEL), 택(TAG) 등 부자재

⑨ 외국환거래법에 의한 허가를 받고 주무부장관의 허가 또는 추천을 받아 반입하는 나용선과 산업통상자원부장관의 추천을 받아 반입하는 임차항공기. 다만, 장래 소유권이 이전되는 국적취득조건부의 것을 제외한다.

⑩ 위탁가공무역에 의하여 수출된 원료의 잔량분으로서 무상으로 반입하는 물품

⑪ 해외에서 투자, 건설, 용역, 플랜트수출, 기타 이에 준하는 사업을 행하고 있는 우리나라 업자가 현지에서 사용한 후 무상으로 반입하는 물품으로서 주무부 장관 또는 주무부장관이 지정한 기관의 장이 확인한 물품

⑫ 우리나라의 법령에 의하여 설치된 허가나 인가 등을 받은 외국상사의 지사나 출장소 등에 무상으로 송부된 사무용품, 소모품, 기타 이에 준하는 물품으로서 세관장이 타당하다고 인정하여 반입하는 물품

⑬ 건설용역, 기타 이에 준하는 업무에 종사하기 위하여 우리나라에 체류하는 외국인의 자용품으로서 세관장이 타당하다고 인정하여 반입하는 물품

⑭ 우리나라에서 외국간을 왕래하는 선박 또는 항공기 안에서 직접 그 선박 또는 항공기용으로 사용될 물품으로서 해당 운항사업을 행하는 자(해당 사업의 대리인을 포함한다)에게 무상으로 송부되어 오는 물품

⑮ 수출계약의 이행을 위하여 무상으로 반입하는 소모성 자재 또는 시료로서 해당 수출물품의 성능, 시험검사를 위하여 필요하다고 세관장이 인정하는 물품

⑯ 항공산업용으로 도입하는 중고 치공구

⑰ 기타 무역거래를 원활히 하기 위하여 무상으로 반입하는 물품으로서 산업통상자원부장관이 타당하다고 인정하는 물품

4) 주된 사업 목적을 달성하기 위해 수입하는 물품

주된 사업목적을 달성하기 위하여 부수적으로 수입하는 물품의 수입승인의 면제대상은 다음과 같다(대외령 제19조 2호 다목).

① 다음과 같이 무상으로 반출할 예정으로 무상으로 반입하는 물품

㉮ 외국의 신문사, 통신사 또는 방송국의 특파원으로서 우리나라에 파견된 자가 뉴스의 취재용으로 반입하는 필름 또는 녹음테이프

㉯ 금속제 실린더, 콘테이너, 권사구 등 물품의 운송을 위하여 반복 사용되는 용기 또는 기구

㉰ 우리나라에서 영화를 촬영하기 위하여 입국하는 영화제작자가 반입하는 영화 촬영용 기계·기구로서 해당 영화촬영을 위하여 필요하다고

세관장이 인정하는 물품

㉱ 우리나라에 입국하는 순회 흥행업자의 흥행용 물품

㉲ 텔레비전 방송국이 텔레비전 방송을 목적으로 반입한 영화필름

㉳ 공사용(수리용을 포함한다)이나 시험용의 기계 또는 기구

㉴ 우리나라에서 개최한 박람회, 전시회, 견본시, 영화제 등에 출품하기 위한 물품

㉵ 항공기(부분품을 포함한다) 또는 선박

㉶ 산업설비수출의 이행에 필요하여 반입하는 기계 또는 장치로서 한국기계공업진흥회장이 추천하는 물품

㉸ 대학 및 연구기관에 외국으로부터 품질이나 성능검사 등을 위탁받아 반입하는 검사의뢰 물품 및 검사장비

② 다음과 같이 무상으로 반출된 물품을 다시 무상으로 반입하는 물품

㉮ 금속제실린더, 콘테이너, 권사구 등 물품의 운송을 위하여 반복 사용되는 용기 또는 기구

㉯ 항공기(부분품을 포함한다) 또는 선박

㉰ 외국에서 영화(뉴스필름 포함)를 촬영하기 위하여 영화제작자가 반출한 영화 촬영용의 기계・기구

㉱ 외국에서 개최된 박람회, 전시회, 견본시, 영화제 등에 출품된 물품으로서 반송되어 온 물품

㉲ 해외에서 투자, 건설, 용역, 플랜트수출, 기타 이에 준하는 사업에 종사하고 있는 우리나라 업자(현지합작법인 포함)에게 무상으로 송부하기 위하여 반출한 시설기재, 원료, 근로자용 생활필수품, 기타 그 사업에 관련하여 사용한 물품

㉳ 수산업법 제41조 및 제42조의 규정에 의하여 해양수산부장관 또는 해양수산부장관이 지정한 기관의 장이 허가를 받은 자가 원양어선에 무상으로 송부하기 위하여 반출한 물품

③ 외국에서 수리 또는 검사를 받을 목적으로 반출한 물품을 반입하거나 국내에서 수리 또는 검사를 받을 목적으로 외국으로부터 반입하는 물품

5) 무상으로 수입하는 물품

무상으로 수출하여 무상으로 수입하거나, 무상으로 수입할 목적으로 수출하는 것으로서 사업목적의 달성을 위하여 부득이하다고 인정되는 물품의 수입승인의 면제대상은 다음과 같다(대외령 제19조 2호 다목).

① 외국인투자촉진법에 의하여 외국인투자의 인가를 받은 기업체가 관세법의 규정에 의한 보세공장에서 가공할 것을 목적으로 무상 또는 계정간의 이체방식에 의하여 유상으로 수입하는 원료 및 시설보완용 부분품, 소모성 기자재 또는 시설재(단, 산업통상자원부장관이 지정한 기관의 장이 인정하는 경우에 한함)

② 관세법의 규정에 의하여 보세판매장 설영특허를 받은 자의 판매용 물품으로서 관세청장이 산업통상자원부장관과 협의하여 지정하는 물품

6) 특정지역으로부터 수입하는 물품

산업통상자원부장관이 정하여 고시하는 지역으로부터 수입하는 물품의 수입승인의 면제대상은 다음과 같다(대외령 제19조 2호 마목).

① 국가원수에게 반입되는 물품

② 우리나라에 있는 자에게 증여하기 위하여 반입되는 훈장, 기장, 기타 이에 준하는 물품

③ 외국에 있는 우리나라의 군대, 군함 또는 공관으로부터 반입되는 공용물품

④ 사원, 교회 등에 기증된 식전용품 및 예배용품으로서 세관장이 타당하다고 인정하여 반입되는 물품

⑤ 자선 또는 구호의 목적으로 기증된 급영품 및 「관세법」 제91조 제2호에 따른 기획재정부령에 의하여 지정된 구호시설과 사회복지시설에 기증되어 직접 사회복지용에 공하는 물품으로서 세관장이 타당하다고 인정하여 반입하는 물품

⑥ 학교, 박물관, 물품진열소 그 밖에 「관세법」 제90조 제1항 제2호 및 제4호에 따라 지정한 시설에 표본, 참고품, 학술연구 또는 교육용에 직접 공하

는 세관장이 타당하다고 인정하여 반입되는 물품

⑦ 외국의 공공기관으로부터 우리나라 공공기관에 우호의 목적으로 기증되어 반입되는 물품

⑧ 정부 또는 지방자치단체에 기증된 물품으로서 해당 기관이 직접 사용하는 물품과 해당 기관에서 실시하는 공공사업에 공하기 위하여 반입되는 물품

⑨ 국제연합교육과학문화기구(유네스코)에서 발행하는 유네스코쿠폰과 교환으로 송부되어 반입하는 물품

⑩ 우리나라에 있는 외국의 대사관, 공사관, 영사관, 통상대표기관, 기타 이에 준하는 기관에서 반입하는 공용물품, 기타 그 기관에 소속되는 외국 공무원 및 그 가족이 반입하는 자용품

⑪ 박물관 및 미술관진흥법에 의해 등록된 박물관 또는 미술관(설립자가 법인인 박물관 또는 미술관에 한함)이 같은 박물관 또는 미술관에 전시할 목적으로 수입하는 물품으로 국토해양부장관의 추천을 받은 물품

⑫ 국제운동경기에 참가한 우리나라 선수단의 경기용 물품 및 이에 준하는 물품으로 반출하였다가 다시 반입하는 물품

⑬ 국제협약 등에 의한 조사단 또는 사찰단이 협약 등에 의한 조사 또는 사찰을 위하여 반입하는 장비, 물품 및 그 구성원의 자용물품

7) 공공성을 가지는 물품

공공성을 가지는 물품이거나 이에 준하는 용도에 사용하기 위한 물품으로서 별도의 수입의 관리가 요구되지 아니하는 물품의 수입승인의 면제대상은 다음과 같다(대외령 제19조 2호 바목).

① 무상으로 반입하는 간행물, 기록문서와 기타의 서류(사진 및 마이크로필름을 포함한다)

② 해상사고로 인하여 우리나라 선박이 침몰 또는 폐선된 경우에 그 외국가해자로부터 현물배상으로서 제공받아 해외공관장의 확인을 얻어 반입하는 선박

③ 우리나라의 선박 또는 항공기가 조난으로 인하여 해체된 경우에 반입하는 해체물품 및 장비품

④ 우리나라에서 출항한 선박 또는 항공기로 반출한 물품으로서 해당 선박 또는 항공기의 사고로 인하여 다시 반입하는 물품

⑤ 우리나라의 선박 또는 항공기가 국외에서 고장으로 인하여 분리된 부분품(현지 수리후 반입하는 것을 말한다)

⑥ 관세법 제144조에 따라 선박 또는 항공기의 전환이 있는 경우에 해당 선박 또는 항공기에 적재되어 있는 선박용 또는 항공기용품으로서 세관장이 타당하다고 인정하는 물품

⑦ 유골(유체를 포함한다)

⑧ 외국환은행으로부터 수입물품을 담보로 자금을 융자받은 수출입업자의 파산, 해산, 행방불명 등으로 인하여 그 수출입업자에 의한 통관이 불능한 경우에 해당 외국환은행이 담보권 행사를 위하여 보세구역으로부터 다른 지역으로 반입하는 물품

⑨ 외국환거래법 제18조의 규정에 의하여 기획재정부장관가 정하는 바에 따라 지급을 인정하는 것으로서 다음에 게기된 물품

- 외항운송업자가 경상운항경비로 구입하여 그 선박 또는 항공기용으로 사용된 식용품 및 서비스용품
- 자기치료를 위한 미화 2천달러 이하의 의약품으로서 식품의약품안정청장이 추천한 물품. 다만, 일정한 치료주기가 필요한 물품에 한하여 치료주기에 대한 소요량을 명기한 경우와 각 개인에 대한 진단서를 첨부하여 2인 이사에 필요한 의약품을 수입하는 경우 2천달러 이상의 경우라도 추천할 수 있다.
- 운송사업자가 외국항공기에 공급하기 위하여 반입하는 식용품 및 관세법 제2조 제10호에 따른 기용품

⑩ 국제공동연구를 위하여 반입하는 연구용기자재・원료 또는 국제공동연구결과물로서 산업통상자원부장관이 수입 추천하는 물품

⑪ 시험・연구를 위하여 반입하는 물품으로서 산업통상자원부장관이 추천한 물품

⑫ 신문사, 통신사 또는 방송국의 해외지사에서 구입·사용후 내용연한이 경과된 방송·촬영장비중 무상으로 반입하는 것으로, 반입목적 등의 사유에 의하여 그 타당성이 인정되어 산업통상자원부장관이 주무부장관과 협의하여 수입추천하는 물품

⑬ 국내거주자가 자가사용을 위하여 정보통신망 등을 이용하여 구매신청 후 대금을 지급하는 거래에 의하여 외국으로부터 우편 등으로 반입하는 물품으로서, 가격 및 수량 등 그 반입의 목적·사유에 의하여 세관장이 타당하다고 인정하는 경우

8) 외국환거래가 수반되지 않는 물품 등의 수입

외국환거래가 수반되지 아니하고 수입하는 물품으로서 다음과 같이 산업통상자원부장관이 정하여 고시하는 기준에 해당하는 물품, 즉 그 반입의 목적, 사유 등에 의하여 세관장이 타당하다고 인정하는 물품으로서 과세가격이 500만원을 초과하는 수입에 대하여 수입승인서의 제출을 요구할 수 있다(규정 제20조).

제6장 물품의 수출입공고

제1절 수출입공고의 개념과 원칙

1. 수출입공고의 의의

수출입공고란 산업통상자원부장관이 승인대상 물품의 품목별 수량 · 금액 · 규격 및 수출 또는 수입 지역 등의 한정 등 물품의 수출 또는 수입 및 절차 등을 정하여 공고하는 것으로서 수출입 품목관리를 위한 기본공고라 할 수 있다. 다시 말해 수출입공고란 수출입 물품에 대한 제한여부에 관한 공고라 할 수 있다.

한편, 대외무역법에서는 산업통상자원부장관은 필요하다고 인정하면 승인대상 물품등의 품목별 수량 · 금액 · 규격 및 수출 또는 수입지역 등을 한정할 수 있으며, 이에 따른 제한 · 금지, 승인, 신고, 한정 및 그 절차 등을 정한 경우에는 이를 공고하여야 한다(대외무역법 제11조 6-7항).

수출입공고에는 대외무역법상에 의한 규정인 수출입공고와 특별법에 의한 통합공고제도가 있다. 따라서 수출입을 하고자 하는 자는 먼저 무역을 할 수 있는 요건을 얻은 후에 그 해당품목의 수출입 승인이전 해당품목의 수출입에 제한되는지의 여부에 대해 사전점검 후 만일 그 해당품목이 규제조치에 해당할 경우 이 규제를 해제할 수 있는 요건을 갖추어야 적법하게 수출입 승인을 받을 수 있다.

2. 수출입공고의 책정원칙

수출입공고는 우리나라의 국제수지 및 외국과의 통상관계 등을 고려하면서 한편으로는 무역자유화를 대원칙으로 하여 책정된다.

대외무역을 진흥하고 공정한 거래질서를 확립하여 국제수지의 균형과 통상확대를 도모함으로써 국민경제의 발전을 도모하기 위하여 무역의 자유화, 특히 수입의 자유화는 외국의 수입개방압력에 능동적으로 대처하여 우리나라 수출을 지속적으로 증대시키기 위하여 필연적인 추세라고 할 수 있다.

따라서 수출의 경우에는 국내자원 보호상 필요한 경우와 외국의 수입쿼터 품목 및 수출자율규제품목 등 수출의 관리가 필요한 품목이나 국내물자수급 조정 품목 이외에는 원칙적으로 장려하고, 수입의 경우에도 공안·도덕·풍속을 해치거나 불요불급한 사치성 소비재품목의 수입을 제한하는 외에 국내 1차산업, 유치산업 및 기간산업의 보호 등을 위하여 수입을 조정하는 경우가 있다.

3. 수출입공고의 표시방법

수출입공고는 수출입 품목관리 체계의 기본이 되는 것으로 우리나라는 현재 "원칙자유·예외적 제한"의 원칙을 담고 있는 Negative List System 방식을 1967년 7월 25일부터 시행하고 있다. 이는 1967년 우리나라가 GATT에 가입하면서 수출입품목 관리체계를 종전의 "원칙제한·예외적 자유"인 Positive List System에서 전환된 것이다.

Positive List System은 수출입공고에 수출 또는 수입이 허용되는 품목만 표시하고 여기에 표시되지 않은 품목은 원칙적으로 수출 또는 수입이 제한 또는 금지되도록 하는 수출입공고의 품목표시방법으로 국내산업이 아직 타국과의 경쟁상태에 이르지 못한 국가에서 자국의 산업보호를 위해 실시하고 있다.

한편 Negative List System은 수출입공고에 수출 또는 수입의 제한 내지 금지품목만을 표시하고 여기에 표시되지 않은 기타 품목은 수출 또는 수입 허용되도록 하는 수출입공고의 품목표시방법으로서, 다음과 같은 목적에 따라 시행하고 있다.

- 무역의 자유화
- 국내상품과 외국상품과의 경쟁으로 국내산업의 체질개선
- 일반대중의 소비생활 향상

제2절 수출입품목 분류방법 및 구분

1. SITC(표준국제무역분류)

국제무역은 1950년대에 들어서면서 구조의 변화, 무역의 다양화 등에 따라 세계 각국이 적용할 수 있는 공통적인 품목분류방법이 요구되었다.

이에 따라서 국제연합(UN) 경제사회이사회는 UN통계분과위원회의 추천으로 1950년 7월 21일 무역상품의 분류방법으로 SITC(Standard International Trade Classification)를 발표하고, 이 방법에 의해 국가별 경제분석과 상품별 무역통계를 작성하였다. 또한 UN경제사회이사회는 각국의 통계작성에 적용할 것을 권고하였으며, 세계 대부분의 국가가 적용하였고, 우리나라에서도 1955년부터 SKTC(Standard Korean Trade Classification)을 제정하여 사용하였다.

SITC의 분류체계의 특징은 경제분석을 하는 데 있어서 통계를 식료품・원료가공품・화공약품・기계 및 운반기구와 같이 물품의 종류별로 구분해서 표현하여야 되고 그 조립단계별 및 산업원천별로 나타내어야 되므로 원료품・중간제품・완제품 등이 집단으로 종합되고 있다. 1985년 5월 3차 개정된 현행 SITC는 약 45,000개의 품목을 3,119개의 기본항목으로 분류하고, 기본항목을 261개의 집단으로, 집단을 67개로, 그리고 유(類)를 10개의 부(section)로 분류하고 있다.

2. CCCN(관세협력이사회 상품분류표)

유럽관세동맹의 추진을 목표로 1952년에 탄생한 후 세계 각국이 가맹국이 됨으로써 세계적인 관세기구가 된 관세협력이사회(The Customs Cooperation Council; CCC)는 1950년에 체결된 "관세율표에서의 상품분류를 위한 품목표에 관한 조약"에 의거, 1937년에 이미 작성된 바 있는 제네바 관세품목표를 토대로 하여 1955년 7월 브뤼셀 관세품목분류(Brussels Tariff Nomenclature; BTN)를 작성하고 국제적으로 통일된 관세품목분류의 실현을 위한 기초를 마련하였다.

BTN방식은 그 동안 각국의 관세율표상의 품목분류가 통일되지 않음으로써 유발되는 각국간의 오해와 통계상의 불일치를 해소하는 데 크게 기여하였다. 이로써 무역상품의 분류에 국제적 통일성이 갖춰지고 관세품목분류가 간결·단순하게 되었다. 또한 세관용어까지 통일됨으로써 일반의 이해를 증진시키고 국제적 관세교섭을 간소화하게 되었다.

우리나라는 1962년부터 관세율표와 품목분류를 BTN방식으로 하였다. 그 후 1976년 6월, CCC총회에서 BTN이라는 명칭을 관세협력이사회(CCC Nomenclature)의 명칭을 딴 CCCN(CCC Nomenclature)을 개칭하고 내용은 BTN과 같이 그대로 사용하여 왔다. 이 CCCN 분류방식은 다음과 같은 네 가지를 종합적으로 고려하여 이루어졌다.[1]

- 원료를 중심으로 한 분류
- 제조과정을 중심으로 분류
- 노동과정을 중심으로 한 분류
- 용도를 중심으로 한 분류

따라서 원재료로부터 각종 제품까지를 계통적으로 분류하고 21부(section)·99류(chapter)·1,011호(heading)의 대·중·소 3항으로 분류하고 채택국가는 자국 실정에 맞게 heading을 다시 세분화할 수 있도록 하였다.

---

1) 강용찬, 전게서, pp. 156~157.

CCCN은 조직적인 분류체계를 갖추고 적용상의 분류통칙과 규제력을 가지는 주해가 있으므로, 최대한의 용이성과 정밀성 및 적용상의 정확을 기할 수 있다. 따라서 분류항목의 명칭이 구체적으로 표기되어 있고, 분류항목마다 적용되는 범위에 대한 수출입 CCCN 분류색인서(Alphabetical Index to the Bussels Nomenclature & Explanatary Notes)가 있으므로 정확한 분류를 할 수 있었다.

3. HS(조화제도)

종전의 SITC, CCCN 중심의 상품분류체계에서는 세목의 비교가 어렵고, 무역거래에 불편을 주어 시간과 경비가 많이 소요되었으며, 다양화되는 무역구조 기술의 진보에 따른 신상품의 등장에 따라서 새로운 체계의 품목분류방법이 요구되었다.

따라서 무역통계에 종사하는 자의 사용을 용이하게 하여 국제무역의 원활화를 도모하고자 그 동안 다양화되었던 상품분류체계인 SITC, CCCN, TSUSA 등을 통일적으로 적용하기 위하여 CCCN을 골격으로 한 새로운 국제통일상품분류체계인 국제통일상품명 및 코딩시스템(The Harmonized Commodity Description and Coding System)을 만들었는데, 이를 통상 Harmonized System (조화제도, 약칭 HS)이라고 한다.

그리고 HS제도는 1973년 개발을 선언한 후 1983년 6월 정식으로 국제협약(International Convention on the Harmonized Commidity Description and Coding system; 통일상품분류에 관한 국제협약, 약칭 HS협약)을 채택하였다

이 협약은 1988년 1월 1일부터 시행하도록 되어 있었으며, 우리나라를 비롯한 대다수의 국가가 시행하고 있으며, 체약국들에게 자국의 관세율표와 통계품목표를 HS에 일치시킬 의무를 부과하고 있다.

그리고 HS는 6단위 이하로 더 세분하여 사용할 수 있으나 관세율표와 통계품목상의 6단위까지는 첨가 또는 감축 등의 변경을 하지 않고 그대로 사용해

야 하며, 이 HS분류는 거래부(section)에 97개의 류(chapter)[2)]를 두고 1,241개의 호(heading)로 분류되어 있다. 각 품목분류방식의 비교표와 무역상품 분류의 변천, 그리고 품목분류표를 보면 다음과 같다.

〈표 6-1〉 대품목분류 비교

SITC	BTN / CCCN	HS
10 section	21 section	21 section(部)
67 division	99 chapter	97 chapter(類; 2단위)*
261 group	1,011 heading	1,241 heading(號; 4단위)
3,119 basic item		5,019 sub-heading(小號; 6단위)
총대상 45,000 품목	총대상 60,000 품목	총대상 60,000 품목

* HS에서 제98류, 제99류는 유보.

〈표 6-2〉 무역상품 분류의 변천

연대구분	변천내용	용 도	주 관
1853	• 국제통일 관세율표 및 통계표의 필요성 인식	관세 · 통계	국제통상회의
1889	• 알파벳순 상품분류 (영어, 포르투칼어, 스페인어)	관세 · 통계	미주국 제1차 국제회의
1931	• 제네바 상품분류표	관 세	국제연맹
1950	• SITC 제정 및 채택권고	통 계	UN
1950	• BTN 협약성립	관 세	CCC
1959	• BTN 발효	관 세	CCC
1973	• HS 개발결의	관세 · 무역	CCC(쿄토총회)
1976	• BTN CCCN으로 개칭	관 세	CCC
1983	• HS 협약 채택	관세 · 무역	CCC
1987	• HS 협약 발효	관세 · 무역	CCC

자료 : 김재식, 상품학, 두남, 2000. p. 41.

2) CCCN의 99개류에서 제77류, 제98류, 제99류를 유보하여 96개의 류이나 이 중 제77류는 신상품이 나오면 사용하기 위해 공란(Blank)으로 두었다.

〈표 6-3〉 HS에 의한 상품분류

제1부 산동물 및 동물성 생산품

제1류 산동물
제2류 육과 식용설육
제3류 어류 · 갑각류 · 연체동물 및 기타 수생 무척추동물
제4류 낙농품 · 조란 · 천연꿀 및 다른 류에 분류되지 아니한 식용의 동물성 생산품
제5류 다른 류에 분류되지 아니한 동물성 생산품

제2부 식물성 생산품

제6류 산 수목과 기타 식물 및 인경 · 뿌리 및 이와 유사한 물품과 절화(切化) 및 장식용의 잎
제7류 식용의 채소 · 뿌리 및 괴경
제8류 식용의 과실 및 견과류와 감귤류 또는 멜론의 껍질
제9류 커피 · 차 · 마태 및 향신료
제10류 곡물
제11류 제분공업의 생산품과 맥아 · 전분 · 이눌린 및 밀의 글루텐
제12류 채유용에 적합한 종자와 과실, 각종의 종자와 과실, 공업용 또는 의약용의 식물 및 짚과 사료용 식물
제13류 락(lac), 검(gum) · 수지 및 기타의 식물성 액즙과 엑기스
제14류 식물성 편조물용 재료와 다른 류에 분류되지 아니한 식물성 생산품

제3부 동식물성의 유지 및 이들의 분해 생산물, 조제식용지와 동식물성의 납(蠟)

제15류 동식물성의 유지 및 이들의 분해 생산물, 조제식용지와 동식물성의 납(蠟)
제32류 유연 또는 염색엑스, 탄닌과 그들의 유도체, 염료 · 안료와 기타 착색제, 페인트와 바니쉬, 퍼티와 기타 매스틱 및 잉크
제33류 정유와 레지노이드 및 조제향료와 화장품류 또는 화장용품류

제4부 조제식료품과 음료 · 알코올 · 식초 및 담배와 제조한 담배 대용물

제16류 육류 · 어류 · 갑각류 · 연체동물 또는 기타 수행 무척추동물의 조제품
제17류 당류와 설탕과자
제18류 코코아와 그 조제품
제19류 곡물 · 분 · 전분 또는 밀크의 조제품과 베이커리 제품
제20류 채소 · 과실 · 견과류 또는 식물의 기타 부분의 조제품
제21류 각종의 조제식료품
제22류 음료 · 알코올 및 식초
제23류 식품공업에서 생기는 잔유물 및 웨이스트와 조제사료
제24류 담배와 제조한 담배 대용물

제5부 광물성 생산품

제25류 소금, 황, 토석류 및 석고 · 석회와 시멘트
제26류 광 · 슬랙 및 회
제27류 광물성 연료 · 광물유 및 이들의 증류물, 역청물질 및 광물성 왁스

제6부 화학공업 또는 연관공업의 생산품

제28류 무기화학품 및 귀금속 · 회토류금속 · 방사성원소 또는 동위원소의 유기 또는 무기 화합물
제29류 유기화학품
제30류 의료용품
제31류 비료
제34류 비누 · 유기 계면활성제 · 조제세제 · 조제윤활제 · 인조왁스 · 조제왁스 · 광택 또는 연마조제품 · 양초와 이와 유사한 물품 · 조형용 페이스트 · 치과용 왁스와 플라스터를 기제로 한 치과용 조제품
제35류 단백질계 물질, 변성전분, 글루 및 효소
제36류 화학유 · 화공품, 성냥, 발화성 합금 및 특정 가연성 조제품
제37류 사진용 또는 영화용의 재료
제38류 각종 화학공업 생산품

제7부 플라스틱과 그 제품 및 고무와 그 제품

제39류 플라스틱과 그 제품
제40류 고무와 그 제품

제8부 원피 · 가죽 · 모피 및 이들의 제품, 마구, 여행용구 · 핸드백 및 이와 유사한 용기와 동물거트(누에의 거트를 제외한다)의 제품

제41류 원피(모피를 제외한다)와 가죽
제42류 가죽제품, 마구, 여행용구 · 핸드백 및 이와 유사한 용기와 동물의 거트(누에의 거트를 제외한다)의 제품
제43류 모피와 인조모피 및 이들의 제품

제9부 목재와 그 제품, 목탄, 코르크와 그 제품, 짚 · 에스파르토 기타의 조물(組物)재료의 제품과 농(籠)세공물 및 지조(枝條)세공물

제44류 목재와 그 제품 및 목탄
제45류 코르크와 그 제품
제46류 짚 · 에스파르토 기타 조물재료의 제품, 농세공물 및 지조세공물

제10부 목재펄프 또는 기타 섬유질 셀룰로스 재료의 펄프 및 지 또는 판지의 웨이스트와 스크랩, 지와 판지 및 이들의 제품

제47류 목재펄프 또는 기타 섬유질 셀룰로스 재료의 펄프 및 지 또는 판지의 웨이스트와 스크랩
제48류 지와 판지, 제지용 펄프 · 지 또는 판지의 제품
제49류 인쇄서적 · 신문 · 회화 및 기타의 인쇄물, 수제문서 · 타이프문서 및 도면

제11부 방직용 섬유와 그 제품

제50류 견
제51류 양모 · 섬수모 또는 조수모, 마모사 및 이들의 직물
제52류 면

제53류 기타 식물성 방지용 섬유, 지사 및 지사의 직물
제54류 인조 필라멘트
제55류 인조 스테이플 섬유
제56류 워딩 · 펠트 및 부직포, 특수사, 끈 · 코디지 · 로프 및 케이블과 이들의 제품
제57류 양탄자와 기타 방직용 섬유제의 바닥깔개
제58류 특수직물, 터후트한 섬유직물, 레이스, 태피스트리, 트리밍과 자수포
제59류 곡물 · 분 · 전분 또는 밀크의 조제품과 베이커리 폐품
제60류 메리야스 편물과 뜨개질 편물
제61류 의류와 그 부속품(메리야스 편물 또는 뜨개질 편물의 것에 한한다)
제62류 의류와 그 부속품(메리야스 편물 또는 뜨개질 편물의 것을 제외한다)
제63류 제품으로 된 방직용 섬유의 기타 물품, 세트, 사용하던 의류 · 사용하던 방직용 섬유 제품 및 넝마

제12부 신발 · 모자류 · 산류 · 지팡이 · 시트스틱 · 채찍 및 이들의 부분품, 조제우모와 그 제품, 조화, 인모제품

제64류 신발류 · 각반 및 이와 유사한 것과 이들의 부분품
제65류 모자류와 그 부분품
제66류 산류(umbrellas) · 지팡이 · 시트 · 스틱 · 채찍 및 이들의 부분품
제67류 조제우모와 솜털 및 그 제품, 조화, 인모제품

제13부 석 · 플라스틱 · 시멘트 · 석면 · 운모 또는 이와 유사한 재료의 제품, 도자제품, 유리와 유리제품

제68류 석 · 플라스틱 · 시멘트 · 석면 · 운모 또는 이와 유사한 재료의 제품
제69류 도자제품
제70류 유리와 유리제품

제14부 천연 또는 양식진주 · 귀석 또는 반귀석 · 귀금속 · 귀금속을 입힌 금속 및 이들의 제품, 모조신변 장식용품과 주화

제71류 천연 또는 양식진주 · 귀석 또는 반귀석 · 귀금속 · 귀금속을 입힌 금속 및 이들의 제품, 모조신변 장식용품과 주화

제15부 비(卑)금속과 그 제품

제72류 철강
제73류 철강의 제품
제74류 동과 그 제품
제75류 니켈과 그 제품
제76류 알루미늄과 그 제품
제77류 (유보)
제78류 연(鉛)과 그 제품
제79류 아연과 그 제품
제80류 주석과 그 제품
제81류 기타 비금속, 서메트, 이들의 제품
제82류 비(卑)금속제의 공구 · 도구 · 칼붙이 · 스푼과 포크 및 이들의 부분품
제83류 비(卑)금속제의 각종 제품

제16부 기계류와 전기기기 및 이들의 부분품, 녹음기와 음성 재생기·텔레비전의 영상 및 음향의 기록기와 재생기 및 이들의 부분품과 부속품

제84류 원자로·보일러와 기계류 및 이들의 부분품
제85류 전기기기 및 이들의 부분품, 녹음기와 음성 재생기·텔레비전의 영상 및 음향의 기록기와 재생기 및 이들의 부분 품과 부속품

제17부 차량·항공기·선박과 수송기기 관련품

제86류 철도 또는 궤도용의 기관차·차량과 이들의 부분품, 철도 또는 궤도용의 장비품과 그 부분품 및 기계식(전자기계식을 포함한다)의 각종 교통 신호용 기기
제87류 철도 또는 궤도용 이외의 차량 및 그 부분품과 부속품
제88류 항공기와 우주선 및 이들의 부분품
제89류 선박과 수상구조물

제18부 광학기기·사진용기기·영화용기기·측정기기·검사기기·정밀기기와 의료용기기, 시계, 악기 및 이들의 부분품과 부속품

제90류 광학기기·사진용기기·영화용기기·측정기기·검사기기·정밀기기와 의료용기기 및 이들의 부분품과 부속품
제91류 시계와 그 부분품
제92류 악기 및 그 부분품과 부속품

제19부 무기·총포탄 및 이들의 부분품과 부속품

제93류 무기·총포탄 및 이들의 부분품과 부속품

제20부 잡 품

제94류 가구와 침구·매트리스·매트리스서포트·쿠션과 이와 유사한 물품, 다른류에 분류되지 아니한 램프와 조명기기, 조명용 사인, 조명용 네임플레이트와 이와 유사한 물품 및 조립식 건축물
제95류 완구·유희용구·운동용구 및 이들의 부분품과 부속품
제96류 잡 품

제21부 예술품·수집품과 골동품

제97류 예술품·수집품과 골동품
제98류 (유보)
제99류 (유보)

제3절 수출입공고의 품목관리

1. 수출입공고

수출입공고[3]란 산업통상자원부장관이 수출입 승인대상 물품의 품목별 수량·금액·규격 및 수출 또는 수입지역 등의 한정 등 물품의 수출 또는 수입의 제한 및 절차 등을 정하여 공고하는 것으로, 수출입품목관리를 위한 기본 공고이다.

1) 품목분류기준

수출입공고상의 품목분류방식은 HS상품분류에 의하고, 동 분류된 품목의 세분류는 관세·통계 통합 품목분류표(HSK)에 의한다(수출입공고 제3조).

2) 승인 요령의 공고

수출제한품목의 수출요령, 수입제한품목의 수입요령 및 수출절차 간소화를 위한 수출요령에서 정하는 승인기관의 장은 산업통상자원부장관의 합의(승인)를 얻어 동 세부승인요령을 공고하여야 한다. 다만, 단체의 경우에는 관계행정기관의 장을 경유하여야 한다(수출입공고 제8조).

3) 통합공고와의 관계

수출입공고 등과 통합공고의 두 체계는 서로 독립적인 관계이므로 두 체계에서 모두 어떠한 제한사항이 있는 경우는 이 모두를 충족해야 하며, 수출입공고 등 대외무역법상의 품목관리체계가 경제적인 목적을 위한 것이라면 통

---

3) 무역거래법시행시기에는 수출입기별공고라 불리웠으며, 적용기간은 반기별 또는 매년도별로 정기적으로 당시 상공부장관이 공고하였다.

합공고는 보건위생 등 비경제적인 목적에 의한 공고체계로 볼 수 있다. 따라서 수출입공고에 따른 수출 또는 수입승인에도 불구하고 대외무역법 제12조의 규정에 의한 통합공고상에 수출 및 수입하고자 하는 물품의 수출, 수입요령을 정한 것이 있는 경우에는 동 요령의 요건을 충족하여야 한다(수출입공고 제2조).

4) 수출입승인 실적 등의 보고

수출입승인기관의 장은 연간 수출입 승인실적을 별지서식에 의거하여 해당 연도경과 후 15일 이내에 산업통상자원부장관에게 보고하여야 한다(수출입공고 제9조).

5) 재검토 기한

「훈령・예규 등의 발령 및 관리에 관한 규정」에 따라 이 고시에 대하여 2017년 1월 1일 기준으로 매 3년이 되는 시점(매 3년째의 12월 31일까지를 말한다)마다 그 타당성을 검토하여 개선 등의 조치를 하여야 한다(수출입공고 제10조).

2. 통합공고

관계행정기관의 장은 수출입요령을 제정 또는 개정하는 경우에는 해당 수출입요령이 그 시행일전에 공고될 수 있도록 이를 산업통상자원부장관에게 제출하여야 하며, 산업통상자원부장관은 제출받은 수출입요령을 통합하여 공고하여야 한다(대외무역법 제12조).

통합공고[4)]란 대외무역법 이외의 다른 법령에 의하여 물품의 수출 또는 수입요령을 정한 것이 있는 경우, 특별법 우선 적용원칙에 따라 해당 특별법에 따른 별도의 제한을 받게 되는데, 이러한 특별법에 의하여 정한 물품의 수출 또는 수입요령을 하나로 통합하여 만든 수출입요령에 관한 고시이다.

수출입관련 특별법에는 약사법, 마약법, 대마관리법, 먹는 물 관리법 등 61

4) 산업통상자원부고시 제2021-165호, 2021. 10. 8.

개가 있으며 이와 같은 많은 특별법에 의한 각종 수출입 제한내용을 무역업자가 용이하게 파악하게 하기 위하여 산업통상자원부장관은 이를 통합하여 공고하고 있다.

수출입공고에서는 수출입을 제한하고 있지 않는 품목이라도 공중도덕보호, 국민보건 및 안전보호, 사회질서유지, 문화재보호, 환경보호 등을 위하여 해당 품목을 관장하는 61개 개별법에서 수출입을 제한하고 있는 경우에는 동 개별법상의 제한요건을 충족해야만 수출입할 수 있다.

즉 통합공고상의 요건확인품목이라 하더라도, 수출입공고상의 제한품목이 아니면 수출입 승인대상에 포함되지 않는다. 이러한 경우에는 해당 개별법에서 정하고 있는 요건확인을 받은 후 세관에 수출입신고하여 수출입을 이행하면 된다.

통합공고상의 대상품목, 품목분류, 품목별 수출입요령, 수출입 공고 등과의 관계 등을 살펴보면 다음과 같다.

1) 대상품목

통합공고 제3조 해당법령의 적용을 받는 수출입 물품은 제8조의 별도규정을 제외하고는 별표 1의 품목별 수출요령과 별표 2의 품목별 수입요령에서 정한다. 또한 해당물품이 요건확인품목으로서 이 고시에 지정되기 위해서는 해당법령이 적용되는 범위내의 물품이어야 한다. 다만, 무역정책상 필요에 의해 또는 해당법령의 적용범위의 모호로 수출입되는 물품간의 혼동 또는 전용의 우려가 있어 수출입 질서유지에 혼란을 일으키거나 해당법령의 목적수행에 차질이 있다고 판단되는 경우에는 산업통상자원부장관이 해당 물품의 수출입 절차 및 요건등을 관계부처의 장과 협의하여 결정할 수 있다.

그리고 수출입되는 물품에 관한 요건의 확인이 해당법령에서 주무부처의 장의 허가(등록 또는 승인) 사항일지라도 무역정책상 필요에 의해 이 고시의 요건확인 품목에서 제외된 물품 또는 별표 1, 2의 품목별 수출입 요령에서 해당 품목의 요건 및 절차가 다르게 정하여진 물품에 대해서는 주무부처의 장과 협의하여 이 고시에 의한 해당 물품의 수출입 요건확인에 따른다(통합공고 제4조).

2) 품목문류

통합공고상 요건확인품목은 HS(Harmonized Commodity Description and Coding System)에 따라 분류하여 지정함을 원칙으로 한다. 다만, 무역정책 목적 및 해당법령의 목적 수행상 필요에 의해 세분류하여 표기할 수 있다(통합공고 제5조).

3) 품목별 수출입요령

통합공고의 별표 1, 2에서 요건확인품목으로 게기되지 아니한 물품 또는 대상품목의 지정이 용도기준으로 된 경우에 해당 용도 이외의 물품은 제8조에 별도로 정한 물품, 대외무역관리규정 및 수출입공고 등에서 다른 규정이 없는 한 요건확인의 절차를 거치지 아니한다. 다만, 요건확인 대상물품의 지정이 용도기준인지 여부가 불명확한 경우에는 산업통상자원부장관이 주무부처의 장 및 관세청장과 협의하여 결정한다.

또한 요건확인기관[5]의 요건확인 세부요령의 공고 등에도 이를 준용하며, 별표 1, 2의 품목별 수출입 요령이 요건확인품목의 용도기준에 의한 분류 또는 물품의 소관에 따라 주무부처의 장의 확인을 받아 수입할 수 있도록 한 경우에 "주무부처의 장"이라 함은 해당 수출입 물품을 사용 또는 수요하는 업체와 가장 관련이 있는 관계 행정기관으로 한다. 다만, 동 기관은 해당 수출입 물품과 동일 또는 유사물품을 공급하는 업체와 가장 관련이 많은 관계 행정기관에 해당 수출입 물품의 요건확인 실적을 통보하여야 한다(통합공고 제6조).

4) 수출입공고등과의 관계

통합공고에서 정한 요건확인의 내용과 대외무역법 제14조의 규정에 의한 수출입공고등의 제한내용이 동시에 적용될 경우에는 이 고시에서 정한 요건확인의 내용과 수출입공고등의 제한내용이 모두 충족되어야만 수출 또는 수

5) "수출입요건확인기관"이라 함은 수출입 통관전후에 허가, 추천, 신고, 검사, 검정, 시험방법, 형식승인 등의 수출입을 위한 요건 확인서를 발급하는 주무부처 또는 관련단체를 말한다.

입할 수 있다. 또한 1개의 요건확인품목에 대해 2개 이상의 법령이 관련되어 별표 1, 2의 수출입요령에서 2개 이상의 요건확인을 받을 것을 규정하고 있는 경우에는 해당 요건확인 품목에 대한 해당법령의 적용대상 물품이나 고시대상품목의 분류가 용도기준으로 된 물품이외에는 해당 물품에 부과된 2개이상의 요건을 이 고시가 정한 요건확인기관에서 확인받아야 한다(통합공고 제7조).

5) 통합공고의 적용배제 품목

통합공고상의 요건확인 물품이라고 할지라도 다음에 해당하는 물품은 통합공고가 정한 요건 및 절차를 거치지 않고 수출입할 수 있다(통합공고 제12조).

① 외화획득용 원료기재의 수입물품
② 중계무역물품, 외국인수수입물품, 외국인도수출물품, 선(기)용품
③ 대외무역법 시행령 제19조에 의한 수출입승인 면제 물품
④ 적용 법령에서 요건확인 면제사유에 해당하는 경우

3. 수출입공고상 품목구분

수출입 제한품목은 추천, 승인, 인증, 형식승인, 신고, 제조허가, 기준, 규격검토, 안전성 검토 등 일정한 제한사항이나 요건을 충족한 경우에 한하여 수출입이 허용되는 품목을 말한다.[6]

1) 수출금지품목

수출금지품목은 수출입공고 별표1에 게기되어 있는 품목을 말한다(수출입공고 제4조).

6) 산업통상자원부고시 제2021-123호, 2021. 6. 30.

〈표 6-4〉 수출금지품목 예시

수출입 공고 [별표 1] 일부분

HS	품 목	수 출 요 령
0208	기타의 육과 식용설육(신선 · 냉장 또는 냉동한 것에 한한다)	
40	고래, 돌고래류(고래목의 포유동물) 및 바다소(바다소목의 포유동물)의 것	다음의 것은 수출할 수 없음. ① 고래고기
0210	육과 식용설육(염장 · 염수장 · 건조 또는 훈제한 것에 한한다) 및 육 또는 설육의 식용의 분과 조분	
9	기타(육 또는 설육의 분과 조분을 포함한다)	
92	고래, 돌고래류(고래목의 포유동물) 및 바다소(바다소목의 포유동물)의 것	다음의 것은 수출할 수 없음. ① 고래고기
2516	화강암.반암.현무암.사암과 기타 석비용 또는 건축용의 암석	
1	화강암	
11	조상의 것 또는 거칠게 다듬은 것	다음의 것은 수출할 수 없음 ① 자연석
12	톱질 또는 기타의 방법으로 단순히 절단하여 직사각형(정사각형을 포함한다) 모양의 블록상 또는 슬랩상으로 한 것.	
20	사 암	
4301	생모피(모피사용에 적합한 머리부분 · 꼬리부분 · 발부분 및 기타 조각 또는 절단품을 포함하며, 제4101호, 제4102호 또는 제4103호에 해당하는 원피를 제외한다)	
80	기타의 모피(전신의 것에 한하며 머리부분 · 꼬리부분 · 발부분의 유무를 불문한다)	다음의 것은 수출할 수 없음. ① 개의 생모피
90	머리부분 · 꼬리부분 · 발부분 및 기타의 조각 또는 절단품으로서 모피제품으로 사용에 적합한 것	

2) 수출제한품목

별표2에 게기한 품목은 수출이 제한되며, 각 품목별 수출요령에 따라 승인을 받은 경우 수출할 수 있다(수출입공고 제5조). 다만, 산업통상자원부장관은 수출절차의 간소화를 위하여 특히 필요한 경우 별표2의 수출요령에도 불구하고 수출승인기관을 따로 정하여 승인하게 할 수 있다(수출입공고 제7조).

〈표 6-5〉 수출제한품목 예시

수출입 공고 [별표 2] 일부분

HS	품 목	수 출 요 령
2505	천연모래(착색된 것인지의 여부를 불문하며, 제26류의 금속을 함유하는 모래를 제외한다)	
10	규 사	다음의 것은 한국골재협회의 승인을 받아 수출할 수 있음. ① 규산분(SiO_2)이 90% 이하의 것
90	기 타	
2517	자갈 · 왕자갈 · 쇄석(콘크리트용 · 도로 포장용 · 철도용 또는 기타 밸러스트용에 일반적으로 사용되는 것에 한한다). 싱글과 플린트(열처리한 것인지의 여부를 불문한다), 슬랙 · 드로스 또는 이와 유사한 산업폐기물의 매카담(이호의 앞부분에 열거한 물품들과 혼합한 것인지의 여부를 불문한다), 타르매카담 및 제 2515호 또는 제2516호의 암석을 입상 · 파편상 · 분상으로 한 것(열처리한 것인지의 여부를 불문한다.	
10	자갈 · 왕자갈 · 쇄석 · 싱글과 플린트	1. 다음의 것은 승인없이 수출할 수 있음. ① 구석, 싱글과 플린트 2. 기타의 것은 한국골재협회의 승인을 받아 수출할 수 있음.
41	대리석의 것	
7206	잉곳(ingot)이나 그 밖의 일차제품(primary form) 형태인 철과 비합금강(제7203호의 철은 제외한다)	
10	잉곳(ingot)	미국으로 수출하는 다음의 것에 대한 수출승인에 관한 권한을 대외무역법 시행령 제91조 제7항 제1호에 따라 한국철강협회장에게 위탁한다.
90	기 타	

3) 수입제한품목

수출입공고에서 수입제한품목(Import Restricted Item)은 별표 3에 게기한 품목은 각 품목별 수입요령에 따라 수입을 승인하여야 한다. 그리고 외화획득용 원료 · 기재를 수입하는 경우에는 수입제한품목이라 할지라도 별도의 제한 없이 수입을 승인할 수 있다(수출입공고 제6조 1항내지2항).

〈표 6-6〉 수입제한품목 예시

수출입 공고 [별표 3] 일부분

H S	품 목	수 입 요 령
3920.99.1000	플라스틱제의 기타 판, 쉬트, 필름, 박 또는 스트립(셀룰라가 아닌 것으로서 기타 재료로 보강, 적층, 지지 또는 이와 유사하게 결합되지 아니한 것) 중 항공기용의 것	한국항공우주산업진흥협회의 승인을 받아 수입할 수 있음
4011.30.0000	고무제의 공기타이어(신품)중 항공기용의 것	
4012.13.0000	고무제의 공기타이어(재생품)중 항공기용의 것	
4012.20.1000	고무제의 공기타이어(중고품)중 항공기용의 것	
4012.90.1040	고무제의 공기타이어 플랩중 항공기용의 것	
4013.90.1000	고무제의 인너튜브중 항공기용의 것	
4016.99.1010	가황고무제품(경질고무제품 제외)중 기구, 비행선, 비행기계류, 그라인더, 연, 로토슈트의 부품	

4. 전략물자수출입고시

산업통상자원부장관은 관계 행정기관의 장과 협의하여 대외무역법 제19조부터 제25조까지의 규정에 관한 요령을 고시하여야 한다(대외무역법 제26조 1항). 여기서 말하는 대외무역법 제19조부터 제25조까지의 규정은 전략물자의 고시 및 수출허가, 전략물자의 판정, 수입목적확인서의 발급, 전략물자 등에 대한 이동중지명령, 전략물자의 중개, 자율준수무역거래자 등에 대한 규정을 가리킨다. 또한 관세청장은 전략물자등의 수출입 통관절차에 관한 사항을 고시하여야 한다(대외무역법 제26조 2항).

제7장 특정거래형태의 수출입

제1절 특정거래형태의 수출입

1. 특정거래형태의 의의 및 구분

국제무역거래에서는 자유계약의 원칙이 적용된다. 즉 거래당사자간의 교섭능력, 마케팅기법 등에 자유롭게 거래할 수 있는 것이다. 그러나 무역계약은 외국기업과의 상사계약일 뿐만 아니라 계약의 조건(물품의 인도방법, 대금결제방법)에 여러 가지 특수성을 지니고 있다.

이러한 관점에서 거래의 형태에 어느 정도 제한 내지 규제를 할 필요성이 생기게 되어 무역업자의 독창적인 거래기법을 제한하거나 영업활동을 위축시킬 가능성이 있다.

따라서 산업통상자원부장관은 이러한 부작용을 해소하고 무역거래의 다양화를 촉진하기 위하여 이를 보완하고 있다. 특정거래형태의 수출입과 관련하여 대외무역법령에 의하여, 산업통상자원부장관은 물품등의 수출 또는 수입이 원활히 이루어질 수 있도록 대통령령으로 정하는 물품등의 수출입 거래 형태를 인정할 수 있다(대외무역법 제13조 1항).

여기서 "대통령령이 정하는 물품의 수출입 거래형태"라는 것은 해당 거래의 전부 또는 일부가 다음 하나에 해당하는 수출입 거래형태로서 산업통상자원부장관이 정하여 고시하는 기준에 해당하는 거래(이하 "특정거래의 형태")를 말한다(대외령 제20조).

- 수출 또는 수입의 제한을 회피할 우려가 있는 거래
- 산업 보호에 지장을 초래할 우려가 있는 거래
- 외국에서 외국으로 물품등의 이동이 있고, 그 대금의 지급이나 영수(領收)가 국내에서 이루어지는 거래로서 대금 결제 상황의 확인이 곤란하다고 인정되는 거래
- 대금 결제 없이 물품등의 이동만 이루어지는 거래

한편 종전의 무역거래법시대에는 21가지의 거래형태가 있었는데 대외무역법에서는 이들 중,

- 송금방식[1]에 의한 수출
- 화환수출신용장에 의한 수출
- 추심결제방식(D/P, D/A)[2]에 의한 수출
- 중장기 연불방식에 의한 수출
- 화환수입신용장에 의한 수입
- 추심결제방법에 의한 수입
- 중장기연불방식에 의한 수입

등은 국제상관습 상 보편화된 수출입으로 별도로 관리할 필요가 없어서 삭제

---

1) 송금방식은 크게 단순송금방식(payment in advance), 수표송금방식(Demand Draft:D/D), 우편송금방식(Mail Transfer:M/T), 전신송금방식(Telepraphic Transfer:T/T) 등이 있다. 자세한 내용은 문철한, 전게서, pp. 519~522. 참조.

2) 지급인도(D/P ; Documents Against Payment)조건은 무신용장방식 지급인도조건(줄여서 지급도조건)으로서 수출업자가 수출물품을 선적한 뒤 수입업자를 지급인으로 하는 일람불(at sight)어음을 발행하여 선적서류와 함께 거래외국환은행에 추심으로 의뢰하면 추심은행(수입업자의 거래은행)은 어음지급인(수입업자)의 대금지급과 상환으로 선적서류를 인도하고 그 대금을 추심의뢰은행(수출업자 거래은행)에 송금하여 수출업자가 수출대금을 영수케 하는 거래방식이다.
인수인도(D/A ; Documents Against Acceptance)조건은 수입업자가 환어음에 대한 인수(acceptance)만으로 운송서류를 찾아갈 수 있는 어음인수 서류인도조건이다. 이 조건에서는 수출업자가 기한부어음을 발행하고 수입업자는 어음에 대한 지급의 약속으로 "accepted" 라고 쓰고 서명날인 함으로써 운송서류를 인도받을 수 있으며 만기일에 수입대금을 추심은행에 지급한다.
따라서 인수도조건은 외상거래에 해당하며 수입업자는 인도받은 운송서류로 화물을 찾아 판매한 후 그 대금으로 어음기일내네 결제하면 된다. 수출업자는 만기일 후 수출대금을 추심은행을 통해서 지급받는다.

하여 일반 수출입 거래에 포함시켰다.

또한 대외무역법 96년 개정시에는 현지인도 수출과 외국도착수입은 각각 외국인도수출과 외국인수수입으로 개칭하였고, 98년 개정시에는 종전의 10가지 거래형태에서 무환수출과 복합거래형태를 추가시킨 12가지의 형태가 있으며, 연계무역에서는 제품환매(산업협력)를 추가하였다.

한편 99년2월 개정시 수탁판매수입, 수탁가공무역, 임차수입, 외국인도수출의 형태를 삭제하였다.

따라서 이 8가지 특정거래의 형태와 수출입은 국제 상관습상 정형화되지 못한 거래형태로서 일반거래형태에서와는 달리 별도의 수출입인정요건에 의하여 관리하며, 일반 수출입거래의 형태는 별도의 수출입승인요건에 부합되는 경우에는 그 거래 형태에 관계없이 수출입승인을 받아 수출입거래를 할 수 있다.

특정거래의 형태를 구분하면 다음 표와 같다.

〈표 7-1〉 특정 수출입거래형태의 구분

구 분	특정수출거래형태	특정수입거래형태	특정수출입혼합형태
거래형태	위탁판매수출 임대수출 무환수출	외국인수수입	위탁가공 무역에 의한 수출입 연계무역에 의한 수출입 중계무역에 의한 수출입 복합거래

2. 특정거래형태의 인정범위

특정거래형태의 수출입은 산업통상자원부장관의 인정을 얻어야 수출입할 수 있으며, 이와 같은 특정거래형태의 수출입 인정에 관하여 그 인정절차, 인정의 유효기간, 그 밖에 필요한 사항을 산업통상자원부장관이 정하여 고시한다(대외령 제20조 2항).

산업통상자원부장관은 특정거래 형태를 인정할 때에 새로운 거래 형태의 파악 등을 위하여 필요한 경우에는 관계 행정기관의 장에게 협조를 요청할 수 있다(대외령 제20조 3항). 특정거래 형태의 수출입은 대외무역관리 규정 제2조 제4호부터 제14호까지의 규정에 해당하는 거래를 말하는데(규정 제21조), 따라서 ① 위탁판매수출, ② 수탁판매수입, ③ 위탁가공무역, ④ 수탁가공무역, ⑤ 임대수출, ⑥ 임차수입, ⑦ 연계무역, ⑧ 중계무역, ⑨ 외국인수수입, ⑩ 외국인도수출, ⑪ 무환수출입을 말한다.

제2절 특정거래형태의 수출입

1. 특정거래형태의 수출

1) 위탁판매수출

위탁판매수출이라 함은 물품을 무환으로 수출하여 해당 물품이 판매된 범위안에서 대금결제하는 계약에 의한 수출을 말한다(규정 제2조 4호).

이와 같은 위탁판매수출방식은 대부분의 제조업자인 위탁자가 물품을 무환으로 송부하여 외국의 수탁자는 판매 후 그 판매대금에 대해 일정비율의 판매수수료를 수취하고 그 대금 및 잔품을 회수하는 판매방식이다. 즉 이 거래는 물품을 판매하고 그 판매대금 중에서 경비 및 수수료 등을 공제한 금액을 위탁자에게 송금하는 것이 일반적이며, 그 특징은 위탁자는 자기의 계산과 위험하에 수출하고 물품의 소유권은 위탁자에게 있다.

이 거래 방식의 장점은 다음과 같다.[3)]

• 수출업자의 장점은
  - 해외 신시장의 개척.
  - 중개상을 통한 신규수출 초기 단계에서의 안전성.
  - 위탁판매계약을 통한 수출가격이 유리.

3) 신동수, 전게서, pp. 181~182.

- 수입업자의 장점은
  - 수입에 대한 자금의 부담경감.
  - 클레임(claim) 제기의 필요성.
  - 시간과 노력, 그리고 수입에 대한 경비경감.
- 수출업자의 단점은
  - 수출대금회수가 늦다.
  - 재고분에 대한 변질 등에 의해 손해발생 가능성.
  - 유행품과 계절상품의 경우에 수요시기의 상실에 따른 손해예상.
  - 수출상품의 품목 선택의 제한 등.

따라서 이 경우 거래형태는 수출업자보다 수입업자에게 유리한 거래라고 할 수 있다.

한편 이와 유사한 거래로는 보세창고인도조건(Bonded Warehouse Transaction; BWT)의 수출이 있는데, 수출업자가 해당 수출지역에 지정 또는 사무소를 설치하고 거래상대국의 정부로부터 허가받은 보세창고에 상품을 무환으로 반입한 후에 현지에서 상품의 구매계약이 성립되는 것이다. 또한 CTS(Central Terminal Station) 수출이 있는데, 이는 수출업자가 교역상대국의 법인 설립인가를 받아 그 법인의 명의로 수출업자 본국으로부터 수입하여 현지 직접 수출하는 제도이다.

2) 임대수출

임대수출이란 임대(사용대차를 포함한다)계약에 의하여 물품을 수출하여 일정기간 후 다시 수입하거나 그 기간의 만료전에 또는 만료후 해당 물품의 소유권을 이전하는 수출을 말한다(규정 제2조 8호).

이 거래방식은 물품가격이 비싼 기계·설비 등 자본재를 구매할 능력이 없는 거래상대방에 대하여 단순 임대계약을 물품을 임대하거나 일정기간 동안 임대료와 함께 물품대금을 분할 상환하도록 하고 임대기간 만료와 함께 대금상환이 완료되면 소유권을 이전하는 방식으로 물품을 매매할 경우에 주로 이용된다.

사용대차에 의한 수출은 사용료를 받지 아니하고 무상으로 대여하는 것이기 때문에 특수한 관계에 있는 거래 당사자간에 이용될 수 있는 거래이며 사용대차기간이 만료하면 재수입하는 것은 임대에 의한 수출과 같다.

3) 외국인도수출

"외국인도수출"이란 수출대금은 국내에서 영수하지만 국내에서 통관되지 아니한 수출 물품 등을 외국으로 인도하거나 제공하는 수출을 말한다(규정 제2조 13호). 즉 수출대금은 국내의 외국환 거래은행을 통하여 영수하지만 수출물품은 국내에서 반출하는 것이 아니라 외국에서 조달하여 외국으로 인도하거나 제공하도록 하는 거래 형태이다. 이는 산업설비수출 · 해외건설 · 해외직접투자 · 위탁가공무역 등 해외산업현장에서 사용하던 장비 등을 해외 현지에서 매각하거나 또는 항해 중이거나 어로작업 중의 선박을 현지에서 매각하는 경우에 이용되는 거래 형태이다.

2. 특정거래형태의 수입

1) 수탁판매수입

"수탁판매수입"이란 물품 등을 무환으로 수입하여 해당 물품이 판매된 범위안에서 대금을 결제하는 계약에 의한 수입을 말한다(규정 제2조 5호). 이러한 형태의 수입은 수탁자, 즉 수입자가 수입대금을 지급하고 물품 등을 수입하는 것이 아니라 무상으로 물품 등이 외국에서 국내로 이동되는 것이다. 따라서 수입된 물품의 소유권은 여전히 위탁자에게 있으므로, 수탁자는 수입국내에서 판매하고 남은 물품은 수출자 또는 위탁자에게 반품(재수출)한다. 그러므로 수탁자는 계약조건에 따라서 당해 물품 등을 판매하고 난 판매대금 중에서 수수료와 경비 등을 공제한 금액을 위탁자 또는 수출자에게 송금하고 잔여물품이 있으면 이를 반품(재수출)하는 것이 일반적인 거래 형태이다.

2) 임차수입

"임차수입"이란 임차(사용대차를 포함한다. 이하 같다) 계약에 의하여 물품 등을 수입하여 일정기간 후 다시 수출하거나 그 기간의 만료 전 또는 만료 후 해당 물품의 소유권을 이전받는 수입을 말한다(규정 제2조 9호).

이러한 형태의 거래는 주로 영세사업자의 설비투자 또는 외자도입업체가 생산시설을 추가로 도입하는 경에 활용되며, 임차 시설 또는 설비로 생산한 물품을 임대인에게 수출하는 경우가 대부분이다.

3) 외국인수수입

외국인수수입은 수입대금은 국내에서 지급되지만 수입물품은 외국에서 인수하는 수입을 말한다(규정 제2조 12호).

이러한 형태의 수입은 외국인도수출과 마찬가지의 원칙으로 외국에서 외국으로 물품이 이동하며, 대금지급을 국내에서 행하여지는 수입형태이며, 그 선적서류는 국내 외국환은행을 통하여 인수한 후 수입대금은 국내에서 지급하고 해당 운송서류를 외국으로 송부하여 수입물품을 외국에서 인수하는 거래형태이다.

이러한 거래형태는 플랜트수출, 해외건설, 해외투자 및 해외 용역사업의 필요기자재를 조달하는데 있어서 절차를 간소화하는 데 있다.

3. 특정거래형태의 수출입

1) 위탁가공무역

위탁가공무역이란 가공임을 지급하는 조건으로 외국에서 가공(제조, 조립, 재생, 개조를 포함한다.)할 원료의 전부 또는 일부를 거래상대방에게 수출하거나 외국에서 조달하여 이를 가공한 후 가공물품을 수입하거나 외국으로 인도하는 수출입을 말한다(규정 제2조 6호).

여기에서 가공무역이라 함은 가공임, 운임, 보험료, 이윤 등의 가득액을 가득하기 위해 원료의 일부 또는 전부를 외국에서 수입하여 이를 가공한 후 다시 외국에 수출하는 거래를 말한다. 이러한 거래의 형태는 자국의 임금수준이 높아서 저렴한 노동력을 이용하고자 하는 경우, 혹은 고도의 기술을 요하는 가공일 경우 등에 사용하는 방식이다.

한편 원자재거래가 유환으로 이루어질 때에는 내용상으로 위탁가공무역일지라도 거래형태상 독립된 수출과 수입이고 수출입승인도 별도로 이루어진다.

2) 수탁가공무역

"수탁가공무역"이란 가득액을 영수(領收)하기 위하여 원자재의 전부 또는 일부를 거래 상대방의 위탁에 의하여 수입하여 이를 가공 한 후 위탁자 또는 그가 지정하는 자에게 가공물품 등을 수출하는 수출입을 말한다. 다만, 위탁자가 지정하는 자가 국내에 있음으로써 보세공장 및 자유무역지역에서 가공한 물품 등을 외국으로 수출할 수 없는 경우 「관세법」에 따른 수탁자의 수출・반출과 위탁자가 지정한 자의 수입・반입・사용은 이를 「대외무역법」(이하 "법")에 따른 수출・수입으로 본다(규정 제2조 7호).

이러한 수탁가공무역은 이를 위한 원자재의 전부 또는 일부를 수입할 때 유상 수입인지의 여부에 따라 유환 수탁가공무역과 무환 수탁가공무역으로 구분할 수 있으며, 무환 수탁가공무역이 주로 이루어지고 있다.

3) 연계무역

"연계무역"이라 함은 물물교환(Barter trade), 구상무역(Compensation trade), 대응구매(Counter purchase), 제품환매(Buy-Back)의 형태에 의하여 수출입이 연계되어 이루어지는 수출입을 말한다(규정 제2조 10호).

연계무역이라 함은 종전부터 일반적으로 불리워지던 바터무역(Barter trade), 구상무역 등을 포함하여 수출과 수입이 연계된 모든 무역거래를 총칭하는 포괄적 개념으로 이해되고 있다. 또 이것은 대응구매기간, 대금정산의 형태, 교환되는 상품의 관계, 계약서의 수 등에 따라 크게 물물교환, 구상무역, 대응구매, 제품환매의 수출입으로 분류된다.

(가) 물물교환

환거래가 발생하지 않고, 상품이 직접 교환되는 물물교환방식의 단순한 무역거래형태로서 연계무역의 가장 초보적인 형태이다. 즉 수출에 대한 대가로 수출시장으로부터 상품이나 서비스를 제공받는 방식이다.

(나) 구상무역

환거래가 발생하고 의무를 제3국에 전가할 수 있다는 점 등을 제외하고는 물물교환형태와 동일하다.

(다) 대응구매

대응구매는 무역을 국영으로 하고 있는 동구제국과 다수의 개발도상국간의 동서교역에 활용된 연계무역의 가장 보편적인 거래형태로서 대응수입계약조건 아래에서 수출액의 일정비율에 상응하는 상품을 대응수입해야 하는 의무를 지게된다는 점에서 구상무역과 차이가 없으나 two-way trade 개념에 의해서 두 개의 계약서로 거래가 이루어지는 점이 다르다.

(라) 제품환매

수출설비에 의한 생산제품의 수입(buy-back deal)과 합자투자(joint venture)의 형태로 구분된다. 수출설비에 의한 생산제품의 수입은 플랜트, 장비, 기술 등의 수출에 대응하여 동 설비나 기술로 생산되는 제품을 수입하는 거래형태이며 합작투자는 일방적인 자본재 수출이 아닌 자본참여, 판매망 제공 등 수출자의 참여형식을 취하고 있다.

〈표 7-2〉 연계무역형태의 특성비교

구분	물물교환	구상무역	대응구매	제품환매
내용	• 하나의 계약서로 거래가 성립	• 하나의 계약서로 거래가 성립되며, back to back L/C, escrow L/C, tomas L/C 등 특수신용장이 사용된다.	• 두 개의별도계약서에 의하여 거래가 성립	• 대응수입상품은 수출상품의 연관재
	• 신용장(L/C)개설이 없는 직접적인 물물교환형태	• 환거래가 발생하며 쌍방간 합의된 통화로 대금결제	• 두 개의 일반 신용장이 개설	• 대응수입은 별도계약서에 의해 이루어지며 제3국으로 전가가능
	• 환거래가 발생하지 않으며 교환상품의 양 및 질에 의해 쌍방간의 지급의무 상계	• 대응수입이행기간은 통상 3년 이내	• 형식상 완전히 분리된 두 개의 일반무역거래형태	• 대응수입 이행기간은 통상 3년 내지 25년 정도
	• 일반적으로 거의 동시에 상품이 교환	• 대응수입비율이 20~100%	• 대응수입이행기간은 통상 5년 이내	• 대응수입은 1회에 한하지 않고, 그 비율도 100% 초과가능
	• 대응수입의무의 제3국으로의 전가불허	• 대응수입의무를 제3국으로 전가할 수 있는 3각구상무역도 있음	• 환거래가 발생하며 쌍방간 협의된 통화로 결제 • 대응수입의무를 제3국으로 전가가능	• 대응수입은 상품에 국한되지 않고, 판매망 제공 등으로 상계가능

4) 중계무역

중계무역이라 함은 수출할 것을 목적으로 물품을 수입하여 관세법 제154조의 규정에 의한 보세구역 또는 동법 제156조 규정에 의하여 보세구역외 장치의 허가를 받은 장소 또는 자유무역지역의 지정등에 관한 법률 제4조의 규정에 의한 자유무역지역이외의 국내에 반입하지 아니하고 수출하는 수출입을 말한다(규정 제2조 11호).

즉 수출할 목적으로 물품을 수입하여 원상태를 변경시키지 않은 상태로 제3국에 수출하여 수출대금과 수입대금과의 차액인 중개수수료(FOB-CIF에 해당되는 가득액)를 취하는 거래를 중계무역이라고 한다.

최근의 중계무역은 주로 최종 수입국의 통상정책상 지역적인 수입제한조치나 차별적인 관세장벽을 회피할 목적으로 이루어지는 경향이 많으며 또한 중계국의 입장에서는 중계수수료의 취득이라는 이점과 함께 자국상품의 일반적인 수출에 미치는 영향도 고려하여야 할 것이다.

한편 중계무역은 수수료를 얻기 위한 거래이기 때문에 물품을 그대로 거래함에 따라 운송서류만에 의한 거래가 가능하기 때문에 시간, 노동, 경비를 절감할 수 있는 반면 최종 수입국의 무역정책상 원 수출국과의 거래를 제한하고 있는 경우 중계국의 개재에 따른 중계국의 일반 수출에 수입제한 또는 금지조치 등에 영향을 미칠 수 있다.

5) 무환수출입

무환수출입이라 함은 외국환거래가 수반되지 아니하는 물품등의 수출・수입을 말한다(규정 제2조 14호).

무환수출입은 외국환거래가 수반되지 아니하는 물품의 수출・수입 또는 대금결제가 수반되지 아니하고 물품의 이동만 이루어지는 거래를 의미하여, 여기에는 대가를 지급하지 아니하는 물품의 수출입인 무상수출입도 해당된다.

제3절 특정거래형태의 수출입 인정절차

1. 특정거래형태의 수출입 인정절차

특정거래의 인정절차, 인정의 유효기간, 기타 필요한 사항은 산업통상자원부장관이 정하여 고시한다(대외령 제20조 2항).

2. 특정거래형태의 수출입 인정의 협의

1) 관계기관장의 협조요청

산업통상자원부장관은 특정거래형태를 인정함에 있어서 새로운 거래형태의 파악 등을 위하여 필요한 경우에는 관계행정기관의 장에게 협조를 요청할 수 있다(대외령 제20조 3항).

2) 기획재정부장관과의 협의

기획재정부장관이 외국환거래관계법령에 의하여 무역대금 결제방법을 정하고자 할 때에는 미리 산업통상자원부장관과 협의하여야 한다(대외무역법 제13조 2항).

제8장 외화획득용 원료·기재의 수입에 관한 관리

제1절 외화획득용 원료 · 기재 수입의 일반원칙

1. 외화획득용 원료 · 기재 수입의 개념

1) 외화획득용 원료 · 기재 수입의 의의

일반적으로 수출입제도는 승인대상 품목에 대하여 국가에서 통제하기 위한 관리제도이나, 외화획득용 원료 · 기재의 수입승인제도는 수출을 포함한 광의의 외화획득행위를 대상으로 이에 합당한 제반지원제도를 시행하여 외화획득행위를 지원하기 위한 것이다.

그리고 외화획득용 원료 · 기재의 수입에 있어서 대외무역법상의 수출은 해외 거래선에게 물품을 인도하는 경우만을 의미한다. 따라서 동 요건과 일치하지 않는 넓은 의미에서 외화획득은 수출에 대한 관리방식으로는 적절하게 관리하기가 어렵다. 따라서 외화획득용 원료 · 기재 수입은 수출까지 포함하는 광의의 개념으로 외화획득행위를 대상으로 하여 이에 대한 제반 정책적 지원 및 관리를 하고 있다.

현재에는 수입승인품목(제한품목)을 외화획득용으로 수입하는 경우에만 승인대상으로'하여 각 승인대상품목의 승인기관의 장이 승인을 하도록 하고 있다.

2) 외화획득용 원료 · 기재의 정의

외화획득용 원료 · 기재란 외화획득용 원료, 외화획득용 시설기재, 외화획득용 제품, 외화획득용 용역 및 외화획득용 전자적 형태의 무체물을 말한다(대외령 제2조 5호). 관련용어를 대외무역법령에 의해 살펴보면 다음과 같다.

(가) 외화획득용 원료

외화획득용 원료란 외화획득에 제공되는 물품과 제3조에 따른 용역 및 제4조에 따른 전자적 형태의 무체물(이하 "물품등"이라 한다)을 생산하는 데에 필요한 원자재 · 부자재 · 부품 및 구성품을 말한다(대외령 제2조 6호). 이는 그 원료에 노동, 기술, 원료 등이 부가되어 새로운 형태의 생산물을 변형될 수 있다는 것이다.

(나) 외화획득용 시설기재

외화획득에 제공되는 물품 등을 생산하는 데에 사용되는 시설 · 기계 · 장치 · 부품 및 구성품(물품 등의 하자를 보수하거나 물품 등을 유지 · 보수하는 데에 필요한 부품 및 구성품을 포함한다)을 말한다(대외령 제2조 7호). 그 자체는 제품으로 변형되지 않지만 외화획득용 물품을 생산할 수 있는 설비를 말한다.

(다) 외화획득용 제품

수입한 후 생산과정을 거치지 아니한 상태로 외화획득에 제공되는 물품 등을 말한다(대외령 제2조 8호). 이는 수입한 물품을 국내에서 가공하거나 변형하지 않는 상태에서 그대로 사용되는 것을 뜻하며, 요리 등에 의한 단순변형은 제외한다. 예를 들면 외국인을 대상으로 특급관광호텔에서 사용되기 위한 관광용품과 선용품 등이 있다.

(라) 외화획득용 용역

외화획득에 제공되는 물품등을 생산하는 데에 필요한 제3조에 따른 용역을 말한다(대외령 제2조98호).

(마) 외화획득용 전자적 형태의 무체물

외화획득에 제공되는 물품등을 생산하는 데에 필요한 제4조에 따른 전자적 형태의 무체물을 말한다(대외령 제2조 10호).

3) 외화획득용 원료 · 기재에 대한 관련기관

산업통상자원부장관은 법 제52조 제1항에 따라 다음 각 호 의 권한을 그 대상 물품등의 품목에 따라 그 물품등을 관장하는 중앙 행정기관의 장에게 위탁한다. 다만, 산업통상자원부장관이 관장하는 물품등에 대한 권한은 제외한다(대외령 제91조 1항).

① 외화획득용 원료 · 기재의 수입 제한에 관한 권한
② 외화획득용 원료 · 기재의 기준 소요량 결정에 관한 권한
③ 외화획득 이행기간의 결정 및 그 연장에 관한 권한
④ 외화획득용 원료 · 기재 또는 그 원료 · 기재로 제조된 물품등(산업통상자원부장관이 정하여 고시하는 품목만 해당한다)에 대한 다음 각 목의 권한
  • 외화획득이행여부에 대한 사후관리에 관한 권한
  • 사용목적 변경승인에 관한 권한
  • 양도 · 양수의 승인에 관한 권한
⑤ 대외무역법 제46조 제①항에 따른 조정명령에 관한 권한
⑥ 특별시장 · 광역시장 · 특별자치시장 · 도지사 또는 특별자치도지사(이하 "시 · 도지사"라 한다)에게 위임된 사무에 대한 대외무역법 제52조 제②항 및 제③항에 따른 지휘 · 감독 및 자료의 제출 요청에 관한 권한

4) 외화획득용 원료 · 기재의 수입시 우대사항

수입이 제한되는 물품을 외화획득용 원료 · 기재로 수입하려는 자는 산업통상자원부장관이 정하여 고시하는 기준에 따라 산업통상자원부장관의 승인을 받아야 한다(대외령 제24조 1항). 그런데 외화획득용 원료 · 기재로 수입할 경우에는 수입승인대상 물품의 품목별 수량 · 금액 · 규격 및 수출입지역 등을 한정하는 규정을 적용하지 않는다(대외무역법 제16조 1항). 다만, 국산 원료 · 기재의 사용을 촉진하기 위하여 필요한 경우에는 그러하지 아니하다(대외무역법 제16조 1항단서.).

따라서 수입이 제한되는 물품을 외화획득용 원료 · 기재로 수입하는 자는 산업통상자원부장관의 승인을 얻어야 하고(대외령 제24조 1항), 외화획득용 원료로서 수

입승인을 받으면 다음과 같은 지원을 받을 수 있다.

- 수출입공고 등에서 수입이 제한되는 품목에 대해서도 수량 · 금액 · 지역 · 규격 등을 제한하지 않고 수입승인
- 원산지표시대상물품 수입시 원산지표시 면제
- 부가가치세의 영세율을 적용(거래단계별 부과되는 부가가치세 10%가 면제되어 영세율(0%)을 적용 받음)
- 원자재 수입대금 등을 무역금융에서 융자받을 수 있음
- 외화획득용으로 수입한 원자재 등을 사용하여 생산한 물품을 수출할 경우 당초 원자재 수입 통관시 납부한 관세 등을 환급

2. 외화획득의 이행의무

외화획득용 원료 · 기재를 수입한 자와 수입을 위탁한 자는 그 수입에 대응하는 외화획득을 하여야 한다(대외무역법 제16조 3항). 따라서 산업통상자원부장관은 품목별 수량 · 금액 · 규격 및 수출 또는 수입지역 등을 한정하지 아니하는 외화획득용 원료 · 기재의 범위, 품목 및 수량을 정하여 공고할 수 있으며, 외화획득의 범위, 이행기간, 확인방법, 그 밖에 필요한 사항은 대통령령으로 정한다(대외무역법 제16조 2내지4항).

1) 외화획득의 범위

외화획득의 범위는 다음의 하나에 해당하는 방법에 따라 외화를 획득하는 것으로 한다(대외령 제26조 1항,). 무역거래자가 외국의 수입업자로부터 수수료를 받고 행한 수출 알선은 외화획득행위에 준하는 행위로 본다(대외령 제26조 2항).

① 수출
② 주한 국제연합군이나 그 밖의 외국군 기관에 대한 물품등의 매도
③ 관광
④ 용역 및 건설의 해외 진출
⑤ 국내에서 물품등을 매도하는 것으로서 산업통상자원부장관이 정하는 다

음의 하나에 해당하는 거래(규정 제31조)

- 외국인으로부터 외화를 받고 국내의 보세지역에 물품등을 공급하는 경우
- 외국인으로부터 외화를 받고 공장건설에 필요한 물품등을 국내에서 공급하는 경우
- 외국인으로부터 외화를 받고 외화획득용 시설·기재를 외국인과 임대차계약을 맺은 국내업체에 인도하는 경우
- 정부·지방자치단체 또는 정부투자기관이 외국으로부터 받은 차관자금에 의한 국제경쟁입찰에 의하여 국내에서 유상으로 물품등을 공급하는 경우(대금 결제통화의 종류를 불문한다)
- 외화를 받고 외항선박(항공기)에 선(기)용품을 공급하거나 급유하는 경우
- 절충교역거래(off set)[1]의 보완거래로서 외국으로부터 외화를 받고 국내에서 제조된 물품등을 국가기관에 공급하는 경우

2) 외화획득의 이행의무자

외화획득용 원료·기재의 수입과 관련하여 다음의 행위를 한 자는 산업통상자원부장관으로부터 외화획득용 원료·기재의 목적외 사용의 승인을 얻은 경우 제외하고, 그 수입에 대응하는 외화획득을 하여야 한다(대외무역법 제16조 3항 및 제17조 3항).

① 외화획득용 원료·기재를 수입한 자

② 외화획득용 원료·기재의 수입을 위탁한 자

③ 내국신용장·구매확인서에 의하여 수입된 외화획득용 원료·기재 또는 당해 외화획득용 원료·기재로 생산된 물품을 공급받은 구매자

④ 외화획득용 원료·기재 또는 원료·기재로 제조된 물품을 양수한 자

---

1) 절충교역거래라 함은 군수장비, 상업용 항공기, 고속전철차량 등 고도기술제품을 구매하는 경우에 거래 상대방 즉 공급자에게 이들 제품에 소요될 부품의 일부를 동 제품의 수입국으로부터 구매하여 사용하게 하거나 기술이전 등을 요구하는 거래 형태를 의미한다.

3) 외화획득의 이행기간

외화획득의 이행기간은 다음의 구분에 따른 기간의 범위안에서 산업통상자원부장관이 정하여 고시하는 기간으로 한다(대외령 제27조 1항).

① 외화획득용 원료 · 기재를 수입한 자가 직접 외화획득의 이행을 하는 경우 : 수입통관일 또는 공급일부터 2년

② 다른 사람으로부터 외화획득용 원료 · 기재 또는 그 원료 · 기재로 제조된 물품등을 양수한 자가 외화획득의 이행을 하는 경우 : 양수일부터 1년

③ 외화획득을 위한 물품등을 생산하거나 비축하는 데에 2년 이상의 기간이 걸리는 경우 : 생산하거나 비축하는 데에 걸리는 기간에 상당하는 기간

④ 수출이 완료된 기계류의 하자 및 유지 보수를 위한 외화획득용 원료 · 기재인 경우 : 하자 및 유지 보수 완료일부터 2년

4) 외화획득 이행기간 연장신청

외화획득이행의무자는 이와 같은 기간내에 외화획득의 이행이 불가능하다고 인정되는 경우에는 산업통상자원부장관이 정하는 서류를 갖추어 그 기간의 연장을 산업통상자원부장관에게 신청하여야 하며, 산업통상자원부장관은 그 신청을 받은 경우 그 신청이 타당하다고 인정할 때에는 외화획득의 이행기간을 연장할 수 있다(대외령 제27조 2항 및 3항). 즉 외화획득의 이행기간을 연장하려는 자는 그 기간 종료일 전에 관할 특별시장 · 광역시장 · 도지사 또는 특별자치도지사(이하 "시 · 도지사")에게 외화획득 이행기간 연장신청을 하면(규정 제39조 2항), 시 · 도지사는 다음 각 호의 어느 하나에 해당하는 경우 1년의 범위 내에서 외화획득 이행기간을 연장할 수 있다(규정 제40조 3항).

① 생산에 장기간이 소요되는 경우

② 제품생산을 위탁한 경우 그 공장의 도산 등으로 인하여 제품 생산이 지연되는 경우

③ 외화획득 이행의무자의 책임 있는 사유가 없음에도 신용장 또는 수출계약이 취소된 경우

④ 외화획득이 완료된 물품의 하자보수용 원료 등으로서 장기간 보관이 불가피한 경우

⑤ 그 밖에 부득이한 사유로 외화획득 이행기간 내에 외화획득 이행이 불가능하다고 인정되는 경우

시・도지사가 외화획득 이행기간 연장을 승인한 때에는 그 사실을 신청자와 외화획득용 원료 등에 대한 사후 관리에 관한 권한(대외령 제28조)을 위임・위탁받은 기관・단체(이하 "외화획득용 원료 등의 사후 관리기관")의 장에게 알려야 한다(규정 제39조 4항).

이러한 규정에도 불구하고 국산 원료・기재의 사용을 촉진하기 위하여 수입을 제한하려는 농림수산물의 외화획득 이행기간 및 그 연장에 대하여는 해당 품목을 관장하는 중앙행정기관의 장이 정한다(규정 제40조).

3. 외화획득용 원료・기재의 사용목적 변경

1) 외화획득용 원료・기재의 사용목적 변경승인

외화획득용 원료・기재를 수입한 자는 그 수입한 원료・기재 또는 그 원료・기재로 제조된 물품등을 부득이한 사유로 인하여 당초의 목적 외의 용도로 사용하려면 대통령령으로 정하는 바에 따라 산업통상자원부장관의 승인을 받아야 한다. 다만, 대통령령으로 정하는 원료・기재 또는 그 원료・기재로 제조된 물품 등에 대하여는 그러하지 아니하다(대외무역법 제17조 1항). 여기서 "대통령령으로 정하는 원료・기재 또는 그 원료・기재로 제조된 물품등"이란 평균 손모량에 해당하는 외화획득용 원료・기재 또는 그 원료・기재로 생산한 물품 등, 외화획득용 원료・기재를 말하며(대외령 제30조 3항), 또한 '부득이한 사유'라 함은 다음과 같다(대외령 제30조 2항).

① 우리나라나 교역상대국의 전쟁・사변, 천재지변 또는 제도 변경으로 인하여 외화획득의 이행을 할 수 없게 된 경우

② 외화획득용 원료・기재로 생산된 물품 등으로서 그 물품 등을 생산하는

데에 고도의 기술이 필요하여 외화획득의 이행에 앞서 시험제품을 생산할 필요가 있는 경우

③ 외화획득 이행의무자의 책임이 없는 사유로 외화획득의 이행을 할 수 없게 된 경우

④ 그 밖의 산업통상자원부장관이 불가항력으로 외화획득의 이행을 할 수 없다고 인정한 경우(규정 제49조 2항)

- 화재나 천재지변으로 인하여 외화획득 이행이 불가능하게 된 경우
- 기술혁신이나 유행의 경과로 새로운 제품이 개발되어 수입된 원료등으로는 외화획득 이행물품등의 생산에 사용할 수 없는 경우
- 수입된 원료가 형질이 변화되어 외화획득 이행물품의 생산에 사용할 수 없게 된 경우
- 그 밖의 수입 또는 구매한 자에게 책임을 돌릴 사유가 없이 외화획득을 이행할 수 없는 경우로서 사용목적 변경승인기관의 장이 인정하는 경우.

2) 외화획득용 원료 · 기재의 사용목적 변경승인신청

외화획득용 원료 · 기재 또는 그 원료 · 기재로 제조된 물품의 사용목적 변경 승인을 얻고자 하는 자는 신청서에 산업통상자원부장관이 정하는 다음의 서류를 첨부하여 산업통상자원부장관에게 제출하여야 한다(대외령 제31조 1항).

이에 따라 외화획득용 원료 등의 사용목적 변경승인을 얻고자 하는 자는 외화획득용 원료사용목적변경승인신청서(별지 제18호 서식) 4부에 다음의 서류를 첨부하여 외화획득이행기간 만기일 이전에 관할 시 · 도지사 또는 중앙행정기관의 장에게 신청하여야 한다(규정 제49조 1항).

① 사용목적변경신청사유서

② 변경하고자 하는 물량을 확인할 수 있는 서류

③ 변경신청하고자 하는 사유를 인정할 수 있는 서류

④ 그 밖의 사용목적 변경승인기관의 장이 필요하다고 인정하는 서류

한편 사용목적 변경승인을 한 기관의 장은 승인서를 신청자 외화획득용 원료의 사후 관리기관의 장, 신청자의 관할세무서장에게 각각 알려야 한다(규정 제49조 3항).

3) 외화획득용 원료 · 기재의 양도 및 양수

외화획득용으로 수입한 원료 · 기재 또는 그 원료 · 기재로 제조된 물품 등을 당초의 목적과 같은 용도로 사용하거나 수출하려는 자에게 양도하려는 때에는 양도하려는 자와 양수하려는 자가 함께 산업통상자원부장관의 승인을 받아야 한다. 다만, 대통령령으로 정하는 원료 · 기재 또는 그 원료 · 기재로 제조된 물품 등에 대하여는 그러하지 아니하다(대외무역법 제17조 2항).

따라서 그 수입한 원료 · 기재 등에 대하여 양도 · 양수의 승인을 얻고자 하는 자는 신청서에 산업통상자원부장관이 정하는 서류(양수도계약서, 수입신고필증 또는 기초원재료납세증명서)를 첨부하여 산업통상자원부장관에게 제출하여야 한다.

그리고 외화획득용 원료에 대한 양도 · 양수의 승인을 얻고자 하는 자는 외화획득용원료 양도승인신청서(규정별지 제19호 서식) 3부에 다음 각 호의 서류를 첨부하여 양도인 또는 양수인의 외화획득용 원료 등의 사후 관리기관의 장 또는 제42조 제1호에 따른 기관의 장에게 신청하여야 한다(규정 제50조 1항).

다만, 외화획득용 원료 · 기재의 사후관리대상에서 제외되는 원료 · 기재의 경우는 양도 · 양수의 승인을 얻지 않아도 된다.

① 양수 · 양도 계약서

② 수입신고필증 또는 기초원재료 납세증명서

그리고 자율관리기업이 다른 자율관리기업에 양도하려는 경우에는 양도인의 외화획득용 원료의 사후 관리기관의 장에게 신청하여야 하며 양도인 및 양수인의 외화획득용 원료의 사후 관리기관의 장은 승인한 원료 등을 제48조에 준하여 처리하여야 한다(규정 제50조 2,3항).

4. 외화획득용 원료 · 기재의 사후관리

1) 사후관리 필요성과 대상

외화획득용 원료 · 기재의 수입은 일반 내수용 수입에 비하여 우대조치를 받고 있는데 이는 수출증대를 통한 국제수지균형과 국민경제의 성장을 도모하기 위한 것이다. 따라서 이러한 우대조치는 외화획득용으로 수입된 원자재를 제조 · 가공하여 일정기일내에 외화획득행위를 이행할 것을 전제로 부여되고 있는 것이므로 외화획득용 원료 · 기재를 수입한 자의 이행여부를 사후적으로 관리할 필요가 있다.

따라서 산업통상자원부장관은 외화획득용 원료 · 기재의 수입승인을 얻어 수입한 외화획득용 원료 · 기재 및 그 원료 · 기재로 제조된 물품 등에 대하여는 외화획득 이행의무자의 외화획득 이행 여부를 사후 관리하여야 한다(대외령 제28조 1항).

그리고 외화획득용 원료 · 기재의 사후 관리는 외화획득 이행의무자별 및 품목별로 매 분기에 수입한 총량을 대상으로 행하되, 사후 관리의 방법 등에 관하여 필요한 사항은 산업통상자원부장관이 정하여 고시한다(대외령 제28조 2,3항).

2) 사후관리의 면제대상

외화획득용 원료 · 기재의 수입승인을 얻어 수입한 외화획득용 원료 · 기재로서 사후관리대상품목에 대하여는 외화획득이행의무자의 외화획득이행여부에 대한 사후관리를 하여야 한다. 그러나 산업통상자원부장관은 다음 각호의 하나에 해당하는 경우에는 예외적으로 사후관리를 하지 아니할 수 있다(대외령 제29조).

① 품목별 외화획득 이행 의무의 미이행률이 10퍼센트 이하인 경우

② 외화획득 이행의무자의 분기별 미이행률이 10퍼센트 이하이고, 그 미이행 금액이 미화 2만 달러에 상당하는 금액 이하인 경우

③ 외화획득 이행의무자의 책임이 없는 사유로 외화획득의 이행을 하지 못한 경우로서 산업통상자원부장관이 인정하는 경우

④ 해당 품목이 수입승인 대상에서 제외됨으로써 그 수입에 대응하는 외화획득의 이행을 할 필요가 없는 경우 등 산업통상자원부장관이 사후관리를 할 필요성이 없어진 것으로 인정하는 경우(규정 제41조2호)

- 수입승인을 얻어 수입한 품목이 수입승인대상에서 제외되는 원료등
- 외화획득의 이행을 위해 보세공장 및 보세창고 또는 자유무역지역에 반입되는 원료등

제2절 외화획득용 원료의 수입

1. 외화획득용 원료 범위

외화획득용 원료의 범위는 다음과 같다(규정 제32조).

① 수출실적으로 인정되는 수출 물품등을 생산하는 데에 소요되는 원료(포장재, 1회용 파렛트를 포함한다)

② 외화가득률[2](외화획득액에서 외화획득용 원료의 수입금액을 공제한 금액이 외화획득액에서 차지하는 비율을 말한다)이 30퍼센트 이상인 군납용 물품등을 생산하는 데에 소요되는 원료

③ 해외에서의 건설 및 용역사업용 원료

④ 외화획득용 물품등을 생산하는 데에 소요되는 원료

⑤ 위의 ① 내지 ④까지에 해당되는 원료로 생산되어 외화획득이 완료된 물품 등의 하자 및 유지보수용 원료

2) 외화가득률이란 다음의 공식에 의하여 산출된 비율을 말한다.

$$\frac{\text{수출금액(FOB기준) - 외화획득용 원료수입금액(CIF기준)}}{\text{수출금액(FOB기준)}} \times 100\% = \text{외화가득률(\%)}$$

2. 외화획득용 원료의 수입

1) 외화획득용 원료의 수입승인원칙

외화획득용 원료의 수입승인에 관한 권한을 위임 · 위탁받은 기관 · 단체(이하 "외화획득용 원료의 승인기관"이라 한다)의 장은 외화획득용 원료의 수입에 대하여는 수량제한을 받지 아니하고 승인할 수 있다. 다만, 농림수산물의 경우에는 제34조에 따라 수입승인하여야 한다(규정 제33조 1항).

또한 외화획득용 원료의 승인기관의 장은 유통업자가 구매확인서 또는 내국신용장을 근거로 수출품생산자에게 직접 공급하기 위하여 외화획득용 원료를 수입하려는 경우에는 그 수입을 승인할 수 있다(규정 제33조 2항).

2) 외화획득용 원료의 수입에 대한 제한

국산의 원료 · 기재의 사용을 촉진하기 위하여 필요한 경우에는 비록 외화획득용 원료라 할지라도 수입을 제한할 수 있다(대외무역법 제16조 1항 단서).

그리고 산업통상자원부장관은 국산 원료 · 기재의 사용을 촉진하기 위하여 외화획득용 원료 · 기재의 수입을 제한하려는 경우에는 그 제한하려는 품목 및 수입에 필요한 절차를 따로 정하여 고시하여야 한다(대외령 제24조 2항).

따라서 수입승인기관의 장은 다음의 품목들에 대하여는 다음과 같이 특별히 정한 승인요령에 따라 수입승인 하여야 하는데, 이러한 품목은 농림수산물이 있다(규정 제34조). 한편, 농림수산물 중 해당 품목을 관장하는 중앙행정기관의 장 또는 그 중앙행정기관의 장이 지정하는 기관의 장이 정하는 수입제한품목은 해당 기관의 장이 정하는 수입승인요령에 따라 승인을 받아야 수입할 수 있다(규정 제34조).

3) 외화획득용 원료의 수입승인시 확인

외화획득용 원료의 승인기관의 장은 외화획득용 원료의 수입승인을 할 때에는 외화획득용 원료 수입승인신청서(규정 별지 제12호 서식)에 다음의 사항 등 기재사항이 적정한지 여부를 확인하여야 한다(규정 제35조).

① 외화획득이행의무자의 사후관리기관(수입대행의 경우에는 실수요자의 사후관리기관)

② 농림수산물의 수입승인요령에 의한 수입승인여부

3. 외화획득용 원료 등의 국내구매

1) 국내구매의 의의

외화획득용 원료 등을 국내에서 구매하는 경우에는 무역금융 등을 사용할 수 있는 내국신용장제도를 이용한다. 그러나 내국신용장을 개설할 수 있는 근거자료가 없거나(송금방식수출 등) 무역금융한도부족 등으로 내국신용장을 사용할 수 없을 때에도 외화획득용 원료 등을 구매할 수 있어야 하므로 이에 대비하여 개발된 것이 구매확인서제도이다. 이 제도는 1970년에 상공부고시에 의하여 처음 신설되었으며 무역금융을 이용할 수는 없으나 수출실적인정, 외화획득용 원료 사후관리, 관세환급 등의 용도에 사용된다.

대외무역관리규정에서 구매확인서는 외화획득용 원료·기재를 구매하려는 경우 또는 구매한 경우 외국환은행의 장 또는 「전자무역 촉진에 관한 법률」 제6조에 따라 산업통상자원부장관이 지정한 전자무역기반사업자(이하 "전자무역기반사업자"라 한다)가 내국신용장에 준하여 발급하는 증서(구매한 경우에는 구매확인서 신청인이 세금계산서를 발급받아 「부가가치세법 시행규칙」 제9조의2에서 정한 기한 내에 신청하여 발급받은 증서에 한한다)를 말한다(규정 제2조 18호). 그리고 "내국신용장"이란 한국은행총재가 정하는 바에 따라 외국환은행의 장이 발급하여 국내에서 통용되는 신용장을 말한다(규정 제2조 19호).

구매확인서의 신청·발급에 규정한 서류는 구매확인서를 발급받으려는 자가 외화획득용원료·기재구매확인신청서(이하 "구매확인신청서"라 한다)를 「전자무역 촉진에 관한 법률」 제12조에서 정하는 바에 따른 전자무역문서로 작성하여 외국환은행의 장 또는 전자무역기반사업자에게 제출하는 경우 첨부한 것으로 본다(규정 제36조 1항).

2) 구매확인서 발급신청 및 발급

(1) 발급근거서류

구매확인서를 발급받으려는 자는 구매확인신청서에 다음의 서류를 첨부하여 산업통상자원부장관에게 제출하여야 한다(대외령 제31조 1항).

① 구매자 · 공급자에 관한 서류

② 외화획득용 원료 · 기재의 가격 · 수량 등에 관한 서류

③ 외화획득용 원료 · 기재라는 사실을 증명하는 서류로서 산업통상자원부장관이 정하여 고시하는 서류로서 다음 중의 어느 하나(규정 제36조 2항)

- 수출신용장
- 수출계약서(품목 · 수량 · 가격 등에 합의하여 서명한 수출계약 입증서류)
- 외화매입(예치)증명서(외화획득 이행 관련 대금임이 관계 서류에 의해 확인되는 경우만 해당한다)
- 내국신용장
- 구매확인서
- 수출신고필증(외화획득용 원료 · 기재를 구매한 자가 신청한 경우에만 해당한다)
- 시행령 제26조 각 호에 따른 외화획득에 제공되는 물품등을 생산하기 위한 경우임을 입증할 수 있는 서류

(2) 구매확인서의 발급 신청 등

국내에서 외화획득용 원료 · 기재를 구매하려는 자 또는 구매한 자는 외국환은행의 장 또는 전자무역기반사업자에게 구매확인서의 발급을 신청할 수 있으며, 구매확인서를 발급받으려는 자는 구매확인신청서를 「전자무역 촉진에 관한 법률」 제12조에서 정하는 바에 따른 전자무역문서로 작성하여 외국환은행의 장 또는 전자무역기반사업자에게 제출하여야 하고, 제36조 제2항

각호의 어느 하나에 해당하는 서류를 동법 제19조에서 정하는 바에 따라 제출하여야 한다(규정 제37조1항 내지 2항).

여기서 '국내에서 외화획득용 원료·기재를 구매하려는 자'라는 것은 국내에서 물품을 구매하기 전에 구매확인서의 발급을 신청하는 구매확인서의 사전 발급신청을 의미하며, '국내에서 외화획득용 원료·기재를 구매한 자'는 국내에서 물품을 이미 구매한 후 구매확인서의 발급을 신청하는 구매확인서의 사후 발급신청을 가리킨다.

(3) 구매확인서의 발급 및 재발급

외국환은행의 장 또는 전자무역기반사업자는 외화획득용 원료·기재구매확인서(별지 제13-1호 서식)를 전자무역문서로 발급하고 신청한 자에게 발급사실을 알릴 때 승인번호, 개설 및 통지일자, 발신기관 전자서명 등 최소한의 사항만 알릴 수 있다(규정 제37조 3항). 외국환은행의 장 또는 전자무역기반사업자는 제1항에 따라 신청하여 발급된 구매확인서에 의하여 2차 구매확인서를 발급할 수 있으며 외화획득용 원료·기재의 제조·가공·유통(완제품의 유통을 포함한다)과정이 여러 단계인 경우에는 각 단계별로 순차로 발급할 수 있다(규정 제37조 4항).

그리고 구매확인서를 발급한 후 신청 첨부서류의 외화획득용 원료·기재의 내용 변경 등으로 이미 발급받은 구매확인서와 내용이 상이하여 재발급을 요청하는 경우에는 새로운 구매확인서를 발급할 수 있다(규정 제37조 5항).

(4) 구매확인서의 발급신청 대행

구매확인서를 발급받으려는 자가 전산설비를 갖추지 못하였거나 기타 부득이한 사유로 전자문서를 작성하지 못하는 때에는 전자무역기반사업자에게 위탁하여 신청할 수 있다(규정 제38조).

3) 구매확인서와 내국신용장의 비교

구매확인서와 내국신용장의 근본적인 차이점은 발행(발급)은행의 지급확약 유무에 있으며, 주요내용을 비교하면 다음 표와 같다.

〈표 8-1〉 구매확인서와 내국신용장 비교

구 분	내국신용장	구매확인서
관련법규	무역금융관련규정 (한국은행 총액한도대출관련 무역금융 취급세칙 및 절차)	대외무역법 및 전자무역촉진에 관한 법률
개설(발급)기관	외국환은행	외국환은행, 전자무역기반사업자
수출실적	공급업체의 수출실적 인정	좌 동
부가세	영세율 적용	좌 동
지급확약	개설은행이 지급확약	발급은행의 지급확약 없음
개설(발급)조건	보유신용장 또는 무역금융 한도내에서 개설 (무역금융 수혜대상)	업체의 거래증빙서류 보유 범위내에서 제한없이 발급(발급근거 확인) (무역금융수혜대상 아님)
개설(발급)근거	- 신용장기준 ① 수출신용장 ② 수출계약서 ③ 외화표시물품공급계약서 ④ 외화표시건설, 용역공급계약서 ⑤ 다른 내국신용장 ⑥ 실적기준금융 수혜업체의 과거 수출실적에 의한 금융 한도 - 실적기준 ① 융자대상 수출실적	① 수출신용장 ② 수출계약서(D/P, D/A 등) ③ 외화매입(예치)증명서(외화획득 이행관련 대금임이 관계서류에 의해 확인되는 경우에 한함) ④ 내국신용장 ⑤ 구매확인서 ⑥ 수출신고필증(외화획득용 원료기재를 구매한 자가 신청한 경우, 즉, 사후발급에만 해당된다) ⑦ 회화획득에 제공되는 물품등을 생산하기 위한 경우임을 입증할 수 있는 서류
발행제한	차수제한 없이 발급 가능	
용도	외화획득용원료·기재(수출용 원자재 및 완제품)의 국내구매에 사용	
관세환급	관세환급 가능	

4. 외화획득용 원료의 대응수출 의무

1) 외화획득의 이행기간

외화획득의 이행기간은 다음의 구분에 따른 기간의 범위에서 산업통상자원부장관이 정하여 고시하는 기간으로 한다(대외령 제27조 1항).

① 외화획득용 원료·기재를 수입한 자가 직접 외화획득의 이행을 하는 경

우 : 수입통관일 또는 공급일부터 2년

② 다른 사람으로부터 외화획득용 원료·기재 또는 그 원료·기재로 제조된 물품등을 양수한 자가 외화획득의 이행을 하는 경우 : 양수일부터 1년

③ 외화획득을 위한 물품등을 생산하거나 비축하는 데에 2년 이상의 기간이 걸리는 경우 : 생산하거나 비축하는 데에 걸리는 기간에 상당하는 기간

④ 수출이 완료된 기계류의 하자 및 유지 보수를 위한 외화획득용 원료·기재인 경우 : 하자 및 유지 보수 완료일부터 2년

그리고 외화획득 이행의무자는 외화획득용 원료의 수입신고수리일, 용역 또는 전자적 형태의 무체물의 공급일, 수입된 외화획득용 원료 또는 해당 원료로 제조된 물품등(이하 "원료등"이라 한다)의 구매일 또는 양수일부터 다음 각 호의 기간이 경과한 날까지 외화획득의 이행을 하여야 한다(규정 제39조 1항).

① 외화획득행위의 경우에는 2년

② 국내공급(양도를 포함한다)인 경우에는 1년

③ 외화획득물품의 선적기일이 2년 이상인 경우에는 그 기일까지의 기간

④ 수출이 완료된 기계류(HS 84류 내지 90류에 해당하는 품목)의 하자 및 유지 보수용 원료인 경우에는 10년

2) 외화획득이행기간의 연장 및 연장사유

(1) 외화획득이행기간의 연장신청

외화획득이행의무자는 소정의 기간내에 외화획득의 이행이 불가능하다고 인정되어 외화획득의 이행기간을 연장하고자 하는 자는 그 기간 종료일 전에 외화획득이행기간 연장신청서(규정별지 제14호 서식) 3부에 아래 연장사유의 사실을 인정할 수 있는 서류 1부를 첨부하여 관할 특별시장·광역시장·도지사 또는 특별자치도지사(이하 "시·도지사"라 한다)에게 신청하여야 한다(규정 제39조 2항).

(2) 외화획득이행기간의 연장사유

시·도지사는 다음과 같은 사유의 하나에 해당하는 경우 1년의 범위내에서

외화획득이행기간을 연장할 수 있다(규정 제39조 3항).

① 생산에 장기간이 소요되는 경우
② 제품생산을 위탁한 경우 그 공장의 도산 등으로 인하여 제품 생산이 지연되는 경우
③ 외화획득 이행의무자의 책임 있는 사유가 없음에도 신용장 또는 수출계약이 취소된 경우
④ 외화획득이 완료된 물품의 하자보수용 원료 등으로서 장기간 보관이 불가피한 경우
⑤ 그 밖에 부득이한 사유로 외화획득 이행기간 내에 외화획득 이행이 불가능하다고 인정되는 경우

시·도지사가 외화획득 이행기간 연장을 승인한 때에는 그 사실을 신청자와 영 제91조 제7항에 따라 외화획득용 원료등에 대한 영 제28조에 따른 사후 관리에 관한 권한을 위임·위탁받은 기관·단체(이하 "외화획득용 원료등의 사후 관리기관"이라 한다)의 장에게 알려야 한다(규정 제39조 4항).

3) 농림수산물의 외화획득이행기간

외화획득의 이행기간 및 이행기간연장의 규정에도 불구하고, 농림수산물 중 해당 품목을 관장하는 중앙행정기관의 장 또는 그 중앙행정기관의 장이 지정하는 기관의 장으로부터 수입승인을 받은 원료의 외화획득이행기간 및 그 연장에 대하여는 중앙행정기관의 장이 정한다(규정 제40조).

5. 외화획득용 원료의 사후관리

1) 외화획득용 원료의 사후관리 대상

산업통상자원부장관은 승인을 받아 수입한 외화획득용 원료·기재 및 그 원료·기재로 제조된 물품 등에 대하여는 외화획득 이행의무자의 외화획득 이행 여부를 사후 관리하여야 한다(대외령 제28조 1항).

외화획득용 원료의 사후 관리기관의 장은 원료 등에 대하여 사후 관리를 하여야 한다. 다만, 다음 어느 하나에 해당하는 경우에는 사후 관리를 하지 아니할 수 있다(규정 제41조).

① 시행령 제29조 제1호부터 제3호까지의 규정에 해당하는 경우

② 시행령 제29조 제4호에 따라 산업통상자원부장관이 사후 관리를 할 필요성이 없어진 것으로 인정하는 다음 각 목의 어느 하나에 해당하는 경우

- 수입승인을 받아 수입한 품목이 수입승인 대상에서 제외되는 원료등
- 외화획득의 이행을 위하여 보세공장 및 보세창고 또는 자유무역지역에 반입되는 원료등

2) 외화획득용 원료의 사후관리기관

외화획득용 원료의 사후관리기관은 다음과 같다(규정 제42조).

① 외화획득용 원료 중 제34조에 따라 승인을 받도록 정한 품목에 대한 사후 관리는 해당 품목을 관장하는 중앙행정기관의 장 또는 중앙행정기관의 장이 지정하는 기관의 장

② 제1호에 따른 원료등(농림수산물 등)을 제외한 원료등의 사후 관리는 해당 외화획득 원료의 승인기관의 장

③ 제2호에 따른 원료등 중 제43조에 따라 자율관리기업으로 선정된 자가 수입(국내구매 또는 양수를 포함한다)한 원료등의 사후 관리는 해당 자율관리 기업의 장

3) 자율관리기업

(1) 자율관리기업의 의의

산업통상자원부장관은 민간기업의 자율적 관리를 통해 무역관리의 효율성을 도모하고 있다. 산업통상자원부장관은 산업통상자원부장관이 정하여 고시한 요건을 갖춘 자가 수입승인을 받아 수입한 외화획득용 원료・기재에 대하여는 수입승인을 받은 자가 사후 관리하도록 할 수 있다. 외화획득용 원료・

기재를 양수한 자로서 산업통상자원부장관이 정하여 고시한 요건을 갖춘 자의 경우에도 또한 같다(대외령 제28조 2항).

(2) 자율관리기업의 선정요건

자율관리기업의 선정요건을 다음과 같이 규정하고 있다(규정 제43조 1항).

① 전년도 수출실적이 미화 50만 달러 상당액 이상인 업체, 수출 유공으로 포상(훈 · 포장 및 대통령표창을 말한다. 이하 같다)을 받은 업체(84년도 이후 포상받은 업체만 해당한다) 또는 중견수출기업

② 과거 2년간 미화 5천 달러 상당액 이상 외화획득 미이행으로 보고된 사실이 없는 업체

(3) 자율관리기업의 신청

자율관리기업은 기술표준원장이 수시로 해당업체를 선정하며(규정 제43조 2항), 자율관리기업으로 선정받고자 하는 자는 다음의 각 서류를 첨부하여 기술표준원장에게 신청하여야 한다(규정 제43조 3항).

① 수출실적증명서

② 외화획득원료의 승인기관의 장의 외화획득의무성실이행확인서(지난 2년간 미화 5천달러 상당액 이상 외화획득미이행으로 보고된 사실이 없는 업체임을 확인하는 내용 포함)

③ 자율관리규정

④ 원료 등을 용도 외에 사용하지 않을 것임을 약속하는 각서

(4) 자율관리기업의 선정 및 통보

그리고 기술표준원장이 자율관리기업을 선정한 때에는 산업통상자원부장관, 세관장에게 그 사실을 통보하여야 한다(규정 제43조 4항).

자율관리기업으로 선정받은 자는 자율관리규정을 마련하고 이에 따라 사후관리를 하여야 한다(규정 제43조 5항). 또한 자율관리기업은 매반기 종료 다음 달 말일까지 대응외화획득이행내역(규정별지 제28호 서식)을 기술표준원장에게 보고하여야 한다(규정 제43조 6항).

(5) 자율관리기업의 선정취소

기술표준원장은 자율관리기업으로 선정받은 자가 다음의 하나에 해당하는 경우에는 그 선정을 취소할 수 있다. 이때 취소된 자율관리기업은 취소된 날로부터 3년 이내에는 재선정될 수 없다(규정 제43조 7항).

① 원료 등을 타상사에 공급하고 공급이행내역을 알리지 아니하거나 승인 없이 원료 등을 사용목적 이외의 용도에 사용하거나 양도 또는 양수한 때

② 파산 등으로 사후관리가 불가능한 때

③ 대외무역법 또는 동법에 의한 명령이나 처분에 위반한 때

4) 사후관리대상 원료의 분류

원료 등의 사후 관리는 다음 각 호의 경우를 제외하고는 외화획득 이행의무자별로 원료 등의 품목분류번호(HS 10단위)별로 분기마다 수입 및 구매한 총량을 대상으로 한다(규정 제44조).

① 품목분류번호(HS 10단위)가 다르더라도 원료 등의 성질상 같은 품목이거나 유사한 품목은 품명단위별로 분기마다 수입 및 구매한 총량을 대상으로 관리한다.

② 의류 및 가방 등의 부재료로 사용되는 지퍼는 품목분류번호(HS 10단위)별로 분기마다 수입 및 구매한 양의 총길이로 관리한다.

5) 외화획득용 원료등의 구매내역의 신고

사후 관리대상 품목을 구매한 자는 분기 중에 구매한 원료 등의 건별내역을 품목분류하여 별지 제15호 서식에 의한 외화획득용 원료구매내역신고서에 작성하여 분기종료 후 다음 달 20일까지 외화획득용 원료 등의 사후 관리기관의 장에게 신고하여야 한다(규정 제45조).

6) 사후관리카드의 정리

외화획득용 원료의 사후 관리기관의 장은 구매내역신고서 및 신고받은 공

급이행신고서를 외화획득 이행의무자별로 수입신고수리일 또는 원료 등의 구매일 순으로 관리하여야 한다(규정 제46조 1항).

또한 외화획득용 원료의 사후 관리기관의 장은 수입승인된 원료등과 신고된 원료 등에 대하여 품목분류번호(HS 10단위)별로 분기마다 수입 또는 구매한 총량과 금액 등을 별지 제29호 서식에 의한 외화획득용 원료 사후관리이행 정리카드에 기재하여야 한다(규정 제46조 2항).

7) 외화획득이행신고

외화획득이행의무자는 외화획득을 이행하고 외화획득이행신고서(별지 제16호 서식)에 다음의 서류를 첨부하여 수출선적일 또는 외화입금일로부터 3개월 이내에 외화획득용 원료의 사후관리기관의 장에게 신고하여야 한다(규정 제47조 1항).

① 수출신고필증(또는 외화입금증명서) 원본

② 자율소요량계산서

한편 외화획득 이행신고자와 수출신고필증의 명의가 상이한 경우에는 내국신용장, 구매확인서, 수출대행계약서 또는 물품등구매계약서 등 거래관계를 입증하는 서류를 제출하여야 하며, 그리고 외화획득용 원료의 사후 관리기관의 장은 제1항에 따른 신고가 있을 때에는 지체 없이 외화획득 이행신고서에 표시된 원료등의 양을 별지 제29호 서식에 의한 외화획득용원료 사후 관리이행 정리카드에서 차감하여 정리하고 해당 수출신고필증 원본(또는 외화입금증명서 원본)의 뒷면에 사후 관리 사실을 확인 표시하여야 한다(규정 제47조 2,3항).

8) 공급이행신고

사후 관리 대상 품목을 원료등으로 공급한 자는 별지 제17호 서식에 의한 외화획득용원료공급이행신고서 3부(공급자 외화획득용 원료의 사후 관리기관용, 인수자 외화획득용 원료의 사후 관리기관용 및 인수자용)에 인수자의 날인 또는 물품등수령증을 받아 다음의 서류를 첨부하여 공급일부터 3개월 이내에 외화획득용 원료의 사후 관리기관의 장에게 신고하여야 한다. 다만, 공급자가 유통업자인 경우에는 제2호의 서류를 면제한다(규정 제48조 1항).

① 내국신용장 또는 구매확인서

② 자율소요량계산서

한편 공급자 외화획득용 원료의 사후 관리기관의 장은 공급이행정리하고 내국신용장 등의 원본서류 뒷면에 사후 관리 사실을 확인 표시하여야 하고 또한 공급자 외화획득용 원료의 사후 관리기관의 장은 외화획득용 원료 공급이행신고서에 확인날인한 후 1부는 인수자 외화획득용 원료의 사후 관리기관의 장, 1부는 인수자에게 통보하여야 한다(규정 제48조 2,3항).

그리고 원료 등을 보세공장에 반입한 자는 세관장이 발행한 반입확인서를 외화획득용 원료의 사후 관리기관의 장에게 제출하여야 하며, 반입확인서를 외화획득용 원료의 사후 관리기관의 장은 제47조 제3항(사후관리사실의 확인·표시)에 준하여 공급이행정리를 하여야 한다(규정 제48조 4항).

그리고 자율관리기업이 사후 관리 대상 기업에 원료등을 공급한 경우에는 공급이행신고서 2부를 작성, 공급일부터 3월 이내에 1부는 인수자 외화획득용 원료의 사후 관리기관의 장에게, 1부는 인수자에게 통보하여야 한다. 다만, 자율관리기업에 공급하는 경우에는 인수자에게만 알린다(규정 제48조 5항).

6. 지도 · 감독 및 보고

1) 지도 · 감독

기술표준원장은 시·도지사, 외화획득용 원료의 사후 관리기관의 장 및 자율관리기업의 장에 대하여 다음 각 호의 지도 감독을 하여야 한다(규정 제51조).

① 사후관리업무담당자의 교육

② 사후관리대장 정리실태

③ 공급이행신고서 통보실태

④ 미이행 보고실태

⑤ 그 밖에 제규정 이행실태

2) 불이행보고

외화획득용 원료의 사후 관리기관의 장은 원료 등을 수입 또는 구매한 후 외화획득 이행만기일까지 외화획득을 미이행한 자에 대하여 그 내역을 별지 제30호 서식에 따라 해당 만기일 경과 후 20일까지 미이행자에게 알려야 한다(규정 제52조 1항).

그리고 외화획득 미이행자에게 통보한 날부터 30일 이내에 이행신고가 없는 경우 외화획득용 원료의 사후관리기관의 장은 그 내역을 대응외화획득미이행내역(별지 제30호 서식)에 따라 기술표준원장에게 보고하여야 한다. 다만, 제34조에 따라 수입승인된 물품(농림수산물)등은 해당 중앙행정기관의 장에게 보고하여야 한다(규정 제52조 2항).

또한 외화획득용 원료의 사후관리기관의 장은 정기보고 이외에 사후 관리 대상 업체의 파산 등으로 사후 관리가 불가능하다고 판단되는 경우에는 즉시 그 내역을 기술표준원장에게 보고하여야 한다. 다만, 외화획득용 원료로 수입 승인된 농림수산물의 보고는 해당 중앙행정기관의 장에게 보고하여야 한다(규정 제52조 3항).

3) 제재

중앙행정기관의 장(외화획득용 원료로 수입승인된 농림수산물을 제외한 분은 기술표준원장)은 보고된 다음의 외화획득미이행자에 대하여 법 제54조 제2호부터 제4호까지의 규정에 따른 제재에 필요한 조치를 하여야 한다(규정 제53조 1항).

- 승인 또는 변경승인을 받지 아니하고 수출 또는 수입 승인 대상 물품등을 수출하거나 수입한 자(대외무역법 제54조 2호)
- 거짓이나 그 밖의 부정한 방법으로 승인 또는 변경승인을 받거나 그 승인 또는 변경승인을 면제받고 물품등을 수출하거나 수입한 자(대외무역법 제54조 3호)
- 수입에 대응하는 외화획득을 하지 아니한 자(대외무역법 제54조 4호)

한편, 사후관리의 면제대상(대외령 제29조 1호, 2호 및 4호)인 경우 사후관리를 자동면제하고, 외화획득이행의무자에게 책임이 없는 사유로 외화획득의 이행을 하지 못한 경우로서 산업통상자원부장관이 인정하는 경우에 대하여는 제재심사위원회의 심의를 거쳐 사후관리를 면제할 수 있으며, 제재심사위원회의 구성 및 운영 등에 필요한 사항은 기술표준원장이 정한다(규정 제53조 2항~3항).

제3절 소요량계산 제도

1. 소요량계산 제도의 개념

1) 소요량계산의 의의

수출업체가 특정물품을 수출하고자 하는 경우 그 물품의 제조·가공에 소요되는 원자재를 국내외에서 조달하여야 하는데, 이와 같이 수출을 목적으로 사용되는 원자재는 외화획득용 원료로서 수입에 있어서 내수용 물품의 수입보다 많은 혜택을 부여하고 있다.

따라서 각종 혜택이 주어지는 외화획득용 원료의 조달시에는 원료의 양을 정확히 산출한 필요가 있으며, 책임있는 기관이 외화획득용 물품에 필요한 원료의 양을 책정하고 이를 증명함으로써 외화획득용 원료의 수입에 대한 우대조치의 적정화를 기할 목적으로 운영되는 제도가 소요량계산제도이다.

소요량이 적정하게 산출되어야 하는데 그 이유로서 만약 과소하게 책정 또는 계산되면 수출업자의 대응수출이행에 막대한 지장을 초래할 수 있으며, 한편으로 과다하게 책정 또는 계산되면 우대받아 수입된 수출용 원자재가 국내에 유출될 염려가 있기 때문이다. 이와 같이 소요량증명서는 수출용 원자재의 수입인증·관세환급·대응수출의 완료에 따른 사후관리 및 수출금융 등의 경우에 주로 이용된다.

한편, 2001년 개정 대외무역법령에서는 기존의 소요량증명서 발급제도를 폐지하고 업체에서 외화 획득용 물품의 생산에 사용되는 원자재의 양을 스스로 계산하는 자율소요량계산서로 전환하였다.

한편 소요량증명제도는 그 운용에 있어서 많은 인력이 뒷받침되어야 하는 등 여러 가지 문제점이 있어 최근에 와서는 이를 보다 간소화, 완화하는 방법으로 개편하는 추세에 있다.

2) 소요량계산제도에 관한 용어 정의

① "평균 손모량"이란 외화획득용 물품등 을 생산하는 과정에서 생기는 원자재의 손모량(손실량 및 불량품 생산에 소요된 원자재의 양을 포함한다)의 평균량을 말한다(규정 제2조 20호).

② "손모율"이란 평균 손모량을 백분율로 표시한 값을 말한다(규정 제2조 21호).

③ "단위실량"이란 외화획득용 물품 등 1단위를 형성하고 있는 원자재의 양을 말한다(규정 제2조 22호).

④ "기준 소요량"이란 외화획득용 물품등의 1단위를 생산하는 데에 소요되는 원자재의 양을 고시하기 위한 것으로서 단위실량과 평균 손모량을 합한 양을 말한다(규정 제2조 23호).

⑤ "단위자율소요량"이란 기준 소요량이 고시되지 아니한 품목에 대하여 외화획득용 물품 등 1단위를 생산하는 데에 소요된 원자재의 양을 해당 기업이 자율적으로 산출한 것으로서 단위실량과 평균 손모량을 합한 양을 말한다(규정 제2조 24호).

⑥ "소요량"이란 외화획득용 물품 등의 전량을 생산하는 데에 소요된 원자재의 실량과 손모량을 합한 양을 말한다(규정 제2조 25호).

⑦ "자율소요량계산서"란 외화획득을 이행하는 데에 소요된 원자재의 양을 해당 기업이 자체 계산한 서류를 말한다(규정 제2조 26호).

2. 소요량 책정방법

소요량을 책정하는 방법은 관계행정기관의 장이 기준소요량을 품목별로 고시하는 방법과 기준소요량이 고시되지 아니한 품목에 대하여 소요량증명서 발급기관이 해당 품목별로 단위소요량을 직접 산출하는 방법이 있다.

1) 기준소요량 고시 및 고시기관

기준소요량이란 용어의 정의 부분에서 살펴보았듯이 고시된 수출품 1단위를 생산하는데 소요된 원자재의 양으로써 단위실량과 평균손모량을 합한 양을 말한다.

이에 따라 외화획득용 물품 등의 생산을 관장하는 중앙행정기관의 장(산업통상자원부장관이 관장하는 품목 중 목재가구는 국립산림과학원장, 그 밖의 품목은 기술표준원장)은 소관 품목 중 사후 관리 대상 원료 등에 대하여 기준 소요량 책정방법에 따라 책정한 기준 소요량을 고시할 수 있다(규정 제55조 1항).

한편 사후 관리기관 또는 수출업체는 기준 소요량이 고시되지 않은 해당 품목이 계속적인 수출이 예상되는 등 기준 소요량의 고시가 필요하다고 판단되는 때에는 해당 품목에 대하여 기준 소요량 책정방법에 따른 기준 소요량 책정자료를 첨부하여 고시기관에 기준 소요량 고시를 요청할 수 있으며 고시기관은 이를 가능한 한 고시하여야 한다. 다만, 기준 소요량이 빈번히 바뀌거나 농산물인 경우에는 그러하지 아니할 수 있다(규정 제55조 2항).

그리고 수출 물품등의 생산을 관장하는 중앙행정기관의 장(산업통상자원부장관이 관장하는 품목 중 목재가구는 국립산림과학원장, 그 밖의 품목에 대하여는 기술표준원장)은 기준 소요량을 고시하는 데에 필요한 자료를 해당 외화획득 행위를 하는 자에게 제출하게 할 수 있다(규정 제55조 3항).

2) 기준소요량 책정방법

기준소요량은 수출업체에서 수출품을 처음으로 생산하거나, 수출품의 규격이나 공정이 복잡하여 기준소요량 고시를 적용할 수 없을 경우 단위소요량을 책정한다. 기준 소요량은 다음 각 호의 어느 하나의 방법에 따라 책정하며 「부가가치세법 시행령」 제69조 제1항, 「소득세법 시행령」 제144조 제1항 및 「법인세법 시행령」 제105조 제1항에 따른 생산수율을 감안하여 책정할 수 있다(규정 제54조 1항).

① 현장조사

② 문헌조사

③ 실물 및 카탈로그 조사

④ 신청자 제시자료에 의한 조사

⑤ 유사품의 소요량 적용

그리고 단위소요량을 책정할 때에는 다음 사항 중 필요한 최소한의 사항만을 조사하여야 한다(규정 제54조 2항).

① 제조공정 및 공정도

② 공정별 손모율 · 손모상태 및 그 발생원인

③ 원료 등의 배합비율

3. 자율소요량계산서 작성

외화획득용 원료 · 기재의 사후 관리 따른 사후 관리 대상 품목을 외화획득용 원료등으로 사용하거나 공급한 업체는 별지 제20호의 서식에 의한 자율소요량계산서에 따라 해당 업체가 자율적으로 작성하며, 자율소요량계산서는 단위자율소요량 또는 기준 소요량에 외화획득용 물품등의 수량을 곱한 물량으로 표시하며 단위자율소요량의 산출근거를 품목 및 규격별로 명확히 표시하여야 한다(규정 제56조 1,2항).

기준 소요량이 고시된 품목이라 하더라도 수출계약서 등의 관련 서류에 소요원료의 품명 · 규격 및 수량 등이 표시된 경우에는 이에 따라 자율소요량계산서를 작성할 수 있다(규정 제56조 3항).

4. 세부절차 협의

기준 소요량 고시기관이 업무수행을 위하여 필요한 세부지침을 정하려는 경우에는 미리 산업통상자원부장관과 협의하여야 한다(규정 제57조 1항).

그리고 해당 외화획득용 물품등의 생산을 관장하는 중앙행정기관의 장이 분명하지 아니할 경우에는 산업통상자원부장관과 협의하여야 한다(규정 제57조 2항).

5. 지도 · 감독

기술표준원장은 자율소요량계산서의 작성 및 운용 등과 관련하여 다음 각 호의 사항을 지도 · 감독할 수 있다. 이 경우 필요한 때에는 기준 소요량을 고시한 중앙행정기관의 장과 합동으로 지도 · 감독할 수 있다(규정 제58조).

① 자율소요량계산서 작성업무에 대한 교육

② 자율소요량계산서의 작성 및 운용실태 조사

③ 자율소요량계산서 제도와 관련한 제규정 이행실태

제4절 외화획득용 제품의 수입

1. 외화획득용 제품의 의의와 범위

외화획득용 제품은 수입한 후 생산과정을 거치지 아니한 상태로 외화획득에 제공되는 물품 등을 말하며(대외령 제2조 8호), 외화획득용 원료와 마찬가지로 일반수입과는 달리 우대관리하고 있다. 그리고 외화획득용 제품은 수출이 목적이 아니라 국내에서 외화를 획득하기 위한 것으로서 주로 외국인 관광객이나 국내거주 외국인 등에게만 공급하도록 제한적으로 운용된다.

여기서 외화획득용 제품의 범위는 다음과 같다(규정 제59조).

① 주식회사 한국관광용품센터(이하 "관광용품센터"라 한다)가 수입하는 식자재 및 부대용품

② 「항만운송사업법」에 따라 수입 물품 공급업의 등록을 하고 세관장에 등록한 자(이하 "수입 물품 공급업자"라 한다)가 수입하는 선용품

③ 군납업자가 수입하는 군납용 물품

2. 외화획득용 제품의 수입승인기관 및 사후관리

1) 외화획득용 제품의 수입승인기관

외화획득용 제품(단, 수출입공고 등에 의하여 제한되는 품목에 한한다)의 승인기관은 다음 각호와 같다(규정 제60조).

① 관광용품센타가 관광호텔 등에 공급하기 위하여 수입하는 물품 중 법 제11조 제2항에 따른 승인 대상 물품(산업통상자원부장관의 수출입승인 대상물품)으로서 주방용품, 소모성기계, 기자재류 및 객실 또는 부대업장용 소모성 물품 : 문화체육관광부장관

② 군납업자가 주한 국제연합군 그 밖에 외국군기관에 공급하는 군납용 물품 : 제8조에 따른 승인기관의 장(수출입공고에서 산업통상자원부장관이 지정 · 고시한 기관 · 단체(이하 "승인기관")의 장)

〈표 8-2〉 관광호텔용 식자재 및 부대용품

대외무역관리규정 [별표 5]

HS	품 목
0201, 0202	쇠고기
기타	법 제14조 제2항의 규정에 의한 승인대상물품으로서 주방용품, 소모성기계, 기자재류 및 객실 또는 부대업장용 소모성 물품

〈표 8-3〉 수입물품공급업자의 선용품 공급물품

대외무역관리규정 [별표 6]

HS	품 목
0201, 0202	쇠고기
기타 2	신조선 및 수리선박에 공급하기 위한 물품은 선용품 공급계약을 맺고 관세청장의 추천을 받은 품목

2) 관광호텔용 물품의 공급 및 사후관리

(1) 관광호텔용 물품의 공급

관광용품센터는 관광호텔용 물품을 다음 하나에 해당하는 자에 한하여 공급할 수 있다(규정 제62조 1항).

① 관광숙박업 중 관광진흥법에 의하여 등록된 호텔업 및 명의이용 허가를 득한 식음료업장

② 문화체육관광부장관의 허가를 받아 설립된 외신기자클럽, 서울클럽 및 한국언론회관내 멤버스클럽과 기자클럽

③ 외화획득 및 관광진흥에 기여도가 높은 관광시설 중 문화체육관광부장관의 추천에 의하여 산업통상자원부장관이 지정한 별표 7에 게기한 시설

④ 청소년기본법에 의하여 문화체육관광부장관에 신고된 서울올림픽파크텔

⑤ 올림픽, 아시안게임 등 대규모 국제대회의 선수촌, 기자촌, 프레스센터 등 관련시설로서 산업통상자원부장관의 협의를 거쳐 문화체육관광부장관이 기간을 정하여 지정하는 급식장(단, 문화체육관광부장관이 정하는 기간 이후의 잔여물량에 대하여는 관광용품센터 또는 판매대상업소에 동 기간 종료후부터 30일 이내에 양도하고 문화체육관광부장관에게 이를 보고하여야 한다)

⑥ 관세법에 의하여 설영특허를 받은 외교관 면세매점

〈표 8-4〉 관광업소

대외무역관리규정 [별표 7]

HS	품 목
철도그릴 및 열차식당	철도청장이 지정하는 철도그릴 및 열차식당
세종문화회관 및 그릴	서울특별시 종로구 세종로 81-2
한국무역협회 회원식당	서울특별시 강남구 삼성동 159-1
	부산광역시 중구 중앙동 4가 87-7
김포공항 국제그릴(4층)	서울특별시 강서구 공항동 150
김포국제공항식당(4층)	서울특별시 강서구 공항동 150
(주)조선호텔 공항외식사업부	서울특별시 강서구 방화동 712-1
코엑스 컨벤션센터내 (주)조선호텔 운영식당	서울특별시 강남구 삼성동 159
(주)세종호텔 공항외식사업부	서울특별시 강서구 방화동 712-1
전국경제인연합회관	서울특별시 영등포구 여의도동 28-1
대한생명 63빌딩 (국제회의장 및 특급전문식당)	서울특별시 영등포구 여의도동 60
한국의 집	서울특별시 중구 필동 2가 80-2
관광식당	관광진흥법 제3조 제1항 제5호의 규정의 일종으로서 문화체육관광부장관이 지정하는 전문관광식당 의거 관광편의시설

관광용품센터가 관광호텔용 물품을 공급하고자 할 때에는 해당 구매자가 시설규모 및 식자재 구입실적 등을 감안하여 적정량을 공급하여야 한다(규정 제62조 2항).

(2) 관광호텔용 물품의 관리(규정 제63조)

① 관광용품센터는 보관중인 관광호텔을 물품에 대하여 연 2회 이상 정기재고조사를 실시하여야 하며, 그 결과를 승인권자에게 보고하여야 한다.

② 관광용품센터는 관광호텔용 물품의 운송, 보관 및 공급과정에서 파손 등으로 해당 물품의 용도에 사용하기가 곤란한 물품은 손망실품대장에 기재하고 그 사실을 입증할 수 있는 서류 등을 첨부하여 보관하여야 한다.

③ 관광용품센터는 관광호텔용 물품의 수입, 재고 및 판매현황에 대한 대장을 비치하고 기록 보관하여야 하며 관광용품센터로부터 관광호텔용 물품을 구매한 자는 구매 및 소비현황에 대한 대장을 비치하고 기록 보관하여야 한다.

④ 관광용품센터는 분기별 관광호텔용 물품의 수입 및 판매현황을 작성하여 분기종료 후 10일 이내에 승인권자에게 보고하여야 한다.

⑤ 관광용품센터로부터 관광호텔용 물품을 구매한 자는 월별 구입 및 소비현황을 다음 달 10일까지 관광용품센터에 제출하여야 한다.

(3) 관광호텔용 물품의 사후관리

관광용품센터가 수입한 식자재 및 부대용품(이하 "관광호텔용 물품"이라 한다)은 승인권자의 사후 관리를 받아야 하며(규정 제61조 1항), 승인권자가 사후 관리에 필요한 세부지침을 정하려는 경우에는 산업통상자원부장관과 협의하여야 한다(규정 제61조 2항).

(4) 관광호텔용 물품의 용도외 사용금지

관광용품센터로부터 관광호텔용 물품을 구매한 자는 해당 사업 이외의 용도에 사용하거나 유출하여서는 아니되며(규정 제64조 1항), 관광용품센터는 관광호텔용 물품을 용도외에 사용하거나 유출한 자에 대하여는 문화체육관광부장관에게 이를 보고하여야 한다(규정 제64조 2항).

(5) 관광호텔용 물품의 사후관리에 따른 제재

승인권자는 관광호텔용 물품의 용도외 사용금지를 위반한 자에 대하여는 법 제54조 제2호 내지 제4호의 규정(위반자에 대해 3년 이하의 징역, 3천만원 이하의 벌금)에 의한 제재를 요청하거나 관광진흥법 제2장 제6절 규정에 의한 행정처분을(또는 문화체육관광부장관에게 행정처분을) 요청하여야 한다(규정 제65조).

3) 선용품의 사후관리

(1) 선용품의 사후관리 및 방법

수입물품공급업자가 수입하는 선용품의 사후관리는 관세청장이 행한다(규정 66조 1항). 그리고 수입물품 공급업자는 수입선용품을 다음 각 호의 어느 하나에 해당하는 자 이외의 자에게 공급하거나 유출하여서는 아니된다(규정 66조 2항).

① 국내항에 정박중인 외항선박(원양어선을 포함한다)

② 신조선박 및 수리선박

그리고 수입 물품 공급업자는 선용품의 수입, 재고 및 공급현황에 대한 대장을 비치하고 기록·보관하여야 한다(규정 67조 1항). 또한 수입 물품 공급업자는 선용품의 수입, 공급(외화 및 국내통화 구분) 및 재고현황을 작성하여 매분기 종료 후 10일 이내에 관세청장에게 제출하여야 한다(규정 67조 2항).

(2) 선용품 등의 사후관리에 따른 제재

관세청장은 선용품의 사후관리 규정에 위반한자에 대하여는 3년 이하의 징역 3천만원 이하의 벌금의 제재를 요청하여야 한다(규정 68조).

4) 군납용 물품의 사후관리

군납업자는 수입되는 물품을 군납외의 용도에 사용하거나 유출하여서는 아니되며(규정 69조 1항), 군납업자는 수입되는 물품을 양도 또는 폐기하고자 할 경우에는 미리 승인기관의 장의 승인을 얻어야 한다(규정 69조 2항).

그리고 수입된 군납용 물품에 의한 군납계약이행후 15일 이내에 외화획득상황을 군납대금회수증명서를 첨부하여 수입승인기관의 장에게 보고하여야 하고(규정 69조 3항), 또한 수입승인기관의 장은 수입되는 물품을 군납외의 용도에 사용하거나 유출한 자에 대하여는 3년 이하의 징역, 3천만원 이하의 벌금의 제재를 요청한다(규정 69조 4항).

〈표 8-5〉 외화획득용 제품의 관리

구분	관광호텔용품	선용품	군납용품
사후관리	문화체육관광부장관	관세청장	산업통상자원부장관이 지정한 기관의 장
물품의 관리	연 2회 이상 정기재고조사		
	손망실품 대장 기재 및 보관		
	수입 및 판매현황 대장 분기종료 후 10일내 보고	수입 및 재고대장 분기 종료 후 10일내 보고	
	월별 구입 및 소비현황 다음 달 10일까지 보고		군납계약 이행 후 15일 내 외화획득 상황 보고
용도 외 사용 또는 유출	문화체육관광부장관에 보고	관세청장에 보고	산업통상자원부장관이 지정한 기관의 장에 보고
	3년 이하의 징역 또는 3천만원 이하의 벌금	좌동	좌동

제9장 전략물자의 수출입과 플랜트 수출 및 정부간 수출거래

제1절 전략물자 수출입에 대한 특별관리

1. 전략물자 수출입의 의의

전략물자라 함은 국제평화 및 안전의 유지를 위해 필요하다고 인정할 때에는 산업통상자원부장관이 별도로 정하여 공고하는 물품(이하 '전략물자'라 한다)으로서 전략물자수출입 공고 별표에 게기된 물질, 시설과 장비(부품 포함), 기술을 말한다.

전략물자에 대한 수출 통제제도를 마련하는 이유는 전자·기계 등 군수용으로 전용이 가능한 첨단산업 제품이나 기술이 국제평화를 위협하는 국가들에게 유출되지 않도록 하기 위한 것이며, 이러한 제도를 갖춤에 따라 선진국들로부터 첨단 기술 및 제품의 수입을 촉진할 수 있기 때문이다.

우리나라는 국제평화 유지와 국가안보를 위하여 이러한 전략물자의 수출입에 대하여 한·미간 '전략물자 및 기술 자료의 보호에 관한 양해각서'를 체결하고 전략물자 수출입공고제도를 채택함으로써 코콤의 수준에 준하는 통제를 하여 왔다.

공산권의 붕괴와 같은 국제정세의 변화에 코콤은 1994년에 해체되었다. 코콤이 해체된 이후에도 일부 비정상적이며 국제평화에 위협적인 정치체제를 유지하고 있는 국가들에 대한 전략물자의 수출을 통제하기 위하여, 한국을 포함한 30여 개국의 참여하에 1996년 바세나르협정(Wassenaar Arrangement, 1995)이 출범하였다[1].

2. 전략물자 수출입허가

1) 전략물자의 고시 및 수출허가

산업통상자원부장관은 관계 행정기관의 장과 협의하여 대통령령으로 정하는 국제수출통제체제의 원칙에 따라 국제평화 및 안전유지와 국가안보를 위하여 수출허가 등 제한이 필요한 물품 등(대통령령으로 정하는 기술을 포함)을 지정하여 고시하여야 한다(대외법 제19조 1항). 여기서 "대통령령으로 정하는 국제수출통제체제"란 다음 각 호를 말한다(대외령 제32조).

① 바세나르체제(WA)
② 핵공급국그룹(NSG)
③ 미사일기술통제체제(MTCR)
④ 오스트레일리아그룹(AG)
⑤ 화학무기의 개발 · 생산 · 비축 · 사용 금지 및 폐기에 관한 협약(CWC)
⑥ 세균무기(생물무기) 및 독소무기의 개발 · 생산 · 비축 금지 및 폐기에 관한 협약(BWC)
⑦ 무기거래조약(ATT)

여기서 "대통령령으로 정하는 기술"이란 국제수출통제체제에서 정하는 물품의 제조 · 개발 또는 사용 등에 관한 기술로서 산업통상자원부장관이 관계 행정기관의 장과 협의하여 고시하는 기술을 말한다. 다만, 다음의 어느 하나에 해당하는 기술은 제외한다(대외령 제32조의2).

① 일반에 공개된 기술
② 기초과학연구에 관한 기술
③ 특허 출원에 필요한 최소한의 기술

1) 한낙현 · 박지문, 대외무역법, 탑북스, 2020. p.132.

④ 수출허가를 받은 물품등의 설치, 운용, 점검, 유지 및 보수에 필요한 최소한의 기술

이에 따라 전략물자 지정・고시된 물품등(이하 "전략물자"라 한다)을 수출하려는 자는 대통령령으로 정하는 바에 따라 산업통상자원부장관이나 관계 행정기관의 장의 허가(이하 "수출허가"라 한다)를 받아야 한다. 다만, 「방위사업법」 제57조 제2항에 따라 허가를 받은 방위산업물자 및 국방과학기술이 전략물자에 해당하는 경우에는 그러하지 아니하다(대외법 제19조 2항).

① 국내에서 국외로의 이전

② 국내 또는 국외에서 대한민국 국민(국내법에 따라 설립된 법인을 포함한다)으로부터 외국인(외국의 법률에 따라 설립된 법인을 포함한다)에게로의 이전

여기서 각 호 외의 부분 본문에서 "대통령령으로 정하는 경우"란 제32조의2 본문에 따라 고시하는 기술을 다음 각 호의 어느 하나에 해당하는 방법으로 이전하는 경우를 말한다(대외령 제32조의3).

① 전화, 팩스, 이메일 등 정보통신망을 통한 이전

② 지시, 교육, 훈련, 실연(實演) 등 구두나 행위를 통한 이전

③ 종이, 필름, 자기디스크, 광디스크, 반도체메모리 등 기록매체나 컴퓨터 등 정보처리장치를 통한 이전

2) 전략물자의 상황허가의 신청

전략물자에는 해당되지 아니하나 대량파괴무기와 그 운반수단인 미사일(이하 "대량파괴무기 등"이라 한다)의 제조・개발・사용 또는 보관 등의 용도로 전용될 가능성이 높은 물품 등을 수출하려는 자는 그 물품 등의 수입자나 최종 사용자가 그 물품 등을 대량파괴무기 등의 제조・개발・사용 또는 보관 등의 용도로 전용할 의도가 있음을 알았거나 그 수출이 다음 각 호의 어느 하나에 해당되어 그러한 의도가 있다고 의심되면 대통령령으로 정하는 바에 따라 산업통상자원부장관이나 관계 행정기관의 장의 허가(이하 "상황허가"라 한다)를 받아야 한다(대외법 제19조 3항).

① 수입자가 해당 물품 등의 최종 용도에 관하여 필요한 정보 제공을 기피

하는 경우

② 수출하려는 물품 등이 최종 사용자의 사업 분야에 해당되지 아니하는 경우

③ 수출하려는 물품 등이 수입국가의 기술수준과 현저한 격차가 있는 경우

④ 최종 사용자가 해당 물품 등이 활용될 분야의 사업경력이 없는 경우

⑤ 최종 사용자가 해당 물품 등에 대한 전문적 지식이 없으면서도 그 물품 등의 수출을 요구하는 경우

⑥ 최종 사용자가 해당 물품 등에 대한 설치·보수 또는 교육훈련 서비스를 거부하는 경우

⑦ 해당 물품 등의 최종 수하인(受荷人)이 운송업자인 경우

⑧ 해당 물품 등에 대한 가격 조건이나 지불 조건이 통상적인 범위를 벗어나는 경우

⑨ 특별한 이유 없이 해당 물품 등의 납기일이 통상적인 기간을 벗어난 경우

⑩ 해당 물품 등의 수송경로가 통상적인 경로를 벗어난 경우

⑪ 해당 물품 등의 수입국 내 사용 또는 재수출 여부가 명백하지 아니한 경우

⑫ 해당 물품 등에 대한 정보나 목적지 등에 대하여 통상적인 범위를 벗어나는 보안을 요구하는 경우

⑬ 그 밖에 국제정세의 변화 또는 국가안전보장을 해치는 사유의 발생 등으로 산업통상자원부장관이나 관계 행정기관의 장이 상황허가를 받도록 정하여 고시하는 경우

3) 전략물자의 수출허가와 상황허가의 신청서류

전략물자 또는 전략물자에는 해당되지 아니하나 대량파괴무기와 그 운반수단인 미사일(이하 "대량파괴무기 등"이라 한다)의 제조·개발·사용 또는 보관 등의 용도로 전용될 가능성이 높은 물품 등을 수출하려는 자는 전략물자수출허가신청서나 상황허가신청서에 다음 각 호의 서류를 첨부하여 산업통상자원부장관이나 관계 행정기관의 장에게 제출하여야 한다(대외령 제33조 1항).

① 수출계약서, 수출가계약서 또는 이에 준하는 서류

② 수입국의 정부가 발행하는 수입목적확인서 또는 이에 준하는 서류
③ 수출하는 물품 등의 용도와 성능을 표시하는 서류
④ 수출하는 물품 등의 기술적 특성에 관한 서류
⑤ 수출하는 물품 등의 용도 등에 관한 최종 사용자의 서약서
⑥ 그 밖에 수출허가나 상황허가에 필요한 서류로서 산업통상자원부장관이 정하여 고시하는 서류

4) 전략물자의 수출허가 상황허가의 기간

수출허가신청이나 상황허가신청을 받은 산업통상자원부장관 또는 관계 행정기관의 장은 15일 이내에 수출허가나 상황허가의 여부를 결정하고 그 결과를 신청인에게 알려야 한다. 다만, 수출허가나 상황허가를 신청한 물품 등에 대하여 별도의 기술 심사, 국내·국제 관계기관과의 협의 또는 현지조사가 필요한 경우에는 그 협의나 현지조사를 하는 데에 걸리는 기간은 본문에 따른 기간에 산입하지 아니한다(대외령 제33조 2항).

5) 전략물자의 수출허가 및 상황허가의 기준

산업통상자원부장관이나 관계 행정기관의 장은 수출허가 신청이나 상황허가 신청을 받으면 국제평화 및 안전유지와 국가안보 등 대통령령으로 정하는 기준에 따라 수출허가나 상황허가를 할 수 있다(대외법 제19조 4항). 여기서 "대통령령으로 정하는 기준"이란 다음 각 호의 기준을 말한다(대외령 제34조).

① 해당 물품 등이 평화적 목적에 사용될 것
② 해당 물품 등의 수출이 국제평화 및 안전유지와 국가안보에 영향을 미치지 아니할 것
③ 해당 물품 등의 수입자와 최종 사용자 등이 거래에 적합한 자격을 가지고 있고 그 물품 등의 사용 용도를 신뢰할 수 있을 것
④ 그 밖에 제32조 각 호에 따른 국제수출통제체제의 원칙 중 산업통상자원부장관이 정하여 고시하는 사항을 지킬 것

6) 전략물자의 수출허가 및 상황허가의 면제

산업통상자원부장관 또는 관계 행정기관의 장은 재외공관에서 사용될 공용물품을 수출하는 경우 등 대통령령으로 정하는 경우에는 수출허가 또는 상황허가를 면제할 수 있다(대외법 제19조 5항).

이에 따라 다음의 어느 하나에 해당하는 경우에는 전략물자의 수출허가 또는 상황허가를 면제하되, 수출자는 수출 후 7일 이내에 산업통상자원부장관 또는 관계 행정기관의 장에게 수출거래에 관한 보고서를 제출하여야 한다(대외령 제35조).

① 재외공관, 해외에 파견된 우리나라 군대 또는 외교사절 등에 사용될 공용물품을 수출하는 경우

② 선박 또는 항공기의 안전운항을 위하여 긴급 수리용으로 사용되는 기계, 기구 또는 부분품 등을 수출하는 경우

③ 그 밖에 수출허가 또는 상황허가의 면제가 필요하다고 인정하여 산업통상자원부장관이 관계 행정기관의 장과 협의하여 고시하는 경우

3. 전략물자의 판정

1) 전략물자의 판정신청

물품 등의 무역거래자는 대통령령으로 정하는 바에 따라 산업통상자원부장관이나 관계 행정기관의 장에게 수출하려는 물품 등이 전략물자 또는 제19조 제3항 제13호에 따른 상황허가 대상인 물품 등에 해당하는지에 대한 판정을 신청할 수 있다. 이 경우 산업통상자원부장관이나 관계 행정기관의 장은 전략물자관리원장 또는 대통령령으로 정하는 관련 전문기관에 판정을 위임하거나 위탁할 수 있다(대외법 제20조 2항). 여기서 “대통령령으로 정하는 관련 전문기관”이란 「원자력안전법」 제6조에 따른 한국원자력통제기술원을 말한다(대외령 제37조).

해당 물품 등이 전략물자에 해당하는지에 대하여 판정을 받으려는 자는 전략물자판정신청서에 다음 각 호의 서류를 첨부하여 산업통상자원부장관이나

관계 행정기관의 장에게 제출하여야 한다(대외령 제36조 1항).

① 물품등의 용도와 성능을 표시하는 서류
② 물품등의 기술적 특성에 관한 서류
③ 그 밖에 전략물자 또는 상황허가 대상인 물품등의 판정에 필요한 서류로서 산업통상자원부장관이 정하여 고시하는 서류

2) 전략물자의 판정통보

전략물자판정 신청을 받은 산업통상자원부장관이나 관계 행정기관의 장은 15일 이내에 신청한 물품 등이 전략물자에 해당하는지를 판정하여 신청인에게 알려야 한다. 판정을 신청한 물품 등에 대하여 별도의 기술 심사나 다른 관계 행정기관과의 협의가 필요한 경우 그 기술 심사나 협의를 하는 데에 필요한 기간은 본문에 따른 기간에 산입하지 아니한다(대외령 제36조 2항).

3) 전략물자 판정의 유효기간

전략물자 판정의 유효기간은 2년으로 한다(대외령 제36조 3항).

4) 전략물자 판정의 공고

산업통상자원부장관은 전략물자 수출입통제업무를 효율적으로 수행하기 위하여 필요한 경우 전략물자로 판정된 물품 등에 대하여 그 명칭, 규격, 통제번호 등 해당 물품 등이 전략물자라는 사실을 확인할 수 있는 객관적 사항에 관한 것으로서 산업통상자원부장관이 정하여 고시하는 사항을 공고할 수 있다(대외령 제36조 4항).

4. 전략물자의 수입목적 확인서 및 이동중지명령

1) 수입목적 확인서의 발급

전략물자를 수입하려는 자는 대통령령으로 정하는 바에 따라 산업통상자원부장관이나 관계 행정기관의 장에게 수입목적 등의 확인을 내용으로 하는 수입목적확인서의 발급을 신청할 수 있다. 이 경우 산업통상자원부장관과 관계 행정기관의 장은 확인 신청 내용이 사실인지 확인한 후 수입목적확인서를 발급할 수 있다(대외법 제22조). 전략물자 수입목적확인서를 발급받으려는 자는 전략물자 수입목적확인서 발급신청서에 그 전략물자의 최종 사용자 및 사용 목적을 증명할 수 있는 서류 등 전략물자의 수입 목적을 확인하는 데에 필요한 서류로서 산업통상자원부장관이나 관계 행정기관의 장이 정하여 고시하는 서류를 첨부하여 산업통상자원부장관이나 관계 행정기관의 장에게 제출하여야 한다(대외령 제40조 1항).

2) 수입목적 확인서의 발급기간

또한 신청을 받은 산업통상자원부장관이나 관계 행정기관의 장은 7일 이내에 전략물자 수입목적확인서를 발급하여야 한다. 다만, 수입목적 확인을 신청한 물품등에 대하여 별도의 기술 심사나 관계 행정기관과의 협의가 필요한 경우 그 기술 심사나 협의를 하는 데에 필요한 기간은 본문에 따른 기간에 산입하지 아니한다(대외령 제40조 2항). 이에 따라 발급한 전략물자 수입목적확인서의 유효기간은 1년으로 한다(대외령 제40조 3항).

3) 전략물자 등에 대한 이동중지명령

산업통상자원부장관과 관계 행정기관의 장은 전략물자나 상황허가 대상인 물품등(이하 "전략물자등"이라 한다)이 허가를 받지 아니하고 수출되거나 거짓이나 그 밖의 부정한 방법으로 허가를 받아 수출되는 것(이하 "무허가수출등"이라 한다)을 막기 위하여 필요하면 적법한 수출이라는 사실이 확인될 때까지 전략물자등의 이동중지명령을 할 수 있다(대외법 제23조 1항). 이렇게 함에도 불구하고 산업통상자원부장관과 관계 행정기관의 장은 전략물자등의 무허가수출등을 막기 위하여 긴급하게 그 이동을 제한할 필요가 있으면 적법한 수출이라는 사실이 확인될 때까지 직접 그 이동을 중지시킬 수 있다(대외법 제23조 2항).

또한 전략물자등을 국내 항만이나 공항을 경유하거나 국내에서 환적(換積)하려는 자로서 대통령령으로 정하는 자는 대통령령으로 정하는 바에 따라 산업통상자원부장관이나 관계 행정기관의 장의 허가를 받아야 한다(대외법 제23조 3항).

여기서 "대통령령으로 정하는 자"란 다음의 어느 하나에 해당하는 자를 말한다(대외령 제40조의2 1항).

① 대량파괴무기등의 제조·개발·사용 또는 보관 등의 용도로 전용되거나 전용될 가능성이 있다고 인정되는 전략물자나 상황허가 대상인 물품등(이하 "전략물자등"이라 한다)을 경유하거나 환적하려는 자

② 산업통상자원부장관 또는 관계 행정기관의 장으로부터 법 제23조 제3항에 따른 경유 또는 환적 허가를 받아야 하는 것으로 통보받은 자

이에 따라 경유 또는 환적 허가를 받으려는 자는 산업통상자원부장관이 고시하는 경유 또는 환적 허가 신청서에 다음의 서류를 첨부하여 산업통상자원부장관 또는 관계 행정기관의 장에게 제출하여야 한다(대외령 제40조의2 2항).

① 거래계약서 또는 이에 준하는 서류

② 해당 경유 또는 환적에 관련된 수출자, 수입자, 최종 사용자 등에 관한 서류

③ 그 밖에 전략물자등의 경유 또는 환적 허가에 필요한 서류로서 산업통상자원부장관이 정하여 고시하는 서류

이에 따른 경유 또는 환적 허가 신청서를 제출받은 산업통상자원부장관이나 관계 행정기관의 장은 15일 이내에 경유 또는 환적 허가 여부를 결정하고 그 결과를 신청인에게 알려야 한다. 다만, 경유 또는 환적 허가를 신청한 전략물자등에 대하여 별도의 기술 심사, 국내·국제 관계기관과의 협의 또는 현지조사가 필요한 경우 이를 위하여 걸리는 기간은 본문에 따른 기간에 산

입하지 아니한다(대외령 제40조의2 3항).

산업통상자원부장관과 관계 행정기관의 장은 경유 또는 환적 허가의 신청을 받은 경우 국제평화, 안전유지 및 국가안보 등 대통령령으로 정하는 기준에 따라 허가할 수 있다(대외법 제23조 4항).

여기서 “국제평화, 안전유지 및 국가안보 등 대통령령으로 정하는 기준”이란 다음의 기준을 말한다(대외령 제40조의3).

① 해당 전략물자등이 평화적 목적에 사용될 것
② 해당 전략물자등의 경유 또는 환적이 국제평화 및 안전유지와 국가안보에 영향을 미치지 아니할 것
③ 해당 전략물자등의 수출자, 수입자, 최종 사용자 등이 거래에 적합한 자격을 가지고 있고 그 전략물자등의 사용 용도를 신뢰할 수 있을 것
④ 그 밖에 제32조 각 호에 따른 국제수출통제체제의 원칙 중 산업통상자원부장관이 정하여 고시하는 사항을 지킬 것

산업통상자원부장관 또는 관계 행정기관의 장은 이동중지조치나 경유 또는 환적의 허가를 하기가 적절하지 아니하면 다른 행정기관에 협조를 요청할 수 있다. 이 경우 협조를 요청받은 행정기관은 국내 또는 외국의 전략물자등의 국가 간 불법수출을 막을 수 있도록 협조하여야 한다(대외법 제23조 5항). 또한 이동중지조치를 하는 공무원은 그 권한을 표시하는 증표를 지니고 이를 관계인에게 내보여야 한다(대외법 제23조 6항).

그리고 이동중지명령 및 이동중지조치의 기간과 방법은 전략물자등의 국가 간 불법수출을 막기 위하여 필요한 최소한도에 그쳐야 한다(대외법 제23조 7항).

5. 전략물자의 중개

1) 중개허가 신청

전략물자등을 제3국에서 다른 제3국으로 이전하거나 매매를 위하여 중개하려는 자는 대통령령으로 정하는 바에 따라 산업통상자원부장관이나 관계

행정기관의 장의 허가를 받아야 한다. 다만, 그 전략물자등의 이전·매매가 수출국으로부터 국제수출통제체제의 원칙에 따른 수출허가를 받은 경우 등 대통령령으로 정하는 때에는 그러하지 아니하다(대외법 제24조 1항).

여기서 "국제수출통제체제의 원칙에 따른 수출허가를 받은 경우 등 대통령령으로 정하는 때"란 다음의 어느 하나에 해당하는 때를 말한다(대외령 제41조의2).

① 국제수출통제체제의 원칙에 따라 수출국으로부터 수출허가를 받은 때
② 산업통상자원부장관이 고시하는 지역에서 중개에 따른 수출이나 수입이 이루어지는 때

다만, 그 전략물자의 이전·매매가 수출국으로부터 다자간 국제수출통제체제의 원칙에 따른 수출허가를 받은 것이면 그러하지 아니하다.

또한 산업통상자원부장관과 관계 행정기관의 장은 중개허가의 신청을 받으면 국제평화 및 안전유지와 국가안보 등 대통령령으로 정하는 기준에 따라 중개허가를 할 수 있다(대외법 제24조 2항).

여기서 "대통령령으로 정하는 기준"이란 다음의 기준을 말한다(대외령 제42조).

① 해당 물품등이 평화적 목적에 사용될 것
② 해당 물품등의 중개가 국제평화 및 안전유지와 국가안보에 영향을 미치지 아니할 것
③ 해당 물품등의 수출자, 수입자, 최종 사용자 등이 거래에 적합한 자격을 가지고 있고 그 물품등의 사용 용도를 신뢰할 수 있을 것
④ 그 밖에 국제수출통제체제의 원칙 중 산업통상자원부장관이 정하여 고시하는 사항을 지킬 것

2) 중개허가 신청서류

전략물자를 중개하려는 자는 전략물자 등 중개허가신청서에 다음의 서류를 첨부하여 산업통상자원부장관이나 관계 행정기관의 장에게 제출하여야 한다(대외령 제41조 1항).

① 거래계약서, 거래가계약서 또는 이에 준하는 서류
② 해당 중개에 관련된 수출자, 수입자, 중개자 등에 관한 서류

③ 중개하는 전략물자 등의 용도와 성능을 표시하는 서류
④ 중개하는 전략물자 등의 기술적 특성에 관한 서류
⑤ 중개하는 전략물자 등의 용도 등에 관한 최종 사용자의 서약서
⑥ 그 밖에 전략물자 등의 중개허가에 필요한 서류로서 산업통상자원부장관이 정하여 고시하는 서류

3) 중개허가 결정기간

중개허가 신청을 받은 산업통상자원부장관이나 관계 행정기관의 장은 15일 이내에 중개허가 여부를 결정하고 그 결과를 신청인에게 알려야 한다. 다만, 중개허가를 신청한 물품등에 대하여 별도의 기술 심사, 국내·국제 관계기관과의 협의 또는 현지조사가 필요한 경우 이를 위하여 걸리는 기간은 본문에 따른 기간에 산입하지 아니한다(대외령 제41조 2항).

6. 서류의 보관 및 수출허가 등의 취소

1) 서류의 보관

무역거래자는 다음의 서류를 5년간 보관하여야 한다(대외법 제24조의2).
① 전략물자 또는 상황허가 대상인 물품 등에 해당하는지 판정을 신청한 경우에는 그 판정에 관한 서류
② 전략물자 등을 수출·경유·환적·중개한 자의 경우 그 수출허가, 상황허가, 경유 또는 환적 허가, 중개허가에 관한 서류
③ 그 밖에 산업통상자원부장관이나 관계 행정기관의 장이 정하여 고시하는 서류

2) 수출허가 등의 취소

산업통상자원부장관 또는 관계 행정기관의 장은 수출허가 또는 상황허가, 제23조 제3항에 따른 경유 또는 환적 허가, 제24조에 따른 중개허가를 한 후 다음의 어느 하나에 해당하는 경우에는 해당 허가를 취소할 수 있다(대외법 제24조의3).

① 거짓 또는 부정한 방법으로 허가를 받은 사실이 발견된 경우
② 전쟁, 테러 등 국가 간 안보 또는 대량파괴무기등의 이동·확산 우려 등과 같은 국제정세의 변화가 있는 경우

7. 수출허가 등의 유효기간

1) 허가의 유효기간이 1년인 경우(대외령 제42조의2 1항)

① 법 제19조 제2항에 따른 수출허가
② 법 제19조 제3항에 따른 상황허가
③ 법 제23조 제3항에 따른 경유 또는 환적 허가
④ 법 제24조에 따른 중개허가

2) 허가의 유효기간을 달리 정할 수 있는 경우

산업통상자원부장관 또는 관계 행정기관의 장은 다음 각 호의 어느 하나에 해당하는 경우에는 제1항 각 호에 따른 허가의 유효기간을 달리 정할 수 있다(대외령 제42조의2 2항).

① 법 제19조 제2항에 따른 전략물자 중 법 제19조 제1항에 따른 기술을 수출하려는 경우
② 법 제25조 제2항에 따른 자율준수무역거래자(법 제19조 제2항 및 이 영 제32조의3에 따른 기술이전 행위의 전부 또는 일부를 위임하거나 기술이전 행위를 하는 자를 포함한다. 이하 제43조부터 제46조까지 및 제75조에서 같다)에 대하여 법 제19조 제2항에 따른 수출허가를 하는 경우
③ 제1호 및 제2호 외에 전략물자등의 인도 조건, 대금 결제의 기간이나 조건, 경유 또는 환적이나 중개 등과 관련된 거래의 특성 등을 고려하여 산업통상자원부장관이나 관계 행정기관의 장이 필요하다고 인정하는 경우

이에 따른 허가 유효기간의 설정과 관련된 세부적인 사항은 산업통상자원부장관이 관계 행정기관의 장과 협의하여 고시할 수 있다(대외령 제42조의2 3항).

8. 자율준수무역거래자

1) 자율준수무역거래자

산업통상자원부장관은 기업 또는 대통령령으로 정하는 대학 및 연구기관의 자율적인 전략물자 관리능력을 높이기 위하여 전략물자 여부에 대한 판정능력, 수입자 및 최종 사용자에 대한 분석능력 등 대통령령으로 정하는 능력을 갖춘 무역거래자를 자율준수무역거래자로 지정할 수 있다(대외법 제25조 1항). 여기서 "대통령령으로 정하는 대학 및 연구기관"이란 다음 각 호의 어느 하나에 해당하는 대학 및 연구기관을 말한다(대외령 제43조 1항).

① 「고등교육법」 제2조에 따른 대학, 산업대학, 전문대학 및 기술대학
② 「과학기술분야 정부출연연구기관 등의 설립·운영 및 육성에 관한 법률」에 따라 설립된 과학기술분야 정부출연연구기관
③ 「기초연구진흥 및 기술개발지원에 관한 법률」 제14조의2 제1항에 따라 인정받은 기업부설연구소
④ 「산업기술연구조합 육성법」에 따른 산업기술연구조합
⑤ 국·공립 연구기관
⑥ 「특정연구기관 육성법」 제2조에 따른 특정연구기관
⑦ 「산업기술혁신 촉진법」 제42조에 따른 전문생산기술연구소

대외무역법 제25조 제1항에서 "대통령령으로 정하는 능력"이란 다음 각 호의 능력을 말한다(대외령 제43조 2항).

① 전략물자 해당 여부에 대한 판정능력
② 수입자 및 최종 사용자에 대한 분석능력
③ 자율관리조직의 구축 및 운용 능력

2) 자율준수무역거래자 신청 및 지정

대외무역법 제25조 제1항에 따라 자율준수무역거래자로 지정받으려는 자는 자율준수무역거래자지정신청서에 다음 각 호의 서류를 첨부하여 산업통상자원부장관에게 제출하여야 한다(대외령 제43조 3항).

① 제2항 각 호의 능력(전략물자 해당 여부에 대한 판정능력, 수입자 및 최종 사용자에 대한 분석능력, 자율관리조직의 구축 및 운용 능력)을 갖추었음을 증명하는 서류

② 자율적인 수출통제 업무 관리를 위한 업무규정 및 조직도

③ 그 밖에 자율준수무역거래자의 지정에 필요한 서류로서 산업통상자원부장관이 정하여 고시하는 서류

산업통상자원부장관은 대외무역법 제25조 제1항에 따라 자율준수무역거래자를 지정하는 경우 제2항에 따른 능력을 갖춘 정도에 따라 자율준수무역거래자의 등급을 달리 정할 수 있다(대외령 제43조 4항).

그리고 산업통상자원부장관은 제3항에 따라 자율준수무역거래자 지정신청을 받았을 때에는 신청서 접수일부터 40일 이내에 지정 여부와 그 등급(자율준수무역거래자로 지정된 경우만 해당한다)을 신청인에게 알려야 한다(대외령 제43조 5항). 그리고 자율준수무역거래자 지정을 위한 능력의 심사 및 등급 결정 등에 관한 세부사항은 산업통상자원부장관이 정하여 고시한다(대외령 제43조 6항).

3) 자율준수무역거래자 업무범위

산업통상자원부장관은 지정을 받은 자율준수무역거래자(이하 이 조에서 "자율준수무역거래자"라 한다)에게 대통령령으로 정하는 바에 따라 전략물자에 대한 수출통제업무의 일부를 자율적으로 관리하게 할 수 있다(대외법 제25조 2항). 이에 따라 산업통상자원부장관은 자율준수무역거래자에게 전략물자의 수출허가에 관하여 다음 각 호의 수출통제업무를 자율적으로 관리하게 할 수 있다(대외령 제44조 1항).

① 수출허가를 받은 물품 등의 최종 사용자에 관한 관리 업무

② 수출허가를 받은 물품 등의 최종 용도에 관한 관리 업무

③ 그 밖에 전략물자 수출허가 제도를 효율적으로 운용하기 위하여 산업통상자원부장관이 정하여 고시하는 업무

산업통상자원부장관은 능력을 갖춘 정도에 따라 자율준수무역거래자의 등급을 달리 정한 경우에는 등급에 따라 수출통제업무의 자율적인 관리 내용을 달리 정할 수 있다(대외령 제44조 2항).

4) 자율준수무역거래자의 보고

자율준수무역거래자는 자율적으로 관리하는 전략물자의 수출실적 등을 대통령령으로 정하는 바에 따라 산업통상자원부장관에게 보고하여야 한다(대외법 제25조 3항).

그리고 자율준수무역거래자는 다음 각 호의 사항별로 해당 기간 내에 그 현황이나 실적을 산업통상자원부장관에게 보고하여야 한다(대외령 제45조).

① 전략물자 수출허가의 반기별 실적 : 다음 반기의 1개월 이내

② 제43조 제2항 각 호(대통령령으로 정하는 능력)에 관한 연간 현황 : 다음 해의 1개월 이내

5) 자율준수무역거래자의 지정 취소

산업통상자원부장관은 다음 각 호의 어느 하나에 해당하는 경우에는 자율준수무역거래자의 지정을 취소할 수 있다(대외법 제25조 4항).

① 대통령령으로 정하는 능력을 유지하지 못하는 경우

② 고의나 중대한 과실로 수출허가를 받지 아니하고 전략물자를 수출한 경우

③ 고의나 중대한 과실로 상황허가를 받지 아니하고 상황허가 대상인 물품 등을 수출한 경우

④ 고의나 중대한 과실로 보관의무를 이행하지 아니한 경우

⑤ 고의나 중대한 과실로 중개허가를 받지 아니하고 전략물자를 중개한 경우

⑥ 보고의무를 이행하지 아니한 경우

〈표 9-1〉 전략물자 등의 각종 신청서 처리

구 분	기 한	처리권자
전략물자 수출허가신청	신청일로부터 15일 이내	산업통상자원부장관 또는 관계 행정기관의 장
상황허가신청	상동	
전략물자판정신청	상동	
수출허가 또는 상황허가 면제품의 수출보고	수출 후 7일 이내	산업통상자원부장관 또는 관계 행정기관의 장
전략물자 수입 확인서 발급 신청	신청일로부터 7일 이내	산업통상자원부장관 또는 관계 행정기관의 장
중개허가신청	신청일로부터 15일 이내	산업통상자원부장관 또는 관계 행정기관의 장
자율준수무역거래자 지정신청	신청일로부터 40일 이내	산업통상자원부장관

9. 전략물자 통합고시 및 수출입관리 정보시스템

1) 전략물자 기술 수출입 통합고시

산업통상자원부장관은 관계 행정기관의 장과 협의하여 제19조부터 제25조까지의 규정에 관한 요령을 고시하고 관세청장은 전략물자 등의 수출입 통관절차에 관한 사항을 고시하여야 한다(대외법 제26조).

2) 공무원등의 비밀준수

이 법에 따른 전략물자의 수출입통제업무와 관련된 공무원, 제29조에 따른 전략물자관리원의 임직원과 사전확인 업무와 관련된 자는 전략물자 수출입통제업무의 수행과정에서 알게 된 영업상 비밀을 그 업체의 동의 없이 외부에 누설하여서는 아니 된다(대외법 제27조).

3) 수출입관리 정보시스템의 구축 및 운영

산업통상자원부장관은 다음의 업무를 수행하기 위하여 관계 행정기관의 장 및 전략물자관리원과 공동으로 전략물자 수출입관리 정보시스템을 구축·운영할 수 있다(대외법 제28조 1항).

① 수출허가, 상황허가, 제20조 제2항에 따른 판정, 제22조에 따른 수입목적확인서의 발급 등에 관한 업무

② 전략물자의 수출입통제에 필요한 정보의 수집·분석 및 관리 업무

이에 따른 전략물자 수출입관리 정보시스템의 구축·운영에 필요한 사항은 대통령령으로 정한다(대외법 제28조 2항).

10. 전략물자관리원

1) 전략물자관리원의 설립

전략물자의 수출입 업무와 관리 업무를 효율적으로 지원하기 위하여 전략물자관리원을 설립한다. 전략물자관리원은 법인으로 하며, 전략물자관리원은 정관으로 정하는 바에 따라 임원과 직원을 둔다. 또한 전략물자관리원은 그 주된 사무소의 소재지에서 설립등기를 함으로써 성립한다(대외법 제29조 1-4항).

2) 전략물자관리원의 업무

전략물자관리원은 정부의 전략물자 관리정책에 따라 다음 각 호의 업무를 수행한다(대외법 제29조 5항).

① 제20조 제2항 후단에 따른 (전략물자) 판정 업무

② 전략물자 수출입관리 정보시스템의 운영 업무

③ 전략물자의 수출입자에 대한 교육 업무

④ 제5조 제4호(헌법에 따라 체결·공포된 무역에 관한 조약과 일반적으로 승인된 국제법규에서 정한 국제평화와 안전유지 등의 의무를 이행하기 위하여 필요

할 경우) 및 제4호의2(국제평화와 안전유지를 위한 국제공조에 따른 교역여건의 급변으로 교역상대국과의 무역에 관한 중대한 차질이 생기거나 생길 우려가 있는 경우)에 조치의 이행을 위한 정보제공 등 지원업무

⑤ 그 밖에 대통령령으로 정하는 업무

여기서 "그 밖에 대통령령으로 정하는 업무"란 다음 각 호의 업무를 말한다(대외령 제46조).

- 전략물자 수출입관리에 관한 조사·연구 및 홍보 지원 업무
- 전략물자 수출입통제와 관련된 국제협력 지원 업무
- 전략물자 자율준수무역거래자의 지정 및 관리에 대한 지원 업무
- 전략물자의 판정 및 통보에 관하여 산업통상자원부장관이 위탁하는 업무

3) 전략물자관리원의 제규정

전략물자관리원의 장은 산업통상자원부장관의 승인을 받아 제5항 각 호의 업무에 관하여 관리원을 이용하는 자에게 일정한 수수료를 징수할 수 있다. 전략물자관리원에 관하여 이 법에서 정한 것 외에는 「민법」 중 재단법인에 관한 규정을 준용하며, 정부는 전략물자관리원의 설립·운영에 필요한 경비를 예산의 범위에서 출연하거나 지원할 수 있다(대외법 제29조 6-8항).

11. 전략물자 수출입통제 협의회

1) 전략물자 수출입통제 협의회의 구성

산업통상자원부장관과 관계 행정기관의 장은 전략물자 등의 수출입통제와 관련된 부처간 협의를 위하여 공동으로 전략물자 수출입통제 협의회(이하 이 조에서 "협의회"라 한다)를 구성할 수 있으며, 협의회의 회의는 관계 행정기관의 소관 업무별로 그 소관 관계 행정기관의 장이 주재한다(대외법 제30조 1-2항).

2) 전략물자 수출입통제 협의회의 소관범위

전략물자 수출입통제 협의회(이하 "협의회"라 한다)의 위원장은 다음 각 호의 사항별로 소관 행정기관의 장이 되고, 협의회의 위원장은 소관 사항별로 참석 행정기관의 범위를 정하여 협의회를 소집한다(대외령 제47조 1항).

① 과학기술정보통신부 : 과학기술 및 정보통신기술 중 전략물자등 관련 기술의 수출입통제에 관한 사항

② 외교부 : 외교에 영향을 주는 사항 및 전략물자 등의 수출입통제와 관련된 국제규범에 관한 사항

③ 통일부 : 「남북교류협력에 관한 법률」에 따른 반출・반입 승인 대상 품목 중 전략물자등에 관한 사항 및 남북 교류・협력에 영향을 미치는 사항

④ 국방부 : 「방위사업법」에 따른 방위산업물자・국방과학기술의 수출입통제에 관한 사항 및 국가안보에 영향을 미치는 사항

⑤ 산업통상자원부 : 전략물자 등(원자력 전용 품목은 제외한다)의 수출입통제 및 통상교섭에 영향을 주는 사항

⑥ 원자력안전위원회 : 전략물자 등 중 원자력 전용 품목의 수출입통제에 관한 사항

⑦ 관세청 : 전략물자등 통관 및 통관과정 중 전략물자등 불법수출입에 관한 사항

⑧ 정보수사기관 : 국내외 전략물자 등 관련 정보협력, 국가안보에 영향을 미치는 전략물자 등 수출입, 불법수출입에 관한 사항

그리고 협의회의 위원은 소집되는 행정기관의 고위공무원단에 속하는 공무원으로서 전략물자의 수출입통제 관련 업무를 담당하는 자로 하며, 협의회를 효율적으로 운영하기 위하여 필요하면 실무협의회를 둘 수 있다.

또한 협의회와 실무협의회의 운영에 필요한 사항은 제1항에 따른 관계 행정기관의 장이 협의하여 정한다(대외령 제47조 2-4항).

3) 조사지원 요청 정보수사기관

협의회의 구성원인 각 행정기관의 장은 전략물자 등의 수출입통제에 필요

하면 대통령령으로 정하는 정보수사기관의 장 또는 관세청장에게 조사 · 지원을 요청할 수 있다(대외법 제30조 3항). 여기서 "대통령령으로 정하는 정보수사기관"이란 다음 각 호의 기관을 말한다(대외령 제47조 5항).

① 국가정보원
② 검찰청
③ 경찰청
④ 해양경찰청
⑤ 군사안보지원사령부

12. 전략물자 수출입의 제한등

1) 전략물자 수출입의 제한

산업통상자원부장관 또는 관계 행정기관의 장은 다음의 어느 하나에 해당하는 자에게 3년 이내의 범위에서 일정 기간 동안 전략물자 등의 전부 또는 일부의 수출이나 수입을 제한할 수 있다(대외법 제31조 1항).

① 전략물자 수출허가를 받지 아니하고 전략물자를 수출한 자
② 상황허가를 받지 아니하고 상황허가 대상인 물품 등을 수출한 자
③ 전략물자등의 수출이나 수입에 관한 국제수출통제체제의 원칙을 위반한 자로서 대통령령으로 정하는 자

2) 전략물자 수출입의 제한의 통보 및 공고

관계 행정기관의 장은 위의 전략물자의 수출입 제한사유에 해당하는 자가 있음을 알게 되면 즉시 산업통상자원부장관에게 통보하여야 하며, 산업통상자원부장관 또는 관계 행정기관의 장은 전략물자의 수출입을 제한한 자와 외국 정부가 자국의 법령에 따라 전략물자의 수출입을 제한한 자의 명단과 제한 내용을 공고할 수 있다(대외법 제31조 2-3항).

3) 전략물자 수출입의 확인 의무위반 조치

대외무역법 제49조에 따른 교육(이하 "교육"이라 한다)시간은 8시간 이내로 한다(대외령 제48조 1항). 산업통상자원부장관 또는 관계 행정기관의 장은 법 전략물자관리원, 한국원자력통제기술원, 그 밖에 산업통상자원부장관이 정하여 고시하는 기관에서 교육을 실시하도록 할 수 있다(대외령 제48조 2항).

이외에 교육에 필요한 사항은 산업통상자원부장관이 관계 행정기관의 장과 협의하여 정한다(대외령 제48조 3항).

13. 전략물자기술자문단의 구성 및 운영

산업통상자원부장관은 다음 각 호의 사항에 관한 자문을 하기 위하여 전략물자기술자문단을 구성하여 운영할 수 있다(대외령 제49조 1항).

① 해당 물품 등이 대량파괴무기 등의 제조, 개발, 사용 또는 보관 등의 용도로 전용될 가능성에 관한 사항

② 국제수출통제체제의 통제대상 물품 등에 대한 평가 · 분석에 관한 사항

③ 전략물자 해당 여부의 판정에 관한 사항

그리고 전략물자기술자문단의 구성 · 운영 등에 필요한 사항은 산업통상자원부장관이 정하여 고시한다(대외령 제49조 2항).

제2절 플랜트수출에 대한 관리

1. 플랜트수출의 개념 및 특성

1) 플랜트수출의 개념

산업설비는 일반물품과 달리 물품 그 자체인 기계 · 장치 등과 그 기계 · 장

치 등을 설치하고 작동시키는 기술 · 용역 및 시공까지 포함된 복합적인 의미를 갖고 있다. 플랜트수출은 이러한 산업설비를 외국에 수출하는 것으로서 실무적으로는 플랜트수출이라는 용어가 쓰이고 있다.

대외무역법상에서는 일정규모 이상의 산업설비 수출과 일괄수주방식에 의한 수출을 플랜트수출로 규정하고 있다. 그리고 산업통상자원부장관은 다음 중의 어느 하나에 해당하는 수출, 즉 플랜트수출을 하려는 자가 신청하는 경우에는 대통령령으로 정하는 바에 따라 그 플랜트수출을 승인할 수 있다. 승인한 사항을 변경할 때에도 또한 같다(대외법 제32조 1항).

① 농업 · 임업 · 어업 · 광업 · 제조업, 전기 · 가스 · 수도사업, 운송 · 창고업 및 방송 · 통신업을 경영하기 위하여 설치하는 기재 · 장치 및 대통령령으로 정하는 설비 중 산업통상자원부장관이 정하는 일정 규모 이상의 산업설비의 수출

② 산업설비 · 기술용역 및 시공을 포괄적으로 행하는 수출(일괄수주방식에 의한 수출)

(1) 일정 규모 이상의 산업설비 수출

일정 규모 이상의 산업설비 수출이란 농업 · 임업 · 어업 · 광업 · 제조업, 전기 · 가스 · 수도사업, 운송 · 창고업 및 방송 · 통신업을 경영하기 위하여 설치하는 기재 · 장치 및 대통령령으로 정하는 설비 중 산업통상자원부장관이 정하는 일정 규모 이상의 산업설비의 수출(법 제32조 ①항 1호)을 의미한다.

여기서 "대통령령으로 정하는 설비"란 다음 각 호의 설비를 말한다. 다만, 해외건설공사와 함께 일괄수주방식에 의하여 수출하는 설비는 제외한다(대외령 제51조).

① 발전설비

② 담수 설비 및 용수처리설비

③ 해양설비 및 수상구조설비

③ 석유 처리설비 및 석유화학설비

④ 정유설비 및 송유설비

⑤ 저장탱크 및 저장기지설비

⑥ 냉동 및 냉장설비

⑦ 제철 · 제강설비 및 철강재구조설비

⑧ 공해방지설비

⑨ 공기조화설비

⑩ 신에너지 및 재생에너지 설비

⑪ 정치식(定置式) 운반하역설비 및 정치식 건설용 설비

⑫ 시험연구설비

⑬ 그 밖에 산업 활동을 위하여 필요한 설비

또 "대통령령으로 정하는 설비 중 산업통상자원부장관이 정하는 일정규모 이상의 산업설비"란 FOB가격으로 미화 50만 달러 상당액 이상인 산업설비를 말한다(규정 제70조).

(2) 일괄수주 방식에 의한 수출

일괄수주방식에 의한 수출이란 산업설비 · 기술용역 및 시공을 포괄적으로 행하는 수출을 의미한다(대외법 제32조 1항 2호). 여기서 "시공"이란 다음과 같은 공사를 수행하는 것을 말한다(대외령 제52조 1항).

① 토목공사

② 건축공사

③ 플랜트 설치공사. 다만, 플랜트 수출자나 수출용 기자재를 설계 · 제작하는 자가 제작한 기계 및 장치를 직접 설치하는 공사는 제외한다.

플랜트 수출자나 수출용 기자재를 설계 · 제작하는 자가 제작한 기계 및 장치를 본인이 직접 설치하는 공사는 플랜트 설치공사로 보지 않음으로써 플랜트수출 대상에서 제외한다는 규정에도 불구하고, 해외건설촉진법 시행령에 따른 해외공사실적을 인정받으려는 경우에만 산업통상자원부장관은 플랜트 수출자나 수출용 기자재를 설계 · 제작하는 자가 제작한 기계 및 장치를 직접 설치하는 공사를 플랜트 설치공사로 인정할 수 있다(대외령 제52조 2항).

2) 플랜트수출의 특성

플랜트수출은 기계류에 엔지니어링, 노하우, 건설시공 등이 결부된 기계시스템의 수출이며, 계약 건당 금액이 클 뿐만 아니라, 거래의 성공여하에 따라 국제사회에서 우리나라의 이미지 및 경제적 파급효과에 지대한 영향을 미치므로 이에 대해서는 일반수출입과 달리 특별한 관리가 필요하다. 따라서 플랜트수출의 특성을 살펴보면 다음과 같다.

• 일반적으로 거래단위가 대규모이다.
• 수출이행 및 대금회수에 장기간이 소요된다.
• 수출착수금영수대상에 포함된다.
• 한국수출입은행으로부터 연불수출금융이 융자될 수 있다.
• 지식 및 기술 집약적 수출이다.
• 경제협력의 수단으로 활용 가능하다.
• 용역, 건설, 물품의 수출이 혼합되어 이루어지는 거래형태이다.

2. 플랜트 수출승인 내용

1) 플랜트 수출 승인의 신청

플랜트수출의 승인을 얻고자 하는 자는 신청서에 산업통상자원부장관이 정하는 서류를 첨부하여 산업통상자원부장관에게 제출하여야 한다. 변경승인을 얻고자 할 때에도 또한 같다(대외령 제50조).

이에 따라 플랜트수출의 승인을 받으려는 자는 별지 제21호 서식에 의한 플랜트수출승인신청서에 제10조 제1항 제1호, 제3호 및 제4호에 따른 서류 및 법 제12조 제2항에 따른 통합공고에 의하여 허가, 추천 등을 요하는 경우에는 그 허가 등을 받은 사실을 증명하는 서류를 첨부하여 산업통상자원부장관에게 신청하여야 한다(규정 제71조 1항).

① 수출신용장·수출계약서 또는 주문서
② 수출입대행계약서(공급자와 수출자가 다른 경우에 한함)

③ 수출입공고 등에서 규정한 요건을 충족하는 서류

2) 플랜트 수출의 변경 승인

또한 플랜트수출의 승인을 얻은 사항의 변경승인을 얻고자 하는 자는 플랜트수출승인사항 변경승인신청서에 다음의 서류를 첨부하여 산업통상자원부장관에게 신청하여야 한다(규정 제71조 2항).

① 수출승인서 사본

② 변경사유서

그리고 산업통상자원부장관은 플랜트수출승인 또는 변경승인신청이 있는 경우 접수일부터 5일 이내에 이를 처리하여야 한다. 다만, 다른 기관과의 협의가 필요한 경우 그 협의기간은 처리기간에 산입하지 아니한다(규정 제71조 3항).

3) 플랜트 수출 승인의 동의 요청

산업통상자원부장관은 플랜트수출 승인 또는 변경승인을 하기 위하여 필요하면 플랜트수출의 타당성에 관하여 관계 행정기관의 장의 의견을 들어야 한다. 이 경우 의견을 제시할 것을 요구받은 관계 행정기관의 장은 정당한 사유가 없으면 지체 없이 산업통상자원부장관에게 의견을 제시하여야 한다(대외법 제32조 2항).

그리고 산업통상자원부장관이 일괄수주방식에 의한 수출에 대하여 승인 또는 변경승인하려는 때에는 미리 국토교통부장관의 동의를 받아야 한다(대외법 제32조 3항). 이 경우 산업통상자원부장관은 일괄수주방식에 의한 수출로서 건설용역 및 시공부문의 수출에 관하여는 「해외건설 촉진법」에 따른 해외건설업자에 대하여만 승인 또는 변경승인할 수 있다(대외법 제32조 4항).

따라서 산업통상자원부장관은 일괄수주방식에 의한 수출을 승인 또는 변경승인하기 위하여 미리 국토해양부장관 또는 노동부장관의 동의를 얻고자 할 때에는 해당 플랜트수출의 개요와 다음 각호 구분에 따라 해당 내용을 명시한 서류를 송부하여야 한다(대외령 제53조 1항).

건설용역 및 시공의 경우에는 다음 각목의 사항을 송부하여야 한다.

① 건설용역 및 시공수행자의 성명(법인인 경우에는 그 명칭 및 대표자의 성명) 및 주소

② 건설용역 및 시공사업계획

그리고 이러한 동의 요청을 받은 국토교통부장관은 특별한 사유가 없으면 동의요청을 받은 날부터 10일 이내에 동의 여부를 산업통상자원부장관에게 알려야 한다(대외령 제53조 2항).

3. 플랜트 수출 촉진 기관의 지정 및 보고

1) 플랜트 수출 촉진 기관의 지정

산업통상자원부장관은 플랜트수출을 촉진하기 위하여 그에 관한 제도개선, 시장조사, 정보교류, 수주 지원, 수주질서 유지, 전문인력의 양성, 금융지원, 우수기업의 육성 및 협동화사업을 추진할 수 있다. 이 경우 산업통상자원부장관은 플랜트수출 관련 기관 또는 단체를 지정하여 이들 사업을 수행하게 할 수 있다(대외무역법 제32조 6항).

이에 따라 산업통상자원부장관은 플랜트수출에 관한 시장조사 등의 사업을 촉진하기 위한 사업을 담당할 관련 기관 또는 단체(이하 "플랜트수출촉진기관"이라 한다)를 지정하려면 다음의 사항을 종합적으로 검토하여야 한다(대외령 제54조 1항).

① 플랜트수출업자에 대한 대표성

② 시장조사 등 사업계획

이에 따라 플랜트수출촉진기관은 한국기계산업진흥회 및 한국플랜트산업협회로 한다(규정 제72조).

2) 플랜트 수출 촉진 기관의 보고사항

산업통상자원부장관은 제1항에 의하여 지정된 플랜트수출촉진기관에 대하여 플랜트수출의 시장조사 등의 사업의 촉진과 관련하여 다음 사항을 보고하게 할 수 있다(대외령 제54조 2항).

① 플랜트수출동향
② 플랜트수출에 관한 시장조사 · 정보교환 · 수주 · 협동화사업의 촉진실적 등 촉진활동에 관한 사항
③ 기타 플랜트수출에 관하여 산업통상자원부장관이 요청하는 사항

제3절 정부간 수출계약

1. 정부간 수출계약의 의의

1) 정부간 수출계약의 개념

정부간 수출계약이란 외국 정부의 요청이 있을 경우, 정부간 수출계약 전담기관이 대통령령으로 정하는 절차에 따라 국내 기업을 대신하여 또는 국내 기업과 함께 계약의 당사자가 되어 외국 정부에 물품등(「방위산업 발전 및 지원에 관한 법률」 제2조 제1항 제1호에 따른 방위산업물자등은 제외한다)을 유상(有償)으로 수출하기 위하여 외국 정부와 체결하는 수출계약을 말한다(대외법 제2조 4호).

2) 정부간 수출계약의 보증 및 원칙

정부는 국내 기업의 원활한 정부간 수출계약을 지원하기 위하여 대통령령으로 정하는 보증 · 보험기관으로 하여금 국내 기업의 외국 정부에 대한 정부간 수출계약 이행 등을 위한 보증사업을 하게 할 수 있으며, 그리고 정부는 정부간 수출계약과 관련하여 어떠한 경우에도 경제적 이익을 갖지 아니하고, 보증채무 등 경제적 책임 및 손실을 부담하지 아니한다(대외법 제32조의2 1내지2항).

여기서 "대통령령으로 정하는 보증 · 보험기관"이란 국내에서 수출 · 수입 등 대외거래에 대한 보증 또는 보험 업무를 10년 이상 영위하고 있는 자 중 산업통상자원부장관이 다음의 사항을 평가하여 지정하는 기관을 말한다(대외령 제54조의2).

① 보증사업의 수행에 필요한 재정능력
② 수출·수입 등 대외거래의 당사자에 대한 신용정보의 수집·분석 및 평가에 관한 능력
③ 수출·수입 등 대외거래에서 발생한 채권에 대한 관리체계

2. 정부간 수출계약의 전담기관 등

1) 정부간 수출계약의 전담기관

정부간 수출계약 전담기관이란 「대한무역투자진흥공사법」에 따른 대한무역투자진흥공사(이하 "전담기관"이라 한다)를 말한다(대외법 제32조의3 1항).

2) 정부간 수출계약의 전담기관 업무

전담기관은 정부간 수출계약과 관련하여 다음의 업무를 수행한다(대외법 제32조의3 2항).

① 정부간 수출계약에서 당사자 지위 수행
② 외국 정부의 구매요구 사항을 이행할 국내 기업의 추천
③ 그 밖에 정부간 수출계약 업무의 수행을 위하여 산업통상자원부장관이 필요하다고 인정하는 업무

3) 정부간 수출계약의 전담기관 권한과 책임(대외법 제32조의3 3항)

① 전담기관은 정부간 수출계약이 체결된 경우 국내 기업으로 하여금 보증·보험의 제공 등 대통령령으로 정하는 계약 이행 보증 조치를 취하도록 하여야 한다.

여기에서 "보증·보험의 제공 등 대통령령으로 정하는 계약 이행 보증 조치"란 다음의 것을 말한다. 다만, 외국 정부와 국내 기업이 합의한 경우에는 다음 각 호에 규정된 계약 이행 보증 조치의 일부를 생략할 수 있다(대외령 제54조의3).

- 정부간 수출계약의 내용에 따른 선수금의 반환, 계약 내용의 이행, 하자의 보수 등에 대하여 「금융실명거래 및 비밀보장에 관한 법률」

제2조 제1호에 따른 금융회사등으로부터 보증을 받아 제공하는 것

- 외국 정부에 대한 정부간 수출계약 이행 등에 대하여 법 제32조의2 제1항에 따른 보증·보험기관으로부터 보증을 받아 제공하는 것

② 전담기관은 국내 기업의 계약 이행 상황을 확인하기 위하여 필요한 경우에는 국내 기업에 대하여 관련 자료의 제출을 요구할 수 있다.

③ 그 밖에 전담기관의 권한과 책임에 관하여는 대통령령으로 정한다.

4) 파견근무의 요청

전담기관의 장은 정부간 수출계약 관련 업무를 수행하기 위하여 필요한 경우에는 관계 행정기관 및 관련 단체에 대하여 공무원 또는 임직원의 파견 근무를 요청할 수 있다. 다만, 공무원의 파견을 요청할 때에는 미리 주무부장관과 협의하여야 한다(대외법 제32조의3 4항).

3. 정부간 수출계약 심의위원회

1) 구성

정부간 수출계약의 체결, 변경, 해지 등 대통령령으로 정하는 사항을 심의·의결하기 위하여 전담기관에 정부간 수출계약 심의위원회(이하 이 절에서 "위원회"라 한다)를 두며, 위원회는 위원장 1명을 포함한 7명 이상 15명 이내의 위원으로 구성하고, 위원장은 대한무역투자진흥공사 사장이 된다. 위원회의 구성 및 운영에 필요한 사항은 대통령령으로 정한다(대외법 제32조의4 1내지3항).

위원장을 제외한 위원회의 위원은 다음의 사람이 된다(대외령 제54조의6 1항).

① 산업통상자원부 및 조달청의 고위공무원단에 속하는 공무원 중 소속 기관의 장이 지명하는 사람 각 1명

② 전담기관의 임원 중 전담기관의 장이 지명하는 사람 2명

③ 정부간 수출계약의 해당 물품등과 관련이 있다고 위원회의 위원장이 인정하는 중앙행정기관의 고위공무원단에 속하는 공무원 중에서 소속 기

관의 장이 지명하는 사람

④ 제54조의2에 따른 보증 · 보험기관의 임원 중 해당 기관의 장의 추천으로 위원회의 위원장이 지명하는 사람

⑤ 정부간 수출계약과 관련된 분야에 학식과 경험이 풍부한 사람 중 7명 이내의 범위에서 위원장이 위촉하는 사람(임기는 2년으로 하되, 연임할 수 있다)

그리고 위원장은 위원회의 회의를 소집하고, 그 의장이 되며, 위원장이 부득이한 사유로 그 직무를 수행할 수 없을 때에는 위원장이 미리 지명한 위원이 그 직무를 대행한다(대외령 제54조의6 3-4항).

또한 위원회의 회의는 재적위원 과반수의 출석으로 개의(開議)하고, 출석위원 3분의 2 이상의 찬성으로 의결하며, 위원회는 국내 기업의 이행능력 평가를 효율적으로 수행하기 위하여 소위원회를 구성 · 운영할 수 있다(대외령 제54조의6 5-6항). 규정한 사항 외에 위원회의 구성 및 운영에 필요한 사항은 위원회의 의결을 거쳐 위원장이 정한다(대외령 제54조의6 7항).

2) 심의 의결 사항

법 제32조의4 제1항에서 "정부간 수출계약의 체결, 변경, 해지 등 대통령령으로 정하는 사항"이란 다음 각 호의 사항을 말한다(대외령 제54조의5).

① 외국 정부와 체결하려는 정부간 수출계약의 수용 여부, 국내 기업의 이행능력 평가, 법 제32조의3 제3항 제1호에 따라 국내 기업으로 하여금 조치하도록 할 계약 이행 보증 내용의 적정성 등에 관한 사항

② 계약기간 · 계약금액 등 정부간 수출계약의 변경에 관한 사항. 다만, 다음 각 목의 사항으로서 위원회에서 정하는 경미한 사항은 제외한다.

- 물품등의 인도 횟수, 인도 장소의 변경
- 부품 · 규격의 변경
- 대금의 지급방법 및 지급횟수의 변경
- 그 밖에 가목부터 다목까지의 사항에 준하는 사항

③ 법 제32조의5 제2항에 따라 국내 기업이 조치를 한 계약 이행 보증 세부 사항의 적정성에 관한 사항

④ 국내 기업의 정부간 수출계약에 따른 물품등의 공급 의무 불이행, 인가·허가·면허 등의 취소·정지 등으로 인한 계약 이행능력의 상실, 부정한 방법에 의한 계약의 체결, 그 밖의 원인으로 인한 정부간 수출계약의 해지 또는 해제에 관한 사항

⑤ 그 밖에 위원회의 위원장이 정부간 수출계약과 관련하여 위원회의 심의·의결에 부치는 사항전담기관의 장은 정부

3) 자료 등의 제출 요구

위원회는 정부간 수출계약의 체결, 변경, 해지 등 심의에 필요한 경우 국내기업 및 관계 기관 등에 자료 등의 제출을 요구할 수 있다(대외법 제32조의4 4항).

4) 서류의 비공개

위원회는 다음의 사항에 해당하는 경우에는 회의록, 계약서 등 관련 서류를 공개하지 아니할 수 있다(대외법 제32조의4 5항).

① 공개될 경우 정부간 수출계약의 체결, 이행, 변경, 해지 등이 크게 곤란하여질 우려가 있거나 위원회 심의의 공정성을 크게 저해할 우려가 있다고 인정되는 사항

② 그 밖에 제①호에 준하는 사유로서 공개하기에 적당하지 아니하다고 위원회가 결정한 사항

4. 국내기업의 책임 등

1) 국내 기업의 책임

국내 기업은 정부간 수출계약이 체결된 경우 그 계약 내용을 성실히 이행

하여야 하며, 국내 기업은 보증·보험의 제공 등 대통령령으로 정하는 계약 이행 보증 조치를 취하여야 한다(대외법 제32조의5 1-2항).

2) 자료의 제공

국내 기업은 제32조의3 제3항 제2호(전담기관은 국내 기업의 계약 이행 상황을 확인하기 위하여 필요한 경우에는 국내 기업에 대하여 관련 자료의 제출을 요구할 수 있다.) 또는 제32조의4 제4항(전담기관의 장은 정부간 수출계약 관련 업무를 수행하기 위하여 필요한 경우에는 관계 행정기관 및 관련 단체에 대하여 공무원 또는 임직원의 파견 근무를 요청할 수 있다. 다만, 공무원의 파견을 요청할 때에는 미리 주무부장관과 협의하여야 한다.)에 따른 자료제출 요구가 있을 경우 특별한 사정이 없으면 이에 따라야 한다(대외법 제32조의5 3항).

3) 국내 기업의 책임 위반

국내 기업이 계약이행 보증 조치 또는 자료제출 책임을 위반할 경우 전담기관은 그 사실을 외국 정부에 통보할 수 있고, 위원회는 해당 기업의 정부간 수출계약에 대한 심의를 거부할 수 있다(대외법 제32조의5 4항).

제10장 수출입물품의 원산지표시

제1절 수출입물품의 원산지표시 및 증명제도

1. 원산지표시의 의의

오늘날 세계경제는 국가간의 비교우위를 바탕으로 한 생산활동이 다국간에 이루어지는 상호의존관계가 심화되고 있으며, 이러한 현상은 국제무역에 거래되는 물품의 원산지의 식별을 복잡하게 만들어 정확한 원산지판정이 어렵게 되었다.[1]

그리고 최근의 국제경제의 블록화 현상에 의한 역내국가간의 특혜 확대는 곧 역외국가에 대한 차별심화로 이어져서 이에 따른 원산지규정은 오히려 무역마찰의 요인으로 작용하고 있다.

여기에서 원산지규정(Rules of Origin)은 수입국이 각종 정책목적상 수입 등의 원산지를 판정할 필요가 있을 때 특정제품의 생산·제조국을 결정하기 위해 적용하는 제반법규 및 행정적 절차를 말하는데, 이는 특혜원산지규정(Preferential Rules of Origin)과 비특혜원산지규정(Non-Preferential Rules of Origin)으로 분류되며[2], 특히 전 세계적으로 광범위하게 확산되고 있는 자유무역지대(FTA) 체제하에서는 원산지제도의 중요성이 점점 더 부각되고 있다.

---

1) 한홍열, 원산지규정, 정책연구 92-02, 무역관련정책 및 제도의 개선방향, 대외경제정책연구원, 1992, p. 93.

2) 한홍열, 원산지규정, 정책연구 92-05, WTO출범과 신교역질서, 대외경제정책연구원, 1994. 7. p. 223.

특히 FTA체제하에서는 FTA회원국 상호간의 특혜관세의 수혜와 비회원국 물품의 우회 수출입 여부를 판정하여 FTA제도의 효율을 극대화하는 것이 필요하기 때문에 품목별 원산지를 정확하게 판정하는 것이 매우 중요하다[3].

또한, 원산지표시(marks of origin)란 특정물품의 원산지를 해당 물품에 표시하도록 하는 제도로서, 수입물품에 원산지를 표시하도록 함으로써 소비자에게 정확한 상품정보제공 등을 통하여 국내소비자 보호 및 유통거래질서를 확립하고 국제적으로 인정되는 원산지 적용기준을 마련하여 수출 또는 수입하는 물품에 원산지표시를 명확히 함으로써 불공정 수입행위를 근절하는 데 목적이 있다.

이러한 원산지제도를 국제적으로 통일된 원산지 규정이 없어 각국마다 자의적인 운영을 하고 있으므로, 이에 따라 각국마다 원산지규정의 명료성과 예측가능성을 제고하기 위해 WTO 원산지협정이 제정 · 발효중에 있다. 우리나라의 원산지규정은 교토(Kyoto)협약의 기본원칙과 미국의 원산지제도를 고려하여 1991년 7월 1일부터 대외무역관리규정을 개정하여 일부품목(HS 4단위 기준 530개의 품목)에 대하여 시행해 오고 있으나 그 법적 근거가 미약하여 그 시행에 많은 제약을 받아 왔다. 특히 농산물과 같이 벌크상태로 수입된 후 원산지표시 없이 또는 국산품으로 위장표시하여 분할판매 경우 이를 단속할 수단이 결여되어 있었으므로 이를 1992년 12월 대외무역법 개정시 명확히 조문화함과 동시에 그 처벌 근거도 명시하여원산지 표시제도 및 원산지 증명제도에 대한 법률적인 근거를 마련하게 되었다.

2. 원산지규정의 적용범위 및 협의

1) 원산지규정의 적용 범위

원산지에 관한 대외무역관리규정상의 규정은 법 제12조(통합공고), 제33조(수출입 물품등의 원산지의 표시)부터 제38조(외국산 물품등을 국산 물품등으로 가장하는 행위의 금지)에 따라 원산지 표시, 원산지 판정 및 확인 등이 필

3) 한낙현 · 박지문, 대외무역법, 탑북스, 2020. p.167.

요한 물품에 대하여 적용한다(규정 제73조).

2) 협의

원산지에 관한 규정을 운용하기 위하여 필요한 경우 산업통상자원부장관은 관계 행정기관의 장 및 해당 사안과 관련된 공무원, 전문가 등과 협의하거나 의견을 들을 수 있고, 또한 이 장(원산지)의 규정을 적용할 때에 해당 사안과 관련된 행정기관의 장, 무역거래자 · 판매업자 및 단순한 가공활동을 수행한 자, 그 밖의 이해관계인은 산업통상자원부장관에게 의견을 제출할 수 있다(규정 제74조 1,2항).

제2절 수출입 물품의 원산지 표시

1. 원산지표시 대상물품 지정 및 공고

산업통상자원부장관이 공정한 거래 질서의 확립과 생산자 및 소비자 보호를 위하여 원산지를 표시하여야 하는 대상으로 공고한 물품등(이하 "원산지표시대상물품"이라 한다)을 수출하거나 수입하려는 자는 그 물품등에 대하여 원산지를 표시하여야 한다(대외무역법 제33조 1항).

이 경우 원산지의 표시방법 · 확인, 기타 표시에 관하여 필요한 사항은 대통령령으로 정하며, 무역거래자 또는 물품 등의 판매업자는 다음 중의 어느 하나에 해당하는 행위를 하여서는 아니 된다. 다만, ③에 해당하는 행위의 경우에는 무역거래자의 경우만 해당된다(대외무역법 제33조 3항).

① 원산지를 거짓으로 표시하거나 원산지를 오인(誤認)하게 하는 표시를 하는 행위

② 원산지의 표시를 손상하거나 변경하는 행위

③ 원산지표시대상물품에 대하여 원산지 표시를 하지 아니하는 행위

④ 위 ①에서 ③까지의 규정에 위반되는 원산지표시대상물품을 국내에서 거래하는 행위

2. 수출입 물품 원산지표시 방법

1) 원산지표시 대상물품 지정

산업통상자원부장관은 원산지를 표시하여야 할 물품(이하 "원산지표시대상물품"이라 한다)을 공고하려면 해당 물품을 관장하는 관계 행정기관의 장과 미리 협의하여야 한다(대외령 제55조 1항).

2) 원산지 표시 방법의 일반 원칙과 생략

원산지표시 대상물품을 수입하고자 하는 자는 다음의 방법에 따라 해당 물품에 원산지를 표시하여야 한다(대외령 제56조 1항).

① 한글·한문 또는 영문으로 표시할 것.

② 최종 구매자가 쉽게 판독할 수 있는 활자체로 표시할 것.

③ 식별하기 쉬운 위치에 표시할 것.

④ 표시된 원산지가 쉽게 지워지거나 떨어지지 아니하는 방법으로 표시할 것.

이에도 불구하고 해당 물품에 원산지를 표시하는 것이 곤란하거나 원산지를 표시할 필요가 없다고 인정하여 산업통상자원부장관이 정하여 고시하는 기준에 해당하는 경우에는 산업통상자원부장관이 정하여 고시하는 바에 따라 원산지를 표시하거나 원산지 표시를 생략할 수 있다(대외령 제56조 2항).

위에서 규정된 것 외에 수입 물품의 원산지 표시방법에 관하여 필요한 사항은 산업통상자원부장관이 정하여 고시한다. 다만, 수입물품을 관장하는 중앙행정기관의 장은 소비자를 보호하기 위하여 필요한 경우에는 산업통상자원부장관과 협의하여 해당 물품의 원산지 표시에 관한 세부적인 사항을 따로 정하여 고시할 수 있다(대외령 제56조 3항).

수입 물품의 원산지는 다음 중의 어느 하나에 해당되는 방식으로 한글, 한

자 또는 영문으로 표시할 수 있다(규정 제76조 1항).

① "원산지: 국명" 또는 "국명 산(産)"

② "Made in 국명" 또는 "Product of 국명"

③ "Made by 물품 제조자의 회사명, 주소, 국명"

④ "Country of Origin : 국명"

⑤ 영 제61조의 원산지와 동일한 경우로서 국제상거래관행상 타당한 것으로 관세청장이 인정하는 방식

수입 물품의 원산지는 최종구매자가 해당 물품의 원산지를 용이하게 판독할 수 있는 크기의 활자체로 표시하여야 하며, 최종구매자가 정상적인 물품구매과정에서 원산지표시를 발견할 수 있도록 식별하기 용이한 곳에 표시하여야 한다(규정 제76조 2-3항).

그리고 표시된 원산지는 쉽게 지워지지 않으며 물품(또는 포장·용기)에서 쉽게 떨어지지 않아야 하며, 수입 물품의 원산지는 제조단계에서 인쇄(printing), 등사(stenciling), 낙인(branding), 주조(molding), 식각(etching), 박음질(stitching) 또는 이와 유사한 방식으로 원산지를 표시하는 것을 원칙으로 한다. 다만, 물품의 특성상 위와 같은 방식으로 표시하는 것이 부적합 또는 곤란하거나 물품을 훼손할 우려가 있는 경우에는 날인(stamping), 라벨(label), 스티커(sticker), 꼬리표(tag)를 사용하여 표시할 수 있다(규정 제76조 4-5항).

또한 최종구매자가 수입 물품의 원산지를 오인할 우려가 없는 경우에는 다음과 같이 통상적으로 널리 사용되고 있는 국가명이나 지역명 등을 사용하여 원산지를 표시할 수 있다(규정 제76조 6항).

① United States of America를 USA로

② Switzerland를 Swiss로

③ Netherlands를 Holland로

④ United kingdom을 UK 또는 GB로

⑤ UK의 England, Scotland, Wales, Northern Ireland

⑥ 특정국가의 식민지, 속령 또는 보호령 지역에서 생산된 경우 관세청 무역통계부호에 규정된 국가별 분류기준에 따른 국가명

⑦ 기타 관세청장이 산업통상자원부장관과 협의하여 타당하다고 인정하는 국가나 지역명

그리고 전기용품 및 생활용품 안전관리법, 식품위생법 등 다른 법령에서 물품에 대한 표시방식 등을 정하고 있는 경우에는 이를 적용하여 원산지를 표시할 수 있다(규정 제76조 7항).

3) 원산지의 표시의 예외적인 방법

수입 물품의 크기가 작아 위의 방식으로 해당 물품의 원산지를 표시할 수 없을 경우에는 국명만을 표시할 수 있고, 또한 최종구매자가 수입물품의 원산지를 오인할 우려가 없도록 표시하는 전제하에 상기 원산지표시와 병기하여 물품별 제조공정상의 다양한 특성을 반영할 수 있도록 다음의 예시에 따라 보조표시를 할 수 있다(규정 제76조의2).

① "Designed in 국명", "Fashioned in 국명", "Moded in 국명", "stlyed in 국명", "Licensed by 국명", "Finished in 국명"....

② 기타 관세청장이 제①호에 준하여 타당하다고 인정한 보조표시 방식

수출국에서의 주요 부분품의 단순 결합물품. 원재료의 단순 혼합물품, 중고물품으로 원산지를 특정하기 어려운 물품은 다음과 같이 원산지를 표시할 수 있다.

① 단순 조립물품 : "Organized in 국명(부분품별 원산지 나열)"

② 단순 혼합물품 : "Mixed in 국명(원재료별 원산지 나열)"

③ 중고물품 : "Imported from 국명"

4) 수입 물품 원산지 표시방법의 세부사항

관세청장은 산업통상자원부장관과의 사전협의를 거쳐 대외무역 관리규정상(제75조부터 제80조까지)의 원산지 표시방법에 따라 물품의 특성을 감안한 세부적인 표시방법을 정할 수 있으며, 수입 물품의 원산지 표시방법에 관한 세부사항을 정할 경우 이를 고시하여야 한다(규정 제81조 1-2항).

5) 원산지 오인 우려 수입 물품의 원산지 표시

무역거래자 또는 물품 등의 판매업자는 원산지를 거짓으로 표시하거나 원산지를 오인(誤認)하게 하는 표시를 하는 행위를 하여서는 아니 된다(대외무역법 제33조 4항 1호). 이러한 원산지오인 우려 표시물품은 원산지표시대상물품이 다음 중의 어느 하나에 해당되는 물품을 말한다(규정 제77조 1항).

① 주문자 상표부착(OEM)방식에 의해 생산된 수입 물품의 원산지와 주문자가 위치한 국명이 상이하여 최종구매자가 해당 물품의 원산지를 오인할 우려가 있는 물품

② 물품 또는 포장・용기에 현저하게 표시되어 있는 상호・상표・지역 ・국가 또는 언어명이 수입 물품의 원산지와 상이하여 최종구매자가 해당 물품의 원산지를 오인할 우려가 있는 물품

원산지 오인 우려 표시 수입 물품은 해당 물품 또는 포장・용기의 전면에 원산지를 표시하여야 하며, 물품의 특성상 전후면의 구별이 어렵거나 전면에 표시하기 어려운 경우 등에는 원산지 오인을 초래하는 표시와 가까운 곳에 표시하여야 한다. 다만, 해당물품에 원산지가 적합하게 표시되어 있고, 최종 판매단계에서 진열된 물품 등을 통하여 최종구매자가 원산지 확인이 가능하며, 국제 상거래 관행상 통용되는 방법으로 원산지를 표시하는 경우 세관장은 산업통상자원부장관과 협의하여 포장・용기에 표시된 원산지가 원산지 오인을 초래하는 표시와 가깝지 않은 곳에 있어도 원산지 오인이 없는 것으로 볼 수 있다(규정 제77조 2항).

또한 원산지 오인우려 표시 수입 물품을 판매하는 자는 판매 또는 진열시 소비자가 알아볼 수 있도록 상품에 표시된 원산지와는 별도로 스티커, 푯말 등을 이용하여 원산지를 표시하여야 한다(규정 제77조 3항).

6) 수입 후 단순 가공과 원산지 표시

수입된 원산지표시대상물품에 대하여 대통령령으로 정하는 단순한 가공활동을 거침으로써 해당 물품 등의 원산지 표시를 손상하거나 변형한 자는 그

단순 가공한 물품 등에 당초의 원산지를 표시하여야 한다. 이 경우 다른 법령에서 단순한 가공활동을 거친 수입 물품 등에 대하여 다른 기준을 규정하고 있으면 그 기준에 따른다(대외무역법 제33조 2항).

여기에서 "대통령령으로 정하는 단순한 가공활동"이란 판매목적의 물품포장 활동, 상품성 유지를 위한 단순한 작업 활동 등 물품의 본질적 특성을 부여하기에 부족한 가공활동을 말하며, 그 가공활동의 구체적인 범위는 관계 중앙행정기관의 장과 협의하여 산업통상자원부장관이 정하여 고시한다(대외령 제55조 2항).

수입 후 단순한 가공활동을 수행한 물품 등의 원산지 표시는 다음 중의 어느 하나의 방법에 따라 원산지를 표시하여야 한다(규정 제78조 1항).

① 원산지표시대상물품이 수입된 후, 최종구매자가 구매하기 이전에 국내에서 단순 제조・가공처리되어 수입 물품의 원산지가 은폐・제거되거나 은폐・제거될 우려가 있는 물품의 경우에는 제조・가공업자(수입자가 제조업자인 경우 포함)는 완성 가공품에 수입 물품의 원산지가 분명하게 나타나도록 원산지를 표시하여야 한다.

② 원산지표시대상물품이 대형 포장 형태로 수입된 후에 최종구매자가 구매하기 이전에 국내에서 소매단위로 재포장되어 판매되는 물품인 경우에는 재포장 판매업자(수입자가 판매업자인 경우 포함)는 재포장 용기에 수입 물품의 원산지가 분명하게 나타나도록 원산지를 표시하여야 한다. 재포장되지 않고 낱개 또는 산물로 판매되는 경우에도 물품 또는 판매용기・판매장소에 스티커 부착, 푯말부착 등의 방법으로 수입품의 원산지를 표시하여야 한다.

③ 원산지표시대상물품이 수입된 후에 최종구매자가 구매하기 이전에 다른 물품과 결합되어 판매되는 경우에는 제조・가공업자(수입자가 제조업자인 경우 포함)는 수입된 해당 물품의 원산지가 분명하게 나타나도록 "(해당 물품명)의 원산지: 국명"의 형태로 원산지를 표시하여야 한다.

다만, 위 규정에서 달리 규정하지 아니한 사항에 대하여는 수입 물품의 원산지표시대상물품(규정 제75조), 수입 물품 원산지 표시의 일반원칙(규정 제76조), 원산지 오인 우려 수입 물품의 원산지 표시(규정 제77조), 수입 세트물품의 원산지 표시(규정 제79조), 수입용기의 원산지 표시(규정 제80조), 수입 물품 원산지 표시방법의 세부사항(규정 제81조)까지의 규정을 준용한다(규정 제78조 1항 단서).

수입 후 단순한 가공활동을 수행한 물품에 해당되는 경우에는 세관장이 수입자에게 수입 통관 후 법령에 따른 원산지 표시를 준수하도록 명할 수 있으며, 이러한 물품을 수입하는 자가 같은 물품을 제3자(중간 구매업자 또는 판매자 등)에게 양도(제3자가 재양도하는 경우 포함)하는 경우에는 양수인에게 서면으로 법령에 따른 원산지 표시의무를 준수하여야 할 것을 알려야 한다(규정 제78조 2-3항).

7) 수입세트 물품 및 수입용기의 원산지 표시

수입 세트물품의 경우 해당 세트물품을 구성하는 개별 물품들의 원산지가 동일하고 최종 구매자에게 세트물품으로 판매되는 경우에는 개별 물품에 원산지를 표시하지 아니하고 그 물품의 포장・용기에 원산지를 표시할 수 있다. 그러나 세트물품을 구성하는 개별 물품들의 원산지가 2개국 이상인 경우에는 개별 물품에 각각의 원산지를 표시하고, 세트물품의 포장・용기에는 개별 물품들의 원산지를 모두 나열・표시(예: Made in China, Taiwan, …)하여야 한다(규정 제79조 1-2항). 그리고 수입세트물품에 해당되는 원산지 표시대상은 관세청장이 정한다(규정 제79조 3항).

관세율표에 따라 용기로 별도 분류되어 수입되는 물품의 경우에는 용기에 "(용기명)의 원산지 : (국명)"에 상응하는 표시(예: "Bottle made in 국명")를 하여야 하나, 1회 사용으로 폐기되는 용기의 경우에는 최소 판매단위의 포장에 용기의 원산지를 표시할 수 있으며, 실수요자가 이들 물품을 수입하는 경우에는 용기의 원산지를 표시하지 않아도 무방하다(규정 제80조 1-2항).

8) 수출물품의 원산지 표시

수출 물품에 대하여 원산지를 표시하는 경우에는 대외무역법 시행령 제56조 제1항 각 호에서 정한 방법에 따라 원산지를 표시하되, 그 물품에 대한 수입국의 원산지 표시규정이 이와 다르게 표시하도록 되어 있으면 그 규정에 따라 원산지를 표시할 수 있다. 다만, 수입한 물품에 대하여 국내에서 단순한 가공활동을 거쳐 수출하는 경우에는 우리나라를 원산지로 표시하여서는 아니 된다(대외령 제56조 5항).

9) 원산지 표시의 면제

물품 또는 포장・용기에 원산지를 표시하여야 하는 수입 물품이 다음 중의 어느 하나에 해당되는 경우에는 원산지를 표시하지 아니할 수 있다(규정 제82조 1항).

① 외화획득용 원료 및 시설기재로 수입되는 물품
② 개인에게 무상 송부된 탁송품, 별송품 또는 여행자 휴대품
③ 수입 후 실질적 변형을 일으키는 제조공정에 투입되는 부품 및 원재료로서 실수요자가 직접 수입하는 경우(실수요자를 위하여 수입을 대행하는 경우 포함)
④ 판매 또는 임대목적에 제공되지 않는 물품으로서 실수요자가 직접 수입하는 경우. 다만, 제조에 사용할 목적으로 수입되는 제조용 시설 및 기자재(부분품 및 예비용 부품 포함)는 수입을 대행하는 경우 인정.
⑤ 연구개발용품으로서 실수요자가 수입하는 경우(실수요자를 위하여 수입 대행하는 경우 포함)
⑥ 견본품(진열・판매용이 아닌 것에 한함) 및 수입된 물품의 하자보수용 물품
⑦ 보세운송, 환적 등에 의하여 우리나라를 단순히 경유하는 통과 화물
⑧ 재수출조건부 면세 대상 물품 등 일시 수입 물품
⑨ 우리나라에서 수출된 후 재수입되는 물품
⑩ 외교관 면세 대상 물품
⑪ 개인이 자가소비용으로 수입하는 물품으로서 세관장이 타당하다고 인정하는 물품
⑫ 그 밖에 관세청장이 산업통상자원부장관과 협의하여 타당하다고 인정하는 물품

세관장은 이러한 원산지 표시가 면제되는 물품에 대하여 외화획득 이행 여

부, 목적 외 사용 등 원산지표시 면제의 적합여부를 사후 확인할 수 있다(규정 제82조 2항).

3. 원산지 표시의 확인 및 검사

산업통상자원부장관 또는 시・도지사는 수출입 물품 등의 원산지 표시에 관한 규정을 위반하였는지 확인하기 위하여 필요하다고 인정하면 수입한 물품 등과 대통령령으로 정하는 관련 서류를 검사할 수 있다(대외무역법 제33조 5항). 또한 산업통상자원부장관은 원산지 표시대상 물품을 수입하는 자에 대하여 해당 물품이 통관할 때 수출입 물품의 원산지 표시방법(영 제56조①항부터 ③항)에 관한 규정에 따른 원산지의 표시방법 및 표시 여부 등을 확인할 수 있다. 이 경우 확인방법과 확인절차 등에 관하여는 산업통상자원부장관이 정하여 고시한다(대외령 제57조 4항).

1) 원산지 표시 방법의 사전 확인 및 이의제기

원산지 표시방법에 따라 원산지를 표시하여야 하는 자는 해당 물품이 수입되기 전에 문서로 그 물품의 적절한 원산지 표시방법에 관한 확인을 산업통상자원부장관에게 요청할 수 있으며, 이러한 확인 요청에 따른 산업통상자원부장관의 원산지 표시방법의 확인에 관하여 이의가 있는 자는 확인 결과를 통보받은 날부터 30일 이내에 서면으로 산업통상자원부장관에게 이의를 제기할 수 있다. 그리고 원산지 표시방법에 대한 확인 요청과 확인 결과에 대한 이의제기에 필요한 사항은 산업통상자원부장관이 정하여 고시한다(대외령 제57조 1-3항).

이에 따라 관세청장은 적정한 원산지 표시방법에 관한 확인을 요청받은 경우에는 신청을 접수한 날부터 30일 이내에 해당 물품의 적정한 표시방법을 확인하여 요청인에게 알려야 한다. 그러나 관세청장의 원산지 표시방법에 관한 통보 내용에 대하여 이의가 제기된 경우에는, 이러한 이의제기를 접수한 관세청장은 접수한 날부터 30일 이내에 이의제기에 대하여 결정을 하고 이를 요청인에게 알려야 한다. 그리고 관세청장은 원산지 표시 확인 및 이의제기에 필요한 사항을 산업통상자원부장관과 협의하여 별도로 정할 수 있다(규정 제84조 1-3항).

2) 원산지표시의 서류검사

산업통상자원부장관은 수출입 물품 등의 원산지의 표시 규정(법 제33조 ①항부터 ④항)을 위반하였는지 확인하기 위하여 필요하다고 인정하면 수입한 물품 등과 대통령령으로 정하는 관련 서류를 검사할 수 있는데(대외무역법 제33조 5항), 이때 "대통령령으로 정하는 관련 서류"란 다음에 해당하는 서류를 말한다(대외령 제57조의2).

① 수입한 물품 등의 무역거래자 및 판매업자의 정보에 관한 서류
② 수입한 물품 등의 가격, 수량, 품질 및 제조 또는 가공 공정에 관한 서류
③ 그 밖에 원산지의 표시에 대한 위반 여부를 확인하기 위하여 산업통상자원부장관이 필요하다고 인정하는 서류

원산지 표시대상 물품(별표 8의 물품)에 대하여 세관장은 필요하다고 판단되면, 해당 물품의 통관시 원산지 표시 여부를 확인할 수 있으며, 세관장은 수출・수입되는 물품이 원산지 표시(규정 제75조부터 제81조) 규정에 위반되는 것으로 인정되는 경우에는 원산지의 표시・정정・말소 등 적절한 조치를 지시할 수 있다. 그리고 관계 행정기관의 장, 시・도지사는 수입신고 후 통관된 물품이 원산지 표시(규정 제75조부터 제81조) 규정에 위반되는 것으로 인정되는 경우에는 원산지의 표시・정정・말소 등 적절한 조치를 지시할 수 있다(규정 제83조 1-3항).

3) 원산지표시 위반물품에 대한 시정조치

산업통상자원부장관 또는 시・도지사는 원산지 표시방법을 위반하거나, 수입 후 단순한 가공활동을 통하여 원산지 표시를 손상 또는 변형하는 행위, 원산지 거짓표시 또는 오인표시를 하는 행위, 원산지 표시대상 물품에 원산지를 표시하지 아니하는 행위, 그리고 이러한 규정에 위반되는 원산지표시대상물품을 국내에서 거래하는 행위와 같은 위반 행위가 있으면 그 행위자에게 판매중지, 원상복구, 원산지 표시 등 대통령령으로 정하는 시정조치를 명하거나 또는

3억원 이하의 과징금을 부과(위반되는 원산지표시대상물품을 국내에서 거래하는 행위는 제외)할 수있다(대외무역법 제33조의2 1-2항). 이때 시정조치의 내용은 다음과 같다(대외령 제58조 1항).

① 원산지표시의 원상 복구, 정정, 말소 또는 원산지표시명령

② 위반물품의 거래 또는 판매 행위의 중지

이러한 시정조치 명령은 다음의 사항을 명시한 서면으로 하여야 한다(대외령 제58조 2항).

① 위반행위의 내용

② 시정조치 명령의 사유 및 내용

③ 시정기한

4) 원산지표시 위반물품에 대한 과징금

과징금을 부과하는 위반 행위의 종류와 정도에 따른 과징금의 금액과 그 밖에 필요한 사항은 대통령령으로 정하며, 산업통상자원부장관은 과징금을 내야 하는 자가 납부기한까지 내지 아니하면 국세 체납처분의 예에 따라 징수한다. 그리고 산업통상자원부장관 또는 시・도지사는 과징금 부과처분이 확정된 자에 대해서는 대통령령으로 정하는 바에 따라 그 위반자 및 위반자의 소재지와 물품 등의 명칭, 품목, 위반내용 등 처분과 관련된 사항을 공표할 수 있다(대외무역법 제33조2 3-5항).

이에 따라 산업통상자원부장관 또는 시・도지사는 과징금을 부과하려면 그 위반행위의 종류와 과징금의 금액을 명시하여 과징금을 낼 것을 서면으로 알려야 하며, 이러한 통보를 받은 자는 납부 통지일부터 20일 이내에 과징금을 산업통상자원부장관 또는 시・도지사가 정하는 수납기관에 내야 한다. 다만, 천재지변이나 그 밖의 부득이한 사유로 납부기한까지 과징금을 낼 수 없는 경우에는 그 사유가 없어진 날부터 7일 이내에 내야 한다. 과징금을 받은 수납기관은 과징금을 낸 자에게 영수증을 발급하여야 하며, 과징금의 수납기관은 과징금을 받으면 지체 없이 그 사실을 산업통상자원부장관 또는 시・도지사에게 알려야 한다(대외령 제59조 1-4항).

5) 과징금 납부기한의 연장 및 분할납부

산업통상자원부장관 또는 시・도지사는 법 제33조의2 ②항에 따라 과징금을 부과받은 자(이하 "과징금납부의무자")가 내야 할 과징금의 금액이 1억원 이상인 경우로서 다음 중의 어느 하나에 해당하는 사유로 인하여 과징금의 전액을 한꺼번에 내기 어렵다고 인정되는 경우에는 그 납부기한을 연장하거나 분할납부하게 할 수 있다. 이 경우 필요하다고 인정하는 때에는 담보를 제공하게 할 수 있다(대외령 제59조의2 1항).

① 재해나 천재지변, 화재 등으로 재산에 현저한 손실을 입은 경우
② 경제 여건이나 사업 여건의 악화로 사업이 중대한 위기에 있는 경우
③ 과징금을 한꺼번에 내면 자금사정에 현저한 어려움이 예상되는 경우
④ 그 밖에 ①부터 ③까지의 규정에 준하는 사유가 있는 경우

과징금 납부기한의 연장 또는 분할 납부를 하려는 자는 그 납부기한의 10일 전까지 납부기한의 연장 또는 분할납부의 사유를 증명하는 서류를 첨부하여 산업통상자원부장관 또는 시・도지사에게 신청하여야 한다(대외령 제59조의2 2항). 이러한 경우 납부기한의 연장은 그 납부기한의 다음 날부터 1년을 초과할 수 없으며, 분할 납부를 하게 하는 경우 각 분할된 납부기한 간의 간격은 4개월을 초과할 수 없으며, 분할 횟수는 3회를 초과할 수 없다(대외령 제59조의2 3-4항).

6) 연기된 납부기한 또는 허용된 분할납부의 취소

산업통상자원부장관 또는 시・도지사는 다음 중의 어느 하나에 해당하는 경우에는 납부기한이 연장되거나 분할납부가 허용된 과징금납부의무자에 대하여 그 납부기한의 연장 또는 분할납부 결정을 취소하고 한꺼번에 징수할 수 있다(대외령 제59조의2 5항).

① 분할납부가 결정된 과징금을 그 납부기한까지 내지 아니한 경우
② 담보의 제공에 관한 산업통상자원부장관 또는 시・도지사의 명령을 이행하지 아니한 경우
③ 강제집행, 경매의 개시, 파산선고, 법인의 해산, 국세 또는 지방세의 체납처분을 받은 때 등 과징금의 전부 또는 잔여분을 징수할 수 없다고 인정되는 경우

7) 위반행위의 종류와 과징금의 금액

과징금을 부과하는 위반행위의 종류와 위반 정도에 따른 과징금의 금액은 별표 2와 같다. 그리고 산업통상자원부장관 또는 시・도지사는 해당 무역거래자 등의 수출입 규모, 위반 정도 및 위반 횟수 등을 고려하여 과징금 금액의 2분의 1의 범위에서 가중하거나 경감할 수 있다. 다만, 가중하는 경우에도 과징금의 총액은 3억원을 넘을 수 없다(대외령 제60조 1-2항).

〈표 10-1〉 위반행위의 종류와 과징금의 금액(제60조 제1항 관련)

대외무역법 시행령 [별표 2]

위반행위	근거 법조문	과징금 금액
1. 법 제33조 제2항을 위반하여 단순한 가공활동을 거침으로써 해당 물품등의 원산지 표시를 손상하거나 변형한 자(무역거래자 또는 물품등의 판매업자에 대하여 법 제33조 제4항이 적용되는 경우는 제외한다)가 그 단순 가공한 물품등에 당초의 원산지를 표시하지 아니하거나 다르게 표시한 행위	법 제33조의2 제2항	해당 위반물품등의 수출입 신고 금액(판매업자의 경우에는 판매한 물품등과 판매하지 아니한 물품등을 구분하여 판매한 물품등의 매출가액과 판매하지 아니한 물품등의 매입가액을 합한 금액을 말한다)의 100분의 10에 해당하는 금액이나 1억원 중 적은 금액
2. 법 제33조 제3항에 따른 원산지의 표시방법을 위반한 행위	법 제33조의2 제2항	해당 위반물품등의 수출입 신고 금액의 100분의 10에 해당하는 금액이나 2억원 중 적은 금액
3. 무역거래자 또는 물품등의 판매업자가 법 제33조 제4항 제1호를 위반하여 물품등의 원산지를 거짓으로 표시하거나 원산지를 오인(誤認)하게 하는 표시를 하는 행위	법 제33조의2 제2항	해당 위반물품등의 수출입 신고 금액(판매업자의 경우에는 판매한 물품등과 판매하지 아니한 물품등을 구분하여 판매한 물품등의 매출가액과 판매하지 아니한 물품등의 매입가액을 합한 금액을 말한다)의 100분의 10에 해당하는 금액이나 3억원 중 적은 금액
4. 무역거래자 또는 물품등의 판매업자가 법 제33조 제4항 제2호를 위반하여 물품등의 원산지 표시를 손상하거나 변경하는 행위	법 제33조의2제2항	해당 위반물품등의 수출입 신고 금액(판매업자의 경우에는 판매한 물품등과 판매하지 아니한 물품등을 구분하여 판매한 물품등의 매출가액과 판매하지 아니한 물품등의 매입가액을 합한 금액을 말한다)의 100분의 10에 해당하는 금액이나 3억원 중 적은 금액
5. 무역거래자가 법 제33조 제4항 제3호를 위반하여 원산지표시대상물품에 대하여 원산지 표시를 하지 아니하는 행위	법 제33조의2 제2항	해당 위반물품등의 수출입 신고 금액의 100분의 10에 해당하는 금액이나 2억원 중 적은 금액

8) 원산지 표시의무 위반자의 공표

과징금 부과처분이 확정된 자에 대해서는 그 위반자 및 위반자의 소재지와 물품 등의 명칭, 품목, 위반내용 등 처분과 관련된 사항을 공표할 수 있는데, 공표의 대상자는 과징금 부과처분이 확정된 자로서 다음 중의 어느 하나에 해당하는 자로 한다(대외령 제60조의2 1항).

① 별표 2 각 호의 구분에 따른 해당 위반물품 등의 수출입 신고 금액(판매업자의 경우에는 판매한 물품등과 판매하지 아니한 물품 등을 구분하여 판매한 물품 등의 매출가액과 판매하지 아니한 물품 등의 매입가액을 합한 금액을 말하며, 이하 "원산지 표시 위반물품 등의 가액"이라 한다)이 10억원(「관세법」 별표에 따른 품목 중 제1류부터 제24류까지의 품목 및 소금의 경우에는 5억원을 말한다) 이상인 자

② 「관세법」 별표에 따른 품목 중 제1류부터 제24류까지의 품목 및 소금에 대한 별표 2의 3호 또는 4호에 해당하는 원산지 표시 위반물품 등의 가액 중 다음 각 목의 위반행위로 인한 가액을 합산한 금액이 5천만원 이상인 자
- 원산지를 국내산으로 거짓 표시하거나 원산지를 국내산으로 오인하게 하는 표시를 하는 행위
- 원산지 표시를 국내산으로 변경하는 행위

③ 다음의 요건을 모두 갖춘 자
- 과징금 부과처분을 받은 날부터 과거 2년 이내의 기간(초일 산입) 동안 과징금 부과처분을 받은 횟수가 3회 이상일 것
- 과징금 부과처분 중 확정된 처분이 3회 이상일 것
- 나목에 따른 확정된 과징금 부과처분의 사유가 된 원산지 표시 위반물품 등의 가액을 합산한 금액이 5천만원 이상일 것

④ 「관세법」 별표에 따른 품목 중 제1류부터 제24류까지의 품목 및 소금에 대한 원산지 표시의무를 위반한 경우로서 다음의 요건을 모두 갖춘 자
- 과징금 부과처분을 받은 날부터 과거 2년 이내의 기간(초일 산입) 동안 과징금 부과처분을 받은 횟수가 3회 이상일 것
- 과징금 부과처분 중 확정된 처분이 3회 이상일 것

산업통상자원부장관 또는 시·도지사는 이러한 공표 대상자에 대해서는 다음의 사항을 산업통상자원부 또는 시·도의 홈페이지에 공표하여야 한다(대외령 제60조의2 2항).

① "대외무역법에 따른 원산지 표시의무 위반사실의 공표"라는 표제
② 위반자의 성명 또는 명칭(법인의 경우에는 대표자 성명 포함) 및 주소(법인의 경우 주된 영업소의 주소와 원산지 표시의무 위반행위를 한 사업장 주소)
③ 원산지 표시 위반물품 등의 종류, 명칭 및 위반내용
④ 원산지 표시 위반행위에 대한 처분권자, 처분일, 처분 내용

9) 자료의 요청

산업통상자원부장관은 법 제33조(수출입 물품등의 원산지의 표시) 및 제33조의2(원산지의 표시 위반에 대한 시정명령 등)에 따른 업무가 통일적이고 원활하게 집행되도록 하기 위하여 해당 업무에 대한 자료의 제출을 지방자치단체의 장에게 요청할 수 있다(대외령 제60조의3).

제3절 원산지 판정 제도

1. 수입물품의 원산지 사전 판정 절차

1) 사전 판정 요청

산업통상자원부장관은 필요하다고 인정하면 수출 또는 수입 물품 등의 원산지 판정을 할 수 있으며, 원산지 판정의 기준은 대통령령으로 정하는 바에 따라 산업통상자원부장관이 정하여 공고한다(대외무역법 제34조 1-2항). 산업통상자원부장관은 원산지 판정을 위하여 필요한 경우 해당 사안과 관련된 행정기관의 장, 무역거래자 및 그 밖의 이해관계인에게 자료의 제출을 요청할 수 있다(규정 제88조).

수출 또는 수입 물품의 원산지 판정을 받으려는 자는 대상 물품의 관세・통계통합품목분류표(「관세법 시행령」 제98조에 따른 관세・통계통합품목분류표를 말한다. 이하 같다)상의 품목번호・품목명(모델명을 포함 한다), 요청 사유, 요청자가 주장하는 원산지 등을 명시한 요청서에 견본 1개와 그 밖에 원산지 판정에 필요한 자료를 첨부하여 산업통상자원부장관에게 제출하여야 한다. 다만, 물품의 성질상 견본을 제출하기 곤란하거나 견본이 없어도 그 물품의 원산지 판정에 지장이 없다고 인정되는 경우에는 견본의 제출을 생략할 수 있다(대외령 제62조 1항).

그리고 산업통상자원부장관은 제출된 요청서 등이 미비하여 수출 또는 수입 물품의 원산지를 판정하기 곤란한 경우에는 기간을 정하여 자료의 보정을 요구할 수 있으며, 그 기간 내에 보정하지 아니하면 요청서 등을 되돌려 보낼 수 있다(대외령 제62조 2항)

또한 산업통상자원부장관은 원산지 판정의 요청을 받은 경우에는 60일 이내에 원산지 판정을 하여 그 결과를 요청한 사람에게 문서로 알려야 한다. 다만, 그 판정과 관련된 자료수집 등을 위하여 필요한 기간은 이에 산입하지 아니한다(대외령 제62조 3항).

그리고 원산지 판정의 결과가 요청인의 주장과 다른 경우에는 판정의 근거 등을 적어야 하며(대외령 제62조 4항), 원산지 판정의 요청 방법과 그 밖에 판정에 필요한 사항은 산업통상자원부장관이 정하여 고시한다(대외령 제62조 5항).

2) 이의 제기

수입물품의 원산지판정을 통보를 받은 자가 원산지 판정에 불복하는 경우에는 통보를 받은 날부터 30일 이내에 산업통상자원부장관에게 이의를 제기할 수 있다(대외무역법 제34조 5항). 산업통상자원부장관은 이의를 제기받은 경우에는 이의제기를 받은 날부터 150일 이내에 이의 제기에 대한 결정을 알려야 하며, 원산지 판정의 요청, 이의 제기 등 원산지 판정의 절차에 필요한 사항은 대통령령으로 정한다(대외무역법 제34조 6-7항).

이에 따라 원산지 판정에 이의를 제기하려는 자는 대상 물품의 관세・통계통합품목분류표상의 품목번호・품목명(모델명을 포함한다), 이의제기 사유, 신청자가 주장하는 원산지 등을 명시한 이의신청서에 원산지 판정에 필요한 자료를 첨부하여 산업통상자원부장관에게 제출하여야 한다(대외령 제63조 1항).

한편 산업통상자원부장관은 제출된 신청서 등이 미비하여 이의제기에 대한 결정을 하기 곤란한 경우에는 기간을 정하여 자료의 보정을 요구할 수 있으며, 그 기간 내에 보정하지 아니하면 신청서 등을 되돌려 보낼 수 있다(대외령 제63조 2항). 산업통상자원부장관이 요구한 자료의 보정기간은 이의제기 결정기간에 산입하지 아니한다(규정 제90조). 그리고 산업통상자원부장관은 이의제기에 대한 결정을 하기 위하여 관계 전문가에게 자문하거나 이해관계자 등의 의견을 들을 수 있다(대외령 제63조 3항).

2. 수입물품의 원산지 원산지 판정기준

1) 수입 물품에 대한 원산지 판정 기준

원산지 판정의 기준은 대통령령으로 정하는 바에 따라 산업통상자원부장관이 정하여 공고한다(대외무역법 제34조 2항). 이에 따라 대외무역법 시행령에서는 수입 물품에 대한 원산지 판정은 다음의 어느 하나의 기준에 따라야 한다(대외령 제61조 1항).

① 수입 물품의 전부가 하나의 국가에서 채취되거나 생산된 물품(이하 "완전생산물품"이라 한다)인 경우에는 그 국가를 그 물품의 원산지로 할 것 이 경우 다음에 해당되는 물품을 완전생산물품으로 본다(규정 제85조 1항).

- 해당국 영역에서 생산한 광산물, 농산물 및 식물성 생산물
- 해당국 영역에서 번식, 사육한 산동물과 이들로부터 채취한 물품
- 해당국 영역에서 수렵, 어로로 채포한 물품
- 해당국 선박에 의하여 해당국 이외 국가의 영해나 배타적 경제수역이 아닌 곳에서 채포(採捕)한 어획물, 그 밖의 물품
- 해당국에서 제조, 가공공정 중에 발생한 잔여물
- 해당국 또는 해당국의 선박에서 첫째부터 다섯째까지의 물품을 원재료로 하여 제조·가공한 물품

② 수입 물품의 생산・제조・가공 과정에 둘 이상의 국가가 관련된 경우에는 최종적으로 실질적 변형을 가하여 그 물품에 본질적 특성을 부여하는 활동(이하 "실질적 변형"이라 한다)을 한 국가를 그 물품의 원산지로 할 것 여기서 "실질적 변형"이란 해당국에서의 제조・가공과정을 통하여 원재료의 세번과 상이한 세번(HS 6단위 기준)의 제품을 생산하는 것을 말한다(규정 제85조 2항).

③ 수입 물품의 생산・제조・가공 과정에 둘 이상의 국가가 관련된 경우 단순한 가공활동을 하는 국가를 원산지로 하지 아니할 것. 여기서 말하는 "단순한 가공활동"은 다음과 같은 활동을 의미한다(규정 제85조 8항).

- 운송 또는 보관 목적으로 물품을 양호한 상태로 보존하기 위해 행하는 가공활동
- 선적 또는 운송을 용이하게 하기 위한 가공활동
- 판매목적으로 물품의 포장 등과 관련된 활동
- 제조・가공결과 HS 6단위가 변경되는 경우라도 다음 각 목의 어느 하나에 해당되는 가공과 이들이 결합되는 가공은 단순한 가공활동의 범위에 포함된다.
  - 통풍
  - 건조 또는 단순가열(볶거나 굽는 것을 포함한다)
  - 냉동, 냉장
  - 손상부위의 제거, 이물질 제거, 세척
  - 기름칠, 녹방지 또는 보호를 위한 도색, 도장
  - 거르기 또는 선별(sifting or screening)
  - 정리(sorting), 분류 또는 등급선정(classifying, or grading)
  - 시험 또는 측정
  - 표시나 라벨의 수정 또는 선명화
  - 가수, 희석, 흡습, 가염, 가당, 전리(ionizing)
  - 각피(husking), 탈각(shelling or unshelling), 씨제거 및 신선 또는 냉장육류의 냉동, 단순 절단 및 단순 혼합

- 별표 9에서 정한 HS 01류의 가축을 수입하여 해당국에서 도축하는 경우 같은 별표에서 정한 품목별 사육기간 미만의 기간 동안 해당국에서 사육한 가축의 도축(slaughtering)
- 펴기(spreading out), 압착(crushing)
- 위의 처음부터 바로 위까지의 규정에 준하는 가공으로서 산업통상자원부장관이 별도로 판정하는 단순한 가공활동

이에 따른 완전생산물품, 실질적 변형, 단순한 가공활동의 기준 등 원산지 판정 기준에 관한 구체적인 사항은 관계 중앙행정기관의 장과 협의하여 산업통상자원부장관이 정하여 고시한다(대외령 제61조 2항). 해당국에서의 제조·가공과정을 통하여 원재료의 세번과 상이한 세번(HS 6단위 기준)의 제품을 생산하는 것을 실질적 변형이라고 함에도 불구하고, 통상산업자원부장관은 관세율표상에 해당 물품과 그 원재료의 세번이 구분되어 있지 아니함으로 인하여 제조·가공과정을 통하여 그 물품의 본질적 특성을 부여하는 활동을 가하더라도 세번(HS 6단위 기준)이 변경되지 아니하는 경우에는 관계기관의 의견을 들은 후 실질적 변형 여부를 판단할 수 있다(규정 제85조 3항).

2) 부가가치 및 주요 부품 또는 주요 공정 기준

원산지의 판정과 관련된 실질적 변형에 관한 규정에도 불구하고 산업통상자원부장관이 별표 9에서 별도로 정하는 물품에 대하여는 부가가치, 주요 부품 또는 주요 공정 등에 의하여 해당 물품의 원산지 판정기준이 된다. 이때, 부가가치의 비율은 해당 물품의 제조·생산에 사용된 원료 및 구성품의 원산지별 가격누계가 해당 물품의 수입가격(FOB가격 기준)에서 점하는 비율로 한다(규정 제85조 4-5항). 이러한 주요 부품에 대하여는 다음의 국가를 원산지로 본다(규정 제85조 6항).

① 해당 주요 부품의 원료 및 구성품의 부가가치 생산에 최대로 기여한 국가가 해당 완제품의 부가가치비율 기준 상위 2개국 중 어느 하나에 해당하는 경우는 해당 국가

② 해당 주요 부품의 원료 및 구성품의 부가가치 생산에 최대로 기여한 국가가 해당 완제품의 부가가치비율 기준 상위 2개국 중 어느 하나에 해당하

지 아니하는 경우는 해당 완제품을 최종적으로 제조한 국가

부가가치의 비율을 산정하는 경우 해당 물품의 제조·생산에 사용된 원료 및 구성품의 가격은 다음의 어느 하나에서 정하는 가격으로 한다(규정 제85조 7항).

① 해당 제조·생산국에서 외국으로부터 수입 조달한 원료 및 구성품의 가격은 각기 수입 단위별 FOB가격

② 해당 제조·생산국에서 국내적으로 공급된 원료 및 구성품의 가격은 각기 구매 단위별 공장도가격

3) 수입 원료를 사용한 국내생산 물품 등의 원산지 판정 기준

산업통상자원부장관은 공정한 거래질서의 확립과 생산자 및 소비자 보호를 위하여 필요하다고 인정하면 수입원료를 사용하여 국내에서 생산되어 국내에서 유통되거나 판매되는 물품등(이하 이 조에서 "국내생산물품등"이라 한다)에 대한 원산지 판정에 관한 기준을 관계 중앙행정기관의 장과 협의하여 정할 수 있다. 다만, 다른 법령에서 국내생산물품등에 대하여 다른 기준을 규정하고 있는 경우에는 그러하지 아니하다(대외무역법 제35조 1항). 이에 따라 산업통상자원부장관은 국내생산물품등에 대한 원산지 판정에 관한 기준을 정하면 이를 공고하여야 한다(대외무역법 제35조 2항).

또한 수입원료를 사용한 국내생산물품 등의 원산지 판정 기준 적용 대상 물품은 별표 8에 의한 수입 물품 원산지표시대상물품중 국내수입후 제85조 제8항의 단순한 가공활동을 한 물품과 1류~24류(농수산물·식품), 30류(의료용품), 33류(향료·화장품), 48류(지와 판지), 49류(서적·신문·인쇄물), 50류~58류(섬유), 70류(유리), 72류(철강), 87류(8701~8708의 일반차량), 89류(선박)에 해당되지 않는 물품이다(규정 제86조 1항).

수입 원료를 사용한 국내생산 물품 중 다음의 어느 하나에 해당하는 경우 우리나라를 원산지로 하는 물품으로 본다(규정 제86조 2항).

① 우리나라에서 제조·가공과정을 통해 수입원료의 세번과 상이한 세번(HS 6단위 기준)의 물품(세번 HS 4단위에 해당하는 물품의 세번이 HS 6단위에서 전혀 분류되지 아니한 물품을 포함한다)을 생산하고, 해당 물품의 총

제조원가 중 수입원료의 수입가격(CIF가격 기준)을 공제한 금액이 총 제조원가의 51퍼센트 이상인 경우

② 우리나라에서 제85조 제8항의 단순한 가공활동이 아닌 제조·가공과정을 통해 제1호의 세번 변경이 안된 물품을 최종적으로 생산하고, 해당 물품의 총 제조원가 중 수입원료의 수입가격(CIF가격 기준)을 공제한 금액이 총 제조원가의 85퍼센트 이상인 경우

③ ②에도 불구하고 천일염은 외국산 원재료가 사용되지 않고 제조되어야 우리나라를 원산지로 본다(규정 제86조 3항).

④ 규정 ②항 및 ③항에 따라 국내생산물품 등의 원산지를 우리나라로 볼 수 있는 경우에는 제76조 제1항(수입 물품 원산지 표시의 일반원칙)의 규정을 준용하여 표시할 수 있다(규정 제86조 4항).

그리고 수입원료를 사용한 국내생산물품중 원산지 규정을 충족하지 아니한 물품의 원산지 표시는 다음 각 호의 방법에 따라 표시할 수 있다(규정 제86조 5항).

① 우리나라를 "가공국" 또는 "조립국" 등으로 표시하되 원료 또는 부품의 원산지를 동일한 크기와 방법으로 병행하여 표시

② 원료나 부품이 1개국의 생산품인 경우에는 "원료(또는 부품)의 원산지 : 국명"을 표시

③ 원료나 부품이 2개국 이상(우리나라를 포함한다)에서 생산된 경우에는 완성품의 제조원가의 재료비에서 차지하는 구성비율이 높은 순으로 2개 이상의 원산지를 각각의 구성비율과 함께 표시(예: "원료 (또는 부품)의 원산지 : 국명(○%), 국명(○%)")

4) 원산지 판정 기준의 특례

원산지 판정 기준의 특례에 대해서는 다음과 같이 규정하고 있다(규정 제87조 1-3항).

① 기계·기구·장치 또는 차량에 사용되는 부속품·예비부분품 및 공구로서 기계 등과 함께 수입되어 동시에 판매되고 그 종류 및 수량으로 보아 정상적인 부속품, 예비부분품 및 공구라고 인정되는 물품의 원산지는 해당 기계·기구·장치 또는 차량의 원산지와 동일한 것으로 본다.

② 포장용품의 원산지는 해당 포장된 내용품의 원산지와 동일한 것으로 본다. 다만, 법령에 따라 포장용품과 내용품을 각각 별개로 구분하여 수입신고하도록 규정된 경우에는 포장용품의 원산지는 내용품의 원산지와 구분하여 결정한다.

③ 촬영된 영화용 필름은 그 영화제작자가 속하는 나라를 원산지로 한다.

5) 수출물품의 원산지 판정

수출 물품에 대한 원산지 판정은 완전생산물품, 실질적 변형, 단순한 가공활동의 기준 등 원산지 판정 기준을 준용하여 판정하되, 그 물품에 대한 원산지 판정기준이 수입국의 원산지 판정기준과 다른 경우에는 수입국의 원산지 판정기준에 따라 원산지를 판정할 수 있다(대외령 제61조 3항).

제4절 원산지증명서 발급

1. 수입 물품의 원산지증명서

1) 수입 물품 원산지 증명서 제출 및 확인

산업통상자원부장관은 원산지를 확인하기 위하여 필요하다고 인정하면 물품 등을 수입하려는 자에게 그 물품 등의 원산지 국가 또는 물품 등을 선적(船積)한 국가의 정부 등이 발행하는 원산지증명서를 제출하도록 할 수 있으며, 이에 필요한 사항은 대통령령으로 정한다(대외무역법 제36조 1-2항). 원산지를 확인하여야 할 물품을 수입하는 자는 수입신고 전까지 원산지증명서 등 관계 자료를 제출하고 확인을 받아야 한다. 따라서 수입 시 원산지증명서를 제출하여야 하는 경우는 다음과 같다(규정 제91조 1-2항).

① 통합공고에 의하여 특정지역으로부터 수입이 제한되는 물품

② 원산지 허위표시, 오인 · 혼동표시 등을 확인하기 위하여 세관장이 필요하다고 인정하는 물품

③ 그 밖에 법령에 따라 원산지 확인이 필요한 물품

수입 시 원산지 증명서 등 관계 자료를 제출받은 세관장은 해당 자료의 발행기관에 이의 확인을 요청할 수 있으며, 관계 자료를 제출한 자는 자료제출기관에 제출한 자료를 영업상 비밀로 보호하여 줄 것을 요청할 수 있다(규정 제91조 3-5항). 그리고 관세청장은 원산지 확인에 필요한 사항을 산업통상자원부장관과 협의하여 별도로 정할 수 있다(규정 제91조 4항).

2) 수입 물품의 원산지 증명서 발행 기관

산업통상자원부장관은 산업통상자원부장관이 정하여 고시하는 지역으로부터 산업통상자원부장관이 정하여 고시하는 물품을 수입하려는 자에게 다음과 같은 기관에서 발행하는 원산지증명서를 그 물품을 수입할 때에 제출하도록 할 수 있다(대외령 제65조 1항).

① 그 물품의 원산지 국가

② 그 물품을 선적(船積)한 국가의 정부

③ 원산지 국가 또는 선적한 국가의 정부가 인정하는 기관

3) 원산지 증명서 등의 제출 면제

원산지를 확인하여야 할 물품을 수입하는 자는 수입신고전까지 원산지증명서 등 관계 자료를 제출하고 확인을 받아야 함에도 불구하고 다음 하나에 해당하는 물품에 대하여는 원산지증명서 등의 제출을 면제한다(규정 제92조).

① 과세가격(종량세의 경우에는 이를 「관세법」 제15조에 준하여 산출한 가격)이 15만원 이하인 물품

② 우편물(「관세법」 제258조 제2항에 해당하는 것을 제외한다)

③ 개인에게 무상 송부된 탁송품, 별송품 또는 여행자의 휴대품

④ 재수출조건부 면세 대상 물품 등 일시 수입 물품

⑤ 보세운송, 환적 등에 의하여 우리나라를 단순히 경유하는 통과화물

⑥ 물품의 종류, 성질, 형상 또는 그 상표, 생산국명, 제조자 등에 의하여 원산지가 인정되는 물품

⑦ 그 밖에 관세청장이 산업통상자원부장관과 협의하여 타당하다고 인정하는 물품

한편, 위의 규정에 의한 원산지 증명서에 관하여 필요한 사항은 산업통상자원부장관이 정하여 고시한다.

2. 수출물품의 원산지증명서 발급

1) 수출물품의 원산지 증명서 발급 신청

헌법에 의하여 체결·공포된 조약과 일반적으로 승인된 국제법규를 이행하기 위하여 또는 교역상대국 무역거래자의 요청으로 수출 물품의 원산지증명서를 발급받으려는 자는 산업통상자원부장관에게 원산지증명서의 발급을 신청하여야 한다. 이 경우 수수료를 내야 한다(대외무역법 제37조 1항). 이에 따른 원산지증명서의 발급기준·발급절차, 유효기간, 수수료와 그 밖에 발급에 필요한 사항은 대통령령으로 정한다(대외무역법 제37조 2항).

2) 수출물품의 원산지 증명서 발급 기준

수출물품의 원산지증명서의 발급기준은 헌법에 따라 체결·공포된 조약이나 협정과 일반적으로 승인된 국제법규 또는 상대 수입국에서 정한 원산지증명서 발급기준으로 한다(대외령 제66조 1항).

3) 수출물품의 원산지 증명서 발급 신청시 제출 서류

수출물품의 원산지증명서를 발급받으려는 자는 수출물품원산지증명서발급신청서에 다음의 서류를 첨부하여 산업통상자원부장관에게 제출하여야 한다(대외령 제66조 2항)

① 구매자·공급자에 관한 서류
② 수출 물품의 가격·수량 등에 관한 서류
③ 기타 수출물품의 원산지를 증명하는 데에 필요한 서류로서 산업통상자원부장관이 정하여 공고하는 서류

4) 수출물품의 원산지 증명서 발급 및 유효기간

산업통상자원부장관은 수출물품의 원산지증명서 발급 신청을 받은 경우 원산지증명서 발급기준에 적합한지를 조사·확인하여 발급 여부를 결정한 후 수출 물품의 원산지증명서를 발급하여야 한다(대외령 제66조 3항). 그리고 원산지증명서의 유효기간은 1년으로 한다. 다만, 헌법에 따라 체결·공포된 조약이나 협정과 일반적으로 승인된 국제법규에서 그 유효기간을 다르게 정하고 있는 경우에는 그 유효기간으로 한다(대외령 제66조 4항).

위에서 언급한 것외에 수출 물품의 원산지증명서의 발급 등에 필요한 세부사항은 산업통상자원부장관이 정하여 고시한다(대외령 제66조 5항).

3. 원산지 확인에 있어서 직접 운송의 원칙

수입물품의 원산지는 그 물품이 원산지국가 이외의 국가(이하 “비원산국”이라 한다)를 경유하지 아니하고 원산지국가로부터 직접 우리나라로 운송반입된 물품에 한하여 해당 물품의 원산지를 인정한다. 다만, 다음 하나에 해당하는 경우에는 해당 물품이 비원산국의 보세구역 등에서 세관감시하에 환적 또는 일시장치 등이 이루어지고, 이들 이외의 다른 행위가 없었음이 인정되는 경우에 한하여 이를 우리나라로 직접 운송된 물품으로 본다(규정 제93조 1항).

① 지리적 또는 운송상의 이유로 비원산국에서 환적 또는 일시장치가 이루어진 물품의 경우
② 박람회, 전시회 그 밖에 이에 준하는 행사에 전시하기 위하여 비원산국으로 수출하였던 물품으로서 해당 물품의 전시목적에 사용 후 우리나라로

수출한 물품의 경우

해당 물품이 비원산국의 보세구역 등에서 세관 감시 하에 환적 또는 일시장치 등이 이루어지고, 이들 이외의 다른 행위가 없었음이 인정되는 물품의 경우에는 관세청장이 정하는 서류를 원산지증명서와 함께 수입신고 전까지 세관장에게 제출하여야 한다(규정 제93조 2항).

4. 외국산 물품등을 국산 물품등으로 가장하는 행위의 금지

누구든지 원산지증명서를 위조 또는 변조하거나 거짓된 내용으로 원산지증명서를 발급받거나 물품등에 원산지를 거짓으로 표시하는 등의 방법으로 외국에서 생산된 물품등(외국에서 생산되어 국내에서 대통령령으로 정하는 단순한 가공활동을 거친 물품등을 포함한다)의 원산지가 우리나라인 것처럼 가장(假裝)하여 그 물품등을 수출하거나 외국에서 판매하여서는 아니 된다(대외무역법 제38조).

제5절 원산지표시 관련 행위 벌칙

1. 5년 이하의 징역 또는 1억원 이하의 벌금

다음에 해당하는 자는 5년 이하의 징역 또는 1억원 이하의 벌금에 처한다. 이 경우 징역과 벌금은 병과(倂科)할 수 있다(대외무역법 제53조의2 1의2호).

① 원산지를 거짓으로 표시하거나 원산지를 오인(誤認)하게 하는 표시를 하는 행위한 무역거래자 또는 물품등의 판매업자

② 원산지의 표시를 손상하거나 변경하는 행위를 한 무역거래자 또는 물품등의 판매업자

③ 원산지표시대상물품에 대하여 원산지 표시를 하지 아니한 무역거래자

④ 법 제33조의2 제1항(원산지의 표시 위반에 대한 시정명령 등)에 따른 시정

조치 명령을 위반한 자

⑤ 외국산 물품 등의 국산 물품등으로의 가장 금지 의무를 위반한 자

2. 1천만원 이하의 과태료

제33조 제5항(산업통상자원부장관 또는 시・도지사는 수출입 물품의 원산지 표시 규정을 위반하였는지 확인하기 위하여 필요하다고 인정하면 수입한 물품등과 대통령령으로 정하는 관련 서류를 검사할 수 있다)에 따른 검사를 거부, 방해 또는 기피한 자에게는 1천만원 이하의 과태료를 부과한다(대외무역법 제59조 2항).

제4편

수입수량 제한과 수출입 질서유지 및 행정벌

제11장 수입수량 제한조치와 수출입 질서유지

제1절 수입수량 제한조치

1. 수입수량 제한조치

1) 수입수량 제한조치의 요건

산업통상자원부장관은 특정 물품의 수입 증가로 인하여 같은 종류의 물품 또는 직접적인 경쟁 관계에 있는 물품을 생산하는 국내산업(이하 이 조에서 "국내산업"이라 한다)이 심각한 피해를 입고 있거나 입을 우려(이하 이 조에서 "심각한 피해등"이라 한다)가 있음이 「불공정무역행위 조사 및 산업피해구제에 관한 법률」 제27조에 따른 무역위원회(이하 "무역위원회"라 한다)의 조사를 통하여 확인되고 심각한 피해등을 구제하기 위한 조치가 건의된 경우로서 그 국내산업을 보호할 필요가 있다고 인정되면 그 물품의 국내산업에 대한 심각한 피해등을 방지하거나 치유하고 조정을 촉진하기 위하여 필요한 범위에서 물품의 수입수량을 제한하는 조치(이하 "수입수량제한조치"라 한다)를 시행할 수 있다 (대외무역법 제39조 1항).

2) 수입수량 제한조치의 결정 및 협의

산업통상자원부장관은 무역위원회의 건의, 해당 국내산업 보호의 필요성, 국제통상 관계, 수입수량제한조치의 시행에 따른 보상수준 및 국민경제에 미치는 영향 등을 검토하여 수입수량제한조치의 시행 여부와 내용을 결정한다(대외무역법 제39조 2항). 정부는 수입수량제한조치를 시행하려면 이해 당사국과 수입수량제한조치의 부정적 효과에 대한 적절한 무역보상에 관하여 협의할 수 있다(대외무역법 제39조 3항).

그리고 산업통상자원부장관은 수입수량제한조치의 시행 여부를 결정하기 위하여 필요하다고 인정하면 관계 행정기관의 장 및 이해관계인 등에게 관련 자료의 제출 등 필요한 협조를 요청할 수 있다(대외무역법 제39조 7항).

3) 수입수량 제한조치의 기준수량

산업통상자원부장관이 수입수량을 제한하는 경우 그 제한수량은 최근의 대표적인 3년 간의 수입량을 연평균수입량으로 환산한 수량(이하 "기준 수량"이라 한다) 이상으로 하여야 한다. 이 경우 최근의 대표적인 연도를 정할 때에는 통상적인 수입량과 비교하여 수입량이 급증하거나 급감한 연도는 제외한다(대외령 제68조 1항). 그러나 산업통상자원부장관은 기준수량 이상으로 수입수량 제한조치를 하는 경우 해당 산업의 심각한 피해를 방지하거나 구제하기 어렵다고 명백하게 인정되는 경우에는 기준수량 미만으로 수입수량을 제한할 수 있다(대외령 제68조 2항). 산업통상자원부장관은 대외령 제1항이나 제2항에 따라 제한되는 수입수량을 각 국가별로 할당할 수 있다(대외령 제68조 3항).

4) 수입수량 제한조치의 대상 물품과 적용기간

산업통상자원부장관은 수입수량제한조치의 대상 물품, 수량, 적용기간 등을 공고하여야 하며, 수입수량제한조치의 적용 기간은 4년을 넘어서는 아니 된다. 이러한 수입수량제한조치는 조치 시행일 이후 수입되는 물품에만 적용한다(대외무역법 제39조 4-6항).

5) 수입수량 제한조치의 재시행 규정

산업통상자원부장관은 수입수량제한조치의 대상이었거나 「관세법」 제65조에 따른 긴급관세(이하 "긴급관세"라 한다) 또는 같은 법 제66조에 따른 잠정긴급관세(이하 "잠정긴급관세"라 한다)의 대상이었던 물품에 대하여는 그 수입수량제한조치의 적용기간, 긴급관세의 부과기간 또는 잠정긴급관세의 부과기간이 끝난 날부터 그 적용 기간 또는 부과기간에 해당하는 기간(적용기간 또는 부과기간이 2년 미만인 경우에는 2년)이 지나기 전까지는 다시 수입수량제한조치를 시행할 수 없다. 다만, 다음 각 호의 요건을 모두 충족하는 경우에는 180일 이내의 수입수량제한조치를 시행할 수 있다(대외무역법 제39조 8항).

① 해당 물품에 대한 수입수량제한조치가 시행되거나 긴급관세 또는 잠정긴급관세가 부과된 후 1년이 지날 것

② 수입수량제한조치를 다시 시행하는 날부터 소급하여 5년 안에 그 물품에 대한 수입수량제한조치의 시행 또는 긴급관세의 부과가 2회 이내일 것

2. 수입수량제한조치에 대한 연장 등

1) 수입수량 제한조치의 적용 및 연장

산업통상자원부장관은 무역위원회의 건의가 있고 필요하다고 인정하면 수입수량제한조치의 내용을 변경하거나 적용기간을 연장할 수 있다. 이 경우 변경되는 조치 내용 및 연장되는 적용기간 이내에 변경되는 조치 내용은 최초의 조치 내용보다 완화되어야 한다(대외무역법 제40조 1항). 이에 따라 수입수량제한조치의 적용기간을 연장하는 때에는 수입수량제한조치의 적용기간과 긴급관세 또는 잠정긴급관세의 부과기간 및 그 연장기간을 전부 합산한 기간이 8년을 넘어서는 아니 된다(대외무역법 제40조 2항).

2) 수입수량 제한조치 연장여부 결정

산업통상자원부장관은 시행 중인 수입수량 제한조치에 대하여 무역위원회가 그 조치 내용의 변경이나 적용기간의 연장을 건의하면 그 건의가 접수된

날부터 1개월 이내(연장의 경우 법 제39조 제1항에 따른 수입수량 제한조치의 적용 기간이 끝나는 날 이전)에 그 조치의 변경이나 조치 기간의 연장 여부를 결정하고 그 내용을 무역위원회에 통보하여야 한다(대외령 제69조).

제2절 수출입의 질서유지

1. 가격조작 금지

무역거래자는 외화를 도피할 목적으로 물품의 수출입의 가격을 조작하여서는 아니된다(대외무역법 제43조). 이는 무역거래자가 외화를 도피할 목적으로 외국의 거래상대와 공모하여 수출가격을 부당하게 낮게 하거나 수입가격을 부당하게 높게 책정하여 그 차액을 외국으로 도피하는 경우를 규제하기 위한 규정이다.

2. 무역분쟁의 신속한 해결

1) 무역분쟁의 신속한 해결의 의의

국제무역거래에서 발생할 수 있는 무역분쟁은 거래당사자간의 문제이다. 이런 무역분쟁이 당사자간에 원만하게 해결되지 않을 경우 소송에 의한 해결을 할 수밖에 없는데, 이러한 해결은 시간이 오래 걸릴 수도 있기 때문에 양 당사자간에 재정적으로 어려움을 가져올 수 있다. 따라서 실무에서는 상사중재제도를 활용하여 신속한 분쟁해결을 도모하고 있다.

대외무역법에서는 무역거래자는 그 상호간이나 교역상대국의 무역거래자와 물품의 수출입과 관련하여 분쟁이 발생할 때에는 정당한 사유없이 그 분쟁의 해결을 지연시켜서는 안된다(대외무역법 제44조 1항)고 규정하여, 무역분쟁의 신속한 해결을 의무화하고 있는 것은 수출입의 질서유지와 수출물품의 대외성가의 유지를 통해 우리나라의 대외성가를 유지하기 위함이다.

2) 무역분쟁의 조사

산업통상자원부장관은 이러한 무역분쟁이 발생한 때에는 무역거래자에게 분쟁의 해결에 관한 의견을 진술하게 하거나 그 분쟁에 관련되는 서류의 제출을 요구 할 수 있다(대외무역법 제44조 2항). 이때 무역분쟁 관련서류의 제출을 요구받은 무역거래자는 ① 무역분쟁의 당사자 ② 무역분쟁 발생경위 및 내용 ③ 기타 필요한 서류 등을 산업통상자원부장관에게 제출하여야 한다(규정 제94조).

산업통상자원부장관은 서류를 제출받거나 의견을 들은 후에 필요하다고 인정할 때에는 그 분쟁에 관하여 사실조사를 할 수 있다(대외무역법 제44조 3항).

3) 중재계약의 체결 권고

산업통상자원부장관은 분쟁을 신속하고 공정하게 처리하는 것이 필요하다고 하거나 무역분쟁 당사자의 신청이 있는 경우에는 대통령령이 정하는 바에 따라 분쟁을 조정하거나 분쟁의 해결을 위한 중재계약을 체결할 것을 권고할 수 있다(대외무역법 제44조 4항).

4) 무역분쟁의 통지

대한민국 대외공관의 장이 교역상대국의 무역거래자 및 무역분쟁 해결기관의 장으로부터 무역분쟁의 신고를 받거나 업무수행상 이를 알게 된 때에는 지체없이 그 사실을 산업통상자원부장관에게 통지하여야 한다. 대한무역투자진흥공사, 수출입조합, 그 밖에 수출·수입과 관련된 기관의 경우에도 또한 같다(대외령 제75조 1항). 그리고 산업통상자원부장관은 무역분쟁의 통지를 받은 경우 그 분쟁의 신속한 해결을 위하여 필요하다고 인정할 때에는 조정(調停) 또는 알선을 할 수 있다(대외령 제75조 2항).

3. 선적전 검사 관련 분쟁조정

1) 선적전 검사의 의의

선적전 검사제도(Preshipment Inspection System; PIS)는 농산물 및 특히 공산품의 자국수입과 관련하여 그 물품의 품질(성능 · 규격 · 재질 · 제작형태 · 상태 등), 수량, 수입거래자격의 적정성여부 등을 수입국 정부기관 또는 중앙은행이 지정한 선적전검사기관이 선적전에 수출국 현지에서 검사하고, 그 검사결과에 따라 수입국 도착후 통관처분 및 일정한 관세를 부과하는 제도이다.

다시 말하면, 후발개도국 등의 기업 및 정부기관에 의한 물품수입시에 그 나라가 목적물품에 대한 전체적인 강제적 검사(inspection)를 행하는 것으로서 물품의 생산지, 저장지 및 운송지에서 물리적(직접적)으로 그 물품이 수량과 품질면에 있어서 당초의 수입허가 내역과 일치하는지의 여부를 확인하며, 또한 동수입가격(FOB 및 기타 가격요소)이 수출국현지나 국제시장에서 일반적으로 형성되는 가격수준과 부합하는 범위내인지의 여부를 판별하려는 것이다.

이러한 제도는 수입상이 복잡한 무역거래의 절차를 이용하여 부당하게 외화를 도피시키거나 낮은 가격을 책정하여 관세를 포탈하는 것 등을 방지하기 위하여 운용하였으나, 최근 들어 선적전검사기관이 가격을 수입국 수준으로 채용한다든지, 수량판정에 오류 등을 나타내는 등 수출업자에게 불이익을 주어서 자주 분쟁이 발생하였다.

이에 따라 선적전검사에 관한 협정을 WTO출범과 체결하였으며, 우리나라 대외무역법에서도 선적전 분쟁해결을 하기 위한 개정(1997.3) 법률에 채용하여 제도적인 장치가 마련되었다.

수입국 정부와의 계약체결 또는 수입국정부의 위임에 의하여 기업이 수출하는 물품등에 대하여 국내에서 선적전에 검사를 실시하는 기관(이하 "선적전검사기관"이라 한다)은 세계무역기구 선적전검사에 관한 협정을 준수하여야 한다. 이 경우 선적전검사기관은 선적전검사가 기업의 수출에 대한 무역장벽으로 작용하도록 하여서는 아니된다(대외무역법 제45조 1항). 또한 산업통상자원부장관은 선적전검사와 관련하여 수출자와 선적전검사기관간에 분쟁이 발생하였을 경우에는 그 해결을 위하여 필요한 조정을 할 수 있다(대외무역법 제45조 2항).

여기서 선적전검사기관이 선적 전 검사를 하면서 「세계무역기구 선적 전 검사에 관한 협정」 제2조를 위반하여 수출 이행에 장애를 초래하였을 때에 그 선적 전 검사는 무역장벽으로 작용한 것으로 본다(대외령 제76조).

2) 분쟁중재기관

정부는 선적전검사와 관련된 분쟁에 관한 중재를 담당할 수 있도록 독립적인 중재기관을 설치할 수 있다(대외무역법 제45조 3항). 중재기관은 「중재법」 제40조에 따라 산업통상자원부장관이 지정하는 사단법인(이하 "대한상사중재원"이라 한다)으로 하며, 중재에 대하여는 「중재법」을 적용한다(대외령 제85조 1-2항).

3) 분쟁조정절차

(1) 분쟁조정신청

무역거래 또는 선적전 검사와 관련한 분쟁이 발생한 때에는 당사자의 일방 또는 쌍방은 산업통상자원부장관에게 분쟁의 조정을 신청할 수 있으며(대외령 제80조 1항), 분쟁조정 신청절차 등 신청에 관하여 필요한 사항은 산업통상자원부장관이 따로 정하여 고시한다(대외령 제80조 2항). 그리고 산업통상자원부장관은 조정을 위하여 관계 전문가에게 자문하거나 이해관계자 등의 의견을 들을 수 있다(대외령 제80조 3항).

(2) 신청접수 및 통지

조정을 신청하고자 하는 자(이하 "신청인"이라 한다)는 조정비용의 예납과 함께 다음 사항을 기재한 조정신청서 5부를 중재원장에게 제출하여야 한다(규정 제98조 1항).

① 당사자의 성명 및 주소(단, 법인인 경우는 법인의 명칭 및 주소와 그 대표자의 성명 및 주소를 병기)

② 조정을 구하는 취지 및 이유

③ 기타 분쟁조정을 위한 참고자료

중재원장은 조정의 신청을 접수하였을 때에는 이를 당사자에게 서면으로 알린다. 접수된 사항의 추가 또는 변경하고자 하는 때에도 또한 같다. 다만, 경미한 사항은 그러하지 아니하다(규정 제98조 2항).

(3) 답변

조정신청통지를 받은 조정의 피신청인(이하 "피신청인"이라 한다)은 3일 이내에 중재원에 서면으로 이에 대한 의견을 제출할 수 있다(규정 제99조).

(4) 반대신청

피신청인은 조정신청 통지를 받은 날부터 3일 이내에 반대신청을 할 수 있다. 다만, 반대신청이 정상적인 조정절차를 방해한다고 인정되는 경우 중재원장은 직권으로 이를 허가하지 아니할 수 있다(규정 제100조 1항). 이 경우 피신청인의 반대신청은 신청인의 조정신청과 병합하여 심리하며(규정 제100조 2항), 반대신청의 경우에도 처음의 조정신청 절차 및 답변절차를 준용한다(규정 제100조 3항).

(5) 조정안 작성

산업통상자원부장관은 조정신청을 받은 때에는 30일내에 조정안을 작성하여 당사자에게 제시하여야 한다(대외령 제81조 1항). 조정안에는 다음 각 호의 사항이 포함되어야 한다(대외령 제81조 2항).

① 조정사건의 표시

② 조정의 일시 및 장소

③ 당사자의 성명 또는 명칭

④ 조정안의 주요내용

(6) 조정안의 통지

조정안이 작성된 때에는 산업통상자원부장관은 이를 당사자에게 통지하여야 한다(대외령 제82조 1항). 조정안의 통지를 받은 분쟁당사자는 7일 이내에 조정안에 대한 수락 여부를 서면으로 산업통상자원부장관에 통지하여야 한다(대외령 제82조 2항).

(7) 조정의 종료

산업통상자원부장관은 다음 하나에 해당하는 경우 해당 조정 사건을 종료할 수 있다. 산업통상자원부장관은 조정이 끝난 경우에는 이를 당사자에게 통지하여야 한다(대외령 제83조 1-2항).

① 당사자간 합의가 이루어지거나 조정위원회의 조정안이 수락된 경우
② 조정신청인 또는 당사자가 조정신청을 철회한 경우
③ 당사자가 조정위원회의 조정안을 거부한 경우
④ 당사자간 합의가 성립될 가능성이 없다고 인정되는 경우나 기타 조정이 불필요하다고 판단되는 경우

(8) 조정비용

산업통상자원부부장관은 이러한 조정과 관련하여 당사자에게 조정비용을 부담하게 할 수 있다. 조정비용은 신청요금・경비 및 수당으로 구분하며, 조정비용의 금액・예납절차 등에 관하여 필요한 사항은 산업통상자원부장관이 정하여 고시한다(대외령 제84조).

〈표 11-1〉 조정 비용

구 분	수 수 료
조정사건당	50,000원
조정위원수당	100,000원
조정안작성수당	50,000원

이러한 비용은 당사자의 신청에 의한 경우 조정위원 및 간사의 소요경비, 증인 또는 감정인의 소요경비, 검사 또는 조사경비, 통역 또는 번역경비 등 조정에 소요되는 일체의 경비는 해당 당사자가 부담한다. 다만 그 경비가 중재원장의 요청에 의한 것일 경우에는 당사자간에 따로 정함이 없는 경우 신청인이 부담한다(규정 제101조).

조정신청을 하고자 하는 신청인은 조정비용을 중재원에 예납하여야 하며, 예납액이 부족한 경우 중재원장은 신청인에게 추가예납을 요청할 수

있다(규정 제102조 1-2항).

당사자가 조정비용의 예납요청을 받은 날부터 3일 이내에 이를 이행하지 않는 때에는 중재원장은 조정절차를 정지하거나 끝낼 수 있다. 다만, 일방의 당사자가 다른 당사자가 지급하여야 할 조정비용을 지급한 경우에는 그러하지 아니하다(규정 제102조 3항). 그리고 중재원장은 조정이 종료된 때에는 예납된 조정비용을 정산하고 잔액이 있는 경우는 이를 당사자에게 반환하여야 한다(규정 제102조 4항).

(9) WTO 분쟁해결절차와의 관계

선적전검사와 관련한 분쟁해결절차는 WTO의 분쟁해결절차를 방해하지 아니한다(대외령 제86조).

4. 조정명령

1) 조정명령의 사유

산업통상자원부장관은 다음 각 호의 어느 하나에 해당하는 경우에는 무역거래자에게 수출하는 물품등의 가격, 수량, 품질, 그 밖에 거래조건 또는 그 대상지역 등에 관하여 필요한 조정을 명할 수 있다(대외무역법 제46조 1항).

① 헌법에 따라 체결·공포된 조약과 일반적으로 승인된 국제법규에 따른 의무 이행을 위하여 필요한 경우

② 우리나라 또는 교역상대국의 관련 법령에 위반되는 경우

③ 기타 물품 등의 수출의 공정한 경쟁을 교란할 우려가 있거나 대외 신용을 손상하는 행위를 방지하기 위한 것으로서 다음의 어느 하나에 해당하는 경우

- 물품 등의 수출과 관련하여 부당하게 다른 무역거래자를 제외하는 경우
- 물품 등의 수출과 관련하여 부당하게 다른 무역거래자의 상대방에 대하여 다른 무역거래자와 거래하지 아니하도록 유인하거나 강제하는 경우

- 물품 등의 수출과 관련하여 부당하게 다른 무역거래자의 해외에서의 사업활동을 방해하는 경우

이에 따라 산업통상자원부장관은 조정을 명하는 경우에는 다음의 사항을 고려하여야 한다(대외무역법 제46조 2항).

① 수출기반의 안정, 새로운 상품의 개발 또는 새로운 해외시장의 개척에 기여할 것

② 다른 무역거래자의 권익을 부당하게 침해하거나 차별하지 아니할 것

③ 물품 등의 수출·수입의 질서 유지를 위한 목적에 필요한 정도를 넘지 아니할 것

그리고 조정을 명하는 절차 등에 필요한 사항은 대통령령으로 정하며(대외무역법 제46조 3항), 산업통상자원부장관은 조정을 명하는 경우에 필요하다고 인정하면 제11조 제2항에 따른 승인을 하지 아니하거나 관계 기관의 장에게 승인에 관련된 절차를 중지하게 할 수 있다(대외무역법 제46조 ④항).

2) 조정명령의 기준

산업통상자원부장관은 필요하다고 인정하면 조정을 명할 수 있는 경우에 대한 기준을 정하여 고시할 수 있다. 이 경우 산업통상자원부장관은 미리 해당 품목을 관장하는 관계 중앙행정기관의 장의 의견을 들어야 한다(대외령 제87조).

여기서 "조정을 명할 수 있는 경우에 대한 기준"이라 함은 다음 각호의 경우를 말한다(규정 제103조).

① 법 제46조 제1항 제3호 가목의 "부당하게 다른 무역거래자를 배제하는 경우"라 함은 물품등을 수출함에 있어 정당한 이유없이 그 수출에 소요되는 비용보다 낮은 가격으로 수출함으로써 다느 무역거래자를 배제시킬 우려가 있는 경우를 말한다.

② 법 제46조 제1항 제3호 나목의 "부당하게 다른 무역거래자의 상대방에 대해 다른 무역거래자와 거래하지 않도록 유인하거나 강제하는 경우"란 정상적인 거래관행에 비추어 부당한 이익을 제공 또는 제공할 제의를 하여 다른 무역거래자의 상대방을 자기와 거래하도록 유인하는 행위를 말한다.

③ 법 제46조 제1항 제3호 다목의 "부당하게 다른 무역거래자의 해외에서의 사업활동을 방해하는 경우"란 다음의 경우를 말한다.

- 기술, 영업정보의 부당사용 : 다른 무역거래자의 기술 또는 영업정보를 부당하게 이용하여 다른 무역거래자의 해외에서의 사업활동을 곤란하게 할 정도로 방해하는 행위
- 인력의 부당유인, 채용 : 다른 무역거래자의 인력을 부당하게 유인, 채용하여 다른 무역거래자의 해외에서의 사업활동을 곤란하게 할 정도로 방해하는 행위

3) 조정명령 등

산업통상자원부장관은 조정을 명하기 위하여 관계 전문가에게 자문하거나 이해관계자 등의 의견을 들을 수 있으며(대외령 제88조 1항), 산업통상자원부장관은 조정을 명하는 경우 기업의 영업비밀 보호를 침해할 우려 등의 특별한 사유가 없으면 조정을 명하는 이유, 대상, 내용 등을 공고하여야 한다(대외령 제88조 2항).

4) 승인 또는 승인관련절차의 중지

산업통상자원부장관은 무역거래자에게 수출 또는 수입하는 물품의 가격·수량·품질, 기타 거래조건 또는 그 대상지역 등에 관하여 필요한 조정을 명하는 경우에 필요하다고 인정할 때에는 승인을 하지 아니하거나, 관계기관의 장으로 하여금 승인에 관련된 절차를 중지하게 할 수 있다(대외무역법 제46조 4항).

5) 독점규제 및 공정거래에 관한 법률과의 관계

산업통상자원부장관의 조정명령의 이행에 대하여는 독점규제 및 공정거래에 관한 법률을 적용하지 아니하며, 조정명령이 독점규제 및 공정거래에 관한 법률 제2조 제1호의 규정에 의한 사업자간의 국내시장에서의 경쟁을 제한하는 것인 때에는 공정거래위원회와 미리 협의하여야 한다(대외무역법 제50조).

제12장 행정벌

제1절 행정벌의 개념

행정벌(Velwatungsstrafe)이라 함은 행정법상의 의무위반(행정법상의 명령·금지 위반)에 대하여 일반통치권에 의거하여 관하는 제재로서의 처벌을 말하며, 행정벌이 과하여질 비행을 행정법이라고 한다. 행정법규는 행정목적의 실현을 위하여 국민에게 각종의 의무를 과하는 동시에 국민이 그 의무를 위반하는 때에 제재를 과할 것을 규정함으로써 행정법규의 실효성의 확보를 기하고 있다. 이와 같은 취지에서 대외무역법은 여러 가지 행정벌을 규정하고 있다.

행정벌은 일정한 의무위반에 대한 제재로 과하여지는 벌이라는 점에서 다른 종류의 벌과 다름이 없다. 그러나 처벌의 목적·절차 및 권한 등이 다른 분야의 벌과 다르며, 또 그 성질상 징계벌·집행벌 및 형사벌과 구별된다.

행정벌에는 징역, 몰수, 금고, 벌금 등의 행정형벌과 과태료 처분을 하는 행정질서벌로 구분할 수 있다.

제2절 행정벌의 내용

1. 행정질서벌

1) 과태료 2,000만원 이하

다음의 하나에 해당하는 자는 2,000만원 이하의 과태료를 부과한다(대외무역법 제59조 1항).

① 제44조 제2항(무역분쟁에 관련된 서류 제출요구를 받고)을 위반하여 관련되는 서류를 제출하지 아니한 자

② 제44조 제3항(무역분쟁)에 따른 사실 조사를 거부, 방해 또는 기피한 자

③ 제48조 제1항(수출허가나 상황허가를 받은 자 또는 수출허가나 상황허가를 받지 아니하고 수출하거나 수출하려고 한 자)에 따른 보고 또는 자료의 제출을 하지 아니하거나 거짓으로 보고 또는 자료를 제출한 자

④ 제48조 제2항(무역거래자 또는 각 조합의 사무소, 영업소, 공장 또는 창고 등에서의 장부, 서류, 기타의 물건)에 따른 검사를 거부, 방해 또는 기피한 자

2) 과태료 1,000만원 이하

다음의 하나에 해당하는 자는 1,000만원 이하의 과태료를 부과한다(대외무역법 제59조 2항).

① 제24조의2(전략물자 관련)에 따른 서류 보관의무를 위반한 자

② 제33조 제5항(수출입 물품등의 원산지의 표시위반 관련 서류 검사)에 따른 검사를 거부, 방해 또는 기피한 자

③ 제49조(수출허가 상황허가관련 교육명령)에 따른 교육명령을 이행하지 아니한 자교육명령을 이행하지 아니한 자

3) 과태료 500만원 이하

법 제20조 3항 전단을 위반하여 교육을 이수하지 아니하고 자가판정을 한

자 또는 같은 항 후단을 위반하여 전략물자 수출입관리 정보시스템에 정보를 등록하지 아니한 자에게는 500만원 이하의 과태료를 부과한다(대외무역법 제59조 3항).

4) 과태료 부과 및 징수

과태료를 부과할 때에는 해당 위반행위를 조사·확인한 후 위반사실과 과태료금액 등을 서면으로 명시하여 이를 납부할 것을 과태료처분대상자에게 통지하여야 한다.

또한 산업통상자원부장관은 과태료를 부과하고자 할 때에는 10일 이상의 기간을 정하여 과태료처분대상자에게 구술 또는 서면에 의한 의견진술의 기회를 주어야 한다. 다만, 이 경우 지정된 기일까지 의견진술이 없는 때에는 의견이 없는 것으로 본다.

한편, 행정 질서벌에 해당하는 이러한 과태료는 대통령령으로 정하는 바에 따라 산업통상자원부장관 또는 관계 행정기관의 장이 부과·징수한다(대외무역법 제59조 4항).

그리고 과태료의 부과기준은 별표 4와 같다(대외령 제94조).

〈표 12-1〉 위반행위의 종별 및 과태료 금액 대외무역법 시행령 [별표 4]

과태료의 부과기준(제94조 관련)

1. 일반기준

가. 위반행위의 횟수에 따른 과태료의 가중된 부과기준은 최근 5년간 같은 위반행위로 과태료 부과처분을 받은 경우에 적용한다. 이 경우 기간의 계산은 위반행위에 대하여 과태료 부과처분을 받은 날과 그 처분 후 다시 같은 위반행위를 하여 적발된 날을 기준으로 한다.

나. 가목에 따라 가중된 부과처분을 하는 경우 가중처분의 적용 차수는 그 위반행위 전 부과처분 차수(가목에 따른 기간 내에 과태료 부과처분이 둘 이상 있었던 경우에는 높은 차수를 말한다)의 다음 차수로 한다.

다. 제2호가목 및 나목에 대한 과태료의 금액은 부과권자가 위반행위의 동기·내용 및 그 결과 등을 고려하여 과태료 금액의 2분의 1의 범위에서 줄일 수 있다.

라. 제2호다목에 대한 과태료의 금액은 1천만원을 넘지 못한다.

2. 개별기준

(단위: 만원)

위반행위	근거 법조문	과태료 금액		
		1차 위반	2차 위반	3차 이상 위반
가. 법 제20조 제3항 전단을 위반하여 교육을 이수하지 않고 자가판정을 한 경우 또는 같은 항 후단을 위반하여 전략물자 수출입관리 정보시스템에 정보를 등록하지 않은 경우	법 제59조 제3항	250	350	500
나. 법 제24조의2에 따른 서류 보관의무를 위반한 경우	법 제59조 제2항제1호	500	700	1,000
다. 법 제33조 제5항에 따른 검사를 거부, 방해 또는 기피한 경우. 다만, 농수산물 및 농수산물 가공품의 경우에는 「농수산물의 원산지 표시 등에 관한 법률 시행령」에서 정한 과태료를 적용한다.	법 제59조 제2항제3호	해당 물품의 판매장소 및 양도장소에서 원산지 표시를 하지 않고 유통시킨 물량(판매를 위한 창고 저장 물량과 이미 판매된 물량 중 확인 가능한 물량을 포함한다)에 현지의 실제 거래가격을 곱한 금액이나 500만원 중 많은 금액	해당 물품의 판매장소 및 양도장소에서 원산지 표시를 하지 않고 유통시킨 물량(판매를 위한 창고 저장 물량과 이미 판매된 물량 중 확인 가능한 물량을 포함한다)에 현지의 실제 거래가격을 곱한 금액이나 700만원 중 많은 금액	1,000
라. 법 제44조 제2항을 위반하여 관련되는 서류를 제출하지 않은 경우	법 제59조 제1항제1호	1,000	1,500	2,000
마. 법 제44조 제3항에 따른 사실 조사를 거부, 방해 또는 기피한 경우	법 제59조 제1항제2호	1,000	1,500	2,000
바. 법 제48조 제1항에 따른 보고 또는 자료의 제출을 하지 않거나 거짓으로 보고 또는 자료를 제출한 경우	법 제59조 제1항제3호	1,000	1,500	2,000
사. 법 제48조 제2항에 따른 검사를 거부, 방해 또는 기피한 경우	법 제59조 제1항제4호	1,000	1,500	2,000
아. 법 제49조에 따른 교육명령을 이행하지 않은 경우	법 제59조 제2항제4호	500	700	1,000

5) 과태료 부과 협의

시 · 도지사 또는 세관장은 법 제33조의2 2항, 법 제59조 3항(법 제59조 2항 3호를 위반한 경우만 해당) 또는 이 영 제91조 4항 4호의2 및 7호에 따라 과징금이나 과태료를 부과하려면 각각 세관장이나 시 · 도지사와 미리 협의하여야 한다(대외령 제92조 1항).

또한 세관장과 시 · 도지사와의 과징금 및 과태료부과 협의대상 기관은 다음 중의 어느 하나와 같다(규정 제109조 1항).

① 세관장이 적발하여 시 · 도지사(시 · 군 · 구)와 협의하려는 경우에는 위반업체의 주소지를 관할하는 시 · 도지사(시 · 군 · 구)

② 시 · 도지사(시 · 군 · 구)가 적발하여 세관장과 협의하려는 경우에는 해당 주소지를 관할하는 세관장

이러한 과징금 및 과태료 부과 협의를 할 경우 협의대상 기관에 통보할 사항은 다음과 같다(규정 제109조 2항).

① 위반업체의 현황(수입업체명, 주소, 대표자 등)

② 위반물품 현황(물품명, 수량 등)

③ 원산지 표시 위반내용

④ 관련 서류(위반물품의 수입신고필증, 그 밖의 관련 서류)

⑤ 적발일자 및 장소

⑥ 처벌 여부 및 처벌 내용 등

동일한 수입신고에 의하여 수입된 물품의 경우에는 적발지역 또는 품목이 다른 경우에도 동일한 건으로 본다(규정 제109조 3항).

2. 행정형벌

1) 7년 이하의 징역 또는 물품가격의 5배 이하의 벌금에 처하는 경우

전략물자등의 국제적 확산을 꾀할 목적으로 다음의 어느 하나에 해당하는 위반행위를 한 자는 7년 이하의 징역 또는 수출 · 경유 · 환적 · 중개하는 물품등의 가격의 5배에 상당하는 금액 이하의 벌금에 처한다(대외무역법 제53조 1항).

① 전략물자 수출허가를 받지 아니하고 전략물자를 수출한 자
② 상황허가를 받지 아니하고 상황허가 대상인 물품등을 수출한 자
③ 경유 또는 환적 허가를 받지 아니하고 전략물자등을 경유 또는 환적한 자
④ 중개허가를 받지 아니하고 전략물자등을 중개한 자

2) 5년 이하의 징역 또는 물품가격의 3배 이하의 벌금에 처하는 경우

다음 하나에 해당하는 자는 5년 이하의 징역 또는 수출・경유・환적・중개하는 물품등의 가격의 3배에 상당하는 금액 이하의 벌금에 처한다(대외무역법 제53조 2항).

① 수출 또는 수입의 제한이나 금지조치를 위반한 자
② 수출허가를 받지 아니하고 전략물자를 수출한 자
③ 거짓이나 그 밖의 부정한 방법으로 수출허가를 받은 자
④ 상황허가를 받지 아니하고 상황허가 대상인 물품등을 수출한 자
⑤ 거짓이나 그 밖의 부정한 방법으로 상황허가를 받은 자
⑥ 경유 또는 환적 허가를 받지 아니하고 전략물자등을 경유 또는 환적한 자
⑦ 거짓이나 그 밖의 부정한 방법으로 경유 또는 환적 허가를 받은 자
⑧ 중개허가를 받지 아니하고 전략물자등을 중개한 자
⑨ 거짓이나 그 밖의 부정한 방법으로 중개허가를 받은 자
⑩ 수출입 물품 등의 가격 조작 금지 규정을 위반하여 물품등의 수출과 수입의 가격을 조작한 자
⑪ 조정명령을 위반한 자

3) 5년 이하의 징역 또는 1억원 이하의 벌금에 처하는 경우

다음의 하나에 해당하는 자는 5년 이하의 징역 또는 1억원 이하의 벌금에 처한다. 이 경우 징역과 벌금은 병과할 수 있다(대외무역법 제53조의2).

① 이동중지명령을 위반한 자
② 수출입 물품 등의 원산지 표시를 위반한 무역거래자 또는 물품 등의 판매업자

③ 원산지표시대상물품에 대하여 원산지 표시를 하지 아니한 무역거래자
④ 원산지 표시 방법 위반에 따른 시정조치 명령을 위반한 자
⑤ 외국산 물품 등의 국산 물품 등으로의 가장 금지 의무를 위반한 자

4) 3년 이하의 징역 또는 3천만원 이하의 벌금에 처하는 경우

다음의 하나에 해당하는 자는 3년 이하의 징역 또는 3천만원 이하의 벌금에 처한다(대외무역법 제54조).

① 무역에 관한 조약의 이행을 위하여 필요한 자료의 비밀유지 의무를 위반하여 직무상 습득한 기업정보를 타인에게 제공 또는 누설하거나 사용 목적 외의 용도로 사용한 자
② 수출입 승인 대상물품 또는 변경승인 대상물품을 수출입하면서 승인 또는 변경승인을 받지 아니하고 수출 또는 수입 승인 대상 물품 등을 수출하거나 수입한 자
③ 수출입 승인 대상물품 또는 변경승인 대상물품을 수출입하면서 거짓이나 그 밖의 부정한 방법으로 승인 또는 변경승인을 받거나 그 승인 또는 변경승인을 면제받고 물품 등을 수출하거나 수입한 자
④ 원료·기재를 수입한 자와 수입을 위탁한 자가 외화획득을 하여야 하나 수입에 대응하는 외화획득을 하지 아니한 자
⑤ 수입한 외화획득용 원료·기재를 목적을 벗어난 사용을 하는 경우에 사용 승인을 받지 아니하고 목적 외의 용도로 원료·기재 또는 그 원료·기재로 제조된 물품 등을 사용한 자
⑥ 수입한 외화획득용 원료·기재 또는 그 원료·기재로 제조된 물품 등을 당초의 목적과 같은 용도로 사용하거나 수출하려는 자에게 양도하려는 때에 승인을 받지 아니하고 원료·기재 또는 그 원료·기재로 제조된 물품 등을 양도한 자
⑦ 전략물자 수출입통제업무의 수행과정에서 알게 된 영업상 비밀에 대하여 비밀 준수 의무를 위반한 자

⑧ 거짓이나 그 밖의 부정한 방법으로 플랜트 수출의 승인 또는 변경 승인을 받은 자

5) 2,000만원 이하의 벌금

중대한 과실로 제53조의2 제1호의2 또는 제2호에 해당하는 행위를 한 자는 2천만원 이하의 벌금에 처한다(대외무역법 제56조).

6) 미수범

대외무역법 제53조 제1항, 같은 조 제2항 제2호 · 제4호 · 제6호 및 제53조의2 제1호의2 · 제2호 · 제4호의 미수범은 각각 해당하는 본죄에 준하여 처벌한다(대외무역법 제55조).

제3절 행정벌 관련규정

1. 양벌규정

대외무역법은 법인의 대표자나 법인 또는 개인의 대리인, 사용인, 그 밖의 종업원이 그 법인 또는 개인의 업무에 관하여 제53조, 제53조의2 또는 제54조부터 제56조까지의 어느 하나에 해당하는 위반행위를 하면 그 행위자를 벌하는 외에 그 법인 또는 개인에게도 해당 조문의 벌금형을 과(科)한다. 다만, 법인 또는 개인이 그 위반행위를 방지하기 위하여 해당 업무에 관하여 상당한 주의와 감독을 게을리하지 아니한 경우에는 그러하지 아니하다(대외무역법 제57조).

행정범에 관한 한 법인의 범죄능력을 인정하여야 할 것이며, 법인 자신의 대외무역법상 의무위반에 대하여는 형벌의 성질이 허용하는 한도안에서 법인을 처벌하여야 할 것이다.

대외무역법은 행위자를 처벌하는 이외에 법인을 처벌함으로써 행정범에 관한 범인의 범죄능력을 명문(明文)으로 인정하고 있다. 이 경우에 법인의 대표자가 법인의 업무에 관하여 대외무역법상의 의무위반행위(제53조 내지 제56조에 해당하는 행위)를 하였을 때에는 법인은 대위책임(代位責任)이 아닌 자기책임을 지는 것이며, 종업원의 비행에 대하여는 선임감독의무를 태만히 한 과실책임으로 보는 것이 통설이다. 또 개인의 대리인, 사용인, 기타 종업원이 개인의 업무에 관하여 대외무역법 제53조 내지 제56조에 해당하는 행위를 한 때에도 양벌규정이 적용된다.

이 경우에 개인(예컨대, 사업주)이 타인의 비행에 대하여 지는 책임의 본질은 타인을 대신하여 지는 대위책임이거나 무과실책임이 아니고, "자기의 생활범위 안에" 속하는 자가 법령위반행위를 하지 아니하도록 주의·감독할 의무를 태만히 한 과실책임이다.

2. 벌칙적용에 있어서 공무원의 의제

대외무역법 제29조 제5항의 업무를 수행하는 전략물자관리원의 임직원과 산업통상자원부장관이 제52조에 따라 위탁한 사무에 종사하는 한국은행, 한국수출입은행, 외국환은행, 그 밖에 대통령령으로 정하는 법인 또는 단체의 임직원은 「형법」 제129조부터 제132조까지의 벌칙을 적용할 때에는 공무원으로 본다(대외무역법 제58조).

그리고 여기서 "대통령령으로 정하는 법인 또는 단체"란 다음에 해당하는 기관 또는 단체를 말한다(대외령 제93조).

① 한국무역협회

② 한국소프트웨어산업협회

③ 한국선주협회

④ 「관광진흥법」 제41조 제1항·제45조 제1항에 따른 한국관광협회중앙회 및 업종별 관광협회

⑤ 제91조 제7항에 따라 지정된 단체
⑥ 한국기계산업진흥회
⑦ 대한상사중재원
⑧ 대한상공회의소
⑨ 제91조 제10항에 따라 지정된 법인

부　　록

1. 대외무역법

[시행 2021. 2. 5.] [법률 제16929호, 2020. 2. 4., 타법개정]

제1장 총 칙

제1조(목적) 이 법은 대외 무역을 진흥하고 공정한 거래 질서를 확립하여 국제 수지의 균형과 통상의 확대를 도모함으로써 국민 경제를 발전시키는 데 이바지함을 목적으로 한다.

제2조(정의) 이 법에서 사용하는 용어의 뜻은 다음과 같다. 〈개정 2014. 1. 21., 2020. 2. 4.〉

1. "무역"이란 다음 각 목의 어느 하나에 해당하는 것(이하 "물품등"이라 한다)의 수출과 수입을 말한다.
   가. 물품
   나. 대통령령으로 정하는 용역
   다. 대통령령으로 정하는 전자적 형태의 무체물(無體物)
2. "물품"이란 다음 각 목의 것을 제외한 동산(動産)을 말한다.
   가. 「외국환거래법」에서 정하는 지급수단
   나. 「외국환거래법」에서 정하는 증권
   다. 「외국환거래법」에서 정하는 채권을 화체(化體)한 서류
3. "무역거래자"란 수출 또는 수입을 하는 자, 외국의 수입자 또는 수출자에게서 위임을 받은 자 및 수출과 수입을 위임하는 자 등 물품등의 수출행위와 수입행위의 전부 또는 일부를 위임하거나 행하는 자를 말한다.
4. "정부간 수출계약"이란 외국 정부의 요청이 있을 경우, 제32조의3제1항에 따른 정부간 수출계약 전담기관이 대통령령으로 정하는 절차에 따라 국내 기업을 대신하여 또는 국내 기업과 함께 계약의 당사자가 되어 외국 정부에 물품등(「방위산업 발전 및 지원에 관한 법률」 제2조 제1항 제1호에 따른 방위산업물자등은 제외한다)을 유상(有償)으로 수출하기 위하여 외국 정부와 체결하는 수출계약을 말한다.

제3조(자유롭고 공정한 무역의 원칙 등) ①우리나라의 무역은 헌법에 따라 체결·공포된 무역에 관한 조약과 일반적으로 승인된 국제법규에서 정하는 바에 따라 자유롭고 공정한 무역을 조장함을 원칙으로 한다.

②정부는 이 법이나 다른 법률 또는 헌법에 따라 체결·공포된 무역에 관한 조약과 일반적으로 승인된 국제 법규에 무역을 제한하는 규정이 있는 경우에는 그 제한하는 목적을 달성하기 위하여 필요한 최소한의 범위에서 이를 운영하여야 한다.

제4조(무역의 진흥을 위한 조치) ① 산업통상자원부장관은 무역의 진흥을 위하여 필요하다고 인정되면 대통령령으로 정하는 바에 따라 물품등의 수출과 수입을 지속적으로 증대하기 위한 조치를 할 수 있다. 〈개정 2008. 2. 29., 2013. 3. 23.〉

② 산업통상자원부장관은 제1항에 따른 무역의 진흥을 위하여 필요하다고 인정되면 대통령령으로 정하는 바에 따라 다음 각 호의 어느 하나에 해당하는 자에게 필요한 지원을 할 수 있다. 〈개정 2008. 2. 29., 2013. 3. 23.〉

1. 무역의 진흥을 위한 자문, 지도, 대외 홍보, 전시, 연수, 상담 알선 등을 업(業)으로 하는 자
2. 무역전시장이나 무역연수원 등의 무역 관련 시설을 설치·운영하는 자
3. 과학적인 무역업무 처리기반을 구축·운영하는 자

제5조(무역에 관한 제한 등 특별 조치) 산업통상자원부장관은 다음 각 호의 어느 하나에 해당하는 경우에는 대통령령으로 정하는 바에 따라 물품등의 수출과 수입을 제한하거나 금지할 수 있다. 〈개정 2008. 2. 29., 2013. 3. 23., 2013. 7. 30.〉

1. 우리나라 또는 우리나라의 무역 상대국(이하 "교역상대국"이라 한다)에 전쟁·사변 또는 천재지변이 있을 경우
2. 교역상대국이 조약과 일반적으로 승인된 국제법규에서 정한 우리나라의 권익을 인정하지 아니할 경우
3. 교역상대국이 우리나라의 무역에 대하여 부당하거나 차별적인 부담 또는 제한을 가할 경우
4. 헌법에 따라 체결·공포된 무역에 관한 조약과 일반적으로 승인된 국제법규에서 정한 국제평화와 안전유지 등의 의무를 이행하기 위하여 필요할 경우

4의2. 국제평화와 안전유지를 위한 국제공조에 따른 교역여건의 급변으로 교역상대국과의 무역에 관한 중대한 차질이 생기거나 생길 우려가 있는 경우

5. 인간의 생명·건강 및 안전, 동물과 식물의 생명 및 건강, 환경보전 또는 국내 자원보호를 위하여 필요할

경우

제6조(무역에 관한 법령 등의 협의 등) ①무역에 관하여는 이 법에서 정하는 바에 따른다.

② 관계 행정기관의 장은 물품등의 수출 또는 수입을 제한하는 법령이나 훈령·고시 등(이하 "수출·수입요령"이라 한다)을 제정하거나 개정하려면 미리 산업통상자원부장관과 협의하여야 한다. 이 경우 산업통상자원부장관은 관계 행정기관의 장에게 그 수출·수입요령의 조정을 요청할 수 있다. 〈개정 2008. 2. 29., 2013. 3. 23.〉

제2장 통상의 진흥

제7조(통상진흥 시책의 수립) ① 산업통상자원부장관은 무역과 통상을 진흥하기 위하여 매년 다음 연도의 통상진흥 시책을 세워야 한다. 〈개정 2008. 2. 29., 2013. 3. 23.〉

② 제1항에 따른 통상진흥 시책에는 다음 각 호의 사항이 포함되어야 한다. 〈개정 2009. 4. 22.〉

1. 통상진흥 시책의 기본 방향
2. 국제통상 여건의 분석과 전망
3. 무역·통상 협상 추진 방안과 기업의 해외 진출 지원 방안
4. 통상진흥을 위한 자문, 지도, 대외 홍보, 전시, 상담 알선, 전문인력 양성 등 해외시장 개척 지원 방안
5. 통상 관련 정보수집·분석 및 활용 방안
6. 원자재의 원활한 수급을 위한 국내외 협력 추진 방안
7. 그 밖에 대통령령으로 정하는 사항

③ 산업통상자원부장관은 제1항에 따른 통상진흥 시책의 수립을 위한 기초 자료를 수집하기 위하여 교역상대국의 통상 관련 제도·관행 등과 기업이 해외에서 겪는 고충 사항을 조사할 수 있다. 〈개정 2008. 2. 29., 2013. 3. 23.〉

④ 산업통상자원부장관은 해외에 진출한 기업에 제1항에 따른 통상진흥 시책의 수립에 필요한 자료를 요청하고, 필요한 경우 지원할 수 있다. 〈개정 2008. 2. 29., 2013. 3. 23.〉

⑤ 산업통상자원부장관은 제1항에 따라 통상진흥 시책을 세우는 경우에는 미리 특별시장, 광역시장, 특별자치시장, 도지사 또는 특별자치도지사(이하 "시·도지사"라 한다)의 의견을 들어야 하고, 통상진흥 시책을 수립한 때에는 이를 시·도지사에게 알려야 한다. 이를 변경한 경우에도 또한 같다. 〈개정 2008. 2. 29., 2013. 3. 23., 2013. 7. 30.〉

⑥ 제5항에 따라 통상진흥 시책을 통보받은 시·도지사는 그 관할 구역의 실정에 맞는 지역별 통상진흥 시책을 수립·시행하여야 한다.

⑦ 시·도지사는 제6항에 따라 지역별 통상진흥 시책을 수립한 때에는 이를 산업통상자원부장관에게 알려야 한다. 이를 변경한 때에도 또한 같다. 〈개정 2008. 2. 29., 2013. 3. 23.〉

제8조(민간 협력 활동의 지원 등) ①산업통상자원부장관은 무역·통상 관련 기관 또는 단체가 교역상대국의 정부, 지방정부, 기관 또는 단체와 통상, 산업, 기술, 에너지 등에서 협력활동을 추진하는 경우 대통령령으로 정하는 바에 따라 필요한 지원을 할 수 있다. 〈개정 2008. 2. 29., 2013. 3. 23.〉

② 산업통상자원부장관은 기업의 해외 진출을 지원하기 위하여 무역·통상 관련 기관 또는 단체로부터 정보를 체계적으로 수집하고 분석하여 지방자치단체와 기업에 필요한 정보를 제공할 수 있다. 〈개정 2008. 2. 29., 2009. 4. 22., 2013. 3. 23.〉

③ 산업통상자원부장관은 제2항에 따른 정보의 수집·분석 및 제공을 위하여 필요한 경우 관계 중앙행정기관의 장, 시·도지사, 무역·통상 및 기업의 해외 진출과 관련한 기관 또는 단체에 자료 및 통계의 제출을 요청할 수 있다. 〈신설 2009. 4. 22., 2013. 3. 23.〉

④ 산업통상자원부장관은 기업의 해외 진출과 관련된 상담·안내·홍보·조사와 그 밖에 기업의 해외 진출에 대한 지원 업무를 종합적으로 수행하기 위하여 「대한무역투자진흥공사법」에 따른 대한무역투자진흥공사에 해외진출지원센터를 둔다. 〈신설 2009. 4. 22., 2013. 3. 23.〉

⑤ 제4항에 따른 해외진출지원센터의 구성·운영 및 감독 등에 필요한 사항은 대통령령으로 정한다. 〈신설 2009. 4. 22.〉

제8조의2(전문무역상사의 지정 및 지원) ① 산업통상자원부장관은 신시장 개척, 신제품 발굴 및 중소기업·중견기업의 수출확대를 위하여 수출실적 및 중소기업 제품 수출비중 등을 고려하여 무역거래자 중에서 전문무역상사를 지정하고 지원할 수 있다.

② 제1항에 따른 지정의 기준 및 절차, 지원내용 등에 관하여 필요한 사항은 대통령령으로 정한다.

③ 산업통상자원부장관은 제1항에 따라 지정을 받은 전문무역상사가 제2항에 따른 지정기준에 적합하지 아니하게 된 때에는 그 지정을 취소할 수 있다. 다만, 거짓이나 그 밖에 부정한 방법으로 지정을 받은 경우에는 그 지정을 취소하여야 한다.

[본조신설 2014. 1. 21.]

제9조(무역에 관한 조약의 이행을 위한 자료제출) ① 산업통상자원부장관은 우리나라가 체결한 무역에 관한

조약의 이행을 위하여 필요한 때에는 대통령령으로 정하는 바에 따라 관련 공공기관, 기업 및 단체 등으로부터 필요한 자료의 제출을 요구할 수 있다. 〈개정 2013. 3. 23.〉

② 제1항에 따라 무역에 관한 조약의 이행을 위하여 필요한 자료를 직무상 습득한 자는 자료 제공자의 동의 없이 그 습득한 자료 중 기업의 영업비밀 등 비밀유지가 필요하다고 인정되는 기업정보를 타인에게 제공 또는 누설(漏泄)하거나 사용 목적 외의 용도로 사용하여서는 아니 된다.

[전문개정 2009. 4. 22.]

제3장 수출입 거래

제1절 수출입 거래 총칙

제10조(수출입의 원칙) ① 물품등의 수출입과 이에 따른 대금을 받거나 지급하는 것은 이 법의 목적의 범위에서 자유롭게 이루어져야 한다.

② 무역거래자는 대외신용도 확보 등 자유무역질서를 유지하기 위하여 자기 책임으로 그 거래를 성실히 이행하여야 한다.

제11조(수출입의 제한 등) ① 산업통상자원부장관은 다음 각 호의 어느 하나에 해당하는 이행 등을 위하여 필요하다고 인정하여 지정·고시하는 물품등의 수출 또는 수입을 제한하거나 금지할 수 있다. 〈개정 2016. 1. 27.〉

1. 헌법에 따라 체결·공포된 조약과 일반적으로 승인된 국제법규에 따른 의무의 이행
2. 생물자원의 보호
3. 교역상대국과의 경제협력 증진
4. 국방상 원활한 물자 수급
5. 과학기술의 발전
6. 그 밖에 통상·산업정책에 필요한 사항으로서 대통령령으로 정하는 사항

② 제1항에 따라 수출 또는 수입이 제한되는 물품등을 수출하거나 수입하려는 자는 대통령령으로 정하는 바에 따라 산업통상자원부장관의 승인을 받아야 한다. 다만, 긴급히 처리하여야 하는 물품등과 그 밖에 수출 또는 수입 절차를 간소화하기 위한 물품등으로서 대통령령으로 정하는 기준에 해당하는 물품등의 수출 또는 수입은 그러하지 아니하다. 〈개정 2008. 2. 29., 2013. 3. 23., 2016. 1. 27.〉

③ 제2항 본문에 따른 수출 또는 수입 승인(제8항에 따라 수출승인을 받은 것으로 보는 경우를 포함한다)의 유효기간은 1년으로 한다. 다만, 산업통상자원부장관은 국내의 물가 안정, 수급 조정, 물품등의 인도 조건 및 거래의 특성을 고려하여 대통령령으로 정하는 바에 따라 유효기간을 달리 정할 수 있다. 〈신설 2013. 7. 30.〉

④ 제3항에 따른 수출 또는 수입 승인의 유효기간은 대통령령으로 정하는 바에 따라 1년을 초과하지 아니하는 범위에서 산업통상자원부장관의 승인을 받아 연장할 수 있다. 〈신설 2013. 7. 30.〉

⑤제2항에 따라 승인을 받은 자가 승인을 받은 사항 중 대통령령으로 정하는 중요한 사항을 변경하려면 산업통상자원부장관의 변경승인을 받아야 하고, 그 밖의 경미한 사항을 변경하려면 산업통상자원부장관에게 신고하여야 한다. 〈개정 2008. 2. 29., 2013. 3. 23., 2013. 7. 30.〉

⑥ 산업통상자원부장관은 필요하다고 인정하면 제1항과 제2항에 따른 승인 대상 물품등의 품목별 수량·금액·규격 및 수출 또는 수입지역 등을 한정할 수 있다. 〈개정 2008. 2. 29., 2013. 3. 23., 2013. 7. 30.〉

⑦ 산업통상자원부장관은 제1항부터 제6항까지의 규정에 따른 제한·금지, 승인, 승인의 유효기간 설정 및 연장, 신고, 한정 및 그 절차 등을 정한 경우에는 이를 공고하여야 한다. 〈개정 2008. 2. 29., 2013. 3. 23., 2013. 7. 30.〉

⑧ 제19조 또는 제32조에 따라 수출허가를 받거나 수출승인을 받은 자는 제2항에 따른 수출승인을 받은 것으로 본다. 〈개정 2013. 7. 30.〉

제12조(통합 공고) ①관계 행정기관의 장은 수출·수입요령을 제정하거나 개정하는 경우에는 그 수출·수입요령이 그 시행일 전에 제2항에 따라 공고될 수 있도록 이를 산업통상자원부장관에게 제출하여야 한다. 〈개정 2008. 2. 29., 2013. 3. 23.〉

② 산업통상자원부장관은 제1항에 따라 제출받은 수출·수입요령을 통합하여 공고하여야 한다. 〈개정 2008. 2. 29., 2013. 3. 23.〉

제13조(특정 거래 형태의 인정 등) ①산업통상자원부장관은 물품등의 수출 또는 수입이 원활히 이루어질 수 있도록 대통령령으로 정하는 물품등의 수출입 거래 형태를 인정할 수 있다. 〈개정 2008. 2. 29., 2013. 3. 23.〉

② 기획재정부장관이 외국환 거래 관계 법령에 따라 무역대금 결제 방법을 정하려면 미리 산업통상자원부장관과 협의하여야 한다. 〈개정 2008. 2. 29., 2013. 3. 23.〉

제14조(수출입 승인 면제의 확인) 산업통상자원부장관은 승인을 받지 아니하고 수출되거나 수입되는 물품등(제11조 제2항 본문에 해당하는 물품등만을 말한다)이 제11조 제2항 단서에 따른 물품등에 해당하는지를 확인하여야 한다. 〈개정 2008. 2. 29., 2013. 3. 23.〉

제15조(과학적 무역업무의 처리기반 구축) ①산업통상자원부장관은 물품등의 수출입 거래가 질서 있고 효율적으로 이루어질 수 있도록 대외무역통계시스템 및 전자문서 교환체계 등 과학적 무역업무의 처리기반을 구축하기 위하여 노력하여야 한다. 〈개정 2008. 2. 29., 2009. 4. 22., 2013. 3. 23.〉

② 산업통상자원부장관은 제1항에 따른 과학적 무역업무의 처리기반을 구축하기 위하여 필요하다고 인정되면 관계 행정기관의 장에게 대통령령으로 정하는 바에 따라 통관기록 등 물품등의 수출입 거래에 관한 정보를 제공하도록 요청할 수 있다. 이 경우 관계 행정기관의 장은 이에 협조하여야 한다. 〈개정 2008. 2. 29., 2009. 4. 22., 2013. 3. 23.〉

③ 관계 행정기관의 장은 이 법의 목적의 범위에서 필요하다고 인정되면 산업통상자원부장관에게 제1항과 제2항에 따라 구축된 물품등의 수출입 거래에 관한 정보를 제공하도록 요청할 수 있다. 이 경우 산업통상자원부장관은 이에 협조하여야 한다. 〈개정 2008. 2. 29., 2013. 3. 23.〉

제2절 외화획득용 원료 · 기재의 수입과 구매 등

제16조(외화획득용 원료 · 기재의 수입 승인 등) ① 산업통상자원부장관은 원료, 시설, 기재(機材) 등 외화획득을 위하여 사용되는 물품등(이하 "원료 · 기재"라 한다)의 수입에 대하여는 제11조 제6항을 적용하지 아니할 수 있다. 다만, 국산 원료 · 기재의 사용을 촉진하기 위하여 필요한 경우에는 그러하지 아니하다. 〈개정 2008. 2. 29., 2013. 3. 23., 2013. 7. 30.〉

② 산업통상자원부장관은 제1항에 따른 원료 · 기재의 범위, 품목 및 수량을 정하여 공고할 수 있다. 〈개정 2008. 2. 29., 2013. 3. 23.〉

③ 제1항에 따라 원료 · 기재를 수입한 자와 수입을 위탁한 자는 그 수입에 대응하는 외화획득을 하여야 한다. 다만, 제17조에 따라 산업통상자원부장관의 승인을 받은 경우에는 그러하지 아니하다. 〈개정 2008. 2. 29., 2013. 3. 23.〉

④ 제3항에 따른 외화획득의 범위, 이행기간, 확인방법, 그 밖에 필요한 사항은 대통령령으로 정한다.

제17조(외화획득용 원료 · 기재의 목적을 벗어난 사용 등) ① 제16조 제1항에 따라 원료 · 기재를 수입한 자는 그 수입한 원료 · 기재 또는 그 원료 · 기재로 제조된 물품등을 부득이한 사유로 인하여 당초의 목적 외의 용도로 사용하려면 대통령령으로 정하는 바에 따라 산업통상자원부장관의 승인을 받아야 한다. 다만, 대통령령으로 정하는 원료 · 기재 또는 그 원료 · 기재로 제조된 물품등에 대하여는 그러하지 아니하다. 〈개정 2008. 2. 29., 2013. 3. 23.〉

② 제16조 제1항에 따라 수입한 원료 · 기재 또는 그 원료 · 기재로 제조된 물품등을 당초의 목적과 같은 용도로 사용하거나 수출하려는 자에게 양도(讓渡)하려는 때에는 양도하려는 자와 양수(讓受)하려는 자가 함께 산업통상자원부장관의 승인을 받아야 한다. 다만, 대통령령으로 정하는 원료 · 기재 또는 그 원료 · 기재로 제조된 물품등에 대하여는 그러하지 아니하다. 〈개정 2008. 2. 29., 2013. 3. 23.〉

③ 제2항에 따라 원료 · 기재 또는 그 원료 · 기재로 제조된 물품등을 양수한 자에 관하여는 제16조 제3항 및 제4항을 준용한다.

제18조(구매확인서의 발급 등) ① 산업통상자원부장관은 외화획득용 원료 · 기재를 구매하려는 자가 「부가가치세법」 제24조에 따른 영(零)의 세율을 적용받기 위하여 확인을 신청하면 외화획득용 원료 · 기재를 구매하는 것임을 확인하는 서류(이하 "구매확인서"라 한다)를 발급할 수 있다. 〈개정 2008. 2. 29., 2013. 3. 23., 2013. 6. 7.〉

② 산업통상자원부장관은 구매확인서를 발급받은 자에 대하여는 외화획득용 원료 · 기재의 구매 여부를 사후 관리하여야 한다. 〈개정 2008. 2. 29., 2013. 3. 23.〉

③ 제1항과 제2항에 따른 구매확인서의 신청 · 발급절차 및 사후관리 등에 필요한 사항은 대통령령으로 정한다.

제3절 전략물자의 수출입

제19조(전략물자의 고시 및 수출허가 등) ① 산업통상자원부장관은 관계 행정기관의 장과 협의하여 대통령령으로 정하는 국제수출통제체제(이하 "국제수출통제체제"라 한다)의 원칙에 따라 국제평화 및 안전유지와 국가안보를 위하여 수출허가 등 제한이 필요한 물품등(대통령령으로 정하는 기술을 포함한다. 이하 이 절에서 같다)을 지정하여 고시하여야 한다. 〈개정 2008. 2. 29., 2009. 4. 22., 2013. 3. 23., 2013. 7. 30.〉

② 제1항에 따라 지정 · 고시된 물품등(이하 "전략물자"라 한다)을 수출(제1항에 따른 기술이 다음 각 호의 어느 하나에 해당되는 경우로서 대통령령으로 정하는 경우를 포함한다. 이하 제19조 제3항부터 제5항까지, 제20조, 제23조, 제24조, 제24조의2, 제24조의3, 제25조, 제28조, 제29조, 제31조, 제47조부터 제49조까지, 제53조 제1항 및 제53조 제2항제2호부터 제4호까지에서 같다)하려는 자는 대통령령으로 정하는 바에 따라 산

업통상자원부장관이나 관계 행정기관의 장의 허가(이하 "수출허가"라 한다)를 받아야 한다.다만, 「방위사업법」 제57조 제2항에 따라 허가를 받은 방위산업물자 및 국방과학기술이 전략물자에 해당하는 경우에는 그러하지 아니하다. 〈개정 2008. 2. 29., 2013. 3. 23., 2013. 7. 30.〉

1. 국내에서 국외로의 이전
2. 국내 또는 국외에서 대한민국 국민(국내법에 따라 설립된 법인을 포함한다)으로부터 외국인(외국의 법률에 따라 설립된 법인을 포함한다)에게로의 이전

③ 전략물자에는 해당되지 아니하나 대량파괴무기와 그 운반수단인 미사일 및 재래식무기(이하 "대량파괴무기등"이라 한다)의 제조·개발·사용 또는 보관 등의 용도로 전용될 가능성이 높은 물품등을 수출하려는 자는 그 물품등의 수입자나 최종 사용자가 그 물품등을 대량파괴무기등의 제조·개발·사용 또는 보관 등의 용도로 전용할 의도가 있음을 알았거나 그 수출이 다음 각 호의 어느 하나에 해당되어 그러한 의도가 있다고 의심되면 대통령령으로 정하는 바에 따라 산업통상자원부장관이나 관계 행정기관의 장의 허가(이하 "상황허가"라 한다)를 받아야 한다. 〈개정 2008. 2. 29., 2013. 3. 23., 2013. 7. 30., 2020. 3. 18.〉

1. 수입자가 해당 물품등의 최종 용도에 관하여 필요한 정보 제공을 기피하는 경우
2. 수출하려는 물품등이 최종 사용자의 사업 분야에 해당되지 아니하는 경우
3. 수출하려는 물품등이 수입국가의 기술수준과 현저한 격차가 있는 경우
4. 최종 사용자가 해당 물품등이 활용될 분야의 사업경력이 없는 경우
5. 최종 사용자가 해당 물품등에 대한 전문적 지식이 없으면서도 그 물품등의 수출을 요구하는 경우
6. 최종 사용자가 해당 물품등에 대한 설치·보수 또는 교육훈련 서비스를 거부하는 경우
7. 해당 물품등의 최종 수하인(受荷人)이 운송업자인 경우
8. 해당 물품등에 대한 가격 조건이나 지불 조건이 통상적인 범위를 벗어나는 경우
9. 특별한 이유 없이 해당 물품등의 납기일이 통상적인 기간을 벗어난 경우
10. 해당 물품등의 수송경로가 통상적인 경로를 벗어난 경우
11. 해당 물품등의 수입국 내 사용 또는 재수출 여부가 명백하지 아니한 경우
12. 해당 물품등에 대한 정보나 목적지 등에 대하여 통상적인 범위를 벗어나는 보안을 요구하는 경우
13. 그 밖에 국제정세의 변화 또는 국가안전보장을 해치는 사유의 발생 등으로 산업통상자원부장관이나 관계 행정기관의 장이 상황허가를 받도록 정하여 고시하는 경우

④ 산업통상자원부장관이나 관계 행정기관의 장은 수출허가 신청이나 상황허가 신청을 받으면 국제평화 및 안전유지와 국가안보 등 대통령령으로 정하는 기준에 따라 수출허가나 상황허가를 할 수 있다. 〈개정 2008. 2. 29., 2013. 3. 23.〉

⑤ 산업통상자원부장관 또는 관계 행정기관의 장은 재외공관에서 사용될 공용물품을 수출하는 경우 등 대통령령으로 정하는 경우에는 수출허가 또는 상황허가를 면제할 수 있다. 〈신설 2009. 4. 22., 2013. 3. 23.〉

⑥ 삭제 〈2013. 7. 30.〉

제20조(전략물자의 판정 등) ① 삭제 〈2009. 4. 22.〉

② 물품등의 무역거래자(제19조 제2항에 따른 기술이전 행위의 전부 또는 일부를 위임하거나 기술이전 행위를 하는 자를 포함한다. 이하 이 조, 제24조의2 및 제25조에서 같다)는 대통령령으로 정하는 바에 따라 산업통상자원부장관이나 관계 행정기관의 장에게 수출하려는 물품등이 전략물자 또는 제19조 제3항제13호에 따른 상황허가 대상인 물품등에 해당하는지에 대한 판정을 신청할 수 있다. 이 경우 산업통상자원부장관이나 관계 행정기관의 장은 제29조에 따른 전략물자관리원장 또는 대통령령으로 정하는 관련 전문기관에 판정을 위임하거나 위탁할 수 있다. 〈개정 2008. 2. 29., 2009. 4. 22., 2013. 3. 23., 2013. 7. 30., 2020. 3. 18.〉

③ 제2항에도 불구하고 물품등의 무역거래자는 산업통상자원부장관이 고시하는 교육을 이수한 경우에는 다음 각 호의 어느 하나에 해당하지 않는 물품등이 전략물자 또는 제19조 제3항제13호에 따른 상황허가 대상인 물품등에 해당하는지에 대한 판정을 자체적으로 판단하는 자가판정으로 할 수 있다. 이 경우 물품등의 무역거래자는 판정대상 물품의 성능과 용도 등 산업통상자원부장관이 고시하는 정보를 제28조에 따른 전략물자 수출입관리 정보시스템에 등록하여야 한다. 〈신설 2020. 3. 18.〉

1. 기술(제25조에 따른 자율준수무역거래자 중 산업통상자원부장관이 고시하는 무역거래자가 기술을 수출하는 경우는 제외한다)
2. 그 밖에 산업통상자원부장관이 자가판정 대상이 아닌 것으로 고시하는 물품등

[제목개정 2009. 4. 22.]

제21조 삭제 〈2009. 4. 22.〉

제22조(수입목적확인서의 발급) 전략물자를 수입하려는

자는 대통령령으로 정하는 바에 따라 산업통상자원부장관이나 관계 행정기관의 장에게 수입목적 등의 확인을 내용으로 하는 수입목적확인서의 발급을 신청할 수 있다. 이 경우 산업통상자원부장관과 관계 행정기관의 장은 확인 신청 내용이 사실인지 확인한 후 수입목적확인서를 발급할 수 있다. 〈개정 2008. 2. 29., 2013. 3. 23.〉

제23조(전략물자등에 대한 이동중지명령 등) ① 산업통상자원부장관과 관계 행정기관의 장은 전략물자나 상황허가 대상인 물품등(이하 "전략물자등"이라 한다)이 허가를 받지 아니하고 수출되거나 거짓이나 그 밖의 부정한 방법으로 허가를 받아 수출되는 것(이하 "무허가수출등"이라 한다)을 막기 위하여 필요하면 적법한 수출이라는 사실이 확인될 때까지 전략물자등의 이동중지명령을 할 수 있다. 〈개정 2008. 2. 29., 2013. 3. 23., 2013. 7. 30., 2020. 3. 18.〉

② 제1항에도 불구하고 산업통상자원부장관과 관계 행정기관의 장은 전략물자등의 무허가수출등을 막기 위하여 긴급하게 그 이동을 제한할 필요가 있으면 적법한 수출이라는 사실이 확인될 때까지 직접 그 이동을 중지시킬 수 있다. 〈개정 2008. 2. 29., 2013. 3. 23., 2020. 3. 18.〉

③ 전략물자등을 국내 항만이나 공항을 경유하거나 국내에서 환적(換積)하려는 자로서 대통령령으로 정하는 자는 대통령령으로 정하는 바에 따라 산업통상자원부장관이나 관계 행정기관의 장의 허가를 받아야 한다. 〈개정 2009. 4. 22., 2010. 4. 5., 2013. 3. 23.〉

④ 산업통상자원부장관과 관계 행정기관의 장은 제3항에 따른 경유 또는 환적 허가의 신청을 받은 경우 국제평화, 안전유지 및 국가안보 등 대통령령으로 정하는 기준에 따라 허가할 수 있다. 〈신설 2016. 1. 27.〉

⑤ 산업통상자원부장관 또는 관계 행정기관의 장은 제2항에 따른 이동중지조치나 제3항에 따른 경유 또는 환적의 허가를 하기가 적절하지 아니하면 다른 행정기관에 협조를 요청할 수 있다. 이 경우 협조를 요청받은 행정기관은 국내 또는 외국의 전략물자등의 국가 간 무허가수출등을 막을 수 있도록 협조하여야 한다. 〈개정 2008. 2. 29., 2009. 4. 22., 2013. 3. 23., 2016. 1. 27., 2020. 3. 18.〉

⑥ 제2항 또는 제5항에 따라 이동중지조치를 하는 공무원은 그 권한을 표시하는 증표를 지니고 이를 관계인에게 내보여야 한다. 〈개정 2009. 4. 22., 2016. 1. 27.〉

⑦ 제1항 · 제2항 및 제5항에 따른 이동중지명령 및 이동중지조치의 기간과 방법은 전략물자등의 국가 간 무허가수출등을 막기 위하여 필요한 최소한도에 그쳐야 한다. 〈개정 2009. 4. 22., 2016. 1. 27., 2020. 3. 18.〉

제24조(전략물자등의 중개) ① 전략물자등을 제3국에서 다른 제3국으로 이전하거나 매매를 위하여 중개하려는 자는 대통령령으로 정하는 바에 따라 산업통상자원부장관이나 관계 행정기관의 장의 허가를 받아야 한다. 다만, 그 전략물자등의 이전 · 매매가 수출국으로부터 국제수출통제체제의 원칙에 따른 수출허가를 받은 경우 등 대통령령으로 정하는 때에는 그러하지 아니하다. 〈개정 2008. 2. 29., 2009. 4. 22., 2013. 3. 23., 2013. 7. 30.〉

② 산업통상자원부장관과 관계 행정기관의 장은 제1항 본문에 따라 중개허가의 신청을 받으면 국제평화 및 안전유지와 국가안보 등 대통령령으로 정하는 기준에 따라 중개허가를 할 수 있다. 〈개정 2008. 2. 29., 2013. 3. 23.〉

[제목개정 2013. 7. 30.]

제24조의2(서류의 보관) 무역거래자는 다음 각 호의 서류를 5년간 보관하여야 한다.

1. 제20조 제2항에 따라 판정을 신청한 경우에는 그 판정에 관한 서류
2. 전략물자등을 수출 · 경유 · 환적 · 중개한 자의 경우 그 수출허가, 상황허가, 제23조 제3항에 따른 경유 또는 환적 허가, 제24조에 따른 중개허가에 관한 서류
3. 그 밖에 산업통상자원부장관이나 관계 행정기관의 장이 정하여 고시하는 서류

[본조신설 2013. 7. 30.]

제24조의3(수출허가 등의 취소) 산업통상자원부장관 또는 관계 행정기관의 장은 수출허가 또는 상황허가, 제23조 제3항에 따른 경유 또는 환적 허가, 제24조에 따른 중개허가를 한 후 다음 각 호의 어느 하나에 해당하는 경우에는 해당 허가를 취소할 수 있다.

1. 거짓 또는 부정한 방법으로 허가를 받은 사실이 발견된 경우
2. 전쟁, 테러 등 국가 간 안보 또는 대량파괴무기등의 이동 · 확산 우려 등과 같은 국제정세의 변화가 있는 경우

[본조신설 2013. 7. 30.]

제25조(자율준수무역거래자) ①산업통상자원부장관은 기업 또는 대통령령으로 정하는 대학 및 연구기관의 자율적인 전략물자 관리능력을 높이기 위하여 전략물자 여부에 대한 판정능력, 수입자 및 최종 사용자에 대한 분석능력 등 대통령령으로 정하는 능력을 갖춘 무역거래자를 자율준수무역거래자로 지정할 수 있다. 〈개정 2008. 2. 29., 2013. 3. 23., 2013. 7. 30.〉

② 산업통상자원부장관은 제1항에 따라 지정을 받은 자율준수무역거래자(이하 이 조에서 "자율준수무역거래

자"라 한다)에게 대통령령으로 정하는 바에 따라 전략물자에 대한 수출통제업무의 일부를 자율적으로 관리하게 할 수 있다. 〈개정 2008. 2. 29., 2013. 3. 23.〉

③ 자율준수무역거래자는 제2항에 따라 자율적으로 관리하는 전략물자의 수출실적 등을 대통령령으로 정하는 바에 따라 산업통상자원부장관에게 보고하여야 한다. 〈개정 2008. 2. 29., 2013. 3. 23.〉

④ 산업통상자원부장관은 다음 각 호의 어느 하나에 해당하는 경우에는 자율준수무역거래자의 지정을 취소할 수 있다. 〈개정 2008. 2. 29., 2009. 4. 22., 2013. 3. 23., 2013. 7. 30.〉

1. 제1항에 따른 대통령령으로 정하는 능력을 유지하지 못하는 경우
2. 고의나 중대한 과실로 제19조 제2항에 따른 수출허가를 받지 아니하고 전략물자를 수출한 경우
3. 고의나 중대한 과실로 제19조 제3항에 따른 상황허가를 받지 아니하고 상황허가 대상인 물품등을 수출한 경우
4. 고의나 중대한 과실로 제24조의2에 따른 보관의무를 이행하지 아니한 경우
5. 고의나 중대한 과실로 제24조에 따른 중개허가를 받지 아니하고 전략물자를 중개한 경우
6. 제3항에 따른 보고의무를 이행하지 아니한 경우
7. 삭제 〈2009. 4. 22.〉

제26조(전략물자 수출입고시 등) ① 산업통상자원부장관은 관계 행정기관의 장과 협의하여 제19조, 제20조, 제22조부터 제24조까지, 제24조의2, 제24조의3 및 제25조에 관한 요령을 고시하여야 한다. 〈개정 2008. 2. 29., 2009. 4. 22., 2013. 3. 23., 2016. 1. 27.〉

② 관세청장은 전략물자등의 수출입 통관절차에 관한 사항을 고시하여야 한다. 〈신설 2016. 1. 27.〉

[제목개정 2016. 1. 27.]

제27조(비밀 준수 의무) 이 법에 따른 전략물자의 수출입통제업무와 관련된 공무원, 제29조에 따른 전략물자관리원의 임직원과 제29조 제5항제1호의 판정 업무와 관련된 자는 전략물자 수출입통제업무의 수행과정에서 알게 된 영업상 비밀을 그 업체의 동의 없이 외부에 누설하여서는 아니 된다. 〈개정 2009. 4. 22.〉

제28조(전략물자 수출입관리 정보시스템의 구축 · 운영) ① 산업통상자원부장관은 다음 각 호의 업무를 수행하기 위하여 관계 행정기관의 장 및 제29조에 따른 전략물자관리원과 공동으로 전략물자 수출입관리 정보시스템을 구축 · 운영할 수 있다. 〈개정 2008. 2. 29., 2009. 4. 22., 2013. 3. 23.〉

1. 수출허가, 상황허가, 제20조 제2항에 따른 판정, 제22조에 따른 수입목적확인서의 발급 등에 관한 업무
2. 전략물자의 수출입통제에 필요한 정보의 수집 · 분석 및 관리 업무

② 제1항에 따른 전략물자 수출입관리 정보시스템의 구축 · 운영에 필요한 사항은 대통령령으로 정한다.

제29조(전략물자관리원의 설립 등) ① 전략물자의 수출입 업무와 관리 업무를 효율적으로 지원하기 위하여 전략물자관리원을 설립한다.

② 전략물자관리원은 법인으로 한다.

③ 전략물자관리원은 정관으로 정하는 바에 따라 임원과 직원을 둔다.

④ 전략물자관리원은 그 주된 사무소의 소재지에서 설립등기를 함으로써 성립한다.

⑤ 전략물자관리원은 정부의 전략물자 관리정책에 따라 다음 각 호의 업무를 수행한다. 〈개정 2009. 4. 22., 2013. 7. 30.〉

1. 제20조 제2항 후단에 따른 판정 업무
2. 제28조 제1항에 따른 전략물자 수출입관리 정보시스템의 운영 업무
3. 전략물자의 수출입자에 대한 교육 업무

3의2. 제5조 제4호 및 제4호의2에 따른 조치의 이행을 위한 정보제공 등 지원업무

4. 그 밖에 대통령령으로 정하는 업무

⑥ 전략물자관리원의 장은 산업통상자원부장관의 승인을 받아 제5항 각 호의 업무에 관하여 관리원을 이용하는 자에게 일정한 수수료를 징수할 수 있다. 〈개정 2008. 2. 29., 2013. 3. 23.〉

⑦ 전략물자관리원에 관하여 이 법에서 정한 것 외에는 「민법」 중 재단법인에 관한 규정을 준용한다.

⑧ 정부는 전략물자관리원의 설립 · 운영에 필요한 경비를 예산의 범위에서 출연하거나 지원할 수 있다.

제30조(전략물자 수출입통제 협의회) ① 산업통상자원부장관과 관계 행정기관의 장은 전략물자등의 수출입통제와 관련된 부처간 협의를 위하여 공동으로 전략물자 수출입통제 협의회(이하 이 조에서 "협의회"라 한다)를 구성할 수 있다. 〈개정 2008. 2. 29., 2013. 3. 23., 2016. 1. 27.〉

② 협의회의 회의는 관계 행정기관의 소관 업무별로 그 소관 관계 행정기관의 장이 주재한다.

③ 협의회의 구성원인 각 행정기관의 장은 전략물자등의 수출입통제에 필요하면 대통령령으로 정하는 정보수사기관의 장 또는 관세청장에게 조사 · 지원을 요청할 수 있다. 〈개정 2013. 7. 30., 2016. 1. 27.〉

④ 제3항에 따른 정보수사기관의 장 또는 관세청장은 전략물자등의 무허가수출등 행위를 인지한 경우에는

협의회의 각 행정기관의 장에게 통보하는 등 필요한 조치를 취할 수 있다. 〈신설 2016. 1. 27., 2020. 3. 18.〉

⑤ 협의회의 구성과 운영에 필요한 사항은 대통령령으로 정한다. 〈개정 2016. 1. 27.〉

제31조(전략물자등의 수출입 제한 등) ①산업통상자원부장관 또는 관계 행정기관의 장은 다음 각 호의 어느 하나에 해당하는 자에게 3년 이내의 범위에서 일정 기간 동안 전략물자등의 전부 또는 일부의 수출이나 수입을 제한할 수 있다. 〈개정 2008. 2. 29., 2009. 4. 22., 2013. 3. 23., 2013. 7. 30., 2020. 3. 18.〉

1. 제19조 제2항에 따른 수출허가를 받지 아니하고 전략물자를 수출하거나 수출신고(「관세법」 제241조 제1항에 따른 수출신고를 말한다. 이하 같다)한 자
2. 제19조 제3항에 따른 상황허가를 받지 아니하고 상황허가 대상인 물품등을 수출하거나 수출신고한 자
3. 전략물자등의 수출이나 수입에 관한 국제수출통제체제의 원칙을 위반한 자로서 대통령령으로 정하는 자

② 관계 행정기관의 장은 제1항 각 호의 어느 하나에 해당하는 자가 있음을 알게 되면 즉시 산업통상자원부장관에게 통보하여야 한다. 〈개정 2008. 2. 29., 2013. 3. 23.〉

③ 산업통상자원부장관 또는 관계 행정기관의 장은 제1항에 따라 전략물자등의 수출입을 제한한 자와 외국 정부가 자국의 법령에 따라 전략물자등의 수출입을 제한한 자의 명단과 제한 내용을 공고할 수 있다. 〈개정 2008. 2. 29., 2009. 4. 22., 2013. 3. 23., 2013. 7. 30.〉

[제목개정 2013. 7. 30.]

제4절 플랜트수출 〈개정 2010. 4. 5.〉

제32조(플랜트수출의 촉진 등) ① 산업통상자원부장관은 다음 각 호의 어느 하나에 해당하는 수출(이하 "플랜트수출"이라 한다)을 하려는 자가 신청하는 경우에는 대통령령으로 정하는 바에 따라 그 플랜트수출을 승인할 수 있다. 승인한 사항을 변경할 때에도 또한 같다. 〈개정 2008. 2. 29., 2010. 4. 5., 2013. 3. 23.〉

1. 농업·임업·어업·광업·제조업, 전기·가스·수도사업, 운송·창고업 및 방송·통신업을 경영하기 위하여 설치하는 기재·장치 및 대통령령으로 정하는 설비 중 산업통상자원부장관이 정하는 일정 규모 이상의 산업설비의 수출
2. 산업설비·기술용역 및 시공을 포괄적으로 행하는 수출(이하 "일괄수주방식에 의한 수출"이라 한다)

② 산업통상자원부장관은 제1항에 따른 승인 또는 변경승인을 하기 위하여 필요하면 플랜트수출의 타당성에 관하여 관계 행정기관의 장의 의견을 들어야 한다. 이 경우 의견을 제시할 것을 요구받은 관계 행정기관의 장은 정당한 사유가 없으면 지체 없이 산업통상자원부장관에게 의견을 제시하여야 한다. 〈개정 2008. 2. 29., 2010. 4. 5., 2013. 3. 23.〉

③ 산업통상자원부장관이 일괄수주방식에 의한 수출에 대하여 승인 또는 변경승인하려는 때에는 미리 국토교통부장관의 동의를 받아야 한다. 〈개정 2008. 2. 29., 2010. 4. 5., 2013. 3. 23.〉

④ 산업통상자원부장관은 일괄수주방식에 의한 수출로서 건설용역 및 시공부문의 수출에 관하여는 「해외건설 촉진법」에 따른 해외건설사업자에 대하여만 승인 또는 변경승인할 수 있다. 〈개정 2008. 2. 29., 2013. 3. 23., 2016. 1. 27., 2019. 4. 30.〉

⑤ 산업통상자원부장관은 제1항에 따른 플랜트수출의 승인 또는 변경승인을 한 경우에는 이를 관계 행정기관의 장에게 지체 없이 알려야 한다. 〈개정 2008. 2. 29., 2010. 4. 5., 2013. 3. 23.〉

⑥ 산업통상자원부장관은 플랜트수출을 촉진하기 위하여 그에 관한 제도개선, 시장조사, 정보교류, 수주 지원, 수주질서 유지, 전문인력의 양성, 금융지원, 우수기업의 육성 및 협동화사업을 추진할 수 있다. 이 경우 산업통상자원부장관은 플랜트수출 관련 기관 또는 단체를 지정하여 이들 사업을 수행하게 할 수 있다. 〈개정 2010. 4. 5., 2013. 3. 23.〉

[제목개정 2010. 4. 5.]

제5절 정부간 수출계약 〈신설 2014. 1. 21.〉

제32조의2(정부간 수출계약의 보증 및 원칙) ① 정부는 국내 기업의 원활한 정부간 수출계약을 지원하기 위하여 대통령령으로 정하는 보증·보험기관으로 하여금 국내 기업의 외국 정부에 대한 정부간 수출계약 이행 등을 위한 보증사업을 하게 할 수 있다.

② 정부는 정부간 수출계약과 관련하여 어떠한 경우에도 경제적 이익을 갖지 아니하고, 보증채무 등 경제적 책임 및 손실을 부담하지 아니한다.

[본조신설 2014. 1. 21.]

제32조의3(정부간 수출계약의 전담기관) ① 제2조 제4호의 "정부간 수출계약 전담기관"이란 「대한무역투자진흥공사법」에 따른 대한무역투자진흥공사(이하 "전담기관"이라 한다)를 말한다.

② 전담기관은 정부간 수출계약과 관련하여 다음 각 호의 업무를 수행한다.

1. 정부간 수출계약에서 당사자 지위 수행
2. 외국 정부의 구매요구 사항을 이행할 국내 기업의 추천
3. 그 밖에 정부간 수출계약 업무의 수행을 위하여 산업

통상자원부장관이 필요하다고 인정하는 업무

③ 전담기관의 권한과 책임은 다음 각 호와 같다.

1. 전담기관은 정부간 수출계약이 체결된 경우 국내 기업으로 하여금 보증·보험의 제공 등 대통령령으로 정하는 계약 이행 보증 조치를 취하도록 하여야 한다.
2. 전담기관은 국내 기업의 계약 이행 상황을 확인하기 위하여 필요한 경우에는 국내 기업에 대하여 관련 자료의 제출을 요구할 수 있다.
3. 그 밖에 전담기관의 권한과 책임에 관하여는 대통령령으로 정한다.

④ 전담기관의 장은 정부간 수출계약 관련 업무를 수행하기 위하여 필요한 경우에는 관계 행정기관 및 관련 단체에 대하여 공무원 또는 임직원의 파견 근무를 요청할 수 있다. 다만, 공무원의 파견을 요청할 때에는 미리 주무부장관과 협의하여야 한다.

[본조신설 2014. 1. 21.]

제32조의4(정부간 수출계약 심의위원회) ① 정부간 수출계약의 체결, 변경, 해지 등 대통령령으로 정하는 사항을 심의·의결하기 위하여 전담기관에 정부간 수출계약 심의위원회(이하 이 절에서 "위원회"라 한다)를 둔다.

② 위원회는 위원장 1명을 포함한 7명 이상 15명 이내의 위원으로 구성하고, 위원장은 대한무역투자진흥공사 사장이 된다.

③ 위원회의 구성 및 운영에 필요한 사항은 대통령령으로 정한다.

④ 위원회는 제1항에 따른 심의에 필요한 경우 국내 기업 및 관계 기관 등에 자료 등의 제출을 요구할 수 있다.

⑤ 위원회는 다음 각 호의 사항에 해당하는 경우에는 회의록, 계약서 등 관련 서류를 공개하지 아니할 수 있다.

1. 공개될 경우 정부간 수출계약의 체결, 이행, 변경, 해지 등이 크게 곤란하여질 우려가 있거나 위원회 심의의 공정성을 크게 저해할 우려가 있다고 인정되는 사항
2. 그 밖에 제1호에 준하는 사유로서 공개하기에 적당하지 아니하다고 위원회가 결정한 사항

[본조신설 2014. 1. 21.]

제32조의5(국내 기업의 책임 등) ① 국내 기업은 정부간 수출계약이 체결된 경우 그 계약 내용을 성실히 이행하여야 한다.

② 국내 기업은 보증·보험의 제공 등 대통령령으로 정하는 계약 이행 보증 조치를 취하여야 한다.

③ 국내 기업은 제32조의3제3항제2호 또는 제32조의4제4항에 따른 자료제출 요구가 있을 경우 특별한 사정이 없으면 이에 따라야 한다.

④ 국내 기업이 제2항 또는 제3항을 위반할 경우 전담기관은 그 사실을 외국 정부에 통보할 수 있고, 위원회는 해당 기업의 정부간 수출계약에 대한 심의를 거부할 수 있다.

[본조신설 2014. 1. 21.]

제3장의2 원산지의 표시 등 〈신설 2010. 4. 5.〉

제33조(수출입 물품등의 원산지의 표시) ① 산업통상자원부장관이 공정한 거래 질서의 확립과 생산자 및 소비자 보호를 위하여 원산지를 표시하여야 하는 대상으로 공고한 물품등(이하 "원산지표시대상물품"이라 한다)을 수출하거나 수입하려는 자는 그 물품등에 대하여 원산지를 표시하여야 한다. 〈개정 2008. 2. 29., 2010. 4. 5., 2013. 3. 23.〉

② 수입된 원산지표시대상물품에 대하여 대통령령으로 정하는 단순한 가공활동을 거침으로써 해당 물품등의 원산지 표시를 손상하거나 변형한 자(무역거래자 또는 물품등의 판매업자에 대하여 제4항이 적용되는 경우는 제외한다)는 그 단순 가공한 물품등에 당초의 원산지를 표시하여야 한다. 이 경우 다른 법령에서 단순한 가공활동을 거친 수입 물품등에 대하여 다른 기준을 규정하고 있으면 그 기준에 따른다. 〈신설 2010. 4. 5.〉

③ 제1항 및 제2항 전단에 따른 원산지의 표시방법·확인, 그 밖에 표시에 필요한 사항은 대통령령으로 정한다. 〈개정 2010. 4. 5.〉

④ 무역거래자 또는 물품등의 판매업자는 다음 각 호의 어느 하나에 해당하는 행위를 하여서는 아니 된다. 다만, 제3호의 경우에는 무역거래자의 경우만 해당된다. 〈개정 2010. 4. 5., 2013. 7. 30.〉

1. 원산지를 거짓으로 표시하거나 원산지를 오인(誤認)하게 하는 표시를 하는 행위
2. 원산지의 표시를 손상하거나 변경하는 행위
3. 원산지표시대상물품에 대하여 원산지 표시를 하지 아니하는 행위
4. 제1호부터 제3호까지의 규정에 위반되는 원산지표시대상물품을 국내에서 거래하는 행위

⑤ 산업통상자원부장관 또는 시·도지사는 제1항부터 제4항까지의 규정을 위반하였는지 확인하기 위하여 필요하다고 인정하면 수입한 물품등과 대통령령으로 정하는 관련 서류를 검사할 수 있다. 〈개정 2008. 2. 29., 2010. 4. 5., 2013. 3. 23., 2013. 7. 30.〉

⑥ 삭제 〈2013. 7. 30.〉

⑦ 삭제 〈2013. 7. 30.〉

⑧ 삭제 〈2013. 7. 30.〉

제33조의2(원산지의 표시 위반에 대한 시정명령 등) ① 산업통상자원부장관 또는 시·도지사는 제33조 제2항

부터 제4항까지의 규정을 위반한 자에게 판매중지, 원상복구, 원산지 표시 등 대통령령으로 정하는 시정조치를 명할 수 있다.

② 산업통상자원부장관 또는 시・도 지사는 제33조 제2항부터 제4항까지의 규정(제33조 제4항제4호는 제외한다)을 위반한 자에게 3억원 이하의 과징금을 부과할 수 있다.

③ 제2항에 따라 과징금을 부과하는 위반행위의 종류와 정도에 따른 과징금의 금액과 그 밖에 필요한 사항은 대통령령으로 정한다.

④ 산업통상자원부장관 또는 시・도지사는 제2항에 따라 과징금을 내야 하는 자가 납부기한까지 내지 아니하면 국세 또는 지방세 체납처분의 예에 따라 징수한다.

⑤ 산업통상자원부장관 또는 시・도지사는 제2항에 따라 과징금 부과처분이 확정된 자에 대해서는 대통령령으로 정하는 바에 따라 그 위반자 및 위반자의 소재지와 물품등의 명칭, 품목, 위반내용 등 처분과 관련된 사항을 공표할 수 있다.

[본조신설 2013. 7. 30.]

제34조(원산지 판정 등) ①산업통상자원부장관은 필요하다고 인정하면 수출 또는 수입 물품등의 원산지 판정을 할 수 있다. 〈개정 2008. 2. 29., 2013. 3. 23.〉

② 원산지 판정의 기준은 대통령령으로 정하는 바에 따라 산업통상자원부장관이 정하여 공고한다. 〈개정 2008. 2. 29., 2013. 3. 23.〉

③ 무역거래자 또는 물품등의 판매업자 등은 수출 또는 수입 물품등의 원산지 판정을 산업통상자원부장관에게 요청할 수 있다. 〈개정 2008. 2. 29., 2013. 3. 23.〉

④ 산업통상자원부장관은 제3항에 따라 요청을 받은 경우에는 해당 물품등의 원산지 판정을 하여서 요청한 사람에게 알려야 한다. 〈개정 2008. 2. 29., 2013. 3. 23.〉

⑤ 제4항에 따라 통보를 받은 자가 원산지 판정에 불복하는 경우에는 통보를 받은 날부터 30일 이내에 산업통상자원부장관에게 이의를 제기할 수 있다. 〈개정 2008. 2. 29., 2013. 3. 23.〉

⑥ 산업통상자원부장관은 제5항에 따라 이의를 제기받은 경우에는 이의 제기를 받은 날부터 150일 이내에 이의 제기에 대한 결정을 알려야 한다. 〈개정 2008. 2. 29., 2013. 3. 23.〉

⑦ 원산지 판정의 요청, 이의 제기 등 원산지 판정의 절차에 필요한 사항은 대통령령으로 정한다.

제35조(수입원료를 사용한 국내생산 물품등의 원산지 판정 기준) ① 산업통상자원부장관은 공정한 거래질서의 확립과 생산자 및 소비자 보호를 위하여 필요하다고 인정하면 수입원료를 사용하여 국내에서 생산되어 국내에서 유통되거나 판매되는 물품등(이하 이 조에서 "국내생산물품등"이라 한다)에 대한 원산지 판정에 관한 기준을 관계 중앙행정기관의 장과 협의하여 정할 수 있다. 다만, 다른 법령에서 국내생산물품등에 대하여 다른 기준을 규정하고 있는 경우에는 그러하지 아니하다. 〈개정 2008. 2. 29., 2010. 4. 5., 2013. 3. 23.〉

②산업통상자원부장관은 제1항에 따라 국내생산물품등에 대한 원산지 판정에 관한 기준을 정하면 이를 공고하여야 한다. 〈개정 2008. 2. 29., 2013. 3. 23.〉

제36조(수입 물품등의 원산지증명서의 제출) ① 산업통상자원부장관은 원산지를 확인하기 위하여 필요하다고 인정하면 물품등을 수입하려는 자에게 그 물품등의 원산지 국가 또는 물품등을 선적(船積)한 국가의 정부 등이 발행하는 원산지증명서를 제출하도록 할 수 있다. 〈개정 2008. 2. 29., 2013. 3. 23.〉

②제1항에 따른 원산지증명서의 제출과 그 확인에 필요한 사항은 대통령령으로 정한다.

제37조(수출 물품의 원산지증명서의 발급 등) ① 헌법에 따라 체결・공포된 조약과 일반적으로 승인된 국제법규를 이행하기 위하여 또는 교역상대국 무역거래자의 요청으로 수출 물품의 원산지증명서를 발급받으려는 자는 산업통상자원부장관에게 원산지증명서의 발급을 신청하여야 한다. 이 경우 수수료를 내야 한다. 〈개정 2008. 2. 29., 2013. 3. 23.〉

② 제1항에 따른 원산지증명서의 발급기준・발급절차, 유효기간, 수수료와 그 밖에 발급에 필요한 사항은 대통령령으로 정한다.

제38조(외국산 물품등을 국산 물품등으로 가장하는 행위의 금지) 누구든지 원산지증명서를 위조 또는 변조하거나 거짓된 내용으로 원산지증명서를 발급받거나 물품등에 원산지를 거짓으로 표시하는 등의 방법으로 외국에서 생산된 물품등(외국에서 생산되어 국내에서 대통령령으로 정하는 단순한 가공활동을 거친 물품등을 포함한다. 이하 제53조의2제4호에서도 같다)의 원산지가 우리나라인 것처럼 가장(假裝)하여 그 물품등을 수출하거나 외국에서 판매하여서는 아니 된다. 〈개정 2010. 4. 5.〉

제4장 수입수량 제한조치

제39조(수입수량 제한조치) ① 산업통상자원부장관은 특정 물품의 수입 증가로 인하여 같은 종류의 물품 또는 직접적인 경쟁 관계에 있는 물품을 생산하는 국내산업(이하 이 조에서 "국내산업"이라 한다)이 심각한 피해를 입고 있거나 입을 우려(이하 이 조에서 "심각한 피해등"이라 한다)가 있음이 「불공정무역행위 조사 및 산업피

해구제에 관한 법률」 제27조에 따른 무역위원회(이하 "무역위원회"라 한다)의 조사를 통하여 확인되고 심각한 피해등을 구제하기 위한 조치가 건의된 경우로서 그 국내산업을 보호할 필요가 있다고 인정되면 그 물품의 국내산업에 대한 심각한 피해등을 방지하거나 치유하고 조정을 촉진하기 위하여 필요한 범위에서 물품의 수입수량을 제한하는 조치(이하 "수입수량제한조치"라 한다)를 시행할 수 있다. 〈개정 2008. 2. 29., 2013. 3. 23.〉

② 산업통상자원부장관은 무역위원회의 건의, 해당 국내산업 보호의 필요성, 국제통상 관계, 수입수량제한조치의 시행에 따른 보상수준 및 국민경제에 미치는 영향 등을 검토하여 수입수량제한조치의 시행 여부와 내용을 결정한다. 〈개정 2008. 2. 29., 2013. 3. 23.〉

③ 정부는 수입수량제한조치를 시행하려면 이해 당사국과 수입수량제한조치의 부정적 효과에 대한 적절한 무역보상에 관하여 협의할 수 있다.

④ 수입수량제한조치는 조치 시행일 이후 수입되는 물품에만 적용한다.

⑤ 수입수량제한조치의 적용 기간은 4년을 넘어서는 아니 된다.

⑥ 산업통상자원부장관은 수입수량제한조치의 대상 물품, 수량, 적용기간 등을 공고하여야 한다. 〈개정 2008. 2. 29., 2013. 3. 23.〉

⑦ 산업통상자원부장관은 수입수량제한조치의 시행 여부를 결정하기 위하여 필요하다고 인정하면 관계 행정기관의 장 및 이해관계인 등에게 관련 자료의 제출 등 필요한 협조를 요청할 수 있다. 〈개정 2008. 2. 29., 2013. 3. 23.〉

⑧ 산업통상자원부장관은 수입수량제한조치의 대상이었거나 「관세법」 제65조에 따른 긴급관세(이하 "긴급관세"라 한다) 또는 같은 법 제66조에 따른 잠정 긴급관세(이하 "잠정긴급관세"라 한다)의 대상이었던 물품에 대하여는 그 수입수량제한조치의 적용기간, 긴급관세의 부과기간 또는 잠정긴급관세의 부과기간이 끝난 날부터 그 적용 기간 또는 부과기간에 해당하는 기간(적용기간 또는 부과기간이 2년 미만인 경우에는 2년)이 지나기 전까지는 다시 수입수량제한조치를 시행할 수 없다. 다만, 다음 각 호의 요건을 모두 충족하는 경우에는 180일 이내의 수입수량제한조치를 시행할 수 있다. 〈개정 2008. 2. 29., 2013. 3. 23.〉

1. 해당 물품에 대한 수입수량제한조치가 시행되거나 긴급관세 또는 잠정긴급관세가 부과된 후 1년이 지날 것
2. 수입수량제한조치를 다시 시행하는 날부터 소급하여 5년 안에 그 물품에 대한 수입수량제한조치의 시행 또는 긴급관세의 부과가 2회 이내일 것

제40조(수입수량제한조치에 대한 연장 등) ① 산업통상자원부장관은 무역위원회의 건의가 있고 필요하다고 인정하면 수입수량제한조치의 내용을 변경하거나 적용기간을 연장할 수 있다. 이 경우 변경되는 조치 내용 및 연장되는 적용기간 이내에 변경되는 조치 내용은 최초의 조치 내용보다 완화되어야 한다. 〈개정 2008. 2. 29., 2013. 3. 23.〉

② 제1항에 따라 수입수량제한조치의 적용기간을 연장하는 때에는 수입수량제한조치의 적용기간과 긴급관세 또는 잠정긴급관세의 부과기간 및 그 연장기간을 전부 합산한 기간이 8년을 넘어서는 아니 된다.

제41조 삭제 〈2016. 1. 27.〉

제5장 수출입의 질서 유지

제42조 삭제 〈2008. 12. 19.〉

제43조(수출입 물품등의 가격 조작 금지) 무역거래자는 외화도피의 목적으로 물품등의 수출 또는 수입 가격을 조작(造作)하여서는 아니 된다.

제44조(무역거래자간 무역분쟁의 신속한 해결) ① 무역거래자는 그 상호 간이나 교역상대국의 무역거래자와 물품등의 수출·수입과 관련하여 분쟁이 발생한 경우에는 정당한 사유 없이 그 분쟁의 해결을 지연시켜서는 아니 된다.

② 산업통상자원부장관은 제1항에 따른 분쟁이 발생한 경우 무역거래자에게 분쟁의 해결에 관한 의견을 진술하게 하거나 그 분쟁과 관련되는 서류의 제출을 요구할 수 있다. 〈개정 2008. 2. 29., 2013. 3. 23.〉

③ 산업통상자원부장관은 제2항에 따라 서류를 제출받거나 의견을 들은 후에 필요하다고 인정하면 그 분쟁에 관하여 사실 조사를 할 수 있다. 〈개정 2008. 2. 29., 2013. 3. 23.〉

④ 산업통상자원부장관은 제1항에 따른 분쟁을 신속하고 공정하게 처리하는 것이 필요하다고 인정하거나 무역분쟁 당사자의 신청을 받으면 대통령령으로 정하는 바에 따라 분쟁을 조정하거나 분쟁의 해결을 위한 중재(仲裁) 계약의 체결을 권고할 수 있다. 〈개정 2008. 2. 29., 2013. 3. 23.〉

제45조(선적 전 검사와 관련한 분쟁 조정 등) ① 수입국 정부와의 계약 체결 또는 수입국 정부의 위임을 받아 기업이 수출하는 물품등에 대하여 국내에서 선적 전에 검사를 실시하는 기관(이하 "선적전검사기관"이라 한다)은 「세계무역기구 선적 전 검사에 관한 협정」을 지켜야 한다. 이 경우 선적전검사기관은 선적 전 검사가 기업의

수출에 대한 무역장벽으로 작용하도록 하여서는 아니 된다.

② 산업통상자원부장관은 선적 전 검사와 관련하여 수출자와 선적전검사기관 간에 분쟁이 발생하였을 경우에는 그 해결을 위하여 필요한 조정(調整)을 할 수 있다. 〈개정 2008. 2. 29., 2013. 3. 23.〉

③ 제2항의 분쟁에 관한 중재(仲裁)를 담당할 수 있도록 대통령령으로 정하는 바에 따라 독립적인 중재기관을 설치할 수 있다.

제46조(조정명령) ① 산업통상자원부장관은 다음 각 호의 어느 하나에 해당하는 경우에는 무역거래자에게 수출하는 물품등의 가격, 수량, 품질, 그 밖에 거래조건 또는 그 대상지역 등에 관하여 필요한 조정(調整)을 명할 수 있다. 〈개정 2008. 2. 29., 2013. 3. 23.〉

1. 헌법에 따라 체결·공포된 조약과 일반적으로 승인된 국제법규에 따른 의무 이행을 위하여 필요한 경우
2. 우리나라 또는 교역상대국의 관련 법령에 위반되는 경우
3. 그 밖에 물품등의 수출의 공정한 경쟁을 교란할 우려가 있거나 대외 신용을 손상하는 행위를 방지하기 위한 것으로서 다음 각 목의 어느 하나에 해당하는 경우
   가. 물품등의 수출과 관련하여 부당하게 다른 무역거래자를 제외하는 경우
   나. 물품등의 수출과 관련하여 부당하게 다른 무역거래자의 상대방에 대하여 다른 무역거래자와 거래하지 아니하도록 유인하거나 강제하는 경우
   다. 물품등의 수출과 관련하여 부당하게 다른 무역거래자의 해외에서의 사업활동을 방해하는 경우

② 산업통상자원부장관은 제1항에 따라 조정을 명하는 경우에는 다음 각 호의 사항을 고려하여야 한다. 〈개정 2008. 2. 29., 2013. 3. 23.〉

1. 수출기반의 안정, 새로운 상품의 개발 또는 새로운 해외시장의 개척에 기여할 것
2. 다른 무역거래자의 권익을 부당하게 침해하거나 차별하지 아니할 것
3. 물품등의 수출·수입의 질서 유지를 위한 목적에 필요한 정도를 넘지 아니할 것

③ 제1항에 따라 조정을 명하는 절차 등에 필요한 사항은 대통령령으로 정한다.

④ 산업통상자원부장관은 제1항에 따라 조정을 명하는 경우에 필요하다고 인정하면 제11조 제2항에 따른 승인을 하지 아니하거나 관계 기관의 장에게 승인에 관련된 절차를 중지하게 할 수 있다. 〈개정 2008. 2. 29., 2013. 3. 23.〉

제6장 보 칙

제47조(청문) 산업통상자원부장관 또는 관계 행정기관의 장은 다음 각 호의 어느 하나에 해당하는 처분을 하려면 청문을 하여야 한다. 〈개정 2008. 2. 29., 2009. 4. 22., 2013. 3. 23., 2013. 7. 30.〉

1. 제24조의3에 따른 수출허가, 상황허가, 경유 또는 환적 허가, 중개허가의 취소
2. 제46조 제1항에 따른 조정명령

제48조(보고와 검사 등) ① 산업통상자원부장관 또는 관계 행정기관의 장은 제5조 제4호 및 제4호의2에 따라 수출이 제한되거나 금지된 물품등, 전략물자 또는 제19조 제3항에 따른 물품등에 대한 수출허가나 상황허가를 받은 자 또는 수출허가나 상황허가를 받지 아니하고 수출하거나 수출하려고 한 자에게 다음 각 호의 사항에 관한 보고 또는 자료의 제출을 명할 수 있다. 〈개정 2008. 2. 29., 2009. 4. 22., 2013. 3. 23., 2013. 7. 30.〉

1. 수입국
2. 수입자·최종사용자 또는 그의 위임을 받은 자 및 그 소재지, 사업 분야, 주요 거래자 및 사용 목적
3. 수입자와 최종사용자 또는 그의 위임을 받은 자를 확인하기 위한 수입국의 권한 있는 기관이 발급한 납세증명서 등 관련 자료 또는 대외 공표자료
4. 그 밖에 운송 수단, 환적국(換積國), 대금 결제방법 등 산업통상자원부장관이 정하여 고시하는 사항

② 산업통상자원부장관 또는 관계 행정기관의 장은 이 법의 시행을 위하여 필요하다고 인정하면 그 소속 공무원에게 제1항에 규정된 자의 사무소, 영업소, 공장 또는 창고 등에서 장부·서류나 그 밖의 물건을 검사하게 할 수 있다. 〈개정 2008. 2. 29., 2009. 4. 22., 2013. 3. 23.〉

③ 제2항에 따라 검사를 하는 공무원은 그 권한을 표시하는 증표를 지니고, 이를 관계인에게 내보여야 한다.

제49조(교육명령) 산업통상자원부장관 또는 관계 행정기관의 장은 다음 각 호의 어느 하나에 해당하는 자에게 대통령령으로 정하는 바에 따라 교육명령을 부과할 수 있다. 〈개정 2013. 3. 23., 2013. 7. 30., 2020. 3. 18.〉

1. 수출허가 또는 상황허가를 받지 아니하고 수출하거나 수출신고한 자
2. 거짓이나 그 밖의 부정한 방법으로 수출허가 또는 상황허가를 받은 자
3. 제23조 제3항에 따른 경유 또는 환적 허가 및 제24조에 따른 중개허가를 받지 아니하고 경유·환적·중개한 자
4. 거짓이나 그 밖의 부정한 방법으로 제23조 제3항에

따른 경유 또는 환적 허가 및 제24조에 따른 중개허가를 받은 자

[전문개정 2009. 4. 22.]

제50조(「독점규제 및 공정거래에 관한 법률」과의 관계) ① 제46조에 따른 산업통상자원부장관의 조정명령의 이행에 대하여는 「독점규제 및 공정거래에 관한 법률」을 적용하지 아니한다. 〈개정 2008. 2. 29., 2013. 3. 23.〉

② 산업통상자원부장관은 제46조에 따른 조정명령이 「독점규제 및 공정거래에 관한 법률」 제2조 제1호에 따른 사업자 간의 국내 시장에서의 경쟁을 제한하는 것이면 공정거래위원회와 미리 협의하여야 한다. 〈개정 2008. 2. 29., 2013. 3. 23.〉

제51조(「국가보안법」과의 관계) 이 법에 따른 물품등의 수출·수입행위에 대하여는 그 행위가 업무 수행상 정당하다고 인정되는 범위에서 「국가보안법」을 적용하지 아니한다.

제52조(권한의 위임·위탁) ① 이 법에 따른 산업통상자원부장관의 권한은 대통령령으로 정하는 바에 따라 그 일부를 소속기관의 장, 시·도지사에게 위임하거나 관계 행정기관의 장, 세관장, 한국은행 총재, 한국수출입은행장, 외국환은행의 장, 그 밖에 대통령령으로 정하는 법인 또는 단체에 위탁할 수 있다. 〈개정 2008. 2. 29., 2013. 3. 23.〉

② 산업통상자원부장관은 제1항에 따라 위임하거나 위탁한 사무에 관하여 그 위임 또는 위탁을 받은 자를 지휘·감독한다. 〈개정 2008. 2. 29., 2013. 3. 23.〉

③ 산업통상자원부장관은 제1항에 따라 위임하거나 위탁한 사무에 관하여 그 위임 또는 위탁을 받은 자에게 필요한 자료의 제출을 요청할 수 있다. 〈개정 2008. 2. 29., 2013. 3. 23.〉

제7장 벌 칙

제53조(벌칙) ① 전략물자등의 국제적 확산을 꾀할 목적으로 다음 각 호의 어느 하나에 해당하는 위반행위를 한 자는 7년 이하의 징역 또는 수출·경유·환적·중개하는 물품등의 가격의 5배에 해당하는 금액 이하의 벌금에 처한다. 〈개정 2013. 7. 30.〉

1. 제19조 제2항에 따른 수출허가를 받지 아니하고 전략물자를 수출한 자
2. 제19조 제3항에 따른 상황허가를 받지 아니하고 상황허가 대상인 물품등을 수출한 자
3. 제23조 제3항에 따른 경유 또는 환적 허가를 받지 아니하고 전략물자등을 경유 또는 환적한 자
4. 제24조에 따른 중개허가를 받지 아니하고 전략물자등을 중개한 자

② 다음 각 호의 어느 하나에 해당하는 자는 5년 이하의 징역 또는 수출·수입·경유·환적·중개하는 물품등의 가격의 3배에 해당하는 금액 이하의 벌금에 처한다. 〈개정 2013. 7. 30.〉

1. 제5조 각 호의 어느 하나에 따른 수출 또는 수입의 제한이나 금지조치를 위반한 자
2. 제19조 제2항에 따른 수출허가를 받지 아니하고 전략물자를 수출한 자
3. 거짓이나 그 밖의 부정한 방법으로 제19조 제2항에 따른 수출허가를 받은 자
4. 제19조 제3항에 따른 상황허가를 받지 아니하고 상황허가 대상인 물품등을 수출한 자
5. 거짓이나 그 밖의 부정한 방법으로 제19조 제3항에 따른 상황허가를 받은 자

5의2. 제23조 제3항에 따른 경유 또는 환적 허가를 받지 아니하고 전략물자등을 경유 또는 환적한 자

5의3. 거짓이나 그 밖의 부정한 방법으로 제23조 제3항에 따른 경유 또는 환적 허가를 받은 자

6. 제24조에 따른 중개허가를 받지 아니하고 전략물자등을 중개한 자
7. 거짓이나 그 밖의 부정한 방법으로 제24조에 따른 중개허가를 받은 자
8. 삭제 〈2010. 4. 5.〉
9. 제43조를 위반하여 물품등의 수출과 수입의 가격을 조작한 자
10. 제46조 제1항에 따른 조정명령을 위반한 자

제53조의2(벌칙) 다음 각 호의 어느 하나에 해당하는 자는 5년 이하의 징역 또는 1억원 이하의 벌금에 처한다. 이 경우 징역과 벌금은 병과(倂科)할 수 있다. 〈개정 2013. 7. 30.〉

1. 제23조 제1항에 따른 이동중지명령을 위반한 자

1의2. 제33조 제4항제1호 또는 제2호를 위반한 무역거래자 또는 물품등의 판매업자

2. 제33조 제4항제3호를 위반하여 원산지표시대상물품에 대하여 원산지 표시를 하지 아니한 무역거래자
3. 제33조의2제1항에 따른 시정조치 명령을 위반한 자
4. 제38조에 따른 외국산 물품등의 국산 물품등으로의 가장 금지 의무를 위반한 자

[본조신설 2010. 4. 5.]

제54조(벌칙) 다음 각 호의 어느 하나에 해당하는 자는 3년 이하의 징역 또는 3천만원 이하의 벌금에 처한다. 〈개정 2009. 4. 22., 2013. 7. 30.〉

1. 제9조 제2항을 위반하여 직무상 습득한 기업정보를 타인에게 제공 또는 누설하거나 사용 목적 외의 용도

로 사용한 자
2. 제11조 제2항 또는 제5항에 따른 승인 또는 변경승인을 받지 아니하고 수출 또는 수입 승인 대상 물품등을 수출하거나 수입한 자
3. 거짓이나 그 밖의 부정한 방법으로 제11조 제2항 또는 제5항에 따른 승인 또는 변경승인을 받거나 그 승인 또는 변경승인을 면제받고 물품등을 수출하거나 수입한 자
4. 제16조 제3항 본문(제17조 제3항에서 준용하는 경우를 포함한다)에 따른 수입에 대응하는 외화획득을 하지 아니한 자
5. 제17조 제1항 본문에 따른 승인을 받지 아니하고 목적 외의 용도로 원료 · 기재 또는 그 원료 · 기재로 제조된 물품등을 사용한 자
6. 제17조 제2항에 따른 승인을 받지 아니하고 원료 · 기재 또는 그 원료 · 기재로 제조된 물품등을 양도한 자
7. 제27조에 따른 비밀 준수 의무를 위반한 자
8. 거짓이나 그 밖의 부정한 방법으로 제32조에 따른 승인 또는 변경 승인을 받은 자
9. 삭제 〈2010. 4. 5.〉
10. 삭제 〈2010. 4. 5.〉
11. 삭제 〈2010. 4. 5.〉

제55조(미수범) 제53조 제1항, 같은 조 제2항제2호 · 제4호 · 제6호 및 제53조의2제1호의2 · 제2호 · 제4호의 미수범은 각각 해당하는 본죄에 준하여 처벌한다. 〈개정 2008. 12. 19., 2010. 4. 5., 2013. 7. 30.〉

제56조(과실범) 중대한 과실로 제53조의2제1호의2 또는 제2호에 해당하는 행위를 한 자는 2천만원 이하의 벌금에 처한다. 〈개정 2008. 12. 19., 2009. 4. 22., 2010. 4. 5., 2013. 7. 30.〉

제57조(양벌규정) 법인의 대표자나 법인 또는 개인의 대리인, 사용인, 그 밖의 종업원이 그 법인 또는 개인의 업무에 관하여 제53조, 제53조의2 또는 제54조부터 제56조까지의 어느 하나에 해당하는 위반행위를 하면 그 행위자를 벌하는 외에 그 법인 또는 개인에게도 해당 조문의 벌금형을 과(科)한다. 다만, 법인 또는 개인이 그 위반행위를 방지하기 위하여 해당 업무에 관하여 상당한 주의와 감독을 게을리하지 아니한 경우에는 그러하지 아니하다. 〈개정 2010. 4. 5.〉
[전문개정 2008. 12. 26.]

제58조(벌칙 적용 시의 공무원 의제) 제29조 제5항의 업무를 수행하는 전략물자관리원의 임직원과 산업통상자원부장관이 제52조에 따라 위탁한 사무에 종사하는 한국은행, 한국수출입은행, 외국환은행, 그 밖에 대통령령으로 정하는 법인 또는 단체의 임직원은 「형법」 제129조부터 제132조까지의 벌칙을 적용할 때에는 공무원으로 본다. 〈개정 2008. 2. 29., 2009. 4. 22., 2013. 3. 23.〉

제59조(과태료) ① 다음 각 호의 어느 하나에 해당하는 자에게는 2천만원 이하의 과태료를 부과한다.
1. 제44조 제2항을 위반하여 관련되는 서류를 제출하지 아니한 자
2. 제44조 제3항에 따른 사실 조사를 거부, 방해 또는 기피한 자
3. 제48조 제1항에 따른 보고 또는 자료의 제출을 하지 아니하거나 거짓으로 보고 또는 자료를 제출한 자
4. 제48조 제2항에 따른 검사를 거부, 방해 또는 기피한 자

②다음 각 호의 어느 하나에 해당하는 자에게는 1천만원 이하의 과태료를 부과한다. 〈개정 2009. 4. 22., 2010. 4. 5., 2013. 7. 30.〉
1. 제24조의2에 따른 서류 보관의무를 위반한 자
2. 삭제 〈2013. 7. 30.〉
3. 제33조 제5항에 따른 검사를 거부, 방해 또는 기피한 자
4. 제49조에 따른 교육명령을 이행하지 아니한 자

③ 제20조 제3항 전단을 위반하여 교육을 이수하지 아니하고 자가판정을 한 자 또는 같은 항 후단을 위반하여 전략물자 수출입관리 정보시스템에 정보를 등록하지 아니한 자에게는 500만원 이하의 과태료를 부과한다. 〈신설 2020. 3. 18.〉

④ 제1항부터 제3항까지에 따른 과태료는 대통령령으로 정하는 바에 따라 산업통상자원부장관이나 시 · 도지사 또는 관계 행정기관의 장이 부과 · 징수한다. 〈개정 2008. 2. 29., 2009. 4. 22., 2013. 3. 23., 2013. 7. 30., 2020. 3. 18.〉

⑤ 삭제 〈2009. 4. 22.〉

⑥ 삭제 〈2009. 4. 22.〉

부 칙 〈제17072호, 2020. 3. 18.〉

이 법은 공포 후 3개월이 경과한 날부터 시행한다.

2. 대외무역법 시행령

[시행 2022. 1. 1.] [대통령령 제32297호, 2021. 12. 31., 타법개정]

제1장 총 칙

제1조(목적) 이 영은 「대외무역법」에서 위임된 사항과 그 시행에 필요한 사항을 정함을 목적으로 한다.

제2조(정의) 이 영에서 사용하는 용어의 뜻은 다음과 같다. 〈개정 2008. 2. 29., 2009. 11. 2., 2013. 3. 23., 2016. 10. 18.〉

1. "국내"란 대한민국의 주권(主權)이 미치는 지역을 말한다.
2. "외국"이란 국내 이외의 지역을 말한다.
3. "수출"이란 다음 각 목의 어느 하나에 해당하는 것을 말한다.
   가. 매매, 교환, 임대차, 사용대차(使用貸借), 증여 등을 원인으로 국내에서 외국으로 물품이 이동하는 것[우리나라의 선박으로 외국에서 채취한 광물(鑛物) 또는 포획한 수산물을 외국에 매도(賣渡)하는 것을 포함한다]
   나. 「관세법」 제196조에 따른 보세판매장에서 외국인에게 국내에서 생산(제조·가공·조립·수리·재생 또는 개조하는 것을 말한다. 이하 같다)된 물품을 매도하는 것
   다. 유상(有償)으로 외국에서 외국으로 물품을 인도(引渡)하는 것으로서 산업통상자원부장관이 정하여 고시하는 기준에 해당하는 것
   라. 「외국환거래법」 제3조 제1항 제14호에 따른 거주자(이하 "거주자"라 한다)가 같은 법 제3조 제1항 제15호에 따른 비거주자(이하 "비거주자"라 한다)에게 산업통상자원부장관이 정하여 고시하는 방법으로 제3조에 따른 용역을 제공하는 것
   마. 거주자가 비거주자에게 정보통신망을 통한 전송과 그 밖에 산업통상자원부장관이 정하여 고시하는 방법으로 제4조에 따른 전자적 형태의 무체물(無體物)을 인도하는 것
4. "수입"이란 다음 각 목의 어느 하나에 해당하는 것을 말한다.
   가. 매매, 교환, 임대차, 사용대차, 증여 등을 원인으로 외국으로부터 국내로 물품이 이동하는 것
   나. 유상으로 외국에서 외국으로 물품을 인수하는 것으로서 산업통상자원부장관이 정하여 고시하는 기준에 해당하는 것
   다. 비거주자가 거주자에게 산업통상자원부장관이 정하여 고시하는 방법으로 제3조에 따른 용역을 제공하는 것
   라. 비거주자가 거주자에게 정보통신망을 통한 전송과 그 밖에 산업통상자원부장관이 정하여 고시하는 방법으로 제4조에 따른 전자적 형태의 무체물을 인도하는 것
5. "외화획득용 원료·기재"란 외화획득용 원료, 외화획득용 시설기재, 외화획득용 제품, 외화획득용 용역 및 외화획득용 전자적 형태의 무체물을 말한다.
6. "외화획득용 원료"란 외화획득에 제공되는 물품과 제3조에 따른 용역 및 제4조에 따른 전자적 형태의 무체물(이하 "물품등"이라 한다)을 생산하는 데에 필요한 원자재·부자재·부품 및 구성품을 말한다.
7. "외화획득용 시설기재"란 외화획득에 제공되는 물품등을 생산하는 데에 사용되는 시설·기계·장치·부품 및 구성품[물품등의 하자(瑕疵)를 보수하거나 물품등을 유지·보수하는 데에 필요한 부품 및 구성품을 포함한다]을 말한다.
8. "외화획득용 제품"이란 수입한 후 생산과정을 거치지 아니한 상태로 외화획득에 제공되는 물품등을 말한다.
9. "외화획득용 용역"이란 외화획득에 제공되는 물품등을 생산하는 데에 필요한 제3조에 따른 용역을 말한다.
10. "외화획득용 전자적 형태의 무체물"이란 외화획득에 제공되는 물품등을 생산하는 데에 필요한 제4조에 따른 전자적 형태의 무체물을 말한다.
11. "수출실적"이란 산업통상자원부장관이 정하여 고시하는 기준에 해당하는 수출통관액·입금액, 가득액(稼得額)과 수출에 제공되는 외화획득용 원료·기재의 국내공급액을 말한다.
12. "수입실적"이란 산업통상자원부장관이 정하여 고시하는 기준에 해당하는 수입통관액 및 지급액을 말한다.

제3조(용역의 범위) 「대외무역법」(이하 "법"이라 한다) 제2조 제1호 나목에서 "대통령령으로 정하는 용역"이란 다음 각 호의 어느 하나에 해당하는 용역을 말한다.

〈개정 2008. 2. 29., 2013. 3. 23.〉

1. 다음 각 목의 어느 하나에 해당하는 업종의 사업을 영위하는 자가 제공하는 용역
   가. 경영 상담업
   나. 법무 관련 서비스업
   다. 회계 및 세무 관련 서비스업
   라. 엔지니어링 서비스업
   마. 디자인
   바. 컴퓨터시스템 설계 및 자문업
   사. 「문화산업진흥 기본법」 제2조 제1호에 따른 문화산업에 해당하는 업종
   아. 운수업
   자. 「관광진흥법」 제3조 제1항에 따른 관광사업(이하 "관광사업"이라 한다)에 해당하는 업종
   차. 그 밖에 지식기반용역 등 수출유망산업으로서 산업통상자원부장관이 정하여 고시하는 업종
2. 국내의 법령 또는 대한민국이 당사자인 조약에 따라 보호되는 특허권 · 실용신안권 · 디자인권 · 상표권 · 저작권 · 저작인접권 · 프로그램저작권 · 반도체집적회로의 배치설계권의 양도(讓渡), 전용실시권(專用實施權)의 설정 또는 통상실시권(通常實施權)의 허락

제4조(전자적 형태의 무체물) 법 제2조 제1호 다목에서 "대통령령으로 정하는 전자적 형태의 무체물"이란 다음 각 호의 어느 하나에 해당하는 것을 말한다. 〈개정 2008. 2. 29., 2013. 3. 23., 2020. 12. 8.〉

1. 「소프트웨어 진흥법」 제2조 제1호에 따른 소프트웨어
2. 부호 · 문자 · 음성 · 음향 · 이미지 · 영상 등을 디지털 방식으로 제작하거나 처리한 자료 또는 정보 등으로서 산업통상자원부장관이 정하여 고시하는 것
3. 제1호와 제2호의 집합체와 그 밖에 이와 유사한 전자적 형태의 무체물로서 산업통상자원부장관이 정하여 고시하는 것

제4조의2(정부간 수출계약의 절차) 법 제2조 제4호에서 "대통령령으로 정하는 절차"란 다음 각 호에 규정된 절차를 말한다. 〈개정 2021. 2. 2.〉

1. 외국 정부의 물품등(「방위산업 발전 및 지원에 관한 법률」 제2조 제1항 제1호에 따른 방위산업물자등은 제외한다. 이하 이 조, 제54조의5 및 제54조의6에서 같다) 구매의사에 관한 법 제32조의3제1항에 따른 정부간 수출계약 전담기관(이하 "전담기관"이라 한다)의 확인
2. 국내 기업의 정부간 수출계약 이행능력에 관한 평가 및 추천. 다만, 외국 정부가 물품등을 수출할 국내 기업을 지정하는 경우에는 추천을 생략할 수 있다.
3. 전담기관과 국내 기업의 정부간 수출계약 이행에 관한 약정의 체결
4. 전담기관과 외국 정부와의 수출에 관한 계약의 체결(국내 기업과 함께 계약의 당사자가 되어 체결하는 경우를 포함한다)

[본조신설 2014. 7. 16.]

제5조(무역의 진흥을 위한 조치) ① 산업통상자원부장관은 법 제4조에 따라 무역의 진흥을 위한 다음 각 호의 조치를 하거나 관계 행정기관의 장에게 필요한 조치를 하여 줄 것을 요청할 수 있다. 〈개정 2008. 2. 29., 2013. 3. 23., 2021. 1. 5.〉

1. 수출산업의 국제경쟁력을 높이기 위한 여건의 조성과 설비 투자의 촉진
2. 외화획득률(외화획득액에서 외화획득용 원료의 수입금액을 공제한 금액이 차지하는 비율을 말한다)을 높이기 위한 품질 향상과 국내에서 생산되는 외화획득용 원료 · 기재의 사용 촉진
3. 통상협력 증진을 위한 수출 · 수입에 대한 조정
4. 지역별 무역균형을 달성하기 위한 수출 · 수입의 연계
5. 민간의 통상활동 및 산업협력의 지원
6. 무역 관련 시설에 대한 조세 등의 감면
7. 과학적인 무역업무 처리기반을 효율적으로 구축 · 운영하기 위한 여건의 조성
8. 무역업계 등 유관기관의 과학적인 무역업무 처리기반 이용 촉진
9. 국내기업의 해외 진출 지원
10. 해외에 진출한 국내기업의 고충 사항의 조사와 그 해결을 위한 지원
11. 그 밖에 수출 · 수입을 지속적으로 증대하기 위하여 필요하다고 인정하는 조치

② 법 제4조 제2항 제2호에 따른 지원 대상이 되는 무역 관련 시설은 다음 각 호의 구분에 따른 기능과 규모를 갖춘 시설로서 산업통상자원부장관이 지정하는 것으로 한다. 〈개정 2008. 2. 29., 2013. 3. 23.〉

1. 무역전시장 : 실내 전시 연면적이 2천 제곱미터 이상인 무역견본품을 전시할 수 있는 시설과 50명 이상을 수용할 수 있는 회의실을 갖출 것
2. 무역연수원 : 무역전문인력을 양성할 수 있는 시설로서 연면적이 2천 제곱미터 이상이고 최대수용 인원이 500명 이상일 것
3. 컨벤션센터 : 회의용 시설로서 연면적이 4천 제곱미터 이상이고 최대 수용 인원이 2천명 이상일 것

③ 법 제4조 제2항 제3호에서 "과학적인 무역업무 처리기반을 구축 · 운영하는 자"란 「전자무역 촉진에 관한 법률」 제6조 제1항에 따른 전자무역기반사업자 중에서 과학적인 무역업무 처리기반을 구축 · 운영하고 있는

사업자를 말한다.

제6조(특별조치를 위한 조사 및 협의 절차) ① 산업통상자원부장관은 법 제5조 제2호 · 제3호 · 제4호의2 또는 제5호에 해당하는 사유로 교역상대국에 대하여 물품등의 수출 · 수입의 제한 또는 금지에 관한 조치(이하 이 조에서 "특별조치"라 한다)를 하려면 미리 그 사실에 관하여 조사를 하여야 한다. 〈개정 2008. 2. 29., 2013. 3. 23., 2014. 1. 28.〉

② 법 제5조 제2호 · 제3호 · 제4호의2 또는 제5호에 해당하는 사실에 대하여 이해관계가 있는 자는 산업통상자원부장관에게 특별조치를 하여 줄 것을 신청할 수 있다. 〈개정 2008. 2. 29., 2013. 3. 23., 2014. 1. 28.〉

③ 산업통상자원부장관은 제2항에 따른 신청이 있으면 신청일부터 30일 이내에 그 사실관계에 대한 조사 여부를 결정하고 그 내용을 신청인에게 알려야 한다. 〈개정 2008. 2. 29., 2013. 3. 23.〉

④ 산업통상자원부장관은 제1항에 따른 조사를 할 때에 필요하다고 인정하면 미리 해당 교역상대국과 협의를 하여야 한다. 〈개정 2008. 2. 29., 2013. 3. 23.〉

⑤ 산업통상자원부장관은 제1항에 따라 조사를 시작하면 지체 없이 그 사실을 공고하고, 조사를 시작한 날부터 1년 이내에 끝내야 한다. 〈개정 2008. 2. 29., 2013. 3. 23.〉

⑥ 산업통상자원부장관은 특별조치를 하려는 경우에는 미리 관계 중앙행정기관의 장과 협의하여야 한다. 〈개정 2008. 2. 29., 2013. 3. 23.〉

⑦ 산업통상자원부장관은 법 제5조에 따른 특별조치를 하려는 경우에는 그 특별조치의 내용을 공고하고 그 특별조치가 제2항에 따른 신청에 따른 것일 때에는 해당 신청인에게 그 사실을 알려야 한다. 그 특별조치를 해제할 경우에도 또한 같다. 〈개정 2008. 2. 29., 2013. 3. 23.〉

제2장 통상의 진흥

제7조(통상진흥 시책의 수립) 산업통상자원부장관은 법 제7조 제1항에 따라 통상진흥 시책을 세우려면 다음 각 호의 기관이나 단체에 필요한 협조를 요청할 수 있다. 〈개정 2008. 2. 29., 2013. 3. 23.〉

1. 관계 행정기관
2. 지방자치단체
3. 「대한무역투자진흥공사법」에 따른 대한무역투자진흥공사(이하 "대한무역투자진흥공사"라 한다)
4. 「민법」 제32조에 따라 산업통상자원부장관의 허가를 받아 설립된 한국무역협회(이하 "한국무역협회"라 한다)
5. 그 밖에 무역 · 통상과 관련되는 기관 또는 단체

제8조(그 밖의 통상진흥 시책의 내용) 법 제7조 제2항 제7호에서 "그 밖에 대통령령으로 정하는 사항"이란 다음 각 호의 것을 말한다. 〈개정 2008. 2. 29., 2009. 11. 2., 2013. 3. 23.〉

1. 주요 지역별, 경제권별 또는 업종별 통상진흥 시책
2. 무역 · 통상의 진흥과 관련되는 기관 또는 단체의 통상활동 계획
3. 그 밖에 산업통상자원부장관이 무역 · 통상의 진흥과 관련하여 필요하다고 인정하는 통상진흥 시책

제9조(통상 관련 제도 조사) 산업통상자원부장관은 법 제7조 제3항에 따라 통상진흥 시책을 수립하기 위하여 필요한 경우에는 제7조 각 호(제2호는 제외한다)의 기관이나 단체에 해당 분야나 특정 사안에 대한 조사 또는 사실 확인을 요청할 수 있다. 〈개정 2013. 3. 23.〉

[전문개정 2009. 11. 2.]

제10조(지방자치단체와의 협조 등) ① 산업통상자원부장관은 법 제7조 제6항에 따른 지역별 통상진흥시책이 효과적으로 추진될 수 있도록 특별시 · 광역시 · 특별자치시 · 도 또는 특별자치도(이하 "시 · 도"라 한다) 및 무역 · 통상 관련기관 또는 단체 등이 포함되는 협의기구를 설치 · 운영할 수 있다. 〈개정 2008. 2. 29., 2013. 3. 23., 2014. 1. 28.〉

② 제1항에 따른 협의기구의 구성 및 운영 등에 필요한 사항은 산업통상자원부장관이 정한다. 〈개정 2008. 2. 29., 2013. 3. 23.〉

제11조(민간 협력 활동의 지원 절차) ① 법 제8조 제1항에 따른 지원을 받으려는 무역 · 통상 관련기관 또는 단체는 신청서에 사업 내용과 사업 성과 등이 포함된 사업계획서를 첨부하여 산업통상자원부장관에게 제출하여야 한다. 〈개정 2008. 2. 29., 2013. 3. 23.〉

② 산업통상자원부장관은 제1항에 따라 제출받은 사업계획서를 검토하여 통상, 산업, 기술, 에너지 등에서 협력 활동을 효율적으로 추진하기 위하여 필요하다고 인정되면 자금, 인력 및 정보 등을 지원할 수 있다. 〈개정 2008. 2. 29., 2013. 3. 23.〉

③ 제2항의 지원 기준 등에 관하여 필요한 사항은 산업통상자원부장관이 정한다. 〈개정 2008. 2. 29., 2013. 3. 23.〉

④ 산업통상자원부장관은 제2항의 지원과 관련하여 필요한 경우에는 관계 행정기관의 장에게 협조를 요청할 수 있다. 〈개정 2008. 2. 29., 2013. 3. 23.〉

⑤ 지원을 받은 관련 단체는 해당 지원 사업이 끝난 후 3개월 이내에 산업통상자원부장관에게 사업결과보고서를 제출하여야 한다. 〈개정 2008. 2. 29., 2013. 3. 23.〉

제12조(해외진출지원센터의 구성 · 운영 및 감독) ① 법 제8조 제4항에 따른 해외진출지원센터(이하 "해외진출지원센터"라 한다)는 대한무역투자진흥공사 소속 임직원과 제3항에 따른 파견자로 구성한다.

② 대한무역투자진흥공사의 장은 기업의 해외진출 지원업무를 수행하기 위하여 필요한 경우에는 관계 행정기관의 장 및 해외진출과 관련된 기관 또는 단체(이하 "해외진출 유관기관"이라 한다)의 장에게 소속 공무원 또는 그 임직원의 파견을 요청할 수 있다.

③ 제2항에 따라 공무원 또는 임직원의 파견을 요청받은 관계 행정기관의 장 및 해외진출 유관기관의 장은 업무수행에 적합한 자를 선발하여 해외진출지원센터에 파견하여야 하며, 파견기간 중 파견근무를 해제하려는 경우에는 대한무역투자진흥공사의 장과 미리 협의하여야 한다.

④ 제3항에 따라 해외진출지원센터에 파견된 공무원 또는 임직원의 복무에 관해서는 대한무역투자진흥공사의 장의 지휘 · 감독을 받는다.

⑤ 대한무역투자진흥공사의 장은 제3항에 따라 파견된 공무원에게는 「공무원 성과평가 등에 관한 규정」 제17조 제3항 또는 「지방공무원 임용령」 제31조의3 제3항에 따라 근무성적평정에 관한 의견서를 작성하여 그 공무원을 파견한 관계 행정기관의 장에게 이를 송부하여야 하며, 그 의견서를 송부받은 관계 행정기관의 장은 근무성적을 평정할 때 이를 참작하여야 한다.

⑥ 대한무역투자진흥공사의 장은 매년 1월 31일까지 전년도의 해외진출 지원업무 추진실적 및 해당 연도의 해외진출지원 업무추진계획을 작성하여 산업통상자원부장관에게 보고하고, 매 분기 종료 후 1개월 이내에 분기별 업무추진실적을 산업통상자원부장관에게 보고하여야 한다. 이 경우 산업통상자원부장관은 보고받은 사항 중 관계 행정기관의 협조가 필요한 사항에 대하여는 해당 행정기관의 장에게 통보하여야 한다. 〈개정 2013. 3. 23.〉

⑦ 산업통상자원부장관은 해외진출지원센터의 운영에 필요한 경비를 지원할 수 있다. 〈개정 2013. 3. 23.〉

⑧ 제1항부터 제7항까지에서 규정한 사항 외에 해외진출지원센터의 구성 · 운영 등에 필요한 세부 사항은 대한무역투자진흥공사의 장이 산업통상자원부장관과 협의하여 정한다. 〈개정 2013. 3. 23.〉

[전문개정 2009. 11. 2.]

제12조의2(전문무역상사의 지정 기준 등) ① 법 제8조의2제1항에 따라 전문무역상사로 지정받을 수 있는 자는 다음 각 호의 어느 하나에 해당하는 자로서 신용등급이 산업통상자원부장관이 정하여 고시하는 기준을 충족하는 자로 한다. 〈개정 2019. 1. 29.〉

1. 다음 각 목의 요건을 모두 갖춘 무역거래자
  가. 전년도 수출실적 또는 직전 3개 연도의 연평균 수출실적이 미화 100만달러 이상의 범위에서 산업통상자원부장관이 정하여 고시하는 금액 이상일 것
  나. 가목에 따른 수출실적 중 다른 중소기업(「중소기업기본법」 제2조에 따른 중소기업을 말한다. 이하 이 조 및 제12조의3에서 같다)이나 중견기업(「중견기업 성장촉진 및 경쟁력 강화에 관한 특별법」 제2조 제1호에 따른 중견기업을 말한다. 이하 이 조 및 제12조의3에서 같다)이 생산한 물품등의 수출실적 비율이 100분의 20 이상의 범위에서 산업통상자원부장관이 정하여 고시하는 비율 이상일 것
2. 신시장의 개척, 신제품의 발굴 및 중소기업 또는 중견기업에 대한 효과적인 수출 지원 등을 위하여 산업통상자원부장관이 농업 · 어업 · 수산업 등 업종별 특성과 조합 등 법인의 조직 형태별 수출 특성을 고려하여 고시하는 기준을 갖춘 무역거래자

② 법 제8조의2제1항에 따라 전문무역상사로 지정을 받으려는 자는 지정신청서에 산업통상자원부장관이 정하여 고시하는 서류를 갖추어 산업통상자원부장관에게 제출하여야 한다.

③ 산업통상자원부장관은 제2항에 따라 전문무역상사의 지정을 신청한 자가 제1항에 따른 지정 요건을 갖추었을 때에는 전문무역상사로 지정하고, 그 결과를 신청인에게 통보하여야 한다.

④ 제1항부터 제3항까지에서 규정한 사항 외에 전문무역상사의 지정 절차 등에 관하여 필요한 세부 사항은 산업통상자원부장관이 정하여 고시한다.

[본조신설 2014. 7. 16.]

제12조의3(전문무역상사에 대한 지원) ① 산업통상자원부장관은 전문무역상사를 통한 신시장의 개척, 신제품의 발굴 및 중소기업 또는 중견기업의 수출 확대 등을 위하여 필요하다고 인정되는 경우에는 법 제8조의2제1항에 따라 전문무역상사의 국내외 홍보, 우수제품의 발굴, 해외 판로개척 등에 필요한 사항을 지원할 수 있다.

② 산업통상자원부장관은 제1항에 따른 지원과 관련하여 필요하다고 인정되는 경우에는 관계 중앙행정기관 및 지방자치단체, 무역 또는 통상 업무를 수행하는 기관이나 단체에 협조를 요청할 수 있다.

[본조신설 2014. 7. 16.]

제13조(무역에 관한 조약의 이행을 위한 자료제출 요구) 산업통상자원부장관은 법 제9조 제1항에 따라 자료제출을 요구하려면 제출대상 자료 및 제출기한 등을 적은 문서(전자문서를 포함한다)로 하여야 한다. 〈개정

2013. 3. 23.〉
[전문개정 2009. 11. 2.]
제14조 삭제 〈2009. 11. 2.〉
제15조 삭제 〈2009. 11. 2.〉

제3장 수출입 거래

제1절 수출입 거래 총칙

제16조(수출입의 제한) 법 제11조 제1항 제6호에서 "대통령령으로 정하는 사항"이란 항공 관련 품목의 안전관리에 관한 사항을 말한다.
[전문개정 2016. 7. 26.]
제17조 삭제 〈2016. 7. 26.〉
제18조(수출입의 승인 절차 등) ① 법 제11조 제2항 본문에 따라 물품등의 수출 또는 수입의 승인을 신청하려는 자 및 법 제11조 제4항에 따라 수출 또는 수입 승인의 유효기간 연장을 신청하려는 자는 신청서에 산업통상자원부장관이 정하는 서류를 첨부하여 산업통상자원부장관에게 제출하여야 한다. 변경승인을 받으려는 경우(법 제11조 제2항 본문에 따라 승인을 받은 경우만 해당한다)에도 같다. 〈개정 2008. 2. 29., 2013. 3. 23., 2014. 1. 28.〉
② 산업통상자원부장관은 법 제11조 제3항 단서에 따라 다음 각 호의 어느 하나에 해당하는 경우에는 해당 물품등의 수출 또는 수입 승인의 유효기간을 1년 미만으로 하거나 최장 2년의 범위에서 정할 수 있다. 다만, 제42조의2제2항에 따른 허가의 유효기간(법 제19조 제2항에 따른 수출허가의 유효기간만 해당한다)이 2년을 초과하는 경우에는 그 기간까지 수출 승인의 유효기간을 정할 수 있다. 〈개정 2014. 1. 28.〉
1. 국내의 물가안정이나 수급 조정을 위하여 수출 또는 수입 승인의 유효기간을 1년 보다 단축할 필요가 있는 경우
2. 수출입계약 체결 후 물품등의 제조 · 가공 기간이 1년을 초과하는 경우
3. 수출입계약 체결 후 물품등이 1년 이내에 선적되거나 도착하기 어려운 경우
4. 제1호부터 제3호까지의 규정 외에 수출입 물품등의 인도 조건 및 거래의 특성을 고려하여 수출 또는 수입 승인의 유효기간을 1년보다 단축하거나 늘릴 필요가 있다고 인정되는 경우

③ 법 제11조 제5항에서 "대통령령으로 정하는 중요한 사항"이란 다음 각 호를 말한다. 〈개정 2014. 1. 28.〉
1. 물품등의 수량 · 가격
2. 삭제 〈2014. 1. 28.〉
3. 수출 또는 수입의 당사자에 관한 사항

제19조(수출입승인의 면제) 법 제11조 제2항 단서에서 "대통령령으로 정하는 기준에 해당하는 물품등"이란 다음 각 호의 물품등을 말한다. 〈개정 2008. 2. 29., 2013. 3. 23.〉
1. 산업통상자원부장관이 정하여 고시하는 물품등으로서 외교관이나 그 밖에 산업통상자원부장관이 정하는 자가 출국하거나 입국하는 경우에 휴대하거나 세관에 신고하고 송부하는 물품등
2. 다음 각 목의 어느 하나에 해당하는 물품등 중 산업통상자원부장관이 관계 행정기관의 장과의 협의를 거쳐 고시하는 물품등
   가. 긴급히 처리하여야 하는 물품등으로서 정상적인 수출 · 수입 절차를 밟아 수출 · 수입하기에 적합하지 아니한 물품등
   나. 무역거래를 원활하게 하기 위하여 주된 수출 또는 수입에 부수된 거래로서 수출 · 수입하는 물품등
   다. 주된 사업 목적을 달성하기 위하여 부수적으로 수출 · 수입하는 물품등
   라. 무상(無償)으로 수출 · 수입하여 무상으로 수입 · 수출하거나, 무상으로 수입 · 수출할 목적으로 수출 · 수입하는 것으로서 사업 목적을 달성하기 위하여 부득이하다고 인정되는 물품등
   마. 산업통상자원부장관이 정하여 고시하는 지역에 수출하거나 산업통상자원부장관이 정하여 고시하는 지역으로부터 수입하는 물품등
   바. 공공성을 가지는 물품등이거나 이에 준하는 용도로 사용하기 위한 물품등으로서 따로 수출 · 수입을 관리할 필요가 없는 물품등
   사. 그 밖에 상행위 이외의 목적으로 수출 · 수입하는 물품등
3. 외국환 거래 없이 수입하는 물품등으로서 산업통상자원부장관이 정하여 고시하는 기준에 해당하는 물품등
4. 「해외이주법」에 따른 해외이주자가 해외이주를 위하여 반출하는 원자재, 시설재 및 장비로서 외교부장관이나 외교부장관이 지정하는 기관의 장이 인정하는 물품등

제20조(특정 거래 형태의 수출입 인정) ① 법 제13조 제1항에서 "대통령령으로 정하는 물품등의 수출입 거래 형태"란 해당 거래의 전부 또는 일부가 다음 각 호의 어느 하나에 해당하는 수출입 거래 형태로서 산업통상자원부장관이 정하여 고시하는 기준에 해당하는 거래(이하 "특정거래 형태"라 한다)를 말한다. 〈개정 2008. 2.

29., 2013. 3. 23.〉

1. 법 제11조 제1항에 따른 수출 또는 수입의 제한을 회피할 우려가 있는 거래
2. 산업 보호에 지장을 초래할 우려가 있는 거래
3. 외국에서 외국으로 물품등의 이동이 있고, 그 대금의 지급이나 영수(領收)가 국내에서 이루어지는 거래로서 대금 결제 상황의 확인이 곤란하다고 인정되는 거래
4. 대금 결제 없이 물품등의 이동만 이루어지는 거래

② 특정거래 형태의 인정 절차, 인정의 유효기간, 그 밖에 필요한 사항은 산업통상자원부장관이 정하여 고시한다. 〈개정 2008. 2. 29., 2013. 3. 23.〉

③ 산업통상자원부장관은 특정거래 형태를 인정할 때에 새로운 거래 형태의 파악 등을 위하여 필요한 경우에는 관계 행정기관의 장에게 협조를 요청할 수 있다. 〈개정 2008. 2. 29., 2013. 3. 23.〉

제21조(전산관리체제의 개발 · 운영) ① 산업통상자원부장관은 수출입 거래가 질서 있고 효율적으로 이루어질 수 있도록 법 제15조 제1항에 따라 다음 각 호의 전산관리체제를 개발 · 운영하여야 한다. 〈개정 2008. 2. 29., 2009. 11. 2., 2013. 3. 23.〉

1. 무역거래자별 고유번호(이하 "무역업고유번호"라 한다)의 부여 및 관리 등 수출입통계 데이터베이스를 구축하기 위한 전산관리체제
2. 「불공정무역행위 조사 및 산업피해구제에 관한 법률」 제4조에 따른 불공정무역행위를 방지하기 위한 전산관리체제
3. 효율적인 수출입 거래를 위한 다음 각 목의 전산관리체제
   가. 부문별 무역전산관리체제를 유기적으로 연계하기 위한 전산관리체제
   나. 관계 행정기관의 장이 필요하다고 인정하여 산업통상자원부장관과 협의하여 정한 해당 기관 소관의 무역 관련 전산관리체제
4. 그 밖에 무역업계의 요청에 따라 산업통상자원부장관이 필요하다고 인정하는 전산관리체제

② 산업통상자원부장관은 제1항에 따른 전산관리체제를 개발 · 운영하기 위하여 필요하다고 인정하면 그 경비의 일부를 해당 전산관리체제의 개발 · 운영에 필요한 정보를 제공한 기관에 지원할 수 있다. 〈개정 2008. 2. 29., 2013. 3. 23.〉

제22조(수출입 거래에 관한 정보의 수집 · 분석) ① 산업통상자원부장관은 제21조에 따른 전산관리체제를 개발 · 운영하는 데에 필요하면 법 제15조 제2항에 따라 관세청장에게 다음 각 호의 정보를 요청할 수 있다. 〈개정 2008. 2. 29., 2013. 3. 23.〉

1. 「관세법」 제241조에 따라 신고한 무역거래자의 상호, 성명 등 무역거래자에 관련된 정보
2. 「관세법」 제241조에 따라 신고한 각 신고별 신고 수리일, 수출 또는 수입 물품의 품명 · 수량 · 금액, 거래 형태 등에 관련된 정보로서 산업통상자원부장관이 정하는 정보

② 산업통상자원부장관은 제21조에 따른 전산관리체제를 개발 · 운영하기 위하여 제1항, 제92조 제2항 및 법 제48조 제1항에 따라 수집된 관련 정보를 종합적으로 분석 · 관리하여야 한다. 〈개정 2008. 2. 29., 2009. 11. 2., 2013. 3. 23.〉

③ 제1항과 제2항에 따른 정보의 제공 시기 및 방법, 정보의 형태, 그 밖에 정보 수집에 관하여 필요한 사항은 산업통상자원부장관이 정한다. 〈개정 2008. 2. 29., 2013. 3. 23.〉

제23조(용역이나 전자적 형태의 무체물의 수출입 확인) ① 산업통상자원부장관은 제3조에 따른 용역이나 제4조에 따른 전자적 형태의 무체물을 수출입한 자가 수출입에 관한 지원을 받기 위하여 수출입 사실의 확인을 신청하면 수출입 확인을 할 수 있다. 〈개정 2008. 2. 29., 2013. 3. 23.〉

② 제1항에 따른 수출입 확인에 필요한 세부 절차 등은 산업통상자원부장관이 정하여 고시한다. 〈개정 2008. 2. 29., 2013. 3. 23.〉

제2절 외화획득용 원료 · 기재의 수입과 구매 등

제24조(외화획득용 원료 · 기재의 수입승인) ① 법 제11조 제2항에 따라 수입승인을 받아야 하는 물품등을 법 제16조 제1항 본문에 따라 외화획득용 원료 · 기재로 수입하려는 자는 산업통상자원부장관이 정하여 고시하는 기준에 따라 산업통상자원부장관의 승인을 받아야 한다. 〈개정 2008. 2. 29., 2013. 3. 23., 2016. 7. 26.〉

② 산업통상자원부장관은 법 제16조 제1항 단서에 따라 국산 원료 · 기재의 사용을 촉진하기 위하여 외화획득용 원료 · 기재의 수입을 제한하려는 경우에는 그 제한하려는 품목 및 수입에 필요한 절차를 따로 정하여 고시하여야 한다. 〈개정 2008. 2. 29., 2013. 3. 23.〉

제25조(외화획득용 원료 · 기재의 품목 및 수량) ① 법 제16조 제2항에 따른 외화획득용 원료 · 기재의 수량은 외화획득을 위한 물품등의 1단위를 생산하기 위하여 제공되는 외화획득용 원료 · 기재의 기준 소요량을 말한다.

② 산업통상자원부장관은 제1항에 따른 외화획득용 원료 · 기재의 기준 소요량을 정하는 경우에는 해당 물품등을 생산하는 데에 필요한 실제 수량 외에 생산 공정에

서 생기는 평균 손실량을 포함시킬 수 있다. 〈개정 2008. 2. 29., 2013. 3. 23., 2021. 1. 5.〉

③ 외화획득용 원료·기재의 품목별 소요량에 관한 계산서의 작성 기준 및 방법 등에 관하여 필요한 사항은 산업통상자원부장관이 정하여 고시한다. 〈개정 2008. 2. 29., 2013. 3. 23.〉

제26조(외화획득의 범위) ① 법 제16조 제4항에 따른 외화획득의 범위는 다음 각 호의 어느 하나에 해당하는 방법에 따라 외화를 획득하는 것으로 한다. 〈개정 2008. 2. 29., 2013. 3. 23.〉

1. 수출
2. 주한 국제연합군이나 그 밖의 외국군 기관에 대한 물품등의 매도
3. 관광
4. 용역 및 건설의 해외 진출
5. 국내에서 물품등을 매도하는 것으로서 산업통상자원부장관이 정하여 고시하는 기준에 해당하는 것

② 무역거래자가 외국의 수입업자로부터 수수료를 받고 행한 수출 알선은 제1항에 따른 외화획득행위에 준하는 행위로 본다.

제27조(외화획득 이행기간) ① 법 제16조 제4항에 따른 외화획득의 이행기간은 다음 각 호의 구분에 따른 기간의 범위에서 산업통상자원부장관이 정하여 고시하는 기간으로 한다. 〈개정 2008. 2. 29., 2013. 3. 23., 2016. 7. 26.〉

1. 외화획득용 원료·기재를 수입한 자가 직접 외화획득의 이행을 하는 경우 : 수입통관일 또는 공급일부터 2년
2. 다른 사람으로부터 외화획득용 원료·기재 또는 그 원료·기재로 제조된 물품등을 양수한 자가 외화획득의 이행을 하는 경우 : 양수일부터 1년
3. 외화획득을 위한 물품등을 생산하거나 비축하는 데에 2년 이상의 기간이 걸리는 경우 : 생산하거나 비축하는 데에 걸리는 기간에 상당하는 기간
4. 수출이 완료된 기계류의 하자 및 유지 보수를 위한 외화획득용 원료·기재인 경우: 하자 및 유지 보수 완료일부터 2년

② 외화획득 이행의무자는 제1항에 따른 기간 내에 외화획득의 이행을 할 수 없다고 인정되면 산업통상자원부장관이 정하는 서류를 갖추어 산업통상자원부장관에게 그 기간의 연장을 신청하여야 한다. 〈개정 2008. 2. 29., 2013. 3. 23.〉

③ 산업통상자원부장관은 제2항에 따른 신청을 받은 경우 그 신청이 타당하다고 인정할 때에는 외화획득의 이행기간을 연장할 수 있다. 〈개정 2008. 2. 29., 2008. 11. 5., 2013. 3. 23.〉

제28조(외화획득용 원료·기재의 사후 관리) ① 산업통상자원부장관은 제24조에 따라 승인을 받아 수입한 외화획득용 원료·기재 및 그 원료·기재로 제조된 물품등에 대하여는 외화획득 이행의무자의 외화획득 이행 여부를 사후 관리하여야 한다. 〈개정 2008. 2. 29., 2013. 3. 23.〉

② 산업통상자원부장관은 산업통상자원부장관이 정하여 고시한 요건을 갖춘 자가 법 제11조 제2항에 따른 수입승인을 받아 수입한 외화획득용 원료·기재에 대하여는 제1항에도 불구하고 수입승인을 받은 자가 사후 관리하도록 할 수 있다. 법 제17조에 따라 외화획득용 원료·기재를 양수한 자로서 산업통상자원부장관이 정하여 고시한 요건을 갖춘 자의 경우에도 또한 같다. 〈개정 2008. 2. 29., 2013. 3. 23.〉

③ 제1항과 제2항에 따른 사후 관리는 외화획득 이행의무자별 및 품목별로 매 분기에 수입한 총량을 대상으로 행하되, 사후 관리의 방법 등에 관하여 필요한 사항은 산업통상자원부장관이 정하여 고시한다. 〈개정 2008. 2. 29., 2013. 3. 23.〉

제29조(외화획득용 원료·기재의 사후 관리 면제) 산업통상자원부장관은 제28조 제1항에도 불구하고 다음 각 호의 어느 하나에 해당하는 경우에는 사후 관리를 하지 아니할 수 있다. 〈개정 2008. 2. 29., 2013. 3. 23.〉

1. 품목별 외화획득 이행 의무의 미이행률이 10퍼센트 이하인 경우
2. 외화획득 이행의무자의 분기별 미이행률이 10퍼센트 이하이고, 그 미이행 금액이 미화 2만 달러에 상당하는 금액 이하인 경우
3. 외화획득 이행의무자의 책임이 없는 사유로 외화획득의 이행을 하지 못한 경우로서 산업통상자원부장관이 인정하는 경우
4. 해당 품목이 수입승인 대상에서 제외됨으로써 그 수입에 대응하는 외화획득의 이행을 할 필요가 없는 경우 등 산업통상자원부장관이 사후관리를 할 필요성이 없어진 것으로 인정하는 경우

제30조(외화획득용 원료·기재의 사용목적 변경승인 등) ① 법 제17조 제1항 본문에 따라 외화획득용 원료·기재 또는 그 원료·기재로 제조된 물품등의 사용 목적 변경승인을 받으려는 자는 신청서에 산업통상자원부장관이 정하는 서류를 첨부하여 산업통상자원부장관에게 제출하여야 한다. 〈개정 2008. 2. 29., 2013. 3. 23.〉

② 법 제17조 제1항 본문에서 "부득이한 사유"란 다음 각 호의 어느 하나에 해당하는 경우를 말한다. 〈개정 2008. 2. 29., 2013. 3. 23.〉

1. 우리나라나 교역상대국의 전쟁 · 사변, 천재지변 또는 제도 변경으로 인하여 외화획득의 이행을 할 수 없게 된 경우
2. 외화획득용 원료 · 기재로 생산된 물품등으로서 그 물품등을 생산하는 데에 고도의 기술이 필요하여 외화획득의 이행에 앞서 시험제품을 생산할 필요가 있는 경우
3. 외화획득 이행의무자의 책임이 없는 사유로 외화획득의 이행을 할 수 없게 된 경우
4. 그 밖에 산업통상자원부장관이 불가항력으로 외화획득의 이행을 할 수 없다고 인정한 경우

③ 법 제17조 제1항 단서에서 "대통령령으로 정하는 원료 · 기재 또는 그 원료 · 기재로 제조된 물품등"이란 다음 각 호의 어느 하나에 해당하는 물품등을 말한다. 〈개정 2021. 1. 5.〉

1. 제25조 제2항에 따른 평균 손실량에 해당하는 외화획득용 원료 · 기재 또는 그 원료 · 기재로 생산한 물품등
2. 제29조 제4호에 해당하는 외화획득용 원료 · 기재

④ 법 제17조 제2항에 따라 외화획득용 원료 · 기재 또는 그 원료 · 기재로 제조된 물품등의 양도 · 양수 승인을 받으려는 자는 신청서에 산업통상자원부장관이 정하는 서류를 첨부하여 산업통상자원부장관에게 제출하여야 한다. 〈개정 2008. 2. 29., 2013. 3. 23.〉

⑤ 법 제17조 제2항 단서에서 "대통령령으로 정하는 원료 · 기재"란 제29조 각 호의 어느 하나에 해당하는 외화획득용 원료 · 기재를 말한다.

제31조(구매확인서의 신청 · 발급 등) ① 법 제18조 제1항에 따른 구매확인서를 발급받으려는 자는 구매확인신청서에 다음 각 호의 서류를 첨부하여 산업통상자원부장관에게 제출하여야 한다. 〈개정 2008. 2. 29., 2013. 3. 23.〉

1. 구매자 · 공급자에 관한 서류
2. 외화획득용 원료 · 기재의 가격 · 수량 등에 관한 서류
3. 법 제16조 제1항에 따른 외화획득용 원료 · 기재라는 사실을 증명하는 서류로서 산업통상자원부장관이 정하여 고시하는 서류

② 산업통상자원부장관은 제1항에 따른 신청을 받은 경우 신청인이 구매하려는 원료 · 기재가 제26조에 따른 외화획득의 범위에 해당하는지를 확인하여 발급 여부를 결정한 후 구매확인서를 발급하여야 한다. 〈개정 2008. 2. 29., 2013. 3. 23.〉

③ 제1항과 제2항에서 규정한 것 외에 구매확인서의 발급 등에 필요한 세부 사항은 산업통상자원부장관이 정하여 고시한다. 〈개정 2008. 2. 29., 2013. 3. 23.〉

제3절 전략물자의 수출입

제32조(국제수출통제체제) 법 제19조 제1항에서 "대통령령으로 정하는 국제수출통제체제"란 다음 각 호를 말한다. 〈개정 2014. 1. 28., 2016. 7. 26.〉

1. 바세나르체제(WA)
2. 핵공급국그룹(NSG)
3. 미사일기술통제체제(MTCR)
4. 오스트레일리아그룹(AG)
5. 화학무기의 개발 · 생산 · 비축 · 사용 금지 및 폐기에 관한 협약(CWC)
6. 세균무기(생물무기) 및 독소무기의 개발 · 생산 · 비축 금지 및 폐기에 관한 협약(BWC)
7. 무기거래조약(ATT)

[제목개정 2014. 1. 28.]

제32조의2(수출허가 등의 제한이 필요한 기술) 법 제19조 제1항에서 "대통령령으로 정하는 기술"이란 국제수출통제체제에서 정하는 물품의 제조 · 개발 또는 사용 등에 관한 기술로서 산업통상자원부장관이 관계 행정기관의 장과 협의하여 고시하는 기술을 말한다. 다만, 다음 각 호의 어느 하나에 해당하는 기술은 제외한다. 〈개정 2013. 3. 23., 2014. 1. 28.〉

1. 일반에 공개된 기술
2. 기초과학연구에 관한 기술
3. 특허 출원에 필요한 최소한의 기술
4. 법 제19조 제2항에 따라 수출허가를 받은 물품등의 설치, 운용, 점검, 유지 및 보수에 필요한 최소한의 기술

[본조신설 2009. 11. 2.]

제32조의3(기술이전) 법 제19조 제2항 각 호 외의 부분 본문에서 "대통령령으로 정하는 경우"란 제32조의2 본문에 따라 고시하는 기술을 다음 각 호의 어느 하나에 해당하는 방법으로 이전하는 경우를 말한다.

1. 전화, 팩스, 이메일 등 정보통신망을 통한 이전
2. 지시, 교육, 훈련, 실연(實演) 등 구두나 행위를 통한 이전
3. 종이, 필름, 자기디스크, 광디스크, 반도체메모리 등 기록매체나 컴퓨터 등 정보처리장치를 통한 이전

[본조신설 2014. 1. 28.]

제33조(전략물자의 수출허가 또는 상황허가의 신청 등) ① 법 제19조 제2항 및 제3항에 따라 전략물자 또는 전략물자에는 해당되지 않으나 대량파괴무기와 그 운반수단인 미사일 및 재래식무기(이하 "대량파괴무기등"이라 한다)의 제조 · 개발 · 사용 또는 보관 등의 용도로 전용(轉用)될 가능성이 높은 물품등을 수출(법 제19조 제1항에 따른 기술이 법 제19조 제2항 각 호의 어느 하

나에 해당하는 경우로서 제32조의3 각 호의 어느 하나에 해당하는 방법으로 이전되는 경우를 포함한다. 이하 이 조, 제34조부터 제36조까지, 제41조의2, 제42조, 제42조의2 및 제43조부터 제47조까지에서 같다)하려는 자는 전략물자수출허가신청서나 상황허가신청서에 다음 각 호의 서류를 첨부하여 산업통상자원부장관이나 관계 행정기관의 장에게 제출해야 한다. 〈개정 2008. 2. 29., 2010. 10. 1., 2013. 3. 23., 2014. 1. 28., 2020. 6. 16.〉

1. 수출계약서, 수출가계약서(輸出假契約書) 또는 이에 준하는 서류
2. 수입국의 정부가 발행하는 수입목적확인서 또는 이에 준하는 서류
3. 수출하는 물품등의 용도와 성능을 표시하는 서류
4. 수출하는 물품등의 기술적 특성에 관한 서류

4의2. 수출하는 물품등의 용도 등에 관한 최종 사용자의 서약서

5. 그 밖에 수출허가나 상황허가에 필요한 서류로서 산업통상자원부장관이 정하여 고시하는 서류

② 제1항에 따른 수출허가신청이나 상황허가신청을 받은 산업통상자원부장관 또는 관계 행정기관의 장은 15일 이내에 수출허가나 상황허가의 여부를 결정하고 그 결과를 신청인에게 알려야 한다. 다만, 수출허가나 상황허가를 신청한 물품등에 대하여 별도의 기술 심사, 국내·국제 관계기관과의 협의 또는 현지조사가 필요한 경우에는 그 협의나 현지조사를 하는 데에 걸리는 기간은 본문에 따른 기간에 산입하지 아니한다. 〈개정 2008. 2. 29., 2013. 3. 23., 2016. 7. 26.〉

제34조(수출허가 및 상황허가의 기준) 법 제19조 제4항에서 "대통령령으로 정하는 기준"이란 다음 각 호의 기준을 말한다. 〈개정 2008. 2. 29., 2013. 3. 23., 2014. 1. 28., 2016. 7. 26.〉

1. 해당 물품등이 평화적 목적에 사용될 것
2. 해당 물품등의 수출이 국제평화 및 안전유지와 국가안보에 영향을 미치지 아니할 것
3. 해당 물품등의 수입자와 최종 사용자 등이 거래에 적합한 자격을 가지고 있고 그 물품등의 사용 용도를 신뢰할 수 있을 것
4. 그 밖에 제32조 각 호에 따른 국제수출통제체제의 원칙 중 산업통상자원부장관이 정하여 고시하는 사항을 지킬 것

제35조(전략물자의 수출허가 또는 상황허가의 면제) 법 제19조 제5항에 따라 다음 각 호의 어느 하나에 해당하는 경우에는 전략물자의 수출허가 또는 상황허가를 면제하되, 수출자는 수출 후 7일 이내에 산업통상자원부장관 또는 관계 행정기관의 장에게 수출거래에 관한 보고서를 제출하여야 한다. 〈개정 2013. 3. 23.〉

1. 재외공관, 해외에 파견된 우리나라 군대 또는 외교사절 등에 사용될 공용물품을 수출하는 경우
2. 선박 또는 항공기의 안전운항을 위하여 긴급 수리용으로 사용되는 기계, 기구 또는 부분품 등을 수출하는 경우
3. 그 밖에 수출허가 또는 상황허가의 면제가 필요하다고 인정하여 산업통상자원부장관이 관계 행정기관의 장과 협의하여 고시하는 경우

[전문개정 2009. 11. 2.]

제36조(전략물자의 판정 신청 등) ① 법 제20조 제2항에 따라 해당 물품등이 전략물자 또는 법 제19조 제3항 제13호에 따른 상황허가 대상인 물품등에 해당하는지에 대하여 판정을 받으려는 자는 판정신청서에 다음 각 호의 서류를 첨부하여 산업통상자원부장관이나 관계 행정기관의 장에게 제출하여야 한다. 〈개정 2008. 2. 29., 2013. 3. 23., 2014. 1. 28.〉

1. 물품등의 용도와 성능을 표시하는 서류
2. 물품등의 기술적 특성에 관한 서류
3. 그 밖에 전략물자 또는 법 제19조 제3항 제13호에 따른 상황허가 대상인 물품등의 판정에 필요한 서류로서 산업통상자원부장관이 정하여 고시하는 서류

② 제1항에 따른 신청을 받은 산업통상자원부장관이나 관계 행정기관의 장은 15일 이내에 신청한 물품등이 전략물자 또는 법 제19조 제3항 제13호에 따른 상황허가 대상인 물품등에 해당하는지를 판정하여 신청인에게 알려야 한다. 다만, 판정을 신청한 물품등에 대하여 별도의 기술 심사나 다른 관계 행정기관과의 협의가 필요한 경우 그 기술 심사나 협의를 하는 데에 필요한 기간은 본문에 따른 기간에 산입하지 아니한다. 〈개정 2008. 2. 29., 2013. 3. 23., 2014. 1. 28.〉

③ 제2항에 따른 판정의 유효기간은 2년으로 한다. 〈개정 2014. 1. 28.〉

④ 산업통상자원부장관은 전략물자 수출입통제업무를 효율적으로 수행하기 위하여 필요한 경우 제2항에 따라 전략물자로 판정된 물품등에 대하여 그 명칭, 규격, 통제번호 등 해당 물품등이 전략물자라는 사실을 확인할 수 있는 객관적 사항에 관한 것으로서 산업통상자원부장관이 정하여 고시하는 사항을 공고할 수 있다. 〈개정 2008. 2. 29., 2013. 3. 23.〉

제37조(전략물자 판정 업무 등의 위탁) 원자력안전위원회는 법 제20조 제2항 후단에 따라 그 소관 물품등이 전략물자 또는 상황허가 대상인 물품등에 해당하는지에 대한 제36조 제2항에 따른 판정 및 통보 업무를 「원자

력안전법」 제6조에 따른 한국원자력통제기술원에 위탁한다.

[전문개정 2020. 6. 16.]

제38조 삭제 〈2009. 11. 2.〉

제39조 삭제 〈2009. 11. 2.〉

제40조(전략물자 수입목적확인서의 발급 등) ① 법 제22조에 따라 전략물자 수입목적확인서를 발급받으려는 자는 전략물자 수입목적확인서 발급신청서에 그 전략물자의 최종 사용자 및 사용 목적을 증명할 수 있는 서류 등 전략물자의 수입 목적을 확인하는 데에 필요한 서류로서 산업통상자원부장관이나 관계 행정기관의 장이 정하여 고시하는 서류를 첨부하여 산업통상자원부장관이나 관계 행정기관의 장에게 제출하여야 한다. 〈개정 2008. 2. 29., 2013. 3. 23.〉

② 제1항에 따른 신청을 받은 산업통상자원부장관이나 관계 행정기관의 장은 7일 이내에 전략물자 수입목적확인서를 발급하여야 한다. 다만, 수입목적 확인을 신청한 물품등에 대하여 별도의 기술 심사나 관계 행정기관과의 협의가 필요한 경우 그 기술 심사나 협의를 하는 데에 필요한 기간은 본문에 따른 기간에 산입하지 아니한다. 〈개정 2008. 2. 29., 2013. 3. 23.〉

③ 제2항에 따라 발급한 전략물자 수입목적확인서의 유효기간은 1년으로 한다. 〈신설 2014. 1. 28.〉

제40조의2(전략물자등의 경유 또는 환적 허가 신청 등) ① 법 제23조 제3항에서 "대통령령으로 정하는 자"란 다음 각 호의 어느 하나에 해당하는 자를 말한다. 〈개정 2013. 3. 23., 2014. 1. 28.〉

1. 대량파괴무기등의 제조·개발·사용 또는 보관 등의 용도로 전용되거나 전용될 가능성이 있다고 인정되는 전략물자나 상황허가 대상인 물품등(이하 "전략물자등"이라 한다)을 경유하거나 환적하려는 자
2. 산업통상자원부장관 또는 관계 행정기관의 장으로부터 법 제23조 제3항에 따른 경유 또는 환적 허가를 받아야 하는 것으로 통보받은 자

② 법 제23조 제3항에 따라 경유 또는 환적 허가를 받으려는 자는 산업통상자원부장관이 고시하는 경유 또는 환적 허가 신청서에 다음 각 호의 서류를 첨부하여 산업통상자원부장관 또는 관계 행정기관의 장에게 제출하여야 한다. 〈개정 2013. 3. 23., 2016. 7. 26.〉

1. 거래계약서 또는 이에 준하는 서류
2. 해당 경유 또는 환적에 관련된 수출자, 수입자, 최종 사용자 등에 관한 서류
3. 그 밖에 전략물자등의 경유 또는 환적 허가에 필요한 서류로서 산업통상자원부장관이 정하여 고시하는 서류

③ 제2항에 따른 경유 또는 환적 허가 신청서를 제출받은 산업통상자원부장관이나 관계 행정기관의 장은 15일 이내에 경유 또는 환적 허가 여부를 결정하고 그 결과를 신청인에게 알려야 한다. 다만, 경유 또는 환적 허가를 신청한 전략물자등에 대하여 별도의 기술 심사, 국내·국제 관계기관과의 협의 또는 현지조사가 필요한 경우 이를 위하여 걸리는 기간은 본문에 따른 기간에 산입하지 아니한다. 〈신설 2016. 7. 26.〉

[전문개정 2010. 10. 1.]

[제목개정 2016. 7. 26.]

제40조의3(전략물자등의 경유 또는 환적 허가의 기준) 법 제23조 제4항에서 "국제평화, 안전유지 및 국가안보 등 대통령령으로 정하는 기준"이란 다음 각 호의 기준을 말한다.

1. 해당 전략물자등이 평화적 목적에 사용될 것
2. 해당 전략물자등의 경유 또는 환적이 국제평화 및 안전유지와 국가안보에 영향을 미치지 아니할 것
3. 해당 전략물자등의 수출자, 수입자, 최종 사용자 등이 거래에 적합한 자격을 가지고 있고 그 전략물자등의 사용 용도를 신뢰할 수 있을 것
4. 그 밖에 제32조 각 호에 따른 국제수출통제체제의 원칙 중 산업통상자원부장관이 정하여 고시하는 사항을 지킬 것

[본조신설 2016. 7. 26.]

제41조(전략물자등의 중개허가 신청 등) ① 법 제24조 제1항에 따라 전략물자등을 중개하려는 자는 전략물자등 중개허가신청서에 다음 각 호의 서류를 첨부하여 산업통상자원부장관이나 관계 행정기관의 장에게 제출하여야 한다. 〈개정 2008. 2. 29., 2013. 3. 23., 2014. 1. 28.〉

1. 거래계약서, 거래가계약서(去來假契約書) 또는 이에 준하는 서류
2. 해당 중개에 관련된 수출자, 수입자, 중개자 등에 관한 서류
3. 중개하는 전략물자등의 용도와 성능을 표시하는 서류
4. 중개하는 전략물자등의 기술적 특성에 관한 서류

4의2. 중개하는 전략물자등의 용도 등에 관한 최종 사용자의 서약서

5. 그 밖에 전략물자등의 중개허가에 필요한 서류로서 산업통상자원부장관이 정하여 고시하는 서류

② 제1항에 따른 중개허가 신청을 받은 산업통상자원부장관이나 관계 행정기관의 장은 15일 이내에 중개허가 여부를 결정하고 그 결과를 신청인에게 알려야 한다. 다만, 중개허가를 신청한 물품등에 대하여 별도의 기술 심사, 국내·국제 관계기관과의 협의 또는 현지조사가 필요한 경우 이를 위하여 걸리는 기간은 본문에 따른 기간

에 산입하지 아니한다. 〈개정 2008. 2. 29., 2013. 3. 23., 2016. 7. 26.〉

[제목개정 2014. 1. 28.]

제41조의2(전략물자등의 중개허가의 면제) 법 제24조 제1항 단서에서 "국제수출통제체제의 원칙에 따른 수출허가를 받은 경우 등 대통령령으로 정하는 때"란 다음 각 호의 어느 하나에 해당하는 때를 말한다. 〈개정 2013. 3. 23., 2014. 1. 28.〉

1. 법 제19조 제1항의 국제수출통제체제의 원칙에 따라 수출국으로부터 수출허가를 받은 때
2. 산업통상자원부장관이 고시하는 지역에서 중개에 따른 수출이나 수입이 이루어지는 때

[본조신설 2009. 11. 2.]

[제목개정 2014. 1. 28.]

제42조(중개허가의 기준) 법 제24조 제2항에서 "대통령령으로 정하는 기준"이란 다음 각 호의 기준을 말한다. 〈개정 2008. 2. 29., 2013. 3. 23., 2014. 1. 28., 2016. 7. 26.〉

1. 해당 물품등이 평화적 목적에 사용될 것
2. 해당 물품등의 중개가 국제평화 및 안전유지와 국가안보에 영향을 미치지 아니할 것
3. 해당 물품등의 수출자, 수입자, 최종 사용자 등이 거래에 적합한 자격을 가지고 있고 그 물품등의 사용용도를 신뢰할 수 있을 것
4. 그 밖에 제32조 각 호에 따른 국제수출통제체제의 원칙 중 산업통상자원부장관이 정하여 고시하는 사항을 지킬 것

제42조의2(수출허가 등의 유효기간) ① 다음 각 호의 어느 하나에 해당하는 허가의 유효기간은 1년으로 한다.

1. 법 제19조 제2항에 따른 수출허가
2. 법 제19조 제3항에 따른 상황허가
3. 법 제23조 제3항에 따른 경유 또는 환적 허가
4. 법 제24조에 따른 중개허가

② 산업통상자원부장관 또는 관계 행정기관의 장은 다음 각 호의 어느 하나에 해당하는 경우에는 제1항 각 호에 따른 허가의 유효기간을 달리 정할 수 있다.

1. 법 제19조 제2항에 따른 전략물자 중 법 제19조 제1항에 따른 기술을 수출하려는 경우
2. 법 제25조 제2항에 따른 자율준수무역거래자(법 제19조 제2항 및 이 영 제32조의3에 따른 기술이전 행위의 전부 또는 일부를 위임하거나 기술이전 행위를 하는 자를 포함한다. 이하 제43조부터 제46조까지 및 제75조에서 같다)에 대하여 법 제19조 제2항에 따른 수출허가를 하는 경우
3. 제1호 및 제2호 외에 전략물자등의 인도 조건, 대금결제의 기간이나 조건, 경유 또는 환적이나 중개 등과 관련된 거래의 특성 등을 고려하여 산업통상자원부장관이나 관계 행정기관의 장이 필요하다고 인정하는 경우

③ 제2항에 따른 허가 유효기간의 설정과 관련된 세부적인 사항은 산업통상자원부장관이 관계 행정기관의 장과 협의하여 고시할 수 있다.

[본조신설 2014. 1. 28.]

제43조(자율준수무역거래자의 지정 등) ① 법 제25조제1항에서 "대통령령으로 정하는 대학 및 연구기관"이란 다음 각 호의 어느 하나에 해당하는 대학 및 연구기관을 말한다. 〈신설 2014. 1. 28., 2016. 9. 22.〉

1. 「고등교육법」 제2조에 따른 대학, 산업대학, 전문대학 및 기술대학
2. 「과학기술분야 정부출연연구기관 등의 설립·운영 및 육성에 관한 법률」에 따라 설립된 과학기술분야 정부출연연구기관
3. 「기초연구진흥 및 기술개발지원에 관한 법률」 제14조의2제1항에 따라 인정받은 기업부설연구소
4. 「산업기술연구조합 육성법」에 따른 산업기술연구조합
5. 국·공립 연구기관
6. 「특정연구기관 육성법」 제2조에 따른 특정연구기관
7. 「산업기술혁신 촉진법」 제42조에 따른 전문생산기술연구소

② 법 제25조 제1항에서 "대통령령으로 정하는 능력"이란 다음 각 호의 능력을 말한다. 〈개정 2014. 1. 28.〉

1. 전략물자 해당 여부에 대한 판정능력
2. 수입자 및 최종 사용자에 대한 분석능력
3. 자율관리조직의 구축 및 운용 능력

③ 법 제25조 제1항에 따라 자율준수무역거래자로 지정받으려는 자는 자율준수무역거래자지정신청서에 다음 각 호의 서류를 첨부하여 산업통상자원부장관에게 제출하여야 한다. 〈개정 2008. 2. 29., 2013. 3. 23., 2014. 1. 28.〉

1. 제2항 각 호의 능력을 갖추었음을 증명하는 서류
2. 자율적인 수출통제 업무 관리를 위한 업무규정 및 조직도
3. 그 밖에 자율준수무역거래자의 지정에 필요한 서류로서 산업통상자원부장관이 정하여 고시하는 서류

④ 산업통상자원부장관은 법 제25조 제1항에 따라 자율준수무역거래자를 지정하는 경우 제2항에 따른 능력을 갖춘 정도에 따라 자율준수무역거래자의 등급을 달리 정할 수 있다. 〈신설 2014. 1. 28.〉

⑤ 산업통상자원부장관은 제3항에 따라 자율준수무역거래자 지정신청을 받았을 때에는 신청서 접수일부터

40일 이내에 지정 여부와 그 등급(자율준수무역거래자로 지정된 경우만 해당한다)을 신청인에게 알려야 한다. 〈개정 2014. 1. 28.〉

⑥ 제2항에 따른 자율준수무역거래자 지정을 위한 능력의 심사 및 등급 결정 등에 관한 세부사항은 산업통상자원부장관이 정하여 고시한다. 〈신설 2014. 1. 28.〉

제44조(자율준수무역거래자의 자율관리 업무의 범위) ① 법 제25조 제2항에 따라 산업통상자원부장관은 자율준수무역거래자에게 법 제19조에 따른 전략물자의 수출허가에 관하여 다음 각 호의 수출통제업무를 자율적으로 관리하게 할 수 있다. 〈개정 2008. 2. 29., 2013. 3. 23., 2014. 1. 28.〉

1. 법 제19조 제2항에 따라 수출허가를 받은 물품등의 최종 사용자에 관한 관리 업무

1의2. 법 제19조 제2항에 따라 수출허가를 받은 물품등의 최종 용도에 관한 관리 업무

2. 그 밖에 전략물자 수출허가 제도를 효율적으로 운용하기 위하여 산업통상자원부장관이 정하여 고시하는 업무

② 산업통상자원부장관은 제43조 제4항의 등급에 따라 제1항에 따른 수출통제업무의 자율적인 관리 내용을 달리 정할 수 있다. 〈신설 2014. 1. 28.〉

제45조(자율준수무역거래자의 보고) 법 제25조 제3항에 따라 자율준수무역거래자는 다음 각 호의 사항별로 해당 기간 내에 그 현황이나 실적을 산업통상자원부장관에게 보고하여야 한다. 〈개정 2008. 2. 29., 2013. 3. 23., 2014. 1. 28.〉

1. 법 제19조에 따른 전략물자 수출허가의 반기별(半期別) 실적 : 다음 반기의 1개월 이내
2. 제43조 제2항 각 호에 관한 연간 현황 : 다음 해의 1개월 이내

제46조(전략물자관리원의 업무) 법 제29조 제5항 제4호에서 "그 밖에 대통령령으로 정하는 업무"란 다음 각 호의 업무를 말한다. 〈개정 2008. 2. 29., 2009. 11. 2., 2013. 3. 23.〉

1. 전략물자 수출입관리에 관한 조사 · 연구 및 홍보 지원 업무
2. 전략물자 수출입통제와 관련된 국제협력 지원 업무

2의2. 법 제25조에 따른 전략물자 자율준수무역거래자의 지정 및 관리에 대한 지원 업무

3. 전략물자의 판정 및 통보에 관하여 산업통상자원부장관이 위탁하는 업무

제47조(전략물자 수출입통제 협의회의 구성 및 운영 등) ① 법 제30조 제1항에 따른 전략물자 수출입통제 협의회(이하 "협의회"라 한다)의 위원장은 다음 각 호의 사항별로 소관 행정기관의 장이 되고, 협의회의 위원장은 소관 사항별로 참석 행정기관의 범위를 정하여 협의회를 소집한다. 〈개정 2008. 11. 5., 2009. 11. 2., 2013. 3. 23., 2014. 1. 28., 2016. 7. 26., 2017. 7. 26.〉

1. 과학기술정보통신부: 과학기술 및 정보통신기술 중 전략물자등 관련 기술의 수출입통제에 관한 사항
2. 외교부: 외교에 영향을 주는 사항 및 전략물자등의 수출입통제와 관련된 국제규범에 관한 사항
3. 통일부: 「남북교류협력에 관한 법률」에 따른 반출 · 반입 승인 대상 품목 중 전략물자등에 관한 사항 및 남북 교류 · 협력에 영향을 미치는 사항
4. 국방부 : 「방위사업법」에 따른 방위산업물자 · 국방과학기술의 수출입통제에 관한 사항 및 국가안보에 영향을 미치는 사항
5. 산업통상자원부: 법 제19조 제2항에 따른 전략물자등(원자력 전용 품목은 제외한다)의 수출입통제 및 통상교섭에 영향을 주는 사항
6. 원자력안전위원회: 법 제19조 제2항에 따른 전략물자등 중 원자력 전용 품목의 수출입통제에 관한 사항
7. 관세청: 전략물자등 통관 및 통관과정 중 전략물자등 불법수출입에 관한 사항
8. 정보수사기관(법 제30조 제3항에 따른 정보수사기관을 말한다): 국내외 전략물자등 관련 정보협력, 국가안보에 영향을 미치는 전략물자등 수출입, 불법수출입에 관한 사항

② 협의회의 위원은 제1항에 따라 소집되는 행정기관의 고위공무원단에 속하는 공무원으로서 전략물자의 수출입통제 관련 업무를 담당하는 자로 한다.

③ 협의회를 효율적으로 운영하기 위하여 필요하면 실무협의회를 둘 수 있다.

④ 협의회와 실무협의회의 운영에 필요한 사항은 제1항에 따른 관계 행정기관의 장이 협의하여 정한다.

⑤ 법 제30조 제3항에서 "대통령령으로 정하는 정보수사기관"이란 다음 각 호의 기관을 말한다. 〈개정 2014. 1. 28., 2014. 11. 19., 2017. 7. 26., 2018. 8. 21.〉

1. 국가정보원
2. 검찰청
3. 경찰청
4. 해양경찰청
5. 군사안보지원사령부

제48조(허가의무 위반자 등에 대한 교육) ① 법 제49조에 따른 교육(이하 "교육"이라 한다)시간은 8시간 이내로 한다.

② 산업통상자원부장관 또는 관계 행정기관의 장은 법 제29조에 따른 전략물자관리원, 「원자력안전법」 제6조

에 따른 한국원자력통제기술원, 그 밖에 산업통상자원부장관이 정하여 고시하는 기관에서 교육을 실시하도록 할 수 있다. 〈개정 2013. 3. 23., 2020. 6. 16.〉

③ 제1항 및 제2항에서 규정한 사항 외에 교육에 필요한 사항은 산업통상자원부장관이 관계 행정기관의 장과 협의하여 정한다. 〈개정 2013. 3. 23.〉

[전문개정 2009. 11. 2.]

제49조(전략물자기술자문단의 구성 및 운영) ① 산업통상자원부장관은 다음 각 호의 사항에 관한 자문을 하기 위하여 전략물자기술자문단을 구성하여 운영할 수 있다. 〈개정 2008. 2. 29., 2013. 3. 23., 2014. 1. 28.〉

1. 해당 물품등이 대량파괴무기등의 제조, 개발, 사용 또는 보관 등의 용도로 전용될 가능성에 관한 사항
2. 국제수출통제체제의 통제대상 물품등에 대한 평가·분석에 관한 사항
3. 전략물자 해당 여부의 판정에 관한 사항

② 전략물자기술자문단의 구성·운영 등에 필요한 사항은 산업통상자원부장관이 정하여 고시한다. 〈개정 2008. 2. 29., 2013. 3. 23.〉

제4절 플랜트수출 〈개정 2010. 10. 1.〉

제50조(수출승인의 신청 등) 법 제32조 제1항에 따라 플랜트수출의 승인을 받으려는 자는 신청서에 산업통상자원부장관이 정하는 서류를 첨부하여 산업통상자원부장관에게 제출하여야 한다. 변경승인을 받으려는 경우에도 또한 같다. 〈개정 2008. 2. 29., 2010. 10. 1., 2013. 3. 23.〉

제51조(설비) 법 제32조 제1항제1호에서 "대통령령으로 정하는 설비"란 다음 각 호의 설비를 말한다. 다만, 해외건설공사와 함께 일괄수주방식에 의하여 수출하는 설비는 제외한다. 〈개정 2010. 10. 1.〉

1. 발전설비
2. 담수 설비 및 용수처리설비
3. 해양설비 및 수상구조설비
4. 석유 처리설비 및 석유화학설비
5. 정유설비 및 송유설비
6. 저장탱크 및 저장기지설비
7. 냉동 및 냉장설비
8. 제철·제강설비 및 철강재구조설비
9. 공해방지설비
10. 공기조화설비
11. 신에너지 및 재생에너지 설비
12. 정치식(定置式) 운반하역설비 및 정치식 건설용설비
13. 시험연구설비
14. 그 밖에 산업 활동을 위하여 필요한 설비

제52조(시공) ① 법 제32조 제1항제2호에서 "시공"이란 다음 각 호의 공사를 수행하는 것을 말한다. 〈개정 2010. 10. 1.〉

1. 토목공사
2. 건축공사
3. 플랜트 설치공사. 다만, 플랜트수출자나 수출용 기자재를 설계·제작하는 자가 제작한 기계 및 장치를 직접 설치하는 공사는 제외한다.

② 제1항제3호 단서에도 불구하고 「해외건설촉진법 시행령」 제17조 제1항제1호라목에 따른 해외공사실적을 인정받으려는 경우에만 산업통상자원부장관은 플랜트수출자나 수출용 기자재를 설계·제작하는 자가 제작한 기계 및 장치를 직접 설치하는 공사를 플랜트 설치공사로 인정할 수 있다. 〈개정 2008. 2. 29., 2010. 10. 1., 2013. 3. 23.〉

제53조(동의 요청 등) ① 산업통상자원부장관은 법 제32조 제3항에 따라 일괄수주방식에 의한 수출에 대하여 승인 또는 변경승인을 하기 위하여 미리 국토교통부장관의 동의를 받으려는 경우에는 해당 플랜트수출의 개요와 다음 각 호의 사항을 명시한 서류를 송부하여야 한다. 〈개정 2008. 2. 29., 2010. 7. 12., 2010. 10. 1., 2013. 3. 23.〉

1. 건설용역 및 시공 수행자의 성명(법인인 경우에는 그 명칭과 대표자의 성명) 및 주소
2. 건설용역 및 시공사업계획

② 제1항에 따라 동의 요청을 받은 국토교통부장관은 특별한 사유가 없으면 동의요청을 받은 날부터 10일 이내에 동의 여부를 산업통상자원부장관에게 알려야 한다. 〈개정 2008. 2. 29., 2010. 7. 12., 2010. 10. 1., 2013. 3. 23.〉

제54조(플랜트수출 관련 기관 등 지정) ① 산업통상자원부장관은 법 제32조 제6항 후단에 따라 플랜트수출에 관한 시장조사 등의 사업을 촉진하기 위한 사업을 담당할 관련 기관 또는 단체(이하 "플랜트수출촉진기관"이라 한다)를 지정하려면 다음 각 호의 사항을 종합적으로 검토하여야 한다. 〈개정 2008. 2. 29., 2010. 10. 1., 2013. 3. 23.〉

1. 플랜트수출자에 대한 대표성
2. 시장조사 등 사업계획

② 산업통상자원부장관은 제1항에 따라 지정된 플랜트수출촉진기관에 대하여 플랜트수출의 시장조사 등 사업의 촉진과 관련하여 다음 각 호의 사항을 보고하게 할 수 있다. 〈개정 2008. 2. 29., 2010. 10. 1., 2013. 3. 23.〉

1. 플랜트수출 동향

2. 플랜트수출에 관한 시장조사, 정보교류, 수주, 협동화사업의 촉진실적 등 촉진활동에 관한 사항
3. 그 밖에 플랜트수출에 관하여 산업통상자원부장관이 요청하는 사항

[제목개정 2010. 10. 1.]

제5절 정부간 수출계약 〈신설 2014. 7. 16.〉

제54조의2(정부간 수출계약 보증사업의 수행 기관) 법 제32조의2제1항에서 "대통령령으로 정하는 보증·보험기관"이란 국내에서 수출·수입 등 대외거래에 대한 보증 또는 보험 업무를 10년 이상 영위하고 있는 자 중 산업통상자원부장관이 다음 각 호의 사항을 평가하여 지정하는 기관을 말한다.

1. 법 제32조의2제1항에 따른 보증사업의 수행에 필요한 재정능력
2. 수출·수입 등 대외거래의 당사자에 대한 신용정보의 수집·분석 및 평가에 관한 능력
3. 수출·수입 등 대외거래에서 발생한 채권에 대한 관리체계

[본조신설 2014. 7. 16.]

제54조의3(정부간 수출계약의 이행 보증 조치) 법 제32조의3제3항제1호에서 "보증·보험의 제공 등 대통령령으로 정하는 계약 이행 보증 조치"란 다음 각 호의 것을 말한다. 다만, 외국 정부와 국내 기업이 합의한 경우에는 다음 각 호에 규정된 계약 이행 보증 조치의 일부를 생략할 수 있다.

1. 정부간 수출계약의 내용에 따른 선수금의 반환, 계약 내용의 이행, 하자의 보수 등에 대하여 「금융실명거래 및 비밀보장에 관한 법률」 제2조 제1호에 따른 금융회사등으로부터 보증을 받아 제공하는 것
2. 외국 정부에 대한 정부간 수출계약 이행 등에 대하여 법 제32조의2제1항에 따른 보증·보험기관으로부터 보증을 받아 제공하는 것

[본조신설 2014. 7. 16.]

제54조의4(전담기관의 권한과 책임) ① 전담기관은 정부간 수출계약의 체결 및 이행을 위하여 필요한 경우에는 관계 행정기관의 장에게 협조를 요청할 수 있다.

② 전담기관은 정부간 수출계약이 체결된 경우 다음 각 호의 구분에 따라 법 제32조의4제1항에 따른 정부간 수출계약 심의위원회(이하 "위원회"라 한다)에 보고하여야 한다.

1. 국내 기업의 정부간 수출계약 이행 상황을 확인하여 반기별로 1회 이상 보고할 것
2. 제54조의5제2호 단서에 따라 위원회의 심의 대상에서 제외되는 사항은 그 변경 등이 있은 날부터 2주 이내에 보고할 것

[본조신설 2014. 7. 16.]

제54조의5(정부간 수출계약 심의위원회의 심의·의결 사항) 법 제32조의4제1항에서 "정부간 수출계약의 체결, 변경, 해지 등 대통령령으로 정하는 사항"이란 다음 각 호의 사항을 말한다. 〈개정 2021. 1. 5.〉

1. 외국 정부와 체결하려는 정부간 수출계약의 수용 여부, 국내 기업의 이행능력 평가, 법 제32조의3제3항 제1호에 따라 국내 기업으로 하여금 조치하도록 할 계약 이행 보증 내용의 적정성 등에 관한 사항
2. 계약기간·계약금액 등 정부간 수출계약의 변경에 관한 사항. 다만, 다음 각 목의 사항으로서 위원회에서 정하는 경미한 사항은 제외한다.
   가. 물품등의 인도 횟수, 인도 장소의 변경
   나. 부품·규격의 변경
   다. 대금의 지급방법 및 지급횟수의 변경
   라. 그 밖에 가목부터 다목까지의 사항에 준하는 사항
3. 법 제32조의5제2항에 따라 국내 기업이 조치를 한 계약 이행 보증 세부 사항의 적정성에 관한 사항
4. 국내 기업의 정부간 수출계약에 따른 물품등의 공급 의무 불이행, 인가·허가·면허 등의 취소·정지 등으로 인한 계약 이행능력의 상실, 부정한 방법에 의한 계약의 체결, 그 밖의 원인으로 인한 정부간 수출계약의 해지 또는 해제에 관한 사항
5. 그 밖에 위원회의 위원장이 정부간 수출계약과 관련하여 위원회의 심의·의결에 부치는 사항

[본조신설 2014. 7. 16.]

제54조의6(정부간 수출계약 심의위원회의 구성 및 운영) ① 위원장을 제외한 위원회의 위원은 다음 각 호의 사람이 된다.

1. 산업통상자원부 및 조달청의 고위공무원단에 속하는 공무원 중 소속 기관의 장이 지명하는 사람 각 1명
2. 전담기관의 임원 중 전담기관의 장이 지명하는 사람 2명
3. 정부간 수출계약의 해당 물품등과 관련이 있다고 위원회의 위원장이 인정하는 중앙행정기관의 고위공무원단에 속하는 공무원 중에서 소속 기관의 장이 지명하는 사람
4. 제54조의2에 따른 보증·보험기관의 임원 중 해당 기관의 장의 추천으로 위원회의 위원장이 지명하는 사람
5. 정부간 수출계약과 관련된 분야에 학식과 경험이 풍부한 사람 중 7명 이내의 범위에서 위원장이 위촉하는 사람

② 제1항제5호에 따른 위촉위원의 임기는 2년으로 하되, 연임할 수 있다.
③ 위원장은 위원회의 회의를 소집하고, 그 의장이 된다.
④ 위원장이 부득이한 사유로 그 직무를 수행할 수 없을 때에는 위원장이 미리 지명한 위원이 그 직무를 대행한다.
⑤ 위원회의 회의는 재적위원 과반수의 출석으로 개의(開議)하고, 출석위원 3분의 2 이상의 찬성으로 의결한다.
⑥ 위원회는 국내 기업의 이행능력 평가를 효율적으로 수행하기 위하여 소위원회를 구성·운영할 수 있다.
⑦ 제1항부터 제6항까지에서 규정한 사항 외에 위원회의 구성 및 운영에 필요한 사항은 위원회의 의결을 거쳐 위원장이 정한다.
[본조신설 2014. 7. 16.]

제54조의7(국내 기업의 계약 이행 보증 조치) 법 제32조의5제2항에서 "보증·보험의 제공 등 대통령령으로 정하는 계약 이행 보증 조치"란 제54조의3에 따른 조치를 말한다.
[본조신설 2014. 7. 16.]

제3장의2 원산지의 표시 등 〈신설 2010. 10. 1.〉

제55조(원산지표시대상물품 지정 등) ① 산업통상자원부장관은 법 제33조 제1항에 따라 원산지를 표시하여야 할 물품(이하 "원산지표시대상물품"이라 한다)을 공고하려면 해당 물품을 관장하는 관계 행정기관의 장과 미리 협의하여야 한다. 〈개정 2008. 2. 29., 2010. 10. 1., 2013. 3. 23.〉
② 법 제33조 제2항에서 "대통령령으로 정하는 단순한 가공활동"이란 판매목적의 물품포장 활동, 상품성 유지를 위한 단순한 작업 활동 등 물품의 본질적 특성을 부여하기에 부족한 가공활동을 말하며, 그 가공활동의 구체적인 범위는 관계 중앙행정기관의 장과 협의하여 산업통상자원부장관이 정하여 고시한다. 〈신설 2010. 10. 1., 2013. 3. 23.〉
[제목개정 2010. 10. 1.]

제56조(수출입 물품의 원산지 표시방법) ① 원산지표시대상물품을 수입하려는 자는 다음 각 호의 방법에 따라 해당 물품에 원산지를 표시하여야 한다.
1. 한글·한문 또는 영문으로 표시할 것
2. 최종 구매자가 쉽게 판독할 수 있는 활자체로 표시할 것
3. 식별하기 쉬운 위치에 표시할 것
4. 표시된 원산지가 쉽게 지워지거나 떨어지지 아니하는 방법으로 표시할 것

② 제1항에도 불구하고 해당 물품에 원산지를 표시하는 것이 곤란하거나 원산지를 표시할 필요가 없다고 인정하여 산업통상자원부장관이 정하여 고시하는 기준에 해당하는 경우에는 산업통상자원부장관이 정하여 고시하는 바에 따라 원산지를 표시하거나 원산지 표시를 생략할 수 있다. 〈개정 2008. 2. 29., 2013. 3. 23.〉
③ 제1항에 규정된 것 외에 수입 물품의 원산지 표시방법에 관하여 필요한 사항은 산업통상자원부장관이 정하여 고시한다. 다만, 수입물품을 관장하는 중앙행정기관의 장은 소비자를 보호하기 위하여 필요한 경우에는 산업통상자원부장관과 협의하여 해당 물품의 원산지 표시에 관한 세부적인 사항을 따로 정하여 고시할 수 있다. 〈개정 2008. 2. 29., 2013. 3. 23.〉
④ 삭제 〈2010. 10. 1.〉
⑤ 수출 물품에 대하여 원산지를 표시하는 경우에는 제1항 각 호에서 정한 방법에 따라 원산지를 표시하되, 그 물품에 대한 수입국의 원산지 표시규정이 이와 다르게 표시하도록 되어 있으면 그 규정에 따라 원산지를 표시할 수 있다. 다만, 수입한 물품에 대하여 국내에서 단순한 가공활동을 거쳐 수출하는 경우에는 우리나라를 원산지로 표시하여서는 아니 된다.

제57조(원산지 표시방법의 확인) ① 제56조에 따른 원산지 표시방법에 따라 원산지를 표시하여야 하는 자는 해당 물품이 수입되기 전에 문서로 그 물품의 적절한 원산지 표시방법에 관한 확인을 산업통상자원부장관에게 요청할 수 있다. 〈개정 2008. 2. 29., 2013. 3. 23.〉
② 제1항에 따른 산업통상자원부장관의 원산지 표시방법의 확인에 관하여 이의가 있는 자는 확인 결과를 통보받은 날부터 30일 이내에 서면으로 산업통상자원부장관에게 이의를 제기할 수 있다. 〈개정 2008. 2. 29., 2013. 3. 23.〉
③ 원산지 표시방법에 대한 확인 요청과 확인 결과에 대한 이의제기에 필요한 사항은 산업통상자원부장관이 정하여 고시한다. 〈개정 2008. 2. 29., 2013. 3. 23.〉
④ 산업통상자원부장관은 법 제33조 제3항에 따라 원산지표시대상물품을 수입하는 자에 대하여 해당 물품이 통관할 때 제56조 제1항부터 제3항까지의 규정에 따른 원산지의 표시방법 및 표시 여부 등을 확인할 수 있다. 이 경우 확인방법과 확인절차 등에 관하여는 산업통상자원부장관이 정하여 고시 한다. 〈개정 2008. 2. 29., 2010. 10. 1., 2013. 3. 23.〉

제57조의2(서류검사) 법 제33조 제5항에서 "대통령령으로 정하는 관련 서류"란 다음 각 호에 해당하는 서류를 말한다. 〈개정 2013. 3. 23.〉
1. 수입한 물품등의 무역거래자 및 판매업자의 정보에 관한 서류
2. 수입한 물품등의 가격, 수량, 품질 및 제조 또는 가공

공정에 관한 서류
3. 그 밖에 원산지의 표시에 대한 위반 여부를 확인하기 위하여 산업통상자원부장관이 필요하다고 인정하는 서류

[본조신설 2010. 10. 1.]

제58조(원산지표시 위반물품에 대한 시정조치) ① 법 제33조의2제1항에 따른 시정조치의 내용은 다음 각 호와 같다. 〈개정 2010. 10. 1., 2020. 2. 18.〉
1. 원산지표시의 원상 복구, 정정, 말소 또는 원산지표시명령
2. 위반물품의 거래 또는 판매 행위의 중지

② 법 제33조의2제1항에 따른 시정조치 명령은 다음 각 호의 사항을 명시한 서면으로 해야 한다. 〈개정 2010. 10. 1., 2020. 2. 18.〉
1. 위반행위의 내용
2. 시정조치 명령의 사유 및 내용
3. 시정기한

제59조(과징금의 부과 및 납부) ① 산업통상자원부장관 또는 시 · 도지사는 법 제33조의2제2항에 따라 과징금을 부과하려면 그 위반행위의 종류와 과징금의 금액을 명시하여 과징금을 낼 것을 서면으로 알려야 한다. 〈개정 2008. 2. 29., 2010. 10. 1., 2013. 3. 23., 2014. 1. 28.〉

② 제1항에 따라 통보를 받은 자는 납부 통지일부터 20일 이내에 과징금을 산업통상자원부장관 또는 시 · 도지사가 정하는 수납기관에 내야 한다. 다만, 천재지변이나 그 밖의 부득이한 사유로 납부기한까지 과징금을 낼 수 없는 경우에는 그 사유가 없어진 날부터 7일 이내에 내야 한다. 〈개정 2008. 2. 29., 2013. 3. 23., 2014. 1. 28.〉

③ 제2항에 따라 과징금을 받은 수납기관은 과징금을 낸 자에게 영수증을 발급하여야 한다.

④ 과징금의 수납기관은 제2항에 따른 과징금을 받으면 지체 없이 그 사실을 산업통상자원부장관 또는 시 · 도지사에게 알려야 한다. 〈개정 2008. 2. 29., 2013. 3. 23., 2014. 1. 28.〉

⑤ 삭제 〈2014. 1. 28.〉

제59조의2(과징금 납부기한의 연장 및 분할납부) ① 산업통상자원부장관 또는 시 · 도지사는 법 제33조의2제2항에 따라 과징금을 부과받은 자(이하 "과징금납부의무자"라 한다)가 내야 할 과징금의 금액이 1억원 이상인 경우로서 다음 각 호의 어느 하나에 해당하는 사유로 인하여 과징금의 전액을 한꺼번에 내기 어렵다고 인정되는 경우에는 그 납부기한을 연장하거나 분할납부하게 할 수 있다. 이 경우 필요하다고 인정하는 때에는 담보를 제공하게 할 수 있다.
1. 재해나 천재지변, 화재 등으로 재산에 현저한 손실을 입은 경우
2. 경제 여건이나 사업 여건의 악화로 사업이 중대한 위기에 있는 경우
3. 과징금을 한꺼번에 내면 자금사정에 현저한 어려움이 예상되는 경우
4. 그 밖에 제1호부터 제3호까지의 규정에 준하는 사유가 있는 경우

② 제1항에 따른 과징금 납부기한의 연장 또는 분할납부를 하려는 자는 그 납부기한의 10일 전까지 납부기한의 연장 또는 분할납부의 사유를 증명하는 서류를 첨부하여 산업통상자원부장관 또는 시 · 도지사에게 신청하여야 한다.

③ 제1항에 따른 납부기한의 연장은 그 납부기한의 다음 날부터 1년을 초과할 수 없다.

④ 제1항에 따라 분할납부를 하게 하는 경우 각 분할된 납부기한 간의 간격은 4개월을 초과할 수 없으며, 분할 횟수는 3회를 초과할 수 없다.

⑤ 산업통상자원부장관 또는 시 · 도지사는 다음 각 호의 어느 하나에 해당하는 경우에는 제1항에 따라 납부기한이 연장되거나 분할납부가 허용된 과징금납부의무자에 대하여 그 납부기한의 연장 또는 분할납부 결정을 취소하고 한꺼번에 징수할 수 있다.
1. 분할납부가 결정된 과징금을 그 납부기한까지 내지 아니한 경우
2. 담보의 제공에 관한 산업통상자원부장관 또는 시 · 도지사의 명령을 이행하지 아니한 경우
3. 강제집행, 경매의 개시, 파산선고, 법인의 해산, 국세 또는 지방세의 체납처분을 받은 때 등 과징금의 전부 또는 잔여분을 징수할 수 없다고 인정되는 경우

[본조신설 2014. 1. 28.]

제60조(과징금을 부과할 위반행위의 종류와 과징금의 금액) ① 법 제33조의2제2항에 따라 과징금을 부과하는 위반행위의 종류와 위반 정도에 따른 과징금의 금액은 별표 2와 같다. 〈개정 2010. 10. 1., 2014. 1. 28.〉

② 산업통상자원부장관 또는 시 · 도지사는 해당 무역거래자 등의 수출입 규모, 위반 정도 및 위반 횟수 등을 고려하여 제1항에 따른 과징금 금액의 2분의 1의 범위에서 가중하거나 경감할 수 있다. 다만, 가중하는 경우에도 과징금의 총액은 3억원을 넘을 수 없다. 〈개정 2008. 2. 29., 2009. 11. 2., 2013. 3. 23., 2014. 1. 28.〉

제60조의2(원산지 표시의무 위반자의 공표) ① 법 제33조의2제5항에 따른 공표의 대상자는 같은 조 제2항에 따른 과징금 부과처분이 확정된 자로서 다음 각 호의 어

느 하나에 해당하는 자로 한다.

1. 별표 2 각 호의 구분에 따른 해당 위반물품등의 수출입 신고 금액(판매업자의 경우에는 판매한 물품등과 판매하지 아니한 물품등을 구분하여 판매한 물품등의 매출가액과 판매하지 아니한 물품등의 매입가액을 합한 금액을 말하며, 이하 이 항에서 "원산지 표시 위반물품등의 가액"이라 한다)이 10억원(「관세법」 별표에 따른 품목 중 제1류부터 제24류까지의 품목 및 소금의 경우에는 5억원을 말한다) 이상인 자
2. 「관세법」 별표에 따른 품목 중 제1류부터 제24류까지의 품목 및 소금에 대한 별표 2 제3호 또는 제4호에 해당하는 원산지 표시 위반물품등의 가액 중 다음 각 목의 위반행위로 인한 가액을 합산한 금액이 5천만원 이상인 자
   가. 원산지를 국내산으로 거짓 표시하거나 원산지를 국내산으로 오인하게 하는 표시를 하는 행위
   나. 원산지 표시를 국내산으로 변경하는 행위
3. 다음 각 목의 요건을 모두 갖춘 자
   가. 법 제33조의2제2항에 따라 과징금 부과처분을 받은 날부터 과거 2년 이내의 기간(초일을 산입한다) 동안 법 제33조의2제2항에 따라 과징금 부과처분을 받은 횟수가 3회 이상일 것
   나. 가목에 따른 과징금 부과처분 중 확정된 처분이 3회 이상일 것
   다. 나목에 따른 확정된 과징금 부과처분의 사유가 된 원산지 표시 위반물품등의 가액을 합산한 금액이 5천만원 이상일 것
4. 「관세법」 별표에 따른 품목 중 제1류부터 제24류까지의 품목 및 소금에 대한 원산지 표시의무를 위반한 경우로서 다음 각 목의 요건을 모두 갖춘 자
   가. 법 제33조의2제2항에 따라 과징금 부과처분을 받은 날부터 과거 2년 이내의 기간(초일을 산입한다) 동안 법 제33조의2제2항에 따라 과징금 부과처분을 받은 횟수가 3회 이상일 것
   나. 가목에 따른 과징금 부과처분 중 확정된 처분이 3회 이상일 것

② 산업통상자원부장관 또는 시·도지사는 제1항에 따른 공표 대상자에 대해서는 법 제33조의2제5항에 따라 다음 각 호의 사항을 산업통상자원부 또는 시·도의 홈페이지에 공표하여야 한다.

1. "「대외무역법」에 따른 원산지 표시의무 위반사실의 공표"라는 표제
2. 위반자의 성명 또는 명칭(법인의 경우에는 대표자의 성명을 포함한다) 및 주소(법인의 경우 주된 영업소의 주소와 원산지 표시의무 위반행위를 한 사업장 주소를 말한다)
3. 원산지 표시 위반물품등의 종류, 명칭 및 위반내용
4. 원산지 표시 위반행위에 대한 처분권자, 처분일, 처분 내용

[본조신설 2014. 1. 28.]

제60조의3(자료의 요청) 산업통상자원부장관은 법 제33조 및 제33조의2에 따른 업무가 통일적이고 원활하게 집행되도록 하기 위하여 해당 업무에 대한 자료의 제출을 지방자치단체의 장에게 요청할 수 있다.

[본조신설 2014. 1. 28.]

제61조(수출입 물품의 원산지 판정 기준) ① 법 제34조에 따른 수입 물품에 대한 원산지 판정은 다음 각 호의 어느 하나의 기준에 따라야 한다. 〈개정 2008. 11. 5.〉

1. 수입 물품의 전부가 하나의 국가에서 채취되거나 생산된 물품(이하 "완전생산물품"이라 한다)인 경우에는 그 국가를 그 물품의 원산지로 할 것
2. 수입 물품의 생산·제조·가공 과정에 둘 이상의 국가가 관련된 경우에는 최종적으로 실질적 변형을 가하여 그 물품에 본질적 특성을 부여하는 활동(이하 "실질적 변형"이라 한다)을 한 국가를 그 물품의 원산지로 할 것
3. 수입 물품의 생산·제조·가공 과정에 둘 이상의 국가가 관련된 경우 단순한 가공활동을 하는 국가를 원산지로 하지 아니할 것

② 제1항에 따른 완전생산물품, 실질적 변형, 단순한 가공활동의 기준 등 원산지 판정 기준에 관한 구체적인 사항은 관계 중앙행정기관의 장과 협의하여 산업통상자원부장관이 정하여 고시한다. 〈개정 2008. 2. 29., 2013. 3. 23.〉

③ 법 제34조에 따른 수출 물품에 대한 원산지 판정은 제1항 및 제2항에 따른 기준을 준용하여 판정하되, 그 물품에 대한 원산지 판정기준이 수입국의 원산지 판정기준과 다른 경우에는 수입국의 원산지 판정기준에 따라 원산지를 판정할 수 있다. 〈신설 2008. 11. 5.〉

제62조(원산지 판정 절차) ① 법 제34조 제3항에 따라 수출 또는 수입 물품의 원산지 판정을 받으려는 자는 대상물품의 관세·통계통합품목분류표(「관세법 시행령」 제98조에 따른 관세·통계통합품목분류표를 말한다. 이하 같다)상의 품목번호·품목명(모델명을 포함 한다), 요청 사유, 요청자가 주장하는 원산지 등을 명시한 요청서에 견본 1개와 그 밖에 원산지 판정에 필요한 자료를 첨부하여 산업통상자원부장관에게 제출하여야 한다. 다만, 물품의 성질상 견본을 제출하기 곤란하거나 견본이 없어도 그 물품의 원산지 판정에 지장이 없다고 인정되는 경우에는 견본의 제출을 생략할 수 있다. 〈개정

2008. 2. 29., 2010. 10. 1., 2013. 3. 23.〉

② 산업통상자원부장관은 제1항에 따라 제출된 요청서 등이 미비하여 수출 또는 수입 물품의 원산지를 판정하기 곤란한 경우에는 기간을 정하여 자료의 보정(補正)을 요구할 수 있으며, 그 기간 내에 보정하지 아니하면 요청서 등을 되돌려 보낼 수 있다. 〈개정 2008. 2. 29., 2010. 10. 1., 2013. 3. 23.〉

③ 산업통상자원부장관은 제1항에 따라 원산지 판정의 요청을 받은 경우에는 60일 이내에 원산지 판정을 하여 그 결과를 요청한 사람에게 문서로 알려야 한다. 다만, 그 판정과 관련된 자료수집 등을 위하여 필요한 기간은 이에 산입하지 아니한다. 〈개정 2008. 2. 29., 2010. 10. 1., 2013. 3. 23.〉

④ 원산지 판정의 결과가 요청인의 주장과 다른 경우에는 판정의 근거 등을 적어야 한다. 〈개정 2010. 10. 1.〉

⑤ 원산지 판정의 요청 방법과 그 밖에 판정에 필요한 사항은 산업통상자원부장관이 정하여 고시한다. 〈개정 2008. 2. 29., 2010. 10. 1., 2013. 3. 23.〉

[제목개정 2010. 10. 1.]

제63조(이의제기) ① 법 제34조 제5항에 따라 원산지 판정에 이의를 제기하려는 자는 대상 물품의 관세·통계통합품목분류표상의 품목번호·품목명(모델명을 포함한다), 이의제기 사유, 신청자가 주장하는 원산지 등을 명시한 이의신청서에 원산지 판정에 필요한 자료를 첨부하여 산업통상자원부장관에게 제출하여야 한다. 〈개정 2008. 2. 29., 2013. 3. 23.〉

② 산업통상자원부장관은 제1항에 따라 제출된 신청서 등이 미비하여 이의제기에 대한 결정을 하기 곤란한 경우에는 기간을 정하여 자료의 보정을 요구할 수 있으며, 그 기간 내에 보정하지 아니하면 신청서 등을 되돌려 보낼 수 있다. 〈개정 2008. 2. 29., 2013. 3. 23.〉

③ 산업통상자원부장관은 제1항에 따른 이의제기에 대한 결정을 하기 위하여 관계 전문가에게 자문하거나 이해관계자 등의 의견을 들을 수 있다. 〈개정 2008. 10. 20., 2013. 3. 23.〉

④ 원산지 판정에 대한 이의제기 절차 등에 관하여 필요한 세부적인 사항은 산업통상자원부장관이 정한다. 〈개정 2008. 2. 29., 2013. 3. 23.〉

제64조 삭제 〈2008. 10. 20.〉

제65조(수입 물품의 원산지증명서의 제출) ① 산업통상자원부장관은 법 제36조에 따라 산업통상자원부장관이 정하여 고시하는 지역으로부터 산업통상자원부장관이 정하여 고시하는 물품을 수입하려는 자에게 다음 각 호의 기관에서 발행하는 원산지증명서를 그 물품을 수입할 때에 제출하도록 할 수 있다. 〈개정 2008. 2. 29., 2013. 3. 23.〉

1. 그 물품의 원산지 국가
2. 그 물품을 선적(船積)한 국가의 정부
3. 제1호의 국가 또는 제2호의 정부가 인정하는 기관

② 그 밖에 제1항에 따른 원산지증명서에 관하여 필요한 사항은 산업통상자원부장관이 정하여 고시한다. 〈개정 2008. 2. 29., 2013. 3. 23.〉

제66조(수출 물품의 원산지증명서 발급기준 등) ① 법 제37조 제2항에 따른 수출 물품의 원산지증명서의 발급기준은 헌법에 따라 체결·공포된 조약이나 협정과 일반적으로 승인된 국제법규 또는 상대 수입국에서 정한 원산지증명서 발급기준으로 한다.

② 수출 물품의 원산지증명서를 발급받으려는 자는 수출물품원산지증명서발급신청서에 다음 각 호의 서류를 첨부하여 산업통상자원부장관에게 제출하여야 한다. 〈개정 2008. 2. 29., 2013. 3. 23.〉

1. 구매자·공급자에 관한 서류
2. 수출 물품의 가격·수량 등에 관한 서류
3. 그 밖에 수출물품의 원산지를 증명하는 데에 필요한 서류로서 산업통상자원부장관이 정하여 공고하는 서류

③ 산업통상자원부장관은 제2항에 따른 신청을 받은 경우 제1항에 따른 원산지증명서 발급기준에 적합한지를 조사·확인하여 발급 여부를 결정한 후 수출 물품의 원산지증명서를 발급하여야 한다. 〈개정 2008. 2. 29., 2013. 3. 23.〉

④ 제3항에 따른 원산지증명서의 유효기간은 1년으로 한다. 다만, 헌법에 따라 체결·공포된 조약이나 협정과 일반적으로 승인된 국제법규에서 그 유효기간을 다르게 정하고 있는 경우에는 그 유효기간으로 한다.

⑤ 제1항부터 제4항까지에서 규정한 것 외에 수출 물품의 원산지증명서의 발급 등에 필요한 세부사항은 산업통상자원부장관이 정하여 고시한다. 〈개정 2008. 2. 29., 2013. 3. 23.〉

제67조(단순한 가공활동) 법 제38조에서 "대통령령으로 정하는 단순한 가공활동"이란 제61조 제2항에 따라 고시된 단순한 가공활동의 기준에 따른 활동을 말한다.

제4장 수입수량 제한조치

제68조(수입수량 제한조치) ① 법 제39조 제1항에 따라 산업통상자원부장관이 수입수량을 제한하는 경우 그 제한수량은 최근의 대표적인 3년 간의 수입량을 연평균 수입량으로 환산한 수량(이하 "기준 수량"이라 한다) 이상으로 하여야 한다. 이 경우 최근의 대표적인 연도를

정할 때에는 통상적인 수입량과 비교하여 수입량이 급증하거나 급감한 연도는 제외한다. 〈개정 2008. 2. 29., 2013. 3. 23.〉

② 산업통상자원부장관은 기준수량 이상으로 수입수량 제한조치를 하는 경우 해당 산업의 심각한 피해를 방지하거나 구제하기 어렵다고 명백하게 인정되는 경우에는 제1항에도 불구하고 기준수량 미만으로 수입수량을 제한할 수 있다. 〈개정 2008. 2. 29., 2013. 3. 23.〉

③ 산업통상자원부장관은 제1항이나 제2항에 따라 제한되는 수입수량을 각 국가별로 할당할 수 있다. 〈개정 2008. 2. 29., 2013. 3. 23.〉

제69조(수입수량 제한조치의 연장 등) 산업통상자원부장관은 시행 중인 수입수량 제한조치에 대하여 무역위원회가 그 조치 내용의 변경이나 적용기간의 연장을 건의하면 그 건의가 접수된 날부터 1개월 이내(연장의 경우 법 제39조 제1항에 따른 수입수량 제한조치의 적용기간이 끝나는 날 이전)에 그 조치의 변경이나 조치 기간의 연장 여부를 결정하고 그 내용을 무역위원회에 통보하여야 한다. 〈개정 2008. 2. 29., 2013. 3. 23.〉

제70조 삭제 〈2016. 7. 26.〉

제5장 수출입의 질서유지

제1절 무역거래자 등의 수출입 질서의 유지

제71조 삭제 〈2009. 11. 2.〉
제72조 삭제 〈2009. 11. 2.〉
제73조 삭제 〈2009. 11. 2.〉
제74조 삭제 〈2009. 11. 2.〉

제2절 분쟁조정 등

제75조(무역분쟁의 통지 등) ① 대한민국재외공관의 장이 교역상대국의 무역거래자 및 무역분쟁해결기관의 장으로부터 무역분쟁 사실의 신고를 받거나 업무를 수행하면서 무역분쟁 사실을 알게된 경우에는 지체 없이 그 사실을 산업통상자원부장관에게 알려야 한다. 대한무역투자진흥공사, 수출입조합, 그 밖에 수출 · 수입과 관련된 기관의 경우에도 또한 같다. 〈개정 2008. 2. 29., 2013. 3. 23.〉

② 산업통상자원부장관은 제1항에 따라 무역분쟁 사실의 통지를 받은 경우 그 분쟁을 신속하게 해결하기 위하여 필요하다고 인정할 때에는 조정(調停) 또는 알선을 할 수 있다. 〈개정 2008. 2. 29., 2013. 3. 23.〉

제76조(선적 전 검사가 무역장벽으로 간주되는 경우) 법 제45조 제1항에 따른 선적전검사기관이 선적 전 검사를 하면서 「세계무역기구 선적 전 검사에 관한 협정」 제2조를 위반하여 수출 이행에 장애를 초래하였을 때에 그 선적 전 검사는 무역장벽으로 작용한 것으로 본다.

제77조 삭제 〈2008. 10. 20.〉
제78조 삭제 〈2008. 10. 20.〉
제79조 삭제 〈2008. 10. 20.〉

제80조(분쟁조정 신청 등) ① 무역거래 또는 선적 전 검사와 관련한 분쟁이 발생한 경우 당사자의 일방 또는 쌍방은 법 제44조 제4항이나 법 제45조 제2항에 따라 산업통상자원부장관에게 분쟁의 조정을 신청할 수 있다. 〈개정 2008. 2. 29., 2013. 3. 23.〉

② 제1항에 따른 신청절차 등 신청에 필요한 사항은 산업통상자원부장관이 따로 정하여 고시한다. 〈개정 2008. 2. 29., 2013. 3. 23.〉

③ 산업통상자원부장관은 조정을 위하여 관계 전문가에게 자문하거나 이해관계자 등의 의견을 들을 수 있다. 〈신설 2008. 10. 20., 2013. 3. 23.〉

[제목개정 2008. 10. 20.]

제81조(조정안의 작성) ① 산업통상자원부장관은 조정신청을 받은 때에는 30일 이내에 조정안을 작성하여 당사자에게 제시하여야 한다. 〈개정 2008. 2. 29., 2008. 10. 20., 2013. 3. 23.〉

② 제1항에 따른 조정안에는 다음 각 호의 사항이 포함되어야 한다. 〈개정 2008. 10. 20.〉

1. 조정 사건의 표시
2. 조정의 일시 및 장소
3. 당사자의 성명 또는 명칭
4. 조정안의 주요 내용

제82조(조정안의 통지) ① 산업통상자원부장관은 제81조에 따라 조정안이 작성된 경우에는 당사자에게 알려야 한다. 〈개정 2008. 10. 20., 2013. 3. 23.〉

② 제1항에 따라 조정안을 통지받은 분쟁 당사자는 7일 이내에 조정안에 대한 수락 여부를 서면으로 산업통상자원부장관에게 알려야 한다. 〈개정 2008. 10. 20., 2013. 3. 23.〉

제83조(조정의 종료) ① 산업통상자원부장관은 다음 각 호의 어느 하나에 해당하는 경우에는 해당 조정 사건을 끝낼 수 있다. 〈개정 2008. 10. 20., 2013. 3. 23.〉

1. 당사자 간에 합의가 이루어지거나 조정안이 수락된 경우
2. 조정신청인이나 당사자가 조정신청을 철회한 경우
3. 당사자가 조정안을 거부한 경우
4. 당사자 간에 합의가 성립될 가능성이 없다고 인정되는 경우나 그 밖에 조정할 필요가 없다고 판단되는

경우

② 산업통상자원부장관은 조정이 끝난 경우에는 당사자에게 알려야 한다. 〈개정 2008. 10. 20., 2013. 3. 23.〉

제84조(조정비용) ① 산업통상자원부장관은 이 법에 따른 조정과 관련하여 당사자에게 조정비용을 부담하도록 할 수 있다. 〈개정 2008. 2. 29., 2013. 3. 23.〉

② 조정비용은 신청요금, 경비 및 수당으로 구분하며, 조정비용의 금액, 예납절차(豫納節次) 등에 관하여 필요한 사항은 산업통상자원부장관이 정하여 고시한다. 〈개정 2008. 2. 29., 2013. 3. 23.〉

제85조(선적전검사중재기관) ① 법 제45조 제3항에 따른 중재기관은 「중재법」 제40조에 따라 산업통상자원부장관이 지정하는 사단법인(이하 "대한상사중재원"이라 한다)으로 한다. 〈개정 2008. 2. 29., 2013. 3. 23.〉

② 법 제45조 제3항에 따른 중재에 대하여는 「중재법」을 적용한다.

제86조(세계무역기구협정상의 분쟁 해결절차와의 관계) 이 법에 따른 선적 전 검사와 관련한 분쟁의 해결절차는 세계무역기구협정상의 분쟁 해결절차를 방해하지 아니한다.

제87조(조정명령의 기준) 산업통상자원부장관은 필요하다고 인정하면 법 제46조 제1항 제3호에 따른 조정을 명할 수 있는 경우에 대한 기준을 정하여 고시할 수 있다. 이 경우 산업통상자원부장관은 미리 해당 품목을 관장하는 관계 중앙행정기관의 장의 의견을 들어야 한다. 〈개정 2008. 2. 29., 2013. 3. 23.〉

제88조(조정명령 등) ① 산업통상자원부장관은 법 제46조에 따른 조정을 명하기 위하여 관계 전문가에게 자문하거나 이해관계자 등의 의견을 들을 수 있다. 〈개정 2013. 3. 23.〉

② 산업통상자원부장관은 법 제46조에 따른 조정을 명하는 경우 기업의 영업비밀 보호를 침해할 우려 등의 특별한 사유가 없으면 조정을 명하는 이유, 대상, 내용 등을 공고하여야 한다. 〈개정 2013. 3. 23.〉

[전문개정 2008. 10. 20.]

제6장 보 칙

제89조 삭제 〈2015. 12. 30.〉

제90조(수수료) 법 제37조에 따라 수출 물품의 원산지증명서를 발급받으려는 자는 산업통상자원부장관이 정하여 고시하는 수수료를 내야 한다. 〈개정 2008. 2. 29., 2013. 3. 23.〉

제91조(권한의 위임 · 위탁) ① 산업통상자원부장관은 법 제52조 제1항에 따라 다음 각 호의 권한을 그 대상 물품등의 품목에 따라 그 물품등을 관장하는 중앙 행정기관의 장에게 위탁한다. 다만, 산업통상자원부장관이 관장하는 물품등에 대한 권한은 제외한다. 〈개정 2008. 2. 29., 2013. 3. 23., 2014. 1. 28.〉

1. 제24조 제2항에 따른 외화획득용 원료 · 기재의 수입 제한에 관한 권한
2. 제25조에 따른 외화획득용 원료 · 기재의 기준 소요량 결정에 관한 권한
3. 제27조에 따른 외화획득 이행기간의 결정 및 그 연장에 관한 권한
4. 외화획득용 원료 · 기재 또는 그 원료 · 기재로 제조된 물품등(산업통상자원부장관이 정하여 고시하는 품목만 해당한다)에 대한 다음 각 목의 권한
  가. 제28조 제1항에 따른 외화획득 이행 여부의 사후관리에 관한 권한
  나. 법 제17조 제1항에 따른 사용목적 변경승인에 관한 권한
  다. 법 제17조 제2항에 따른 양도 · 양수의 승인에 관한 권한
5. 법 제46조 제1항에 따른 조정명령에 관한 권한
6. 제3항제2호에 따라 특별시장 · 광역시장 · 특별자치시장 · 도지사 또는 특별자치도지사(이하 "시 · 도지사"라 한다)에게 위임된 사무에 대한 법 제52조 제2항 및 제3항에 따른 지휘 · 감독 및 자료의 제출 요청에 관한 권한

② 산업통상자원부장관은 법 제52조 제1항에 따라 산업통상자원부장관이 관장하는 품목의 물품등에 대한 다음 각 호의 권한을 국가기술표준원장에게 위임한다. 다만, 제1호의 권한 중 목재가구에 대한 권한은 국립산림과학원장에게 위탁한다. 〈개정 2008. 2. 29., 2013. 3. 23., 2013. 12. 11.〉

1. 제25조에 따른 외화획득용 원료 · 기재의 기준 소요량 결정에 관한 권한
2. 제28조 제1항에 따른 외화획득 이행 여부의 사후 관리에 관한 권한
3. 제3항제2호에 따라 시 · 도지사에게 위임된 사무에 대한 법 제52조 제2항 및 제3항에 따른 지휘 · 감독 및 자료의 제출요청에 관한 권한
4. 제7항제2호 및 제3호에 따라 산업통상자원부장관이 지정 · 고시한 관계 행정기관 또는 단체에 위탁된 사무에 대한 법 제52조 제2항 및 제3항에 따른 지휘 · 감독 및 자료의 제출 요청에 관한 권한

③ 산업통상자원부장관은 법 제52조 제1항에 따라 산업통상자원부장관이 관장하는 물품등에 대한 다음 각 호의 권한을 시 · 도지사에게 위임한다. 다만, 자유무역지역관리원의 관할구역의 입주업체에 대한 권한은 자

유무역지역관리원장에게 위임한다. 〈개정 2008. 2. 29., 2008. 11. 5., 2009. 11. 2., 2010. 10. 1., 2013. 3. 23.〉
1. 제27조 제2항 및 제3항에 따른 외화획득 이행기간의 연장에 관한 권한
2. 법 제17조 제1항에 따른 사용목적 변경승인에 관한 권한
3. 삭제 〈2014. 1. 28.〉
4. 삭제 〈2014. 1. 28.〉
5. 삭제 〈2014. 1. 28.〉

④ 산업통상자원부장관은 법 제52조 제1항에 따라 다음 각 호의 권한을 세관장에게 위탁한다. 다만, 제6호의 권한 중 자유무역지역관리원의 관할구역의 입주업체에 대한 권한은 자유무역지역관리원장에게 위임한다. 〈개정 2008. 2. 29., 2008. 11. 5., 2009. 11. 2., 2010. 10. 1., 2013. 3. 23., 2014. 1. 28.〉
1. 법 제14조에 따른 수출입 승인 면제의 확인에 관한 권한
2. 제57조 제4항에 따른 원산지 표시의 확인에 관한 권한
3. 법 제33조 제5항에 따른 수입한 물품등과 관련 서류의 검사에 관한 권한
4. 법 제33조의2제1항에 따른 시정조치 명령
4의2. 법 제33조의2제2항에 따른 과징금 부과 및 이 영 제59조의2에 따른 과징금 납부기한의 연장, 분할납부 및 그 결정의 취소에 관한 권한
5. 제65조에 따른 원산지증명서의 제출 명령에 관한 권한
6. 제66조 제2항 및 제3항에 따른 원산지증명서 발급 업무 중 관세양허(關稅讓許)를 받기 위한 원산지증명서 발급 업무에 관한 권한
7. 법 제59조 제2항제3호(이 항 제3호의 권한에 따른 경우만 해당한다)의 자에 대한 같은 조 제3항에 따른 과태료의 부과 · 징수에 관한 권한

⑤ 산업통상자원부장관은 법 제52조 제1항에 따라 다음 각 호의 업무를 한국무역협회, 「민법」 제32조에 따라 해양수산부장관의 허가를 받아 설립된 한국선주협회(이하 "한국선주협회"라 하고, 제4호의 업무에만 해당한다), 「관광진흥법」 제41조 제1항 및 같은 법 제45조 제1항에 따른 한국관광협회중앙회(제5호의 업무에만 해당한다), 업종별 관광협회(제5호의 업무에만 해당한다) 및 「소프트웨어 진흥법」 제10조에 따른 한국소프트웨어산업협회(이하 "한국소프트웨어산업협회"라 하고, 제6호의 업무에만 해당한다)에 위탁한다. 〈개정 2008. 2. 29., 2013. 3. 23., 2014. 7. 16., 2020. 12. 8.〉
1. 법 제8조의2제1항 및 이 영 제12조의2제2항 · 제3항에 따른 전문무역상사의 지정 및 법 제8조의2제3항에 따른 지정의 취소
1의2. 제21조 제1항에 따른 무역업고유번호의 부여 및 관리 등 수출입통계 데이터베이스를 구축하기 위한 전산관리체제의 개발 · 운영
2. 제22조 제2항에 따른 수출입 거래에 관한 정보의 수집 · 분석
3. 제23조에 따른 용역의 수출입 확인
4. 제23조에 따른 용역 중 해운업의 수출입 확인
5. 제23조에 따른 용역 중 관광사업의 수출입 확인
6. 제23조에 따른 전자적 형태의 무체물의 수출입 확인

⑥ 산업통상자원부장관은 법 제52조 제1항에 따라 다음 각 호의 권한을 관세청장에게 위탁한다. 〈개정 2008. 2. 29., 2008. 11. 5., 2009. 11. 2., 2010. 10. 1., 2013. 3. 23.〉
1. 제56조 제3항 본문에 따라 산업통상자원부장관이 정하는 원산지 표시방법의 범위에서 그 표시방법에 관한 세부적인 사항을 정하는 권한
1의2. 제57조 제1항 및 제2항에 따른 원산지 표시방법의 확인 및 이의제기에 대한 처리 권한
2. 제62조 및 제63조에 따른 원산지의 판정 및 이의제기의 처리에 관한 권한
3. 제4항에 따라 세관장에게 위탁된 사무에 대한 법 제52조 제2항 및 제3항에 따른 지휘 · 감독 및 자료의 제출 요청에 관한 권한

⑦ 산업통상자원부장관은 법 제52조 제1항에 따라 수출입승인 대상물품등에 대한 다음 각 호의 권한을 산업통상자원부장관이 지정하여 고시하는 관계 행정기관 또는 단체의 장에게 위탁한다. 〈개정 2008. 2. 29., 2013. 3. 23., 2014. 1. 28.〉
1. 법 제11조 제2항부터 제5항까지에 따른 수출 또는 수입의 승인, 승인의 유효기간 설정 및 연장, 변경승인 및 변경사항 신고의 수리에 관한 권한
2. 제24조에 따른 외화획득용 원료 · 기재의 수입승인에 관한 권한
3. 산업통상자원부장관이 관장하는 외화획득용 원료 · 기재에 대한 제28조에 따른 사후 관리에 관한 권한

⑧ 산업통상자원부장관은 법 제52조 제1항에 따라 법 제32조 제1항에 따른 플랜트수출의 승인 및 변경승인(일괄수주방식에 의한 수출로서 국토교통부장관의 동의가 필요한 경우는 제외한다)에 관한 권한을 「산업발전법」 제38조에 따라 산업통상자원부장관의 인가를 받아 설립된 한국기계산업진흥회(이하 "한국기계산업진흥회"라 한다)에 위탁한다. 다만, 연불금융(延拂金融) 지원의 경우에는 「한국수출입은행법」에 따른 한국수출입은행에 위탁한다. 〈개정 2008. 2. 29., 2010. 7. 12., 2010. 10. 1., 2013. 3. 23.〉

⑨ 산업통상자원부장관은 법 제52조 제1항에 따라 다

음 각 호의 권한을 대한상사중재원에 위탁한다. 〈개정 2008. 2. 29., 2008. 10. 20., 2013. 3. 23.〉

1. 제75조 제2항에 따른 무역분쟁에 대한 조정 또는 알선에 관한 권한
2. 제80조부터 제84조까지의 규정에 따른 분쟁조정, 조정비용 부담 등에 관한 권한

⑩ 산업통상자원부장관은 법 제52조 제1항에 따라 제66조 제2항 및 제3항에 따른 원산지증명서 발급 업무(관세양허를 받기 위한 원산지증명서 발급 업무를 포함한다)를 「상공회의소법」에 따라 설립된 대한상공회의소(이하 "대한상공회의소"라 한다)나 「민법」 제32조에 따라 설립된 법인 중 산업통상자원부장관이 지정하여 고시하는 법인에 위탁한다. 〈개정 2008. 2. 29., 2013. 3. 23.〉

⑪ 산업통상자원부장관은 법 제52조 제1항에 따라 제31조에 따른 구매확인서의 발급 및 사후 관리에 관한 권한을 외국환은행의 장 및 「전자무역 촉진에 관한 법률」 제6조에 따라 산업통상자원부장관이 지정한 전자무역기반사업자에게 위탁한다. 〈개정 2008. 2. 29., 2008. 11. 5., 2013. 3. 23.〉

⑫ 산업통상자원부장관은 법 제52조 제1항에 따라 제36조 제2항에 따른 전략물자의 판정 및 통보에 관한 권한을 법 제29조에 따라 설립된 전략물자관리원에 위탁한다. 〈개정 2008. 2. 29., 2013. 3. 23.〉

제92조(권한의 위임 · 위탁 등에 따른 조정) ① 시 · 도지사 또는 세관장은 법 제33조의2제2항, 법제59조 제3항(법 제59조 제2항 제3호를 위반한 경우만 해당한다) 또는 이 영 제91조 제4항 제4호의2 및 제7호에 따라 과징금이나 과태료를 부과하려면 각각 세관장이나 시 · 도지사와 미리 협의하여야 한다. 〈개정 2014. 1. 28.〉

② 제91조에 따라 산업통상자원부장관의 권한을 위임받거나 위탁받은 자는 위임받거나 위탁받은 업무의 처리 결과를 산업통상자원부장관에게 보고하여야 한다. 보고시기, 보고방법 등에 관하여 필요한 사항은 산업통상자원부장관이 정한다. 〈개정 2008. 2. 29., 2013. 3. 23.〉

③ 산업통상자원부장관은 제91조에 따라 권한을 위임받거나 위탁받은 자가 법 또는 이 영을 위반하여 그 위임 또는 위탁받은 업무를 처리한 경우에는 시정조치 등 필요한 조치를 요구할 수 있다. 〈개정 2008. 2. 29., 2013. 3. 23.〉

④ 제3항에 따른 시정조치 등을 요구받은 자는 지체 없이 그 업무를 시정하고 그 결과를 산업통상자원부장관에게 보고하여야 한다. 〈개정 2008. 2. 29., 2013. 3. 23.〉

[제목개정 2014. 1. 28.]

제93조(공무원 의제) 법 제58조에서 "대통령령으로 정하는 법인 또는 단체"란 다음 각 호에 해당하는 기관 또는 단체를 말한다.

1. 한국무역협회
2. 한국소프트웨어산업협회
3. 한국선주협회
4. 「관광진흥법」 제41조 제1항 · 제45조 제1항에 따른 한국관광협회중앙회 및 업종별 관광협회
5. 제91조 제7항에 따라 지정된 단체
6. 한국기계산업진흥회
7. 대한상사중재원
8. 대한상공회의소
9. 제91조 제10항에 따라 지정된 법인

제93조의2(규제의 재검토) ① 산업통상자원부장관은 제12조의2제1항에 따른 전문무역상사의 지정 기준에 대하여 2014년 7월 22일을 기준으로 5년마다(매 5년이 되는 해의 기준일과 같은 날 전까지를 말한다) 그 타당성을 검토하여 개선 등의 조치를 하여야 한다. 〈개정 2014. 12. 9.〉

② 산업통상자원부장관은 다음 각 호의 사항에 대하여 다음 각 호의 기준일을 기준으로 2년마다(매 2년이 되는 해의 기준일과 같은 날 전까지를 말한다) 그 타당성을 검토하여 개선 등의 조치를 하여야 한다. 〈신설 2014. 12. 9.〉

1. 제5조 제2항에 따른 무역의 진흥을 위한 무역 지원 대상이 되는 무역 관련 시설의 기준: 2015년 1월 1일
2. 제43조에 따른 자율준수무역거래자의 지정 등: 2015년 1월 1일
3. 제45조에 따른 자율준수무역거래자의 보고사항 및 보고기간: 2015년 1월 1일
4. 제60조의2제2항에 따른 원산지 표시의무 위반자의 공표사항 및 절차: 2015년 1월 1일

[본조신설 2014. 7. 16.]

제94조(과태료의 부과기준) 법 제59조 제1항부터 제3항까지의 규정에 따른 과태료의 부과기준은 별표 4와 같다. 〈개정 2020. 6. 16.〉

[전문개정 2008. 11. 5.]

부칙 〈제32297호, 2021. 12. 31.〉
(농수산물의 원산지 표시 등에 관한 법률 시행령)

제1조(시행일) 이 영은 2022년 1월 1일부터 시행한다.

제2조(다른 법령의 개정) ① 대외무역법 시행령 일부를 다음과 같이 개정한다.

별표 4 제2호다목의 위반행위란 중 "「농수산물의 원산지 표시에 관한 법률 시행령」"을 "「농수산물의 원산지 표시 등에 관한 법률 시행령」"으로 한다.

② 및 ③ 생략

3. 대외무역관리규정

[시행 2022. 1. 1.] [산업통상자원부고시 제2021-238호, 2021. 12. 31., 일부개정.]

제1장 총 칙

제1조(목적) 이 규정은 「대외무역법」과 「대외무역법 시행령」에서 위임한 사항과 그 시행에 필요한 사항을 정함을 목적으로 한다.

제2조(정의) 이 규정에서 사용하는 용어의 뜻은 다음과 같다.

1. "외화"란 「외국환거래법」령에 따른 대외지급수단을 말한다.
2. "수출입공고"란 「대외무역법 시행령」(이하 "영"이라 한다)제16조에 따른 수출입공고를 말한다.
3. 영 제2조 제3호다목 및 제4호나목의 "산업통상자원부장관이 정하여 고시하는 기준에 해당하는 것"이란 제11호부터 제13호까지의 규정에 따른 거래를 말한다.
4. "위탁판매수출"이란 물품등을 무환으로 수출하여 해당 물품이 판매된 범위안에서 대금을 결제하는 계약에 의한 수출을 말한다.
5. "수탁판매수입"이란 물품등을 무환으로 수입하여 해당 물품이 판매된 범위안에서 대금을 결제하는 계약에 의한 수입을 말한다.
6. "위탁가공무역"이란 가공임을 지급하는 조건으로 외국에서 가공(제조, 조립, 재생, 개조를 포함한다. 이하 같다)할 원료의 전부 또는 일부를 거래 상대방에게 수출하거나 외국에서 조달하여 이를 가공한 후 가공물품등을 수입하거나 외국으로 인도하는 수출입을 말한다.
7. "수탁가공무역"이란 가득액을 영수(領收)하기 위하여 원자재의 전부 또는 일부를 거래 상대방의 위탁에 의하여 수입하여 이를 가공 한 후 위탁자 또는 그가 지정하는 자에게 가공물품등을 수출하는 수출입을 말한다. 다만, 위탁자가 지정하는 자가 국내에 있음으로써 보세공장 및 자유무역지역에서 가공한 물품등을 외국으로 수출할 수 없는 경우 「관세법」에 따른 수탁자의 수출·반출과 위탁자가 지정한 자의 수입·반입·사용은 이를 「대외무역법」(이하 "법"이라 한다)에 따른 수출·수입으로 본다.
8. "임대수출"이란 임대(사용대차를 포함한다. 이하 같다) 계약에 의하여 물품등을 수출하여 일정기간 후 다시 수입하거나 그 기간의 만료 전 또는 만료 후 해당 물품등의 소유권을 이전하는 수출을 말한다.
9. "임차수입"이란 임차(사용대차를 포함한다. 이하 같다) 계약에 의하여 물품등을 수입하여 일정기간 후 다시 수출하거나 그 기간의 만료 전 또는 만료 후 해당 물품의 소유권을 이전받는 수입을 말한다.
10. "연계무역"이란 물물교환(Barter Trade), 구상무역(Compensation trade), 대응구매(Counter purchase), 제품환매(Buy Back) 등의 형태에 의하여 수출·수입이 연계되어 이루어지는 수출입을 말한다.
11. "중계무역"이란 수출할 것을 목적으로 물품등을 수입하여 「관세법」 제154조에 따른 보세구역 및 같은 법 제156조에 따라 보세구역외 장치의 허가를 받은 장소 또는 「자유무역지역의 지정 등에 관한 법률」 제4조에 따른 자유무역지역 이외의 국내에 반입하지 아니하고 수출하는 수출입을 말한다.
12. "외국인수수입"이란 수입대금은 국내에서 지급되지만 수입 물품등은 외국에서 인수하거나 제공받는 수입을 말한다.
13. "외국인도수출"이란 수출대금은 국내에서 영수하지만 국내에서 통관되지 아니한 수출 물품등을 외국으로 인도하거나 제공하는 수출을 말한다.
14. "무환수출입"이란 외국환 거래가 수반되지 아니하는 물품등의 수출·수입을 말한다.
15. "기자재"란 기계, 장치 및 자재를 말한다.
16. "시설기재"란 시설, 기계, 장치, 부품 및 구성품을 말한다.
17. "수출유망중소기업"이란 산업통상자원부장관이 정한 "수출유망중소기업 지원요령"에 따라 수출유망중소기업으로 지정된 업체를 말한다.
18. "구매확인서"란 외화획득용 원료·기재를 구매하려는 경우 또는 구매한 경우 외국환은행의 장 또는 「전자무역 촉진에 관한 법률」 제6조에 따라 산업통상자원부장관이 지정한 전자무역기반사업자(이하 "전자무역기반사업자"라 한다)가 내국신용장에 준하여 발급하는 증서(구매한 경우에는 구매확인서 신청인이 세금계산서를 발급받아 「부가가치세법 시행규칙」 제9조의2에서 정한 기한 내에 신청하여 발급받은 증서에 한한다)를 말한다.
19. "내국신용장"이란 한국은행총재가 정하는 바에 따라

외국환은행의 장이 발급하여 국내에서 통용되는 신용장을 말한다.

20. "평균 손모량"이란 외화획득용 물품등을 생산하는 과정에서 생기는 원자재의 손모량(손실량 및 불량품 생산에 소요된 원자재의 양을 포함한다)의 평균량을 말한다.
21. "손모율"이란 평균 손모량을 백분율로 표시한 값을 말한다.
22. "단위실량"이란 외화획득용 물품등 1단위를 형성하고 있는 원자재의 양을 말한다.
23. "기준 소요량"이란 외화획득용 물품등의 1단위를 생산하는 데에 소요되는 원자재의 양을 고시하기 위한 것으로서 단위실량과 평균 손모량을 합한 양을 말한다.
24. "단위자율소요량"이란 기준 소요량이 고시되지 아니한 품목에 대하여 외화획득용 물품등 1단위를 생산하는 데에 소요된 원자재의 양을 해당 기업이 자율적으로 산출한 것으로서 단위실량과 평균 손모량을 합한 양을 말한다.
25. "소요량"이란 외화획득용 물품등의 전량을 생산하는 데에 소요된 원자재의 실량과 손모량을 합한 양을 말한다.
26. "자율소요량계산서"란 외화획득을 이행하는 데에 소요된 원자재의 양을 해당 기업이 자체 계산한 서류를 말한다.
27. "사후 관리기관의 장"이란 각종 수출 또는 수입승인의 이행상황을 확인하고 그 결과에 따라 필요한 조치를 하는 업무를 담당하도록 산업통상자원부장관이 지정·고시한 기관·단체의 장을 말한다.
28. "유통업자"란 「부가가치세법」에 따른 사업자등록증상의 도매업자(한국표준 산업분류상의 도매업 영위자), 조달청 및 「중소기업 협동조합법」에서 정하는 중소기업 협동조합을 말한다.

제3조(용역의 공급) ① 영 제2조 제3호라목에 따른 "산업통상자원부장관이 정하여 고시하는 방법으로 제공하는 것"이란 다음 각 호의 어느 하나의 방법에 따라 제공하는 것을 말한다.

1. 용역의 국경을 넘은 이동에 의한 제공
2. 비거주자의 국내에서의 소비에 의한 제공
3. 거주자의 상업적 해외주재에 의한 제공
4. 거주자의 외국으로의 이동에 의한 제공

② 영 제2조 제4호다목에 따른 "산업통상자원부장관이 정하여 고시하는 방법으로 제공하는 것"이란 다음 각 호의 어느 하나의 방법에 따라 공급하는 것을 말한다.

1. 용역의 국경을 넘은 이동에 의한 제공
2. 거주자의 외국에서의 소비에 의한 제공
3. 비거주자의 상업적 국내주재에 의한 제공
4. 비거주자의 국내로 이동에 의한 제공

③ 영 제3조 제1호차목에서 "그 밖에 지식기반용역 등 수출유망산업으로서 산업통상자원부장관이 정하여 고시하는 업종"이란 다음 각 호의 업종을 말한다.

1. 전기통신업
2. 금융 및 보험업
3. 임대업
4. 광고업
5. 사업시설 유지관리 서비스업
6. 교육 서비스업
7. 보건업
8. 연구개발업
9. 번역 및 통역 서비스업

제4조(전자적 형태의 무체물) 영 제4조 제2호에 따른 "부호·문자·음성·음향·이미지·영상 등을 디지털방식으로 제작하거나 처리한 자료 또는 정보 등으로서 산업통상자원부장관이 정하여 고시하는 것"이란 다음 각 호의 자료 또는 정보 등을 말한다.

1. 영상물(영화, 게임, 애니메이션, 만화, 캐릭터를 포함한다)
2. 음향·음성물
3. 전자서적
4. 데이터베이스

제5조(전자적 형태의 무체물의 수출입) 영 제2조 제3호마목 및 제4호라목에 따른 "그 밖에 산업통상자원부장관이 정하여 고시하는 방법"이란 컴퓨터 등 정보처리능력을 가진 장치에 저장한 상태로 반출·반입한 후 인도·인수하는 것을 말한다.

제6조(무역 관련 시설의 지정) ① 영 제5조 제2항에 규정된 무역 관련 시설로 지정받으려는 자는 다음 각 호의 서류를 첨부하여 산업통상자원부장관에게 신청하여야 한다.

1. 사업계획서 1부
2. 산업통상자원부 장관은 건축물 등기부등본, 건축물 관리대장 및 토지대장 등본 각 1부 또는 건축허가서 사본을 전자정부법 제36조 제1항에 따른 행정정보의 공동이용을 통하여 확인하여야 한다.

② 제1항제1호에 따른 사업계획서에는 시설 및 부속토지의 면적 등 시설계획, 조직, 사업운영 기본방향 등 향후 2개년의 사업계획 등이 포함되어야 한다.

③ 산업통상자원부장관은 제1항에 따른 신청을 받은 경우 영 제5조 제2항의 기준과 무역진흥 관련 사업타당성 등을 검토하여 무역 관련 시설로 지정하여야 한다.

④ 삭제

⑤ 제3항에 따라 지정된 무역 관련 시설은 별표 1과 같다.

제7조 (전문무역상사의 지정요건) ① 영 제12조의2 제1항 제1호에 따라 전문무역상사로 지정받을 수 있는 자는 다음 각호의 기준을 충족하는 자로 한다.

1. 전년도의 수출실적 또는 최근 3년간의 평균 수출실적이 미화 100만불 이상인 자
2. 전체 수출실적 대비 타 중소 · 중견기업 생산 제품의 전년도 수출 비중 또는 최근 3년간 평균 수출 비중이 100분의 20 이상인 자

② 영 제12조의2 제1항 제2호에 따라 전문무역상사로 지정받을 수 있는 자는 농업 · 어업 · 수산업, 서비스업 등 수출시장 다변화를 위해 전략적 수출확대 지원이 필요한 분야에서, 다음 각 호의 어느 하나에 해당하여 주무 부처 장관의 추천을 받은 자 중 산업통상자원부 장관이 그 능력이 있다고 인정하는 자로 한다.

1. 협동조합기본법에 의한 협동조합
2. 농어업경영체 육성 및 지원에 관한 법률에 따른 영농조합법인 또는 영어조합법인
3. 농업협동조합법에 따라 설립된 조합 및 조합공동사업법인
4. 수산업협동조합법에 따라 설립된 조합
5. 중소기업협동조합법에 따라 설립된 협동조합, 사업협동조합 또는 협동조합연합회
6. 대중소기업 공동출자형 수출전문기업
7. 업종별 협회 · 단체의 무역자회사
8. 공공기관(「공공기관의 운영에 관한 법률」 제4조에 따른 공공기관을 말한다)이 출자하여 설립한 무역상사
9. 기타 전문무역상사의 취지에 적합하다고 주무 부처 장관의 추천을 받아 신청한 수출조직

③ 영 제12조의2 제1항 제2호에 따라 중소 · 중견 기업에 대한 효과적인 수출 지원을 위하여 다음 각 호의 어느 하나에 해당하여 산업통상자원부 장관이 그 능력이 있다고 인정하는 자로 한다.

1. 전년도 또는 최근 3년간 평균 수출 실적이 미화 1억불 이상인자로서 무역거래를 주로 영위하는 자
2. 유통산업발전법 제2조 3호에 따른 대규모 점포를 국외에서 운영하면서 직전년도 매출액이 500억원 이상인자
3. 국내 · 외에서 방송채널 및 사이버몰 등 전자상거래 수단을 1개 이상 직접 운영하면서 직전년도 국외 매출액 또는 거래액이 미화 100만불 이상인 자
4. 최근 2년 내 해외정부 또는 국제기구에 대하여 직접 조달 납품한 실적이 미화 100만불 이상인 자
5. 재외동포의출입국과법적지위에관한법률 제2조에 따른 재외동포로서 직전년도 한국제품 교역실적이 미화 100만불 이상이면서 한국제품 구매실적이 미화 50만불 이상인 자

④ 제1항 내지 제3항에도 불구하고 한국무역보험공사 신용조사 보고서상 신용등급 중 최하위 2개 등급인 경우에는 전문무역상사의 지정을 거부 또는 취소한다.

제7조의2 (전문무역상사의 지정 절차) ① 영 제12조의2 제2항에 따라 전문무역상사로 지정받고자 하는 자는 다음 각 호의 서류를 갖추어 한국무역협회 회장에게 신청하여야 한다.

1. 전문무역상사 지정신청서
2. 사업자등록증
3. 중소기업 수출지원 기여에 관한 사업계획서
4. 기타 실적증명 및 활동계획서 등 전문무역상사 지정요건에 부합함을 증명하는 서류 등

② 한국무역협회 회장은 전문무역상사의 지정, 갱신, 지정취소 등을 심사 · 의결하기 위하여 전문무역상사 심사위원회(이하 이 절에서 "심사위원회"라 한다)를 구성하여 운영한다. 심사위원회의 구성 및 운영에 필요한 세부사항은 별도로 정한다.

③ 한국무역협회 회장은 심사위원회를 통해 전문무역상사 지정한 경우에는 지정증을 발급하여야 한다.

제2장 수출입 거래 총칙

제1절 수출입승인 등

제8조(수출입 승인기관) 영 제91조 제7항의 "산업통상자원부장관이 지정하여 고시하는 관계 행정기관 또는 단체의 장"은 수출입공고에서 산업통상자원부장관이 지정 · 고시한 기관 · 단체(이하 "승인기관"이라 한다)의 장을 말한다.

제9조(수출입승인 물품등) 법 제11조 제1항 및 영 제16조에 따라 "산업통상자원부장관이 수출 또는 수입 승인대상물품등으로 지정 · 고시한 물품등"이란 수출입공고에서 정한 물품등(다만, 중계무역 물품, 외국인수수입물품, 외국인도수출 물품, 선용품은 제외한다)을 말한다.

제10조 (수출입의 승인 신청 등) ① 영 제18조에 따라 수출 · 수입의 승인을 받으려는 자는 별지 제3호부터 별지 제5호까지의 서식에 의한 수출입승인 신청서(업체용, 세관용, 승인기관용(산업통상자원부용) 및 사본(신청자가 신청한 경우만 해당한다)에 다음 각 호의 서류를 첨부하여 수출입 승인기관의 장에게 신청하여야 한다.

1. 수출신용장, 수출계약서 또는 주문서(수출의 경우만 해당한다)
2. 수입계약서 또는 물품등매도확약서(수입의 경우만

해당한다)

3. 수출 또는 수입대행계약서(공급자와 수출자가 다른 경우 및 실수요자와 수입자가 다른 경우만 해당한다)
4. 수출입공고에서 규정한 요건을 충족하는 서류(다만, 해당 승인기관에서 승인 요건의 충족 여부를 확인할 수 있는 경우를 제외한다)

② 제1항에 따른 수출입의 승인 신청이 제11조에 따른 수출입승인의 요건에 합당한 경우 수출입 승인기관의 장은 별지 제3호부터 별지 제5호까지의 서식에 의한 수출입승인서[업체용, 세관용, 승인기관용(산업통상자원부용) 및 사본(신청자가 요청한 경우만 해당한다)]를 발급하여야 한다. 다만, 수출입 물품등을 분할하여 발급할 수 있다.

제11조(수출입승인의 요건) 수출입 승인기관의 장은 수출·수입의 승인을 하려는 경우에는 다음 각 호의 요건에 합당한지를 확인하여야 한다.

1. 수출·수입하려는 자가 승인을 받을 수 있는 자격이 있는 자일 것
2. 수출·수입하려는 물품등이 수출입공고 및 이 규정에 따른 승인 요건을 충족한 물품등일 것
3. 수출·수입하려는 물품등의 품목분류번호(HS)의 적용이 적정할 것

제12조(수출입승인 유효기간의 설정) 영 제18조 제2항 단서에 따라 다음 각 호의 어느 하나에 해당하는 경우에는 1년 이내 또는 20년의 범위 내에서 유효기간을 단축 또는 초과하여 설정할 수 있다.

1. 산업통상자원부장관이 물가 안정 또는 수급 조정을 위하여 1년 이내로 유효기간의 단축이 필요하다고 인정하는 경우
2. 물품등의 제조·가공기간이 1년을 초과하는 경우 등 물품등의 선적 또는 도착기일을 감안하여 1년 이내에 물품등의 선적이나 도착이 어려울 것으로 수출입 승인기관의 장이 인정하는 경우
3. 수출·수입이 혼합된 거래로서 수출입 승인기관의 장이 부득이하다고 인정하는 경우

제13조(둘 이상의 승인) 하나의 수출 또는 수입에 대하여 둘 이상의 승인을 받아야 하는 경우 각각의 승인은 상호 독립적으로 받아야 한다. 이 경우 두 번째 이후의 승인 기관의 장은 수출입승인서상의 여백에 승인 사항을 표시한다.

제14조 삭제

제2절 수출입승인 사항의 변경

제15조(수출입승인 사항의 변경승인) 수출입승인 사항의 변경은 당초 승인한 기관의 장이 승인한다.

제16조(수출입승인사항의 변경신고) 다음 각 호의 어느 하나에 해당하는 사항에 대하여는 당초 승인한 기관의 장에게 변경신고를 하여야 한다.

1. 원산지
2. 도착항(다만, 수출의 경우에만 해당한다)
3. 규격
4. 수출입 물품등의 용도(다만, 수출입승인 용도가 지정된 경우에만 해당한다)
5. 승인 조건

제17조(수출입승인 사항의 변경승인 신청 등) ① 수출·수입승인 사항을 변경하려는 자는 당초 승인을 받은 수출입승인서 또는 별지 제9호 서식에 의한 수출입승인 사항 변경승인·신고신청서에 변경 사실을 증명하는 서류를 첨부하여 수출입승인 사항의 변경승인기관의 장에게 신청하여야 한다.

② 수출·수입승인 사항의 변경은 수출·수입승인의 유효기간 내에 신청하여야 한다. 다만, 수입의 경우로서 수입대금을 지급하고 선적서류를 인수한 후에 수입승인 사항을 변경하려는 경우에는 수입승인의 유효기간 경과 후에도 변경승인·신고를 신청할 수 있다.

③ 제2항 단서에 따라 승인기관의 장이 변경승인·신고 수리한 때에는 그 변경승인·신고사실을 해당 세관장에게 알려야 한다.

④ 영 제18조 제3항에 따른 당사자의 변경은 파산 등 불가피한 경우에 신청한 것일 것

제18조(수출입승인사항의 변경승인 등) ① 수출입승인 사항의 변경승인기관의 장은 수출·수입승인 사항을 변경하려는 경우에는 다음 각 호의 요건에 합당한지를 확인하여야 한다.

1. 수출입승인을 받은 후에 수출입공고에서 수출·수입을 제한하는 사항이 추가된 품목으로서 관계 기관의 장의 허가 등을 추가로 요하는 품목일 때에는 그 허가 등을 받았을 것
2. 수출 물품등의 단가를 인하하거나 수입 물품등의 단가를 인상하는 내용의 수출 또는 수입 승인 사항의 변경은 다음 각 목의 어느 하나에 해당하는 경우일 것
   가. 거래상대방의 파산 또는 지급거절 등이 현지의 거래은행, 상공회의소 또는 공공기관에 의하여 객관적으로 확인되는 경우에 수출 물품등을 제3자에게 전매하는 경우
   나. 물품등의 성질과 국제거래관행상 승인 시점에 단가를 확정할 수 없는 경우
   다. 그 밖에 급격한 시장상황의 변화 등 변경 사유가 불가피하다고 인정되는 경우

3. 변경하려는 내용이 수출신용장, 수출입계약서, 주문서, 물품등매도확약서 등에 명시되어 있을 것. 다만, 수출신용장 등에 명시를 요하지 아니하는 경미한 사항일 경우에는 그러하지 아니하다.
4. 수출대상국가의 변경은 수출제한 사유 등을 고려할 때 타국으로 변경하여도 지장이 없을 것

② 수출입승인 사항의 변경승인기관의 장은 제17조에 따라 수출 · 수입승인 사항에 관하여 변경신고가 있는 경우 이를 확인한 후 신고를 수리하여야 한다.

제3절 수출입승인 면제

제19조(수출입의 승인 면제) 영 제19조 제1호 및 제2호에 따라 수출 · 수입의 승인이 면제되는 수출 · 수입의 범위는 별표 3 및 별표 4와 같다.

제20조(그 밖에 외국환거래가 수반되지 아니하는 물품등의 수입) 영 제19조 제3호에 따라 수입할 수 있는 물품은 그 반입의 목적, 사유 등에 의하여 세관장이 타당하다고 인정하는 물품등을 말한다. 이 경우 세관장은 과세가격이 500만원을 초과하는 수입에 대하여 수입승인서의 제출을 요구할 수 있다.

제4절 특정거래 형태의 수출입인정

제21조(특정 거래 형태의 범위) 영 제20조 제1항의 특정 거래 형태의 수출입은 제2조 제4호부터 제14호까지의 규정에 해당하는 거래를 말한다.

제22조 삭제

제23조 삭제

제5절 무역업고유번호

제24조(무역업고유번호의 신청 및 부여) ① 산업통상자원부장관은 영 제21조 및 제22조에 따른 전산관리체제의 개발 · 운영을 위하여 무역거래자별 무역업고유번호를 부여할 수 있다.

② 영 제21조 및 제1항에 따른 무역업고유번호를 부여받으려는 자는 별지 제1호 서식에 의하여 우편, 팩시밀리, 전자우편, 전자문서교환체제(EDI) 등의 방법으로 한국무역협회장에게 신청하여야 하며, 한국무역협회장은 접수 즉시 신청자에게 고유번호를 부여하여야 한다.

③ 제2항에 따라 무역업고유번호를 부여받은 자가 상호, 대표자, 주소, 전화번호 등의 변동사항이 발생한 경우에는 별지 제2호의 서식에 의한 무역업고유번호신청사항 변경통보서에 따라 변동사항이 발생한 날부터 20일 이내에 한국무역협회장에게 알리거나 한국무역협회에서 운영하고 있는 무역업 데이터베이스에 변동사항을 수정입력하여야 한다.

④ 제2항에 따라 무역업고유번호를 부여받은 자가 합병, 상속, 영업의 양수도 등 지위의 변동이 발생하여 기존의 무역업고유번호를 유지 또는 수출입실적 등의 승계를 받으려는 경우에는 변동사항에 대한 증빙서류를 갖추어 무역업고유번호의 승계 등을 한국무역협회장에게 신청할 수 있다.

⑤ 한국무역협회장은 제2항부터 제4항까지의 규정에 따른 무역업고유번호의 부여 및 변경사항을 확인하고 무역업고유번호관리대장 또는 무역업 데이타베이스에 이를 기록 및 관리하여야 한다.

⑥ 무역거래자는 「관세법」 제241조에 따른 수출(입)신고시 제1항에 따른 무역업고유번호를 수출(입)자 상호명과 함께 기재하여야 한다.

제6절 수출 · 수입실적

제25조(수출 · 수입실적의 인정범위) ① 수출실적의 인정범위는 다음 각 호로 한다.

1. 영 제2조 제3호에 따른 수출 중 유상으로 거래되는 수출(대북한 유상반출실적을 포함한다)
2. 영 제19조 제2호에 따라 승인이 면제되는 수출 중 다음 각 목의 어느 하나에 해당하는 수출
   가. 별표 3의 제2호나목에 해당하는 물품등의 수출로서 현지에서 매각된 것
   나. 별표 3의 제2호아목에서 해당하는 물품등의 수출 중 해외건설공사에 직접 공하여지는 원료 · 기재, 공사용 장비 또는 기계류의 수출(수출신고필증에 재반입하지 않는다는 조건이 명시된 분만 해당한다)
3. 수출자 또는 수출 물품등의 제조업자에 대한 외화획득용 원료 또는 물품등의 공급 중 수출에 공하여 지는 것으로 다음 각 목의 어느 하나에 해당하는 경우
   가. 내국신용장(Local L/C)에 의한 공급
   나. 구매확인서에 의한 공급
   다. 산업통상자원부장관이 지정하는 생산자의 수출 물품 포장용 골판지상자의 공급
4. 외국인으로부터 대금을 영수하고 외화획득용 시설기재를 외국인과 임대차계약을 맺은 국내업체에 인도하는 경우
5. 외국인으로부터 대금을 영수하고 「자유무역지역의 지정 및 운영에 관한 법률」 제2조의 자유무역지역으로 반입신고한 물품등을 공급하는 경우
6. 외국인으로부터 대금을 영수하고 그가 지정하는 자

가 국내에 있음으로써 물품등을 외국으로 수출할 수 없는 경우 「관세법」 제154조에 따른 보세구역으로 물품등을 공급하는 경우

7. 외화를 받고 외항선박에 선박용품 등 관리에 관한 고시에 따른 내국선박용품을 공급하는 경우

② 수입실적의 인정범위는 영 제2조 제4호에 따른 수입 중 유상으로 거래되는 수입으로 한다.

제26조(수출 · 수입실적의 인정금액) ① 제25조 제1항 제1호 및 제2호에 따른 수출실적 인정금액은 다음 각 호의 경우를 제외하고는 수출통관액(FOB가격 기준)으로 한다.

1. 중계무역에 의한 수출의 경우에는 수출금액(FOB가격)에서 수입금액(CIF가격)을 공제한 가득액
2. 외국인도수출의 경우에는 외국환은행의 입금액(다만, 위탁가공된 물품을 외국에 판매하는 경우에는 판매액에서 원자재 수출금액 및 가공임을 공제한 가득액)
3. 제25조 제1항 제2호가목의 수출은 외국환은행의 입금액
4. 원양어로에 의한 수출 중 현지경비사용분은 외국환은행의 확인분
5. 용역 수출의 경우에는 제30조에 따라 용역의 수출 · 수입실적의 확인 및 증명 발급기관의 장이 외국환은행을 통해 입금확인한 금액
6. 전자적 형태의 무체물의 수출의 경우에는 제30조에 따라 한국무역협회장 또는 한국소프트웨어산업협회장이 외국환은행을 통해 입금확인한 금액

② 제25조 제1항제3호에 따른 수출실적의 인정금액은 외국환은행의 결제액 또는 확인액으로 한다.

③ 제25조 제1항제4호 내지 제6호에 따른 수출실적의 인정금액은 외국환은행의 입금액으로 한다.

④ 제25조 제1항제7호에 따른 수출실적의 인정금액은 선박용품 등 관리에 관한 고시에 따라 보고된 적재허가서에 기재된 금액으로 한다.

⑤ 제25조 제2항에 따른 수입실적의 인정금액은 수입통관액(CIF가격 기준)으로 한다. 다만, 외국인수수입과 용역 또는 전자적 형태의 무체물의 수입의 경우에는 외국환은행의 지급액으로 한다.

제27조(수출 · 수입실적의 인정시점) ① 제25조 제1항제1호 및 제2호에 따른 수출실적의 인정시점은 수출신고수리일로 한다. 다만, 제25조 제1항 제1호의 수출 중 용역 또는 전자적 형태의 무체물의 수출, 제25조 제1항 제2호 가목의 수출, 중계무역, 외국인도수출, 제25조 제1항 제4호 내지 제6호의 수출의 경우에는 입금일로 한다.

② 제25조 제1항 제3호에 따른 수출실적의 인정시점은 다음 각 호로 한다.

1. 외국환은행을 통하여 대금을 결제한 경우에는 결제일
2. 외국환은행을 통하여 대금을 결제하지 아니한 경우에는 당사자간의 대금 결제일

③ 제25조 제1항제7호에 따른 수출실적의 인정시점은 선박용품 등 관리에 관한 고시에 따른 적재허가서에 기재된 허가일자로 한다.

④ 제25조 제2항에 따른 수입실적의 인정시점은 수입신고수리일로 한다. 다만, 외국인수수입과 용역 또는 전자적 형태의 무체물의 수입의 경우에는 지급일로 한다.

제28조(수출 · 수입실적의 확인 및 증명발급기관) ① 수출 · 수입 실적의 확인 및 증명 발급기관은 다음 각 호로 한다.

1. 제26조 제1항제1호부터 제4호까지, 제2항 중 제25조 제1항 제3호 다목, 제3항 중 제25조 제1항 제4호 및 제4항 단서 중 물품의 외국인수수입의 경우에는 외국환은행의 장

1-1. 제26조 제3항 중 제25조 제1항 제5호 및 제6호, 제26조 제4항의 수출실적 인정금액의 확인 및 증명 발급기관은 한국무역협회장

1-2. 제26조 제2항 중 제25조 제1항 제3호 가목 및 나목의 수출실적 인정금액의 확인 및 증명발급기관은 외국환은행의 장 또는 전자무역기반사업자(다만, 제25조 제1항 제3호나목의 구매확인서에 의한 공급 중 당사자간에 대금을 결제한 경우에는 그 구매확인서의 발급기관이 당사자간에 대금 결제가 이루어졌음을 증빙하는 서류를 확인하여야 한다).

2. 제26조 제1항 제5호 및 제4항 단서 중 용역의 수입의 경우에는 제30조 제1항 각 호에 따른 기관의 장
3. 제26조 제1항 제6호 및 제4항 단서 중 전자적형태의 무체물의 수입의 경우에는 제30조 제2항에 따른 기관의 장
4. 제1호 내지 제3호 이외의 경우에는 한국무역협회장 또는 산업통상자원부장관이 지정하는 기관의 장

② 제1항제2호에 따른 수출 · 수입실적의 확인 및 증명발급기관으로 지정받으려는 자는 동 증명서 발급에 필요한 인력 및 시설 등을 갖추고 있음을 입증할 수 있는 서류를 첨부하여 산업통상자원부장관에게 신청하여야 한다.

③ 산업통상자원부장관은 제2항에 따른 신청을 받은 경우 필요한 인력 및 시설 등을 갖추고 있는지를 확인하여 수출 · 수입실적 확인 및 증명 발급기관으로 지정하여야 한다.

제29조(물품등의 수출 · 수입실적 확인 및 증명 신청) ① 물품등의 수출 · 수입실적 확인 및 증명 발급을 받으려

는 자는 별지 제10호 서식 또는 별지 제11호 서식에 의한 수출 · 수입실적의 확인 및 증명발급 신청서에 필요한 서류를 첨부하여 발급기관에 신청하여야 한다.

② 발급기관은 수출 · 수입실적 확인 및 증명서를 발급한 때에는 발급대장을 각각 비치하고 발급상황을 기록하여야 한다.

제30조(용역 또는 전자적 형태의 무체물의 수출 · 수입실적 확인 및 증명 신청) ① 영 제23조에 따른 용역의 수출입 사실의 확인 및 실적증명 발급을 받으려는 자는 별지 제24호 서식에 의한 수출 · 수입실적의 확인 및 증명발급 신청서에 거래 사실을 증명할 수 있는 서류를 첨부하여 다음 각 호의 어느 하나에 해당하는 발급기관의 장에게 신청하여야 한다. 이 경우 발급기관의 장은 수출입 사실의 확인이 가능하고 신청 사실에 하자가 없다고 인정하는 경우에만 별지 제25호 서식에 의한 수출 · 수입실적의 확인 및 증명서를 발급하여야 한다.

1. 한국무역협회장
2. 한국선주협회장(해운업의 경우만 해당한다)
3. 한국관광협회중앙회장 및 문화체육관광부장관이 지정하는 업종별 관광협회장(관광사업의 경우만 해당한다)

② 영 제23조에 따른 전자적 형태의 무체물의 수출입 사실의 확인 및 실적증명 발급을 받으려는 자는 별지 제26호 서식에 의한 수출 · 수입실적의 확인 및 증명발급 신청서에 거래 사실을 증명할 수 있는 서류를 첨부하여 한국무역협회장 또는 한국소프트웨어산업협회장에게 신청하여야 한다. 이 경우 한국무역협회장 또는 한국소프트웨어산업협회장은 수출입 사실의 확인이 가능하고 신청 사실에 하자가 없다고 인정하는 경우에만 별지 제27호 서식에 의한 수출 · 수입실적의 확인 및 증명서를 발급하여야 한다.

③ 제1항 및 제2항에 따른 수출 · 수입실적의 확인 및 증명 발급기관의 장은 신청인에게 수출 · 수입실적의 확인 및 증명서의 발급심사를 위하여 필요한 자료의 제출을 요구할 수 있다.

④ 제1항 및 제2항에 따른 수출 · 수입실적의 확인 및 증명 발급기관의 장은 수출 · 수입실적의 확인 및 증명서의 발급현황 등에 관한 매분기 실적을 다음달 20일까지 산업통상자원부장관과 관세청장에게 보고하여야 한다.

제3장 외화획득용 원료 · 기재의 수입

제1절 외화획득의 범위

제31조(외화획득의 범위) 영 제26조 제1항 제5호에 따른 "산업통상자원부장관이 정하여 고시하는 기준에 해당하는 것"이란 다음 각 호의 어느 하나에 해당하는 거래를 말한다.

1. 외국인으로부터 외화를 받고 국내의 보세지역에 물품등을 공급하는 경우
2. 외국인으로부터 외화를 받고 공장건설에 필요한 물품등을 국내에서 공급하는 경우
3. 외국인으로부터 외화를 받고 외화획득용 시설 · 기재를 외국인과 임대차계약을 맺은 국내업체에 인도하는 경우
4. 정부 · 지방자치단체 또는 정부투자기관이 외국으로부터 받은 차관자금에 의한 국제경쟁입찰에 의하여 국내에서 유상으로 물품등을 공급하는 경우(대금 결제통화의 종류를 불문한다)
5. 외화를 받고 외항선박(항공기)에 선(기)용품을 공급하거나 급유하는 경우
6. 절충교역거래(off set)의 보완거래로서 외국으로부터 외화를 받고 국내에서 제조된 물품등을 국가기관에 공급하는 경우

제2절 외화획득용 원료의 수입

제32조(외화획득용 원료의 범위) 법 제16조 제2항에 따른 외화획득용 원료의 범위는 다음 각 호로 한다.

1. 제25조에 따라 수출실적으로 인정되는 수출 물품등을 생산하는 데에 소요되는 원료(포장재, 1회용 파렛트를 포함한다)
2. 외화가득율(외화획득액에서 외화획득용 원료의 수입금액을 공제한 금액이 외화획득액에서 차지하는 비율을 말한다)이 30퍼센트 이상인 군납용 물품등을 생산하는 데에 소요되는 원료
3. 해외에서의 건설 및 용역사업용 원료
4. 제31조 각 호에 따른 외화획득용 물품등을 생산하는 데에 소요되는 원료
5. 제1호부터 제4호까지의 규정에 따른 원료로 생산되어 외화획득이 완료된 물품등의 하자 및 유지보수용 원료

제33조(외화획득용 원료의 수입승인) ① 영 제91조 제7항에 따라 외화획득용 원료의 수입승인에 관한 권한을 위임 · 위탁받은 기관 · 단체(이하 "외화획득용 원료의 승인기관"이라 한다)의 장은 제32조에 따른 외화획득용 원료의 수입에 대하여는 영 제24조 제1항에 따라 수량제한을 받지 아니하고 승인할 수 있다. 다만, 영 제24조 제2항에 따라 농림수산물의 경우에는 제34조에 따라 수입승인하여야 한다.

② 외화획득용 원료의 승인기관의 장은 유통업자가 구

매확인서 또는 내국신용장을 근거로 수출품생산자에게 직접 공급하기 위하여 외화획득용 원료를 수입하려는 경우에는 제1항의 규정을 준용하여 그 수입을 승인할 수 있다.

제34조(농림수산물) 농림수산물 중 해당 품목을 관장하는 중앙행정기관의 장 또는 그 중앙행정기관의 장이 지정하는 기관의 장이 영 제24조 제2항에 따라 정하는 품목은 해당 기관의 장이 정하는 수입승인요령에 따라 승인을 받아야 수입할 수 있다.

제35조(외화획득용 원료 수입승인시 확인 등) 외화획득용 원료의 승인기관의 장은 외화획득용 원료의 수입승인을 할 때에는 별지 제12호 서식에 의한 외화획득용원료 수입승인신청서에 다음 각 호의 사항 등 기재사항이 적정한지를 확인하여야 한다.

1. 외화획득 이행의무자의 사후 관리기관(수입대행의 경우에는 실수요자의 사후 관리기관)
2. 제33조 제1항 단서에 따른 수입승인 여부

제36조(구매확인서의 신청서류) ① 영 제31조 제1항 제1호 및 제2호에 규정한 서류는 구매확인서를 발급받으려는 자가 별지 제13호 서식에 의한 외화획득용원료 · 기재구매확인신청서(이하 "구매확인신청서"라 한다)를 「전자무역 촉진에 관한 법률」 제12조에서 정하는 바에 따른 전자무역문서로 작성하여 외국환은행의 장 또는 전자무역기반사업자에게 제출하는 경우 첨부한 것으로 본다.

② 영 제31조 제1항 제3호에 규정한 "외화획득용 원료 · 기재라는 사실을 증명하는 서류"란 다음 각 호의 어느 하나를 말한다.

1. 수출신용장
2. 수출계약서(품목 · 수량 · 가격 등에 합의하여 서명한 수출계약 입증서류)
3. 외화매입(예치)증명서(외화획득 이행 관련 대금임이 관계 서류에 의해 확인되는 경우만 해당한다)
4. 내국신용장
5. 구매확인서
6. 수출신고필증(외화획득용 원료 · 기재를 구매한 자가 신청한 경우에만 해당한다)
7. 영 제26조 각 호에 따른 외화획득에 제공되는 물품 등을 생산하기 위한 경우임을 입증할 수 있는 서류

제37조(구매확인서의 발급신청 등) ① 영 제31조에 따라 국내에서 외화획득용 원료 · 기재를 구매하려는 자 또는 구매한 자는 외국환은행의 장 또는 전자무역기반사업자에게 구매확인서의 발급을 신청할 수 있다.

② 구매확인서를 발급받으려는 자는 구매확인신청서를 「전자무역 촉진에 관한 법률」 제12조에서 정하는 바에 따른 전자무역문서로 작성하여 외국환은행의 장 또는 전자무역기반사업자에게 제출하여야 하고, 제36조 제2항 각호의 어느 하나에 해당하는 서류를 동법 제19조에서 정하는 바에 따라 제출하여야 한다.

③ 외국환은행의 장 또는 전자무역기반사업자는 별지 제13-1호 서식에 의한 외화획득용원료 · 기재구매확인서를 전자무역문서로 발급하고 신청한 자에게 발급사실을 알릴 때 승인번호, 개설 및 통지일자, 발신기관 전자서명 등 최소한의 사항만 알릴 수 있다.

④ 외국환은행의 장 또는 전자무역기반사업자는 제1항에 따라 신청하여 발급된 구매확인서에 의하여 2차 구매확인서를 발급할 수 있으며 외화획득용 원료 · 기재의 제조 · 가공 · 유통(완제품의 유통을 포함한다)과정이 여러 단계인 경우에는 각 단계별로 순차로 발급할 수 있다.

⑤ 구매확인서를 발급한 후 신청 첨부서류의 외화획득용 원료 · 기재의 내용 변경 등으로 이미 발급받은 구매확인서와 내용이 상이하여 재발급을 요청하는 경우에는 새로운 구매확인서를 발급할 수 있다.

⑥ 영 제31조 제2항에 규정한 "외화획득의 범위에 해당하는지를 확인"이란 외국환은행의 장 또는 전자무역기반사업자가 구매확인서 발급 신청인으로부터 제36조 제2항 각 호의 어느 하나에 해당하는 서류를 확인하는 것을 말한다.

제38조 (발급신청 대행) 구매확인서를 발급받으려는 자가 전산설비를 갖추지 못하였거나 기타 부득이한 사유로 전자문서를 작성하지 못하는 때에는 전자무역기반사업자에게 위탁하여 신청할 수 있다.

제39조(외화획득의 이행기간) ① 외화획득 이행의무자는 외화획득용 원료의 수입신고수리일, 용역 또는 전자적 형태의 무체물의 공급일, 수입된 외화획득용 원료 또는 해당 원료로 제조된 물품등(이하 "원료등"이라 한다)의 구매일 또는 양수일부터 다음 각 호의 기간이 경과한 날까지 외화획득의 이행을 하여야 한다.

1. 외화획득 행위의 경우에는 2년
2. 국내공급(양도를 포함한다)인 경우에는 1년
3. 외화획득 물품의 선적기일이 2년 이상인 경우에는 그 기일까지의 기간
4. 수출이 완료된 기계류(HS 84류부터 90류까지의 규정에 해당하는 품목)의 하자 및 유지보수용 원료등인 경우에는 10년

② 영 제27조 제2항에 따라 외화획득의 이행기간을 연장하려는 자는 그 기간 종료일 전에 별지 제14호 서식에 의한 외화획득이행기간 연장신청서 3부에 제3항 각 호의 사실을 인정할 수 있는 서류 1부를 첨부하여 관할

특별시장 · 광역시장 · 도지사 또는 특별자치도지사(이하 "시 · 도지사"라 한다)에게 신청하여야 한다.

③ 시 · 도지사는 다음 각 호의 어느 하나에 해당하는 경우 1년의 범위 내에서 외화획득 이행기간을 연장할 수 있다.

1. 생산에 장기간이 소요되는 경우
2. 제품생산을 위탁한 경우 그 공장의 도산 등으로 인하여 제품 생산이 지연되는 경우
3. 외화획득 이행의무자의 책임 있는 사유가 없음에도 신용장 또는 수출계약이 취소된 경우
4. 외화획득이 완료된 물품의 하자보수용 원료등으로서 장기간 보관이 불가피한 경우
5. 그 밖에 부득이한 사유로 외화획득 이행기간 내에 외화획득 이행이 불가능하다고 인정되는 경우

④ 시 · 도지사가 외화획득 이행기간 연장을 승인한 때에는 그 사실을 신청자와 영 제91조 제7항에 따라 외화획득용 원료등에 대한 영 제28조에 따른 사후 관리에 관한 권한을 위임 · 위탁받은 기관 · 단체(이하 "외화획득용 원료등의 사후 관리기관"이라 한다)의 장에게 알려야 한다.

제40조(농림수산물의 외화획득 이행기간 등) 제39조에도 불구하고 제34조에 따른 수입승인을 받은 원료등의 외화획득 이행기간 및 그 연장에 대하여는 제34조에 따른 중앙행정기관의 장이 정한다.

제41조(원료등의 사후 관리의 대상) 제42조에 따른 사후 관리기관의 장은 영 제24조에 따른 원료등에 대하여 사후 관리를 하여야 한다. 다만, 다음 각 호의 어느 하나에 해당하는 경우에는 사후 관리를 하지 아니할 수 있다.

1. 영 제29조 제1호부터 제3호까지의 규정에 해당하는 경우
2. 영 제29조 제4호에 따라 산업통상자원부장관이 사후 관리를 할 필요성이 없어진 것으로 인정하는 다음 각 목의 어느 하나에 해당하는 경우
 가. 수입승인을 받아 수입한 품목이 수입승인 대상에서 제외되는 원료등
 나. 외화획득의 이행을 위하여 보세공장 및 보세창고 또는 자유무역지역에 반입되는 원료등

제42조(원료등의 사후 관리기관) 외화획득용 원료의 사후 관리기관은 다음 각 호로 한다.

1. 외화획득용 원료 중 제34조에 따라 승인을 받도록 정한 품목에 대한 사후 관리는 해당 품목을 관장하는 중앙행정기관의 장 또는 중앙행정기관의 장이 지정하는 기관의 장
2. 제1호에 따른 원료등을 제외한 원료등의 사후 관리는 해당 외화획득 원료의 승인기관의 장
3. 제2호에 따른 원료등 중 제43조에 따라 자율관리기업으로 선정된 자가 수입(국내구매 또는 양수를 포함한다)한 원료등의 사후 관리는 해당 자율관리기업의 장

제43조(자율관리기업) ① 영 제28조 제2항에 따라 자율적으로 사후 관리를 할 수 있는 기업의 선정 요건은 다음과 같다.

1. 전년도 수출실적이 미화 50만 달러 상당액 이상인 업체, 수출 유공으로 포상(훈 · 포장 및 대통령표창을 말한다. 이하 같다)을 받은 업체(84년도 이후 포상받은 업체만 해당한다)또는 중견수출기업
2. 과거 2년간 미화 5천 달러 상당액 이상 외화획득 미이행으로 보고된 사실이 없는 업체

② 제1항에 따른 자율관리기업은 기술표준원장이 수시로 해당업체를 선정한다.

③ 제2항에 따라 자율관리기업으로 선정받으려는 자는 다음 각 호의 서류를 첨부하여 기술표준원장에게 신청하여야 한다.

1. 수출실적증명서
2. 외화획득용 원료의 승인기관의 장의 외화획득의무 성실이행확인서(제1항제2호의 사실 확인 내용을 포함한다)
3. 자율관리규정
4. 원료등을 용도 외에 사용하지 아니할 것임을 약속하는 각서

④ 제2항에 따라 기술표준원장이 자율관리기업을 선정한 때에는 산업통상자원부장관, 세관장에게 그 사실을 알려야 한다.

⑤ 자율관리기업으로 선정받은 자는 자율관리규정에 따라 사후 관리를 하여야 한다.

⑥ 자율관리기업은 매반기 종료 다음 달 말일까지 별지 제28호 서식에 의한 대응 외화획득이행내역을 기술표준원장에게 보고하여야 한다.

⑦ 기술표준원장은 자율관리기업으로 선정받은 자가 다음 각 호의 어느 하나에 해당하는 경우에는 그 선정을 취소할 수 있다. 이때 취소된 기업은 취소한 날부터 3년 이내에는 재선정될 수 없다.

1. 원료등을 타상사에 공급하고 공급이행내역을 알리지 아니하거나 승인 없이 원료등을 사용목적 이외의 용도에 사용하거나 양도 또는 양수한 때
2. 파산등으로 사후 관리가 불가능할 때
3. 법 또는 법에 의한 명령이나 처분을 위반한 때

제44조(사후 관리 대상 원료의 분류 등) 원료등의 사후 관리는 다음 각 호의 경우를 제외하고는 외화획득 이행의무자별로 원료등의 품목분류번호(HS 10단위)별로 분기마다 수입 및 구매한 총량을 대상으로 한다.

1. 품목분류번호(HS 10단위)가 다르더라도 원료등의 성질상 같은 품목이거나 유사한 품목은 품명단위별로 분기마다 수입 및 구매한 총량을 대상으로 관리한다.
2. 의류 및 가방 등의 부재료로 사용되는 지퍼는 품목분류번호(HS 10단위)별로 분기마다 수입 및 구매한 양의 총길이로 관리한다.

제45조(외화획득용 원료등의 구매내역 신고) 제41조에 따른 사후 관리대상 품목을 구매한 자는 분기 중에 구매한 원료등의 건별내역을 제44조에 따라 품목분류하여 별지 제15호 서식에 의한 외화획득용원료구매내역신고서에 작성하여 분기종료 후 다음 달 20일까지 외화획득용 원료등의 사후 관리기관의 장에게 신고하여야 한다.

제46조(사후 관리 카드정리) ① 외화획득용 원료의 사후 관리기관의 장은 제45조에 따른 구매내역신고서 및 제48조에 따라 신고받은 공급이행신고서를 외화획득 이행의무자별로 수입신고수리일 또는 원료등의 구매일순으로 관리하여야 한다.

② 외화획득용 원료의 사후 관리기관의 장은 제33조에 따라 수입승인된 원료등과 제1항에 따라 신고된 원료등에 대하여 품목분류번호(HS 10단위)별로 분기마다 수입 또는 구매한 총량과 금액 등을 별지 제29호 서식에 의한 외화획득용 원료 사후관리이행 정리카드에 기재하여야 한다.

제47조(외화획득 이행신고) ① 수입제한품목을 수입한 외화획득 이행의무자는 외화획득을 이행하고 별지 제16호 서식에 의한 외화획득이행신고서에 다음의 서류를 첨부하여 수출선적일 또는 외화입금일부터 3개월 이내에 외화획득용 원료등의 사후 관리기관의 장에게 신고하여야 한다.

1. 수출신고필증(또는 외화입금증명서) 원본
2. 자율소요량계산서

② 외화획득 이행신고자와 수출신고필증의 명의가 상이한 경우에는 내국신용장, 구매확인서, 수출대행계약서 또는 물품등구매계약서 등 거래관계를 입증하는 서류를 제출하여야 한다.

③ 외화획득용 원료의 사후 관리기관의 장은 제1항에 따른 신고가 있을 때에는 지체 없이 외화획득 이행신고서에 표시된 원료등의 양을 별지 제29호 서식에 의한 외화획득용원료 사후 관리이행 정리카드에서 차감하여 정리하고 해당 수출신고필증 원본(또는 외화입금증명서 원본)의 뒷면에 사후 관리 사실을 확인 표시하여야 한다.

제48조(공급이행 신고) ① 영 제28조에 따른 사후 관리 대상 품목을 원료등으로 공급한 자는 별지 제17호 서식에 의한 외화획득용원료공급이행신고서 3부(공급자 외화획득용 원료의 사후 관리기관용, 인수자 외화획득용 원료의 사후 관리기관용 및 인수자용)에 인수자의 날인 또는 물품등수령증을 받아 다음의 서류를 첨부하여 공급일부터 3월 이내에 외화획득용 원료의 사후 관리기관의 장에게 신고하여야 한다. 다만, 공급자가 유통업자인 경우에는 제2호의 서류를 면제한다.

1. 내국신용장 또는 구매확인서
2. 자율소요량계산서

② 제1항에 따라 공급자 외화획득용 원료의 사후 관리기관의 장은 제47조 제3항에 준하여 공급이행정리하고 내국신용장 등의 원본서류 뒷면에 사후 관리 사실을 확인 표시하여야 한다.

③ 공급자 외화획득용 원료의 사후 관리기관의 장은 제1항의 외화획득용 원료 공급이행신고서에 확인날인한 후 1부는 인수자 외화획득용 원료의 사후 관리기관의 장, 1부는 인수자에게 통보하여야 한다.

④ 원료등을 보세공장에 반입한 자는 세관장이 발행한 반입확인서를 외화획득용 원료의 사후 관리기관의 장에게 제출하여야 하며, 반입확인서를 외화획득용 원료의 사후 관리기관의 장은 제47조 제3항에 준하여 공급이행정리를 하여야 한다.

⑤ 자율관리기업이 사후 관리 대상 기업에 원료등을 공급한 경우에는 공급이행신고서 2부를 작성, 공급일부터 3월 이내에 1부는 인수자 외화획득용 원료의 사후 관리기관의 장에게, 1부는 인수자에게 통보하여야 한다. 다만, 자율관리기업에 공급하는 경우에는 인수자에게만 알린다.

제49조(사용목적 변경승인) ① 영 제30조 제1항에 따라 원료등의 사용목적 변경승인을 받으려는 자는 별지 제18호 서식에 의한 외화획득용원료 사용목적 변경승인 신청서 4부에 다음 각 호의 서류를 첨부하여 외화획득 이행기간의 만기일 이전에 관할 시·도지사 또는 제42조 제1호에 따른 기관의 장에게 신청을 하여야 한다.

1. 사용목적 변경신청사유서
2. 변경하려는 물량을 확인할 수 있는 서류
3. 변경신청하려는 사유를 인정할 수 있는 서류
4. 그 밖에 사용목적 변경승인기관의 장이 필요하다고 인정하는 서류

② 영 제30조 제2항 제4호에서 "그 밖에 산업통상자원부장관이 불가항력으로 외화획득의 이행을 할 수 없다고 인정한 경우"란 다음 각 호의 어느 하나에 해당하는 것으로 한다.

1. 화재나 천재지변으로 인하여 외화획득 이행이 불가능하게 된 경우

2. 기술혁신이나 유행의 경과로 새로운 제품이 개발되어 수입된 원료등으로는 외화획득 이행물품등의 생산에 사용할 수 없는 경우
3. 수입된 원료가 형질이 변화되어 외화획득 이행물품의 생산에 사용할 수 없게 된 경우
4. 그 밖에 수입 또는 구매한 자에게 책임을 돌릴 사유가 없이 외화획득을 이행할 수 없는 경우로서 사용목적 변경승인기관의 장이 인정하는 경우

③ 제1항에 따라 사용목적 변경승인을 한 기관의 장은 승인서를 신청자 외화획득용 원료의 사후 관리기관의 장, 신청자의 관할세무서장에게 각각 알려야 한다.

제50조(양도승인) ① 영 제30조 제4항에 따라 외화획득용 원료등에 대한 양도 · 양수의 승인을 받으려는 자는 별지 제19호 서식에 의한 외화획득용원료등 양도승인 신청서 3부에 다음 각 호의 서류를 첨부하여 양도인 또는 양수인의 외화획득용 원료등의 사후 관리기관의 장 또는 제42조 제1호에 따른 기관의 장에게 신청하여야 한다.

1. 양수 · 도계약서
2. 수입신고필증 또는 기초원재료 납세증명서

② 자율관리기업이 다른 자율관리기업에 양도하려는 경우에는 양도인의 외화획득용 원료의 사후 관리기관의 장에게 신청하여야 한다.

③ 양도인 및 양수인의 외화획득용 원료의 사후 관리기관의 장은 승인한 원료 등을 제48조에 준하여 처리하여야 한다.

제51조(지도감독) 기술표준원장은 시 · 도지사, 외화획득용 원료의 사후 관리기관의 장 및 자율관리기업의 장에 대하여 다음 각 호의 지도 감독을 하여야 한다.

1. 사후관리업무담당자의 교육
2. 사후관리대장 정리실태
3. 공급이행신고서 통보실태
4. 미이행 보고실태
5. 그 밖에 제규정 이행실태

제52조(보고) ① 외화획득용 원료의 사후 관리기관의 장은 원료등을 수입 또는 구매한 후 외화획득 이행만기일까지 외화획득을 미이행한 자에 대하여 그 내역을 별지 제30호 서식에 따라 해당 만기일 경과 후 20일까지 미이행자에게 알려야 한다.

② 제1항에 따라 외화획득 미이행자에게 통보한 날부터 30일 이내에 외화획득 이행신고가 없는 경우 외화획득용 원료의 사후 관리기관의 장은 그 내역을 별지 제30호 서식에 따라 기술표준원장에게 보고하여야 한다. 다만, 제34조에 따라 수입승인된 물품등은 해당 중앙행정기관의 장에게 보고하여야 한다.

③ 외화획득용 원료의 사후 관리기관의 장은 제2항에 따른 정기보고 이외에 사후 관리 대상 업체의 파산 등으로 사후 관리가 불가능하다고 판단되는 경우에는 즉시 그 내역을 기술표준원장에게 보고하여야 한다. 다만, 제34조에 따른 물품의 보고는 제2항의 단서와 같다.

제53조(제재) ① 중앙행정기관의 장(제34조의 물품등을 제외한 분은 기술표준원장)은 제52조에 따라 보고된 외화획득 미이행자에 대하여 법 제54조 제2호부터 제4호까지의 규정에 따른 제재에 필요한 조치를 하여야 한다.

② 기술표준원장은 영 제29조 제1호, 제2호 및 제4호의 경우에는 사후 관리를 자동 면제하며, 영 제29조 제3호에 해당하는 경우에는 제재심사위원회의 심의를 거쳐 사후 관리를 면제할 수 있다.

③ 제2항에 따른 제재심사위원회의 구성 및 운영 등 필요한 사항은 기술표준원장이 정한다.

제3절 자율소요량계산서

제54조(기준 소요량 책정방법) ① 기준 소요량은 다음 각 호의 어느 하나의 방법에 따라 책정하며 「부가가치세법 시행령」 제69조 제1항, 「소득세법 시행령」 제144조 제1항 및 「법인세법 시행령」 제105조 제1항에 따른 생산수율을 감안하여 책정할 수 있다.

1. 현장조사
2. 문헌조사
3. 실물 및 카다로그조사
4. 신청자 제시자료에 의한 조사
5. 유사품의 소요량 적용

② 기준 소요량을 책정할 때에는 다음 사항 중 필요한 최소한의 사항만을 조사하여야 한다.

1. 제조공정 및 공정도
2. 공정별 손모율 · 손모상태 및 그 발생원인
3. 원료 등의 배합비율

제55조(기준 소요량의 고시) ① 외화획득용 물품등의 생산을 관장하는 중앙행정기관의 장(산업통상자원부장관이 관장하는 품목 중 목재가구는 국립산림과학원장, 그 밖의 품목은 기술표준원장)은 소관 품목 중 제41조에 따른 사후 관리 대상 원료등에 대하여 제54조에 따라 책정한 기준 소요량을 고시할 수 있다.

② 제42조에 따른 사후 관리기관 또는 수출업체는 기준 소요량이 고시되지 않은 해당 품목이 계속적인 수출이 예상되는 등 기준 소요량의 고시가 필요하다고 판단되는 때에는 해당 품목에 대하여 제54조에 따른 기준 소요량 책정자료를 첨부하여 고시기관에 기준 소요량 고시를 요청할 수 있으며 고시기관은 이를 가능한 한 고시

하여야 한다. 다만, 기준 소요량이 빈번히 바뀌거나 농산물인 경우에는 그러하지 아니할 수 있다.

③ 수출 물품등의 생산을 관장하는 중앙행정기관의 장(산업통상자원부장관이 관장하는 품목 중 목재가구는 국립산림과학원장, 그 밖의 품목에 대하여는 기술표준원장)은 기준 소요량을 고시하는 데에 필요한 자료를 해당 외화획득 행위를 하는 자에게 제출하게 할 수 있다.

제56조(자율소요량계산서 작성) ① 영 제28조에 따른 사후 관리 대상 품목을 외화획득용 원료등으로 사용하거나 공급한 업체는 별지 제20호의 서식에 의한 자율소요량계산서에 따라 해당 업체가 자율적으로 작성한다.

② 자율소요량계산서는 단위자율소요량 또는 기준 소요량에 외화획득용 물품등의 수량을 곱한 물량으로 표시하며 단위자율소요량의 산출근거를 품목 및 규격별로 명확히 표시하여야 한다.

③ 기준 소요량이 고시된 품목이라 하더라도 수출계약서 등의 관련 서류에 소요원료의 품명 · 규격 및 수량 등이 표시된 경우에는 이에 따라 자율소요량계산서를 작성할 수 있다.

제57조(세부절차) ① 기준 소요량 고시기관이 업무수행을 위하여 필요한 세부지침을 정하려는 경우에는 미리 산업통상자원부장관과 협의하여야 한다.

② 해당 외화획득용 물품등의 생산을 관장하는 중앙행정기관의 장이 분명하지 아니할 경우에는 산업통상자원부장관과 협의하여야 한다.

제58조(지도감독) 기술표준원장은 자율소요량계산서의 작성 및 운용 등과 관련하여 다음 각 호의 사항을 지도 · 감독할 수 있다. 이 경우 필요한 때에는 기준 소요량을 고시한 중앙행정기관의 장과 합동으로 지도 · 감독할 수 있다.

1. 자율소요량계산서 작성업무에 대한 교육
2. 자율소요량계산서의 작성 및 운용실태 조사
3. 자율소요량계산서 제도와 관련한 제규정 이행실태

제4절 외화획득용 제품의 수입

제59조(외화획득용 제품의 범위) 법 제16조 제2항에 따른 외화획득용 제품의 범위는 다음 각 호로 한다.

1. 주식회사 한국관광용품센타(이하 "관광용품센타"라 한다)가 수입하는 식자재 및 부대용품
2. 「항만운송사업법」에 따라 수입 물품 공급업의 등록을 하고 세관장에 등록한 자(이하 "수입 물품 공급업자"라 한다)가 수입하는 선용품
3. 군납업자가 수입하는 군납용 물품

제60조(외화획득용 제품의 수입승인기관) 제59조에 따른 외화획득용 제품(다만, 수출입공고에 의하여 제한되는 품목만 해당한다)의 승인기관은 다음 각 호와 같다.

1. 관광용품센타가 관광호텔 등에 공급하기 위하여 수입하는 물품 중 법 제11조 제2항에 따른 승인 대상 물품으로서 주방용품, 소모성기계, 기자재류 및 객실 또는 부대업장용 소모성 물품 : 문화체육관광부장관
2. 군납업자가 주한 국제연합군 그 밖에 외국군기관에 공급하는 군납용 물품 : 제8조에 따른 승인기관의 장

제61조(관광호텔용 물품의 사후 관리) ① 제60조 제1호에 따라 관광용품센타가 수입한 식자재 및 부대용품(이하 "관광호텔용 물품"이라 한다)은 승인권자의 사후 관리를 받아야 한다.

② 제1항에 따라 승인권자가 사후 관리에 필요한 세부지침을 정하려는 경우에는 산업통상자원부장관과 협의하여야 한다.

제62조(관광호텔용 물품의 공급) ① 관광용품센타는 관광호텔용 물품을 다음 각 호의 어느 하나에 해당하는 자에게만 공급할 수 있다.

1. 관광숙박업 중 「관광진흥법」에 따라 등록된 호텔업 및 명의이용허가를 득한 식음료업장
2. 문화체육관광부장관의 허가를 받아 설립된 외신기자클럽, 서울클럽 및 한국언론회관 내 멤버스클럽과 기자클럽
3. 외화획득 및 관광진흥에 기여도가 높은 관광시설 중 문화체육관광부장관의 추천에 의하여 산업통상자원부장관이 지정한 별표 7에 열거한 시설
4. 「청소년기본법」에 따라 문화체육관광부장관에 신고된 서울올림픽파크텔
5. 올림픽, 이시안게임 등 대규모 국제대회의 선수촌, 기자촌, 프레스센터 등 관련 시설로서 산업통상자원부장관의 협의를 거쳐 문화체육관광부장관이 기간을 정하여 지정하는 급식장(다만, 문화체육관광부장관이 정하는 기간 이후의 잔여물량은 관광용품센터 또는 판매대상업소에 같은 기간 종료 후부터 30일 이내에 양도하고 문화체육관광부장관에게 이를 보고하여야 한다)
6. 「관세법」에 따라 설영특허를 받은 외교관 면세매점

② 관광용품센타가 제1항에 따라 관광호텔용 물품을 공급하려는 경우에는 해당 구매자가 시설규모 및 식자재 구입실적 등을 감안하여 적정량을 공급하여야 한다.

제63조(관광호텔용 물품의 관리 등) ① 관광용품센타는 보관 중인 관광호텔용 물품에 대하여 연 2회 이상 정기 재고조사를 실시하여야 하며, 그 결과를 승인권자에게 보고하여야 한다.

② 관광용품센타는 관광호텔용 물품의 운송, 보관 및 공급과정에서 파손 등으로 해당 물품의 용도에 사용하기

곤란한 물품은 손망실품대장에 기재하고 그 사실을 입증할 수 있는 서류 등을 첨부하여 보관하여야 한다.

③ 관광용품센타는 관광호텔용 물품의 수입, 재고 및 판매현황에 대한 대장을 비치하고 기록보관하여야 하며 관광용품센타로부터 관광호텔용 물품을 구매한 자는 구매 및 소비현황에 대한 대장을 비치하고 기록 보관하여야 한다.

④ 관광용품센타는 분기별 관광호텔용 물품의 수입 및 판매현황을 작성하여 분기종료 후 10일 이내에 승인권자에게 보고하여야 한다.

⑤ 관광용품센타로부터 관광호텔용 물품을 구매한 자는 월별 구입 및 소비현황을 다음 달 10일까지 관광용품센타에 제출하여야 한다.

제64조(관광호텔용 물품의 용도외 사용금지) ① 관광용품센타로부터 관광호텔용 물품을 구매한 자는 해당 사업 이외의 용도에 사용하거나 유출하여서는 아니된다.

② 관광용품센타는 관광호텔용 물품을 용도 외에 사용하거나 유출한 자에 대하여는 문화체육관광부장관에게 이를 보고하여야 한다.

제65조(관광호텔용 물품의 사후 관리에 따른 제재) 승인권자는 제64조에 위반한 자에 대하여는 법 제54조 제2호부터 제4호까지의 규정에 따른 제재를 요청하거나 「관광진흥법」 제2장 제6절에 따른 행정처분을(또는 문화체육관광부장관에게 행정처분을 요청)하여야 한다.

제66조(선용품의 사후 관리) ① 수입 물품 공급업자가 수입하는 선용품의 사후 관리는 관세청장이 행한다.

② 수입 물품 공급업자는 수입선용품을 다음 각 호의 어느 하나에 해당하는 자 이외의 자에게 공급하거나 유출하여서는 아니된다.

1. 국내항에 정박 중인 외항선박(원양어선을 포함한다)
2. 신조선박 및 수리선박

제67조(선용품의 관리 등) ① 수입 물품 공급업자는 선용품의 수입, 재고 및 공급현황에 대한 대장을 비치하고 기록·보관하여야 한다.

② 수입 물품 공급업자는 선용품의 수입, 공급(외화 및 국내통화 구분) 및 재고현황을 작성하여 매분기 종료 후 10일 이내에 관세청장에게 제출하여야 한다.

제68조(선용품의 사후 관리에 따른 제재) 관세청장은 제66조 제2항에 위반한 자에게는 법 제54조 제2호부터 제4호까지의 규정에 따른 제재를 요청하여야 한다.

제69조(군납용 물품의 사후 관리 등) ① 군납업자는 수입되는 물품을 군납외의 용도에 사용하거나 유출하여서는 아니된다.

② 군납업자는 수입되는 물품을 양도 또는 폐기하려면 미리 승인기관의 장의 승인을 받아야 한다.

③ 수입된 군납용 물품에 의한 군납계약 이행 후 15일 이내에 외화획득 상황을 군납대금회수증명서를 첨부하여 승인기관의 장에게 보고하여야 한다.

④ 승인기관의 장은 제1항에 위반한 자에게는 법 제54조 제2호부터 제4호까지의 규정에 따른 제재를 요청한다.

제4장 플랜트수출

제70조(플랜트의 범위) 법 제32조 제1항 제1호에서 "대통령령으로 정하는 설비 중 산업통상자원부장관이 정하는 일정규모 이상의 산업설비"란 FOB가격으로 미화 50만 달러 상당액 이상인 산업설비를 말한다.

제71조(플랜트수출승인의 신청) ① 영 제50조에 따라 플랜트수출의 승인을 받으려는 자는 별지 제21호 서식에 의한 플랜트수출승인신청서에 제10조 제1항 제1호, 제3호 및 제4호에 따른 서류 및 법 제12조 제2항에 따른 통합공고에 의하여 허가, 추천 등을 요하는 경우에는 그 허가 등을 받은 사실을 증명하는 서류를 첨부하여 산업통상자원부장관에게 신청하여야 한다.

② 영 제50조 후단에 따라 변경승인을 받으려는 자는 별지 제22호 서식에 의한 플랜트수출승인사항 변경승인신청서에 다음 각 호의 서류를 첨부하여 산업통상자원부장관에게 신청하여야 한다.

1. 수출승인서 사본
2. 변경사유서

③ 산업통상자원부장관은 제1항 및 제2항에 따라 플랜트수출승인 또는 변경승인 신청이 있는 경우 접수일부터 5일 이내에 이를 처리하여야 한다. 다만, 다른 기관과의 협의가 필요한 경우 그 협의기간은 처리기간에 산입하지 아니한다.

제72조(플랜트수출 관련 기관 지정) 영 제54조 제1항에 따른 플랜트수출촉진기관은 한국기계산업진흥회 및 한국플랜트산업협회로 한다.

제5장 원산지

제1절 적용범위 등

제73조(적용범위) 이 장의 규정은 법 제12조, 제33조부터 제38까지 및 제41조 등에 따라 원산지 표시, 원산지 판정 및 확인 등이 필요한 물품에 대하여 적용한다.

제74조(협의) ① 이 장의 규정을 운용하기 위하여 필요한 경우 산업통상자원부장관은 관계 행정기관의 장 및 해당 사안과 관련된 공무원, 전문가 등과 협의하거나 의견을 들을 수 있다.

② 이 장의 규정을 적용할 때에 해당 사안과 관련된 행정기관의 장, 무역거래자 · 판매업자 및 단순한 가공활동을 수행한 자, 그 밖의 이해관계인은 산업통상자원부장관에게 의견을 제출할 수 있다.

제2절 원산지 표시

제75조(수입 물품의 원산지표시대상물품 등) ① 영 제55조 제1항에 따른 원산지표시대상물품은 별표 8에 게기된 수입 물품이며 원산지표시대상물품은 해당 물품에 원산지를 표시하여야 한다.

② 제1항에도 불구하고 원산지표시대상물품이 다음 각 호의 어느 하나에 해당되는 경우에는 영 제56조 제2항에 따라 해당 물품에 원산지를 표시하지 않고 해당 물품의 최소포장, 용기 등에 수입 물품의 원산지를 표시할 수 있다.

1. 해당 물품에 원산지를 표시하는 것이 불가능한 경우
2. 원산지 표시로 인하여 해당 물품이 크게 훼손되는 경우(예: 당구 공, 콘택즈렌즈, 포장하지 않은 집적회로 등)
3. 원산지 표시로 인하여 해당 물품의 가치가 실질적으로 저하되는 경우
4. 원산지 표시의 비용이 해당 물품의 수입을 막을 정도로 과도한 경우(예: 물품값보다 표시비용이 더 많이 드는 경우 등)
5. 상거래 관행상 최종구매자에게 포장, 용기에 봉인되어 판매되는 물품 또는 봉인되지는 않았으나 포장, 용기를 뜯지 않고 판매되는 물품(예 : 비누, 칫솔, VIDEO TAPE 등)
6. 실질적 변형을 일으키는 제조공정에 투입되는 부품 및 원재료를 수입 후 실수요자에게 직접 공급하는 경우
7. 물품의 외관상 원산지의 오인 가능성이 적은 경우(예 : 두리안, 오렌지, 바나나와 같은 과일 · 채소 등)
8. 관세청장이 산업통상자원부장관과 협의하여 타당하다고 인정하는 물품

③ 영 제55조 제2항에 따른 단순한 가공활동의 구체적인 사항은 제85조 제8항 각호를 준용한다.

제76조(수입 물품 원산지 표시의 일반원칙) ① 수입 물품의 원산지는 다음 각 호의 어느 하나에 해당되는 방식으로 한글, 한자 또는 영문으로 표시할 수 있다.

1. "원산지: 국명" 또는 "국명 산(産)"
2. "Made in 국명" 또는 "Product of 국명"
3. "Made by 물품 제조자의 회사명, 주소, 국명"
4. "Country of Origin : 국명"
5. 영 제61조의 원산지와 동일한 경우로서 국제상거래 관행상 타당한 것으로 관세청장이 인정하는 방식
6. 삭제

② 수입 물품의 원산지는 최종구매자가 해당 물품의 원산지를 용이하게 판독할 수 있는 크기의 활자체로 표시하여야 한다.

③ 수입물품의 원산지는 최종구매자가 정상적인 물품구매과정에서 원산지표시를 발견할 수 있도록 식별하기 용이한 곳에 표시하여야 한다.

④ 표시된 원산지는 쉽게 지워지지 않으며 물품(또는 포장 · 용기)에서 쉽게 떨어지지 않아야 한다.

⑤ 수입 물품의 원산지는 제조단계에서 인쇄(printing), 등사(stenciling), 낙인(branding), 주조(molding), 식각(etching), 박음질(stitching) 또는 이와 유사한 방식으로 원산지를 표시하는 것을 원칙으로 한다. 다만, 물품의 특성상 위와 같은 방식으로 표시하는 것이 부적합 또는 곤란하거나 물품을 훼손할 우려가 있는 경우에는 날인(stamping), 라벨(label), 스티커(sticker), 꼬리표(tag)를 사용하여 표시할 수 있다.

⑥ 최종구매자가 수입 물품의 원산지를 오인할 우려가 없는 경우에는 다음 각호와 같이 통상적으로 널리 사용되고 있는 국가명이나 지역명 등을 사용하여 원산지를 표시할 수 있다.

1. United States of America를 USA로
2. Switzerland를 Swiss로
3. Netherlands를 Holland로
4. United Kingdom of Great Britain and Northern Ireland를 UK 또는 GB로
5. UK의 England, Scotland, Wales, Northern Ireland
6. 특정국가의 식민지, 속령 또는 보호령 지역에서 생산된 경우 관세청 무역통계부호에 규정된 국가별 분류기준에 따른 국가명
7. 기타 관세청장이 산업통상자원부장관과 협의하여 타당하다고 인정하는 국가나 지역명

⑦ 「전기용품 및 생활용품 안전관리법」, 「식품위생법」 등 다른 법령에서 물품에 대한 표시방식 등을 정하고 있는 경우에는 이를 적용하여 원산지를 표시할 수 있다.

제76조의2(수입 물품 원산지 표시의 예외 등) ① 수입 물품의 크기가 작아 제76조 제1항 제1호부터 제4호까지의 방식으로 해당 물품의 원산지를 표시할 수 없을 경우에는 국명만을 표시할 수 있다.

② 최종구매자가 수입물품의 원산지를 오인할 우려가 없도록 표시하는 전제하에 제76조 제1항 제1호부터 제4호까지의 원산지표시와 병기하여 물품별 제조공정상의 다양한 특성을 반영할 수 있도록 다음 각호의 예시에 따라 보조표시를 할 수 있다.

1. "Designed in 국명", "Fashioned in 국명", "Moded in 국명", "stlyed in 국명" , "Licensed by 국명", "Finished in 국명"....
2. 기타 관세청장이 제1호에 준하여 타당하다고 인정한 보조표시 방식

③ 수출국에서의 주요 부분품의 단순 결합물품. 원재료의 단순 혼합물품, 중고물품으로 원산지를 특정하기 어려운 물품은 다음과 같이 원산지를 표시할 수 있다.

1. 단순 조립물품 : "Organized in 국명(부분품별 원산지 나열)"
2. 단순 혼합물품 : "Mixed in 국명(원재료별 원산지 나열)"
3. 중고물품 : "Imported from 국명"

제77조(원산지 오인 우려 수입 물품의 원산지 표시) ① 법 제33조 제4항 제1호의 원산지오인에 있어 특히 원산지 오인이 우려되는 물품은 원산지표시대상물품이 다음 각 호의 어느 하나에 해당되는 물품을 말한다.

1. 주문자 상표부착(OEM)방식에 의해 생산된 수입 물품의 원산지와 주문자가 위치한 국명이 상이하여 최종구매자가 해당 물품의 원산지를 오인할 우려가 있는 물품
2. 물품 또는 포장·용기에 현저하게 표시되어 있는 상호·상표·지역 ·국가 또는 언어명이 수입 물품의 원산지와 상이하여 최종구매자가 해당 물품의 원산지를 오인할 우려가 있는 물품

② 제1항에 해당되는 수입 물품은 해당 물품 또는 포장·용기의 전면에 제76조에 따라 원산지를 표시하여야 하며, 물품의 특성상 전후면의 구별이 어렵거나 전면에 표시하기 어려운 경우 등에는 원산지 오인을 초래하는 표시와 가까운 곳에 표시하여야 한다. 다만, 해당물품에 원산지가 적합하게 표시되어 있고, 최종판매단계에서 진열된 물품 등을 통하여 최종구매자가 원산지 확인이 가능하며, 국제 상거래 관행상 통용되는 방법으로 원산지를 표시하는 경우 세관장은 산업통상자원부장관과 협의하여 포장·용기에 표시된 원산지가 원산지 오인을 초래하는 표시와 가깝지 않은 곳에 있어도 원산지 오인이 없는 것으로 볼 수 있다.

③ 제1항에 해당되는 수입 물품을 판매하는 자는 판매 또는 진열시 소비자가 알아볼 수 있도록 상품에 표시된 원산지와는 별도로 스티커, 푯말 등을 이용하여 원산지를 표시하여야 한다.

제78조(수입 후 단순한 가공활동을 수행한 물품등의 원산지 표시) ① 영 제55조 제2항에 해당하는 물품의 원산지 표시는 다음 각 호의 어느 하나의 방법에 따라 원산지를 표시하여야 한다. 다만, 다음 각 호에서 달리 규정하지 아니한 사항에 대하여는 제75조부터 제77조까지, 제79조부터 제81조까지의 규정을 준용한다.

1. 원산지표시대상물품이 수입된 후, 최종구매자가 구매하기 이전에 국내에서 단순 제조·가공처리되어 수입 물품의 원산지가 은폐·제거되거나 은폐·제거될 우려가 있는 물품의 경우에는 제조·가공업자(수입자가 제조업자인 경우를 포함한다)는 완성 가공품에 수입 물품의 원산지가 분명하게 나타나도록 원산지를 표시하여야 한다.
2. 원산지표시대상물품이 대형 포장 형태로 수입된 후에 최종구매자가 구매하기 이전에 국내에서 소매단위로 재포장되어 판매되는 물품인 경우에는 재포장 판매업자(수입자가 판매업자인 경우를 포함한다)는 재포장 용기에 수입 물품의 원산지가 분명하게 나타나도록 원산지를 표시하여야 한다. 재포장되지 않고 낱개 또는 산물로 판매되는 경우에도 물품 또는 판매용기·판매장소에 스티커 부착, 푯말부착 등의 방법으로 수입품의 원산지를 표시하여야 한다.
3. 원산지표시대상물품이 수입된 후에 최종구매자가 구매하기 이전에 다른 물품과 결합되어 판매되는 경우(예 : 바이올린과 바이올린케이스, 라이터와 라이터케이스 등)에는 제조·가공업자(수입자가 제조업자인 경우를 포함한다)는 수입된 해당 물품의 원산지가 분명하게 나타나도록 "(해당 물품명)의 원산지: 국명"의 형태로 원산지를 표시하여야 한다.

② 제1항에 해당되는 경우에는 세관장이 수입자에게 수입 통관 후 법령에 따른 원산지 표시를 준수하도록 명할 수 있다.

③ 제1항에 해당되는 물품을 수입하는 자가 같은 물품을 제3자(중간 구매업자 또는 판매자 등)에게 양도(제3자가 재양도하는 경우를 포함한다)하는 경우에는 양수인에게 서면으로 법령에 따른 원산지 표시의무를 준수하여야 할 것을 알려야 한다.

제79조(수입 세트물품의 원산지 표시) ① 수입 세트물품의 경우 해당 세트물품을 구성하는 개별 물품들의 원산지가 동일하고 최종 구매자에게 세트물품으로 판매되는 경우에는 개별 물품에 원산지를 표시하지 아니하고 그 물품의 포장·용기에 원산지를 표시할 수 있다.

② 수입세트물품을 구성하는 개별 물품들의 원산지가 2개국 이상인 경우에는 개별 물품에 각각의 원산지를 표시하고, 해당 세트물품의 포장·용기에는 개별 물품들의 원산지를 모두 나열·표시하여야 한다. (예: Made in China, Taiwan, · · · ·)

③ 수입세트물품에 해당되는 원산지 표시대상은 관세청장이 정한다.

제80조(수입용기의 원산지 표시) ① 관세율표에 따라 용

기로 별도 분류되어 수입되는 물품의 경우에는 용기에 "(용기명)의 원산지 : (국명)"에 상응하는 표시를 하여야 한다(예: "Bottle made in 국명").

② 제1항에도 불구하고 1회 사용으로 폐기되는 용기의 경우에는 최소 판매단위의 포장에 용기의 원산지를 표시할 수 있으며, 실수요자가 이들 물품을 수입하는 경우에는 용기의 원산지를 표시하지 않아도 무방하다.

제81조(수입 물품 원산지 표시방법의 세부사항) ① 관세청장은 산업통상자원부장관과의 사전협의를 거쳐 제75조부터 제80조까지의 원산지 표시방법에 따라 물품의 특성을 감안한 세부적인 표시방법을 정할 수 있다.

② 관세청장은 수입 물품의 원산지 표시방법에 관한 세부사항을 정할 경우 이를 고시하여야 한다.

제82조(수입 물품 원산지 표시의 면제) ① 제75조에 따라 물품 또는 포장·용기에 원산지를 표시하여야 하는 수입 물품이 다음 각 호의 어느 하나에 해당되는 경우에는 원산지를 표시하지 아니할 수 있다.

1. 영 제2조 제6호 및 제7호에 의한 외화획득용 원료 및 시설기재로 수입되는 물품
2. 개인에게 무상 송부된 탁송품, 별송품 또는 여행자 휴대품
3. 수입 후 실질적 변형을 일으키는 제조공정에 투입되는 부품 및 원재료로서 실수요자가 직접 수입하는 경우(실수요자를 위하여 수입을 대행하는 경우를 포함한다)
4. 판매 또는 임대목적에 제공되지 않는 물품으로서 실수요자가 직접 수입하는 경우. 다만, 해당 물품 중 제조용 시설 및 기자재(부분품 및 예비용 부품을 포함한다)는 실수요자를 위하여 수입을 대행하는 경우까지도 인정할 수 있다.
5. 연구개발용품으로서 실수요자가 수입하는 경우(실수요자를 위하여 수입을 대행하는 경우를 포함한다)
6. 견본품(진열·판매용이 아닌 것에 한함) 및 수입된 물품의 하자보수용 물품(수입된 물품의 자체 결함에 따른 하자를 보수하기 위해 직접 수입하는 경우에 한함)
7. 보세운송, 환적 등에 의하여 우리나라를 단순히 경유하는 통과 화물
8. 재수출조건부 면세 대상 물품 등 일시 수입 물품
9. 우리나라에서 수출된 후 재수입되는 물품
10. 외교관 면세 대상 물품
11. 개인이 자가소비용으로 수입하는 물품으로서 세관장이 타당하다고 인정하는 물품
12. 그 밖에 관세청장이 산업통상자원부장관과 협의하여 타당하다고 인정하는 물품

② 세관장은 제1항에 따라 원산지 표시가 면제되는 물품에 대하여 외화획득 이행 여부, 목적외 사용 등 원산지표시 면제의 적합여부를 사후 확인할 수 있다.

제83조(원산지 표시의 확인·검사) ① 별표 8의 물품에 대하여 세관장은 필요하다고 판단되면, 해당 물품의 통관시 원산지 표시 여부를 확인할 수 있다.

② 세관장은 수출·수입되는 물품이 제75조부터 제81조까지의 규정에 위반되는 것으로 인정되는 경우에는 원산지의 표시·정정·말소 등 적절한 조치를 지시할 수 있다.

③ 관계 행정기관의 장, 시·도지사는 수입신고 후 통관된 물품이 제75조부터 제81조까지의 규정에 위반되는 것으로 인정되는 경우에는 원산지의 표시·정정·말소 등 적절한 조치를 지시할 수 있다.

④ 법 제33조 제5항에 따른 검사를 하는 공무원의 증표는 별표 11과 같다.

제84조(원산지 표시의 확인 및 이의제기) ① 관세청장은 영 제57조 제1항에 따라 적정한 원산지 표시방법에 관한 확인을 요청받은 경우에는 신청을 접수한 날부터 30일 이내에 영 제56조에 따라 해당 물품의 적정한 표시방법을 확인하여 요청인에게 알려야 한다.

② 제1항의 통보 내용에 대하여 영 제57조 제2항에 따른 이의제기를 접수한 관세청장은 접수한 날부터 30일 이내에 이의제기에 대하여 결정을 하고 이를 요청인에게 알려야 한다.

③ 관세청장은 제1항에 따른 원산지 표시 확인 및 이의제기에 필요한 사항을 산업통상자원부장관과 협의하여 별도로 정할 수 있다.

제3절 원산지 판정

제85조(수입 물품의 원산지 판정 기준) ① 다음 각 호에 해당되는 물품을 영 제61조 제1항 제1호에 따른 완전생산물품으로 본다.

1. 해당국 영역에서 생산한 광산물, 농산물 및 식물성 생산물
2. 해당국 영역에서 번식, 사육한 산동물과 이들로부터 채취한 물품
3. 해당국 영역에서 수렵, 어로로 채포한 물품
4. 해당국 선박에 의하여 해당국 이외 국가의 영해나 배타적 경제수역이 아닌 곳에서 채포(採捕)한 어획물, 그 밖의 물품
5. 해당국에서 제조, 가공공정 중에 발생한 잔여물
6. 해당국 또는 해당국의 선박에서 제1호부터 제5호까지의 물품을 원재료로 하여 제조·가공한 물품

② 영 제61조 제1항제2호에서 "실질적 변형"이란 해당

국에서의 제조 · 가공과정을 통하여 원재료의 세번과 상이한 세번(HS 6단위 기준)의 제품을 생산하는 것을 말한다.

③ 산업통상자원부장관은 관세율표상에 해당 물품과 그 원재료의 세번이 구분되어 있지 아니함으로 인하여 제조 · 가공 과정을 통하여 그 물품의 본질적 특성을 부여하는 활동을 가하더라도 세번(HS 6단위 기준)이 변경되지 아니하는 경우에는 관계기관의 의견을 들은 후 해당 물품 생산에서 발생한 부가가치와 주요 공정 등 종합적인 특성을 감안하여 실질적 변형에 대한 기준을 제시할 수 있다.

④ 제2항에도 불구하고 산업통상자원부장관이 별표 9에서 별도로 정하는 물품에 대하여는 부가가치, 주요 부품 또는 주요 공정 등이 해당 물품의 원산지 판정기준이 된다.

⑤ 제4항에 따른 부가가치의 비율은 해당 물품의 제조 · 생산에 사용된 원료 및 구성품의 원산지별 가격누계가 해당 물품의 수입가격(FOB가격 기준)에서 점하는 비율로 한다.

⑥ 제4항의 주요 부품에 대하여는 다음 각 호의 국가를 원산지로 본다.

1. 해당 주요 부품의 원료 및 구성품의 부가가치생산에 최대로 기여한 국가가 해당 완제품의 부가가치비율 기준 상위 2개국 중 어느 하나에 해당하는 경우는 해당 국가
2. 해당 주요 부품의 원료 및 구성품의 부가가치생산에 최대로 기여한 국가가 해당 완제품의 부가가치비율 기준 상위 2개국 중 어느 하나에 해당하지 아니하는 경우는 해당 완제품을 최종적으로 제조한 국가

⑦ 제5항 및 제6항에 따라 부가가치의 비율을 산정하는 경우 해당 물품의 제조 · 생산에 사용된 원료 및 구성품의 가격은 다음 각 호의 어느 하나에서 정하는 가격으로 한다.

1. 해당 제조 · 생산국에서 외국으로부터 수입조달한 원료 및 구성품의 가격은 각기 수입단위별 FOB가격
2. 해당 제조 · 생산국에서 국내적으로 공급된 원료 및 구성품의 가격은 각기 구매단위별 공장도가격

⑧ 다음 각 호의 어느 하나를 영 제61조 제1항제3호에 규정된 "단순한 가공활동"으로 보며, 단순한 가공활동을 수행하는 국가에는 원산지를 부여하지 아니한다.

1. 운송 또는 보관 목적으로 물품을 양호한 상태로 보존하기 위해 행하는 가공활동
2. 선적 또는 운송을 용이하게 하기 위한 가공활동
3. 판매목적으로 물품의 포장 등과 관련된 활동
4. (삭 제)
5. 제조 · 가공결과 HS 6단위가 변경되는 경우라도 다음 각 목의 어느 하나에 해당되는 가공과 이들이 결합되는 가공은 단순한 가공활동의 범위에 포함된다.
   가. 통풍
   나. 건조 또는 단순가열(볶거나 굽는 것을 포함한다)
   다. 냉동, 냉장
   라. 손상부위의 제거, 이물질 제거, 세척
   마. 기름칠, 녹방지 또는 보호를 위한 도색, 도장
   바. 거르기 또는 선별(sifting or screening)
   사. 정리(sorting), 분류 또는 등급선정(classifying, or grading)
   아. 시험 또는 측정
   자. 표시나 라벨의 수정 또는 선명화
   차. 가수, 희석, 흡습, 가염, 가당, 전리(ionizing)
   카. 각피(husking), 탈각(shelling or unshelling), 씨제거 및 신선 또는 냉장육류의 냉동, 단순 절단 및 단순 혼합
   타. 별표 9에서 정한 HS 01류의 가축을 수입하여 해당국에서 도축하는 경우 같은 별표에서 정한 품목별 사육기간 미만의 기간 동안 해당국에서 사육한 가축의 도축(slaughtering)
   파. 펴기(spreading out), 압착(crushing)
   하. 가목부터 파목까지의 규정에 준하는 가공으로서 산업통상자원부장관이 별도로 판정하는 단순한 가공활동

제86조(수입원료를 사용한 국내생산물품등의 원산지 판정 기준) ① 법 제35조에 따른 수입원료를 사용한 국내생산물품 등의 원산지 판정 기준 적용 대상물품은 별표 8에 의한 수입 물품 원산지표시대상물품중 국내수입후 제85조 제8항의 단순한 가공활동을 한 물품과 1류~24류(농수산물 · 식품), 30류(의료용품), 33류(향료 · 화장품), 48류(지와 판지), 49류(서적 · 신문 · 인쇄물), 50류~58류(섬유), 70류(유리), 72류(철강), 87류(8701~8708의 일반차량), 89류(선박)에 해당되지 않는 물품이다.

② 제1항에서 다음 각 호의 어느 하나에 해당하는 경우 우리나라를 원산지로 하는 물품으로 본다.

1. 우리나라에서 제조 · 가공과정을 통해 수입원료의 세번과 상이한 세번(HS 6단위 기준)의 물품(세번 HS 4단위에 해당하는 물품의 세번이 HS 6단위에서 전혀 분류되지 아니한 물품을 포함한다)을 생산하고, 해당 물품의 총 제조원가 중 수입원료의 수입가격(CIF가격 기준)을 공제한 금액이 총 제조원가의 51퍼센트 이상인 경우
2. 우리나라에서 제85조 제8항의 단순한 가공활동이

아닌 제조 · 가공과정을 통해 제1호의 세번 변경이 안된 물품을 최종적으로 생산하고, 해당 물품의 총 제조원가 중 수입원료의 수입가격(CIF가격 기준)을 공제한 금액이 총 제조원가의 85퍼센트 이상인 경우

③ 제2항에도 불구하고 천일염은 외국산 원재료가 사용되지 않고 제조되어야 우리나라를 원산지로 본다.

④ 제2항 및 제3항에 따라 국내생산물품 등의 원산지를 우리나라로 볼 수 있는 경우에는 제76조 제1항의 규정을 준용하여 표시할 수 있다.

⑤ 법 제35조에 따른 수입원료를 사용한 국내생산물품 중 제2항의 원산지 규정을 충족하지 아니한 물품의 원산지 표시는 다음 각 호의 방법에 따라 표시할 수 있다.

1. 우리나라를 "가공국" 또는 "조립국" 등으로 표시하되 원료 또는 부품의 원산지를 동일한 크기와 방법으로 병행하여 표시
2. 제1호의 원료나 부품이 1개국의 생산품인 경우에는 "원료(또는 부품)의 원산지 : 국명"을 표시
3. 제1호의 원료나 부품이 2개국 이상(우리나라를 포함한다)에서 생산된 경우에는 완성품의 제조원가의 재료비에서 차지하는 구성비율이 높은 순으로 2개 이상의 원산지를 각각의 구성비율과 함께 표시(예: "원료 (또는 부품)의 원산지 : 국명(○%), 국명(○%)")

제87조(원산지 판정 기준의 특례) ① 기계 · 기구 · 장치 또는 차량에 사용되는 부속품 · 예비부분품 및 공구로서 기계 등과 함께 수입되어 동시에 판매되고 그 종류 및 수량으로 보아 정상적인 부속품, 예비부분품 및 공구라고 인정되는 물품의 원산지는 해당 기계 · 기구 · 장치 또는 차량의 원산지와 동일한 것으로 본다.

② 포장용품의 원산지는 해당 포장된 내용품의 원산지와 동일한 것으로 본다. 다만, 법령에 따라 포장용품과 내용품을 각각 별개로 구분하여 수입신고하도록 규정된 경우에는 포장용품의 원산지는 내용품의 원산지와 구분하여 결정한다.

③ 촬영된 영화용 필름은 그 영화제작자가 속하는 나라를 원산지로 한다.

제88조(수출입 물품의 원산지 판정) 관세청장은 영 제62조에 따른 원산지 판정을 위하여 필요한 경우 해당 사안과 관련된 행정기관의 장, 무역거래자 및 그 밖의 이해관계인에게 자료의 제출을 요청할 수 있다.

제89조 삭제

제90조(원산지의 판정자료 보정기간) 영 제63조 제2항의 보정기간은 법 제34조 제6항에 따른 이의제기 결정기간에 산입하지 아니한다.

제91조(원산지의 확인) ① 영 제65조 제1항에 따라 원산지를 확인하여야 할 물품을 수입하는 자는 수입신고전까지 원산지증명서 등 관계 자료를 제출하고 확인을 받아야 한다.

② 제1항의 규정에 따라 수입시 원산지증명서를 제출하여야 하는 경우는 다음과 같다.

1. 통합공고에 의하여 특정지역으로부터 수입이 제한되는 물품
2. 원산지 허위표시, 오인 · 혼동표시 등을 확인하기 위하여 세관장이 필요하다고 인정하는 물품
3. 그 밖에 법령에 따라 원산지 확인이 필요한 물품

③ 제1항에 따라 관계 자료를 제출받은 세관장은 해당 자료의 발행기관에 이의 확인을 요청할 수 있다.

④ 관세청장은 제1항의 원산지 확인에 필요한 사항을 산업통상자원부장관과 협의하여 별도로 정할 수 있다.

⑤ 제1항에 따라 관계 자료를 제출한 자는 자료제출기관에 제출한 자료를 영업상 비밀로 보호하여 줄 것을 요청할 수 있다.

제92조(원산지증명서 등의 제출면제) 제91조 제1항에도 불구하고 다음 각 호의 어느 하나에 해당하는 물품은 원산지증명서 등의 제출을 면제한다.

1. 과세가격(종량세의 경우에는 이를 「관세법」 제15조에 준하여 산출한 가격)이 15만원 이하인 물품
2. 우편물(「관세법」 제258조 제2항에 해당하는 것을 제외한다)
3. 개인에게 무상 송부된 탁송품, 별송품 또는 여행자의 휴대품
4. 재수출조건부 면세 대상 물품 등 일시 수입 물품
5. 보세운송, 환적 등에 의하여 우리나라를 단순히 경유하는 통과화물
6. 물품의 종류, 성질, 형상 또는 그 상표, 생산국명, 제조자 등에 의하여 원산지가 인정되는 물품
7. 그 밖에 관세청장이 산업통상자원부장관과 협의하여 타당하다고 인정하는 물품

제93조(원산지 확인에 있어서의 직접운송원칙) ① 수입물품의 원산지는 그 물품이 원산지 국가 이외의 국가(이하 "비원산국"이라 한다)를 경유하지 아니하고 원산지 국가로부터 직접 우리나라로 운송반입된 물품에만 해당 물품의 원산지를 인정한다. 다만, 다음 각 호의 어느 하나에 해당하는 경우에는 해당 물품이 비원산국의 보세구역 등에서 세관 감시하에 환적 또는 일시장치 등이 이루어지고, 이들 이외의 다른 행위가 없었음이 인정되는 경우에만 이를 우리나라로 직접 운송된 물품으로 본다.

1. 지리적 또는 운송상의 이유로 비원산국에서 환적 또는 일시장치가 이루어진 물품의 경우
2. 박람회, 전시회 그 밖에 이에 준하는 행사에 전시하기 위하여 비원산국으로 수출하였던 물품으로서 해

당 물품의 전시목적에 사용 후 우리나라로 수출한 물품의 경우

② 제1항의 단서에 해당하는 물품의 경우에는 관세청장이 정하는 서류를 원산지증명서와 함께 제91조에 따라 세관장에게 제출하여야 한다.

제6장 수출입 질서유지

제1절 분쟁조정 등

제94조(무역분쟁 관련 서류 제출) ① 법 제44조 제2항에 따라 산업통상자원부장관으로부터 무역분쟁 관련 서류의 제출을 요구받은 무역거래자는 다음 각 호의 사항을 기재하여 이를 산업통상자원부장관에게 제출하여야 한다.

1. 무역분쟁의 당사자
2. 무역분쟁의 발생경위 및 내용
3. 그 밖에 필요한 서류

제95조 삭제

제96조 삭제

제97조 삭제

제98조(조정신청의 접수 및 통지) ① 영 제80조에 따라 조정을 신청하려는 자(이하 "신청인"이라 한다)는 조정비용의 예납과 함께 다음 각 호의 사항을 기재한 조정신청서 5부를 대한상사중재원장(이하 "중재원장"이라 한다)에게 제출하여야 한다.

1. 당사자의 성명 및 주소(다만, 법인인 경우는 법인의 명칭 및 주소와 그 대표자의 성명 및 주소를 병기)
2. 조정을 구하는 취지 및 이유
3. 그 밖에 분쟁조정을 위한 참고자료

② 중재원장은 조정의 신청을 접수한 경우에는 이를 당사자에게 서면으로 알린다. 접수된 사항의 추가 또는 변경하려는 경우에도 또한 같다. 다만, 경미한 사항은 그러하지 아니하다.

제99조(답변) 제98조에 따른 조정신청통지를 받은 조정의 피신청인(이하 "피신청인"이라 한다)은 3일 이내에 대한상사중재원(이하 "중재원"이라 한다)에 서면으로 이에 대한 의견을 제출할 수 있다.

제100조(반대신청) ① 피신청인은 조정신청 통지를 받은 날부터 3일 이내에 반대신청을 할 수 있다. 다만, 반대신청이 정상적인 조정절차를 방해한다고 인정되는 경우 중재원장은 직권으로 이를 허가하지 아니할 수 있다.

② 피신청인의 반대신청은 신청인의 조정신청과 병합하여 심리한다.

③ 제98조 및 제99조의 규정은 반대신청의 경우에 준용한다.

제101조(조정비용) ① 영 제84조의 조정비용 기준은 별표 12와 같다.

② 당사자의 신청에 의한 경우 조정위원 및 간사의 소요경비, 증인 또는 감정인의 소요경비, 검사 또는 조사경비, 통역 또는 번역경비 등 조정에 소요되는 일체의 경비는 해당 당사자가 부담한다. 다만 그 경비가 중재원장의 요청에 의한 것일 경우에는 당사자간에 따로 정함이 없는 경우 신청인이 부담한다.

제102조(예납방법) ① 조정신청을 하려는 신청인은 제101조의 조정비용을 중재원에 예납하여야 한다.

② 제1항의 예납액이 부족한 경우 중재원장은 신청인에게 추가예납을 요청할 수 있다.

③ 당사자가 제101조 제2항 및 제102조 제2항의 조정비용의 예납요청을 받은 날부터 3일 이내에 이를 이행하지 않는 때에는 중재원장은 조정절차를 정지하거나 끝낼 수 있다. 다만, 일방의 당사자가 다른 당사자가 지급하여야 할 조정비용을 지급한 경우에는 그러하지 아니하다.

④ 중재원장은 조정이 끝난 때에는 예납된 조정비용을 정산하고 잔액이 있는 경우는 이를 당사자에게 반환하여야 한다.

제103조(조정명령의 기준) 영 제87조에서 규정한 "법 제43조 제1항 제3호에 따른 조정을 명할 수 있는 경우에 대한 기준"이란 다음 각 호의 경우를 말한다.

1. 법 제46조 제1항 제3호 가목의 "부당하게 다른 무역거래자를 제외하는 경우"란 물품등을 수출할 때에 정당한 이유 없이 그 수출에 소요되는 비용보다 낮은 가격으로 수출함으로써 다른 무역거래자를 제외시킬 우려가 있는 경우를 말한다.
2. 법 제46조 제1항 제3호 나목의 "부당하게 다른 무역거래자의 상대방에 대해 다른 무역거래자와 거래하지 않도록 유인하거나 강제하는 경우"란 정상적인 거래관행에 비추어 부당한 이익을 제공 또는 제공할 제의를 하여 다른 무역거래자의 상대방을 자기와 거래하도록 유인하는 행위를 말한다.
3. 법 제46조 제1항 제3호 다목의 "부당하게 다른 무역거래자의 해외에서의 사업활동을 방해하는 경우"란 다음 각 목의 경우를 말한다.
   가. 기술, 영업정보의 부당사용 : 다른 무역거래자의 기술 또는 영업정보를 부당하게 이용하여 다른 무역거래자의 해외에서의 사업활동을 곤란하게 할 정도로 방해하는 행위
   나. 인력의 부당유인 · 채용 : 다른 무역거래자의 인력을 부당하게 유인 · 채용하여 다른 무역거래자의 해외에서의 사업활동을 곤란하게 할 정도로 방해하는 행위

제104조 삭제
제105조 삭제
제106조 삭제

제7장 보 칙

제107조(위임 · 위탁사무의 처리요령) ① 법 제52조에 따라 산업통상자원부장관의 권한을 위임 또는 위탁받은 자는 위임 또는 위탁받은 업무의 처리기준 및 절차를 제정 · 운용할 수 있다.

② 제1항에 따라 업무처리기준 및 절차를 제정 또는 개정하려는 경우에는 산업통상자원부장관과 미리 협의하여야 한다.

제108조(위임 · 위탁사무의 처리결과보고) ① 영 제92조 제2항에 따른 위임 · 위탁업무 처리결과의 보고시기는 다음 각 호의 어느 하나와 같다. 다만, 산업통상자원부장관이 필요하다고 인정하여 사안별로 요청하는 경우에는 그러하지 아니하다.

1. 해당 분기가 끝난 후 30일 이내
  가. 영 제91조 제3항 제3호부터 제5호까지에 관한 사항
  나. 영 제91조 제4항에 관한 사항
  다. 영 제91조 제5항에 관한 사항
  라. 영 제91조 제6항에 관한 사항
  마. 영 제91조 제7항에 관한 사항
  바. 영 제91조 제10항에 관한 사항
2. 해당 반기가 끝난 후 45일 이내
  가. 영 제91조 제2항에 관한 사항
  나. 영 제91조 제3항제1호 및 제2호에 관한 사항
  다. 영 제91조 제8항에 관한 사항
  라. 영 제91조 제9항에 관한 사항
  마. 영 제91조 제11항에 관한 사항
3. 영 제91조 제1항 제1호부터 제6호까지에 관한 사항은 해당 연도가 끝난 후 2개월 이내

② 보고항목, 양식 등은 산업통상자원부장관과 수임 · 수탁기관의 장이 협의하여 정하되 영 제91조 각 항 각 호에 따른 위임 · 위탁업무별로 종합적인 처리결과와 특이사항의 파악이 가능하도록 한다.

제109조(과태료부과 협의 등) ① 영 제92조 제1항에 따른 세관장과 시 · 도지사와의 과징금 및 과태료부과 협의대상 기관은 다음 각 호의 어느 하나와 같다.

1. 세관장이 적발하여 시 · 도지사(시 · 군 · 구)와 협의하려는 경우에는 위반업체의 주소지를 관할하는 시 · 도지사(시 · 군 · 구)
2. 시 · 도지사(시 · 군 · 구)가 적발하여 세관장과 협의하려는 경우에는 해당 주소지를 관할하는 세관장

② 제1항에 따라 과징금 및 과태료부과 협의를 할 경우 협의대상 기관에 통보할 사항은 다음 각 호와 같다.

1. 위반업체의 현황(수입업체명, 주소, 대표자 등)
2. 위반물품 현황(물품명, 수량 등)
3. 원산지 표시 위반내용
4. 관련 서류(위반물품의 수입신고필증, 그 밖의 관련 서류)
5. 적발일자 및 장소
6. 처벌 여부 및 처벌 내용 등

③ 동일한 수입신고에 의하여 수입된 물품의 경우에는 적발지역 또는 품목이 다른 경우에도 동일한 건으로 본다.

제110조(재검토기한) 산업통상자원부장관은 「훈령 · 예규 등의 발령 및 관리에 관한 규정」에 따라 이 고시에 대하여 2019년 1월 1일 기준으로 매3년이 되는 시점(매 3년째의 12월 31일까지를 말한다)마다 그 타당성을 검토하여 개선 등의 조치를 하여야 한다.

제111조(규제의 재검토) 산업통상자원부장관은 원산지 표시대상물품을 정한 제75조 제1항 및 별표 8에 대하여 2015년 1월 1일을 기준으로 매 2년이 되는 시점(매 2년째의 12월 31일까지를 말한다)마다 그 타당성을 검토하여 개선 등의 조치를 하여야 한다.

제112조(규제의 효력기간) 다음 각 호의 사항은 2015년 12월 31일까지 효력을 가진다.

1. 제39조에 따른 외화획득의 이행기간
2. 제45조에 따른 외화획득용 원료등의 구매내역 신고
3. 제47조에 따른 외화획득 이행신고
4. 제48조에 따른 공급이행 신고
5. 제49조에 따른 사용목적 변경승인
6. 제50조에 따른 양도승인
7. 제61조에 따른 관광호텔용 물품의 사후 관리
8. 제62조에 따른 관광호텔용 물품의 공급
9. 제63조에 따른 관광호텔용 물품의 관리 등
10. 제64조에 따른 관광호텔용 물품의 용도외 사용금지
11. 제65조에 따른 관광호텔용 물품의 사후 관리에 따른 제재
12. 제66조에 따른 선용품의 사후 관리
13. 제67조에 따른 선용품의 관리 등
14. 제68조에 따른 선용품의 사후 관리에 따른 제재
15. 제69조에 따른 군납용 물품의 사후 관리 등

부 칙 〈제2021-238호, 2021. 12. 31.〉

이 고시는 2022년 1월 1일부터 시행한다.

[별표 1] 무역관련 시설
[별표 2] (삭제)
[별표 3] 수출승인의 면제
[별표 4] 수입승인의 면제
[별표 5] 관광호텔용 식자재 및 부대용품
[별표 6] 수입물품공급업자의 선용품 공급물품
[별표 7] 관광업소
[별표 8] 원산지표시대상물품
[별표 9] 특정수입물품의 원산지
[별표 10] (삭제)
[별표 11] 원산지검사공무원증
[별표 12] 조정비용기준
[별지 제1호 서식] 무역업고유번호신청서
[별지 제2호 서식] 무역업고유번호신청사항 변경통보서(삽입)
[별지 제3호 서식] 수출승인(신청)서
[별지 제4호 서식] 수입승인(신청)서
[별지 제5호 서식] 수출입승인(신청)서
[별지 제6호 서식] (삭제)
[별지 제7호 서식] (삭제)
[별지 제8호 서식] (삭제)
[별지 제9호 서식] 수출입승인사항변경승인 · 신고(신청)서
[별지 제10호 서식] 수출실적의확인및증명발급(신청)서
[별지 제11호 서식] 수입실적의확인및증명발급(신청)서
[별지 제12호 서식] 외화획득용원료수입승인(신청)서
[별지 제13호 서식] 외화획득용원료 · 기재구매확인신청서
[별지 제13-1호 서식] 외화획득용원료 · 기재구매확인서
[별지 제14호 서식] 외화획득이행기간연장(신청)서
[별지 제15호 서식] 외화획득용원료구매내역신고서
[별지 제16호 서식] 외화획득이행신고서
[별지 제17호 서식] 외화획득용원료공급이행신고서
[별지 제18호 서식] 외화획득용원료사용목적변경승인(신청)서
[별지 제19호 서식] 외화획득용원료양도승인(신청)서
[별지 제20호 서식] 자율소요량계산서
[별지 제21호 서식] 산업설비수출승인(신청)서
[별지 제22호 서식] 산업설비수출승인사항변경승인(신청)서
[별지 제23호 서식] (삭제)
[별지 제24호 서식] 수출 · 수입실적의 확인 및 증명발급 신청서
[별지 제25호 서식] 수출 · 수입실적의 확인 및 증명서
[별지 제26호 서식] 수출 · 수입실적의 확인 및 증명발급 신청서
[별지 제27호 서식] 수출 · 수입실적의 확인 및 증명서
[별지 제28호 서식] 대응외화획득 이행내역
[별지 제29호 서식] 외화획득용원료 사후관리 이행 정리카드
[별지 제30호 서식] 대응외화획득 미이행내역

[별표 1] 무역관련 시설

시 설 명	소 재 지
한국종합전시장	서울 강남구 삼성동 159
국제무역연수원	서울 강남구 삼성동 159

[별표 3] 수출승인의 면제

1. 영 제19조 제1호에 따른 수출승인면제

가. 일시적으로 출국하는 자 또는 일시적으로 입국하여 다시 출국하는 자(선박 또는 항공기에 승무하여 출국하는 승무원을 제외한다)가 출국할 때에 휴대하여 반출하는 물품 또는 별송으로 반출하는 물품으로서 출국의 목적, 여행의 기간, 출국자의 직업 그 밖의 사유에 의하여 세관장이 타당하다고 인정하는 물품

나. 외국에 주거를 이주할 목적으로 출국하는 자(외국에서 2년 이상 체류할 예정으로 출국하는 자와 1년 이상 체류할 예정으로 출국하는 자 중 가족을 동반한 자를 말하며 일시적으로 입국하여 출국하는 자는 제외한다)가 출국할 때에 휴대하여 반출하는 이사물품이나 별송으로 반출하는 이사물품으로서 그 출국의 사유 등에 의하여 세관장이 타당하다고 인정하는 물품

다. 우리나라와 외국간을 왕래하는 선박 또는 항공기의 승무원이 해당 선박 또는 항공기에 승무하여 출국할 때에 휴대하여 반출하는 개인용품으로서 세관장이 타당하다고 인정하는 물품

라. 우리나라에 온 외국의 원수와 그 가족 및 수행원에 속하는 물품으로서 출국시에 반출하는 물품

마. 외국정부의 초청으로 파견된 고문관 · 기술단원 그 밖에 이에 준하는 자에게 속하는 물품으로서 주무부장관이 확인한 물품

바. 「해외이주법」에 의한 해외이주자가 해외이주를 위하여 반출하는 시설기재 및 원료 등의 물품으로서 외교통상부장관 또는 외교통상부장관이 지정하는 기관의 장이 타당하다고 인정하는 물품

2. 영 제19조 제2호나목에 따른 수출승인면제

가. 반출하는 상품의 견품 및 광고용 물품으로서 세관장이 타당하다고 인정하는 물품. 다만, 유상으로 반출하는 경우 미화 5만 달러 상당액(신고가격 기준)이하의 물품

나. 외국에서 개최되는 박람회, 전람회, 견본시, 영화제 등에 출품하기 위하여 무상으로 반출하는 물품

다. 수출된 물품이나 수입된 물품이 계약조건과 상이하거나, 하자보증이행 또는 용도변경 등의 부득이한 사유로 대체 또는 반송을 위하여 반출하는 물품 또는 수출된 물품의 누락이나 부족품에 대하여 보충을 위하여 반출하는 물품

라. 수출물품의 성능보장기간 내에 해당 물품의 수리 또는 검사를 위하여 반출하는 물품
마. 「외국환거래법」에 따른 허가를 받고 주무부장관의 허가 또는 추천을 받아 반입한 나용선 또는 임차항공기의 반입을 위한 반출물품
바. 무환수탁가공무역에 의하여 수입된 원료의 잔량분 또는 수탁판매수입에 의하여 수입된 물품의 판매되지 아니한 잔량분으로서 무상으로 반출하는 물품
사. 「외국인투자촉진법」 및 「외국환거래법」 에 따라 기술도입계약신고를 한 자가 신고된 내용에 따라 기술대가를 현물로 지급하기 위하여 반출하는 물품
아. 해외에서 투자, 건설, 용역, 산업설비수출 그 밖에 이에 준하는 사업에 종사하고 있는 우리나라 업자(현지 합작법인을 포함한다)에게 무상으로 송부하기 위하여 반출하는 시설기재, 원료, 근로자용 생활필수품 및 그 밖에 그 사업에 관련하여 사용하는 물품으로서 주무부장관 또는 주무부장관이 지정한 기관의 장이 확인한 물품
자. 「수산업법」 제41조 및 제42조에 따라 농림수산식품부장관 또는 농림수산식품부장관이 지정한 기관의 장의 허가를 받은 자가 원양어선에 무상으로 송부하기 위하여 반출하는 물품으로서 농림수산식품부장관 또는 농림수산식품부장관이 지정한 기관의 장이 확인한 물품
차. 외국정부와의 사업계약을 수행하기 위하여 계약자가 계약조건에 따라 반출하는 업무용품으로서 주무부장관이 확인한 물품
카. 우리나라 정부와의 사업계약을 수행하기 위하여 외국의 계약자가 계약조건에 따라 반입한 물품으로서 다시 반출하는 물품
타. 우리나라와 외국 간을 왕래하는 선박 또는 항공기 안에서 직접 그 선박 또는 항공기용으로 사용될 물품으로서 세관장이 타당하다고 인정하는 물품
파. 외국업자의 주문으로 제작되어 해당 수출물품의 생산에 사용된 후 반출하려는 금형
하. 그 밖에 무역거래를 원활히 하기 위하여 무상으로 반출하는 물품으로서 산업통상자원부장관이 타당하다고 인정하는 물품

3. 제19조 제2호 라목에 따른 수출승인 면제

가. 무상으로 반입하여 다시 무상으로 반출하는 물품으로서 다음에 열거하는 물품
  1) 금속제실린더, 컨테이너, 권사구 등 물품의 운송을 위하여 반복 사용될 용기 또는 기구
  2) 우리나라에서 영화를 촬영하기 위하여 입국하는 영화제작자가 반입하는 영화촬영용 기계 및 기구
  3) 우리나라에 입국한 순회 흥행업자의 흥행용 물품
  4) 텔레비젼 방송국이 텔레비젼 방송을 목적으로 반입한 영화필름
  5) 공사용(수리용을 포함한다)이나 시험용의 기계 또는 기구
  6) 우리나라에서 개최된 박람회 등의 종료 후 반출되는 물품
  7) 항공기(부분품을 포함한다) 또는 선박

8) 산업설비수출의 이행에 필요하여 반입한 기계 및 장치
9) 대학 및 연구기관이 외국으로부터 품질이나 성능검사 등을 위탁받아 반입한 검사의뢰 물품 및 검사장비

나. 무상으로 반입할 예정으로 무상으로 반출하는 물품으로서 다음에 열거하는 물품
1) 금속제 실린더, 컨테이너, 권사구 등 물품의 운송을 위하여 반복 사용될 용기 또는 기구
2) 항공기(부분품을 포함한다) 또는 선박
3) 외국에서 영화(뉴스 포함)를 촬영하기 위하여 제작자가 반출하는 영화촬영에 사용되는 기계 · 기구로서, 해당 영화촬영을 위하여 필요하다고 세관장이 인정하는 물품

다. 외국에서 수리 또는 검사를 받을 목적으로 반출하는 물품이나 국내에서 수리 또는 검사를 받을 목적으로 반입하는 물품으로서 다시 반출하는 물품

4. 영 제19조 제2호 마목에 따른 수출승인면제

가. 외국에서 물품을 보세구역에 무상으로 반입하여 가공을 하지 아니하고 다시 무상으로 반출하는 물품

나. 「외국인투자촉진법」에 따라 외국인투자의 인가를 받은 기업체가 「관세법」에 따른 보세공장에서 무상 또는 계정간의 이체방식에 의하여 유상으로 수입한 원료를 가공하여 무상 또는 계정간의 이체방식에 의하여 유상으로 수출하는 물품 및 동 시설보완용 부분품, 소모성 기자재 또는 시설재.(단, 산업통상자원부장관이 지정한 기관의 장이 인정하는 경우에만 해당한다)

5. 영 제19조 제2호 바목에 따른 수출승인면제

가. 우리나라 재외공관(대한무역투자진흥공사의 해외무역관을 포함한다) 또는 외교사절 등에 송부하기 위하여 반출하는 공용물품

나. 외국에 있는 자에게 증여하기 위하여 반출하는 훈장, 기장 그 밖에 이에 준하는 물품

다. 해외에 파견된 우리나라 군대에 송부하기 위하여 반출하는 군공용물품

라. 우리나라의 공공기관이 외국의 공공기관에게 우호의 목적으로 기증하기 위하여 반출하는 물품

마. 국제운동경기대회에 참가하는 우리나라 선수단에 송부하기 위하여 반출하는 경기용 물품 및 이에 준하는 물품

바. 무상으로 반출하는 구호품

사. 산업통상자원부장관이 해외에 반출하는 국내우표와 산업통상자원부장관의 해외우표 판매허가를 받은 자가 산업통상자원부장관의 추천을 받아 반출하는 국내우표

아. 우리나라에 있는 외국의 대사관, 공사관, 영사관, 통상대표공관 그 밖에 이에 준하는 기관에서 반출하는 공용물품 또는 그 기관에 소속된 외무공무원 및 그 가족이 반출하는 자용물품

자. 국제협약 등에 의한 조사단 또는 사찰단이 협약 등에 의한 조사 또는 사찰을 위하여 반출하는 장비, 물품 및 그 구성원의 자용물품

6. 영 제19조 제2호 사목에 따른 수출승인면제

가. 무상으로 송부하기 위하여 반출하는 기록문서와 그 밖의 서류(사진 및 마이크로 필름을 포함한다.)

나. 뉴스를 취재한 필름이나 녹음테이프 등으로서 우리나라의 신문사, 통신사, 방송국 또는 우리나라에 있는 외국의 신문사, 통신사, 방송국의 특파원이 있는 본사, 지사 또는 주재원 등 앞으로 송부하기 위하여 반출하는 물품

다. 유골(유체를 포함한다)

라. 「외국환거래법」에 따라 인정된 용역계약에 따라 문화체육관광부장관의 추천을 받아 무상으로 반출하는 국산영화

마. 외국환은행으로부터 수입물품을 담보로 자금을 융자받은 무역업자의 파산, 해산, 행방불명 등으로 인하여 그 무역업자에 의한 통관이 불가능한 경우에 해당 외국환은행이 담보권 행사를 위하여 보세구역 내에서 반출하는 물품

바. 국제공동연구를 위하여 반출하는 연구용 기자재 · 원료 또는 국제공동연구의 결과물로서 산업통상자원부장관이 추천한 물품

사. 그 밖에 무상으로 반출하는 물품 중 반출의 목적 · 사유 등에 의하여 세관장이 타당하다고 인정하는 물품

[별표 4] 수입승인의 면제

1. 영 제19조 제1호에 따른 수입승인 면제

가. 일시적으로 입국하는 자 또는 일시적으로 출국하여 다시 입국하는 자(선박 또는 항공기에 승무하여 입국하는 승무원을 제외한다)가 입국할 때에 휴대하여 반입하는 물품이나 별송으로 반입하는 물품으로서 그 입국의 목적, 체류의 기간, 입국자의 직업 등의 사유에 의하여 세관장이 타당하다고 인정하는 물품

나. 우리나라로 주거를 이전할 목적으로 입국하는 자(우리나라에서 1년 이상 체류할 예정으로 입국하는 자를 말하며 일시적으로 출국하여 다시 입국하는 자를 제외한다)가 입국할 때에 휴대하여 반입하거나 별송으로 반입하는 이사물품으로서 그 입국의 사유 등에 의하여 세관장이 타당하다고 인정하는 물품

다. 우리나라와 외국 간을 왕래하는 선박 또는 항공기의 승무원이 해당 선박 또는 항공기에 승무하여 입국할 때에 반입하는 개인용품으로서 세관장이 타당하다고 인정하는 물품

라. 우리나라에 온 외국의 원수와 그 가족 및 수행원에 속하는 물품으로서 입국시에 반입하는 물품

마. 정부와의 사업계약을 수행하기 위하여 외국의 계약자가 계약조건에 의하여 반입하는 업무용품으로서 주무부장관이 확인을 받아 반입하는 물품

바. 정부의 초빙이나 국제연합 또는 외국의 정부로부터 우리나라에 파견된 고문관, 사절단원의 업무용 물품

2. 영 제19조 제2호 가목에 따른 수입승인면제

가. 조난선박의 수리 또는 구호에 필요한 비용과 해당 선박이 항해를 계속하는 데에 필요한 비용을 조달하기 위하여 매각하는 그 선박의 적재물품으로서 세관장이 부득이하다고 인정하여 반입하는 물품

나. 긴급을 요하는 항공기의 부분품(항공용 유류 및 비상구급용품을 포함한다), 공항 내에서 항공기에 전용되는 지원장비의 부분품, 수리용품 및 수리용 원료를 구매 또는 임차함에 있어서 그 구매절차에 의하여는 적기에 공급이 불가능하다고 국토해양부장관 또는 국토해양부장관이 지정한 항공관계 전문기관의 장이 인정하여 반입하는 물품. 다만, 「항공법」 제112조에 따라 면허를 받아 정기항공운송사업을 영위하는 자가 구매 또는 임차하는 경우에는 세관장이 인정하여 반입하는 물품

다. 긴급을 요하는 국제통신시설의 수리용 부품과 기기를 구매 또는 임차함에 있어서 일반적인 절차에 의하여서는 적기에 공급이 불가능하다고 방송통신위원회위원장이 인정하여 반입하는 물품

라. 긴급을 요하는 해난구조용품으로서 일반적인 절차에 의하여는 적기 공급이 불가능하다고 국토해양부장관 또는 국토해양부장관이 지정한 해난관계 전문기관의 장이 인정하여 반입하는 물품

마. 긴급을 요하는 견품으로서 일반적인 절차에 의하여는 적기 공급이 불가능하다고 세관장이 인정하는 물품

3. 영 제19조 제2호 나목에 따른 수입승인면제

가. 반입하는 상품의 견품 또는 광고용 물품으로서 세관장이 타당하다고 인정하는 물품. 다만, 유상으로 반입하는 경우 미화 5만 달러 상당액(과세가격 기준)이하의 물품

나. 상품의 견품 또는 광고용 물품 제조용 원료로서 세관장이 타당하다고 인정하는 물품

다. 우리나라에서 수출된 물품으로서 수출할 때의 성질 및 형상을 변경하지 아니하고 다시 반입하는 물품

라. 수입된 물품이나 수출된 물품이 계약조건과 상이하거나, 하자보증이행 또는 용도변경 등의 부득이한 사유로 대체를 위하여 반입하는 물품 또는 수입된 물품의 누락이나 부족품에 대하여 보충을 위하여 반입하는 물품

마. 수입물품의 하자보증기간 내에 동 물품의 유지보수 및 성능보장을 위해 해당 물품의 수출자가 무상으로 공급하는 물품

바. 수출물품의 성능보장기간 내에 해당 물품의 수리 또는 검사를 위하여 반출한 물품으로 다시 반입하는 물품

사. 수출물품의 제조 가공에 공할 일부 외화획득용 원료로서 세관장이 해당 수출계약 이행에 필요하다고 인정하여 무상으로 반입하는 물품

아. 무상으로 반입하는 라벨(LABEL), 택(TAG)등 부자재

자. 「외국환거래법」에 따른 허가를 받고 주무부장관의 허가 또는 추천을 받아 반입

하는 나용선과 산업통상자원부장관의 추천을 받아 반입하는 임차항공기. 다만, 장래 소유권이 이전되는 국적취득조건부의 것을 제외한다.

차. 위탁가공무역에 의하여 수출된 원료의 잔량분으로서 무상으로 반입하는 물품

카. 해외에서 투자, 건설, 용역, 산업설비수출 그 밖에 이에 준하는 사업을 행하고 있는 우리나라 업자가 현지에서 사용한 후 무상으로 반입하는 물품으로서 주무부장관 또는 주무부장관이 지정한 기관의 장이 확인한 물품

타. 우리나라의 법령에 따라 설치의 허가나 인가 등을 받은 외국상사의 지사나 출장소 등에 무상으로 송부된 사무용품, 소모품 그 밖에 이에 준하는 물품으로서 세관장이 타당하다고 인정하여 반입하는 물품

파. 건설용역 그 밖에 이에 준하는 업무에 종사하기 위하여 우리나라에 체류하는 외국인의 자용품으로서 세관장이 타당하다고 인정하여 반입하는 물품

하. 우리나라에서 외국 간을 왕래하는 선박 또는 항공기 안에서 직접 그 선박 또는 항공기용으로 사용될 물품으로서 해당 운항사항업을 행하는 자(당해 사업의 대리인을 포함한다)에게 무상으로 송부되어 오는 물품

거. 수출계약의 이행을 위하여 무상으로 반입하는 소모성 자재 또는 시료로서 해당 수출물품의 성능, 시험검사를 위하여 필요하다고 세관장이 인정하는 물품

너. 항공산업용으로 도입하는 중고 치공구

더. 그 밖에 무역거래를 원활히 하기 위하여 무상으로 반입하는 물품으로서 산업통상자원부장관이 타당하다고 인정하는 물품

4. 영 제19조 제2호 라목에 따른 수입승인면제

가. 무상으로 반출할 예정으로 무상으로 반입하는 물품 중 다음에 열거하는 물품
   1) 외국의 신문사, 통신사 또는 방송국의 특파원으로서 우리나라에 파견된 자가 뉴스의 취재용으로 반입하는 필름 또는 녹음테이프
   2) 금속제 실린더, 컨테이너, 권사구 등 물품의 운송을 위하여 반복 사용되는 용기 또는 기구
   3) 우리나라에서 영화를 촬영하기 위하여 입국하는 영화제작자가 반입하는 영화촬영용 기계 · 기구로서 해당 영화촬영을 위하여 필요하다고 세관장이 인정하는 물품
   4) 우리나라에 입국하는 순회 흥행업자의 흥행용 물품
   5) 텔레비전 방송국이 텔레비전 방송을 목적으로 반입한 영화필름
   6) 공사용(수리용을 포함한다)이나 시험용의 기계 또는 기구
   7) 우리나라에서 개최한 박람회, 전시회, 견본시, 영화제 등에 출품하기 위한 물품
   8) 항공기(부분품을 포함한다) 또는 선박
   9) 산업설비수출의 이행에 필요하여 반입하는 기계 또는 장치로서 한국기계공업진흥회장이 추천하는 물품
   10) 대학 및 연구기관에 외국으로부터 품질이나 성능검사 등을 위탁받아 반입하는 검사의뢰 물품 및 검사장비

나. 무상으로 반출된 물품을 다시 무상으로 반입하는 물품으로서 다음에 열거하는

물품

1) 금속제 실린더, 컨테이너, 권사구 등 물품의 운송을 위하여 반복 사용되는 용기 또는 기구
2) 항공기(부분품을 포함한다) 또는 선박
3) 외국에서 영화(뉴스필름을 포함한다)를 촬영하기 위하여 영화제작자가 반출한 영화촬영용의 기계 · 기구
4) 외국에서 개최된 박람회, 전시회, 견본시, 영화제 등에 출품된 물품으로서 반송되어 온 물품
5) 해외에서 투자, 건설, 용역, 산업설비수출 그 밖에 이에 준하는 사업에 종사하고 있는 우리나라 업자(현지합작법인을 포함한다)에게 무상으로 송부하기 위하여 반출한 시설기재, 원료, 근로자용 생활필수품, 그 밖에 그 사업에 관련하여 사용한 물품
6) 「수산업법」 제41조 및 제42조에 따라 국토해양부장관 또는 국토해양부장관이 지정한 기관의 장이 허가를 받은 자가 원양어선에 무상으로 송부하기 위하여 반출한 물품

다. 외국에서 수리 또는 검사를 받을 목적으로 반출한 물품을 반입하거나 국내에서 수리 또는 검사를 받을 목적으로 외국으로부터 반입하는 물품

5. 영 제19조 제2호 마목에 따른 수입승인면제

가. 「외국인투자촉진법」에 따라 외국인투자의 인가를 받은 기업체가 「관세법」에 따른 보세공장에서 가공할 것을 목적으로 무상 또는 계정 간의 이체방식에 의하여 유상으로 수입하는 원료 및 동 시설보완용 부분품, 소모성 기자재 또는 시설재(단, 산업통상자원부장관이 지정한 기관의 장이 인정하는 경우에 한함)

나. 「관세법」에 따라 보세판매장 설영특허를 받은 자의 판매용 물품으로서 관세청장이 산업통상자원부장관과 협의하여 지정하는 물품

6. 영 제19조 제2호 바목에 따른 수입승인 면제

가. 국가원수에게 반입되는 물품

나. 우리나라에 있는 자에게 증여하기 위하여 반입되는 훈장, 기장 그 밖에 이에 준하는 물품

다. 외국에 있는 우리나라의 군대, 군함 또는 공관으로부터 반입되는 공용물품

라. 사원, 교회 등에 기증된 식전용품 및 예배용품으로서 세관장이 타당하다고 인정하여 반입되는 물품

마. 자선 또는 구호의 목적으로 기증된 급영품 및 「관세법」 제91조 제2호에 따른 기획재정부령에 의하여 지정된 구호시설과 사회복지시설에 기증되어 직접 사회복지용에 공하는 물품으로서 세관장이 타당하다고 인정하여 반입하는 물품

바. 학교, 박물관, 물품진열소 그 밖에 「관세법」 제90조 제1항 제2호 및 제4호에 따라 지정한 시설에 표본, 참고품, 학술연구 또는 교육용에 직접 공하는 세관장이 타당하다고 인정하여 반입되는 물품

사. 외국의 공공기관으로부터 우리나라 공공기관에 우호의 목적으로 기증되어 반입

되는 물품
아. 정부 또는 지방자치단체에 기증된 물품으로서 해당 기관이 직접 사용하는 물품과 해당 기관에서 실시하는 공공사업에 공하기 위하여 반입되는 물품
자. 국제연합교육과학문화기구(유네스코)에서 발행하는 유네스코구폰과 교환으로 송부되어 반입하는 물품
차. 우리나라에 있는 외국의 대사관, 공사관, 영사관, 통상대표기관 그 밖에 이에 준하는 기관에서 반입하는 공영물품 그 밖에 그 기관에 소속 되는 외국공무원 및 그 가족이 반입하는 자용품
카. 「박물관 및 미술관진흥법」에 따라 등록된 박물관 또는 미술관(설립자가 법인인 박물관 또는 미술관에만 해당한다)이 같은 박물관 또는 미술관에 전시할 목적으로 수입하는 물품으로서 문화체육관광부장관의 추천을 받은 물품
타. 국제공동경기에 참가한 우리나라 선수단의 경기용 물품 및 이에 준하는 물품으로 반출하였다가 다시 반입하는 물품
파. 국제협약 등에 따른 조사단 또는 사찰단이 협약 등에 따른 조사 또는 사찰을 위하여 반입하는 장비, 물품 및 그 구성원의 자용물품

7. 영 제19조 제2호 사목에 따른 수입승인면제
가. 무상으로 반입하는 간행물, 기록문서와 그 밖의 서류(사진 및 마이크로필름을 포함한다)
나. 해상사고로 인하여 우리나라 선박이 침몰 또는 폐선된 경우에 그 외국가해자로부터 현물배상으로서 제공받아 해외공관장의 확인을 받아 반입하는 선박
다. 우리나라의 선박 또는 항공기가 조난으로 인하여 해체된 경우에 반입하는 해체물품 및 장비품
라. 우리나라에서 출항한 선박 또는 항공기로 반출한 물품으로서 해당 선박 또는 항공기의 사고로 인하여 다시 반입하는 물품
마. 우리나라의 선박 또는 항공기가 국외에서 고장으로 인하여 분리된 부분품(현지수리 후 반입하는 것을 말한다)
바. 「관세법」 제144조에 따라 선박 또는 항공기의 전환이 있는 경우에 해당 선박 또는 항공기에 적재되어 있는 선박용 또는 항공기용품으로서 세관장이 타당하다고 인정하는 물품
사. 유골(유체를 포함한다)
아. 외국환은행으로부터 수입물품을 담보로 자금을 융자받은 수출입업자의 파산, 해산, 행방불명 등으로 인하여 그 수출입업자에 의한 통관이 불능한 경우에 해당 외국환은행이 담보권 행사를 위하여 보세구역으로부터 다른 지역으로 반입하는 물품
자. 「외국환거래법」 제18조에 따라 기획재정부장관이 정하는 바에 따라 지급을 인정하는 것으로서 다음에 열거된 물품
1) 외항운송업자가 경상운항경비로 구입하여 그 선박 또는 항공기용으로 사용된 식용품 및 서비스용품

2) 자기치료를 위한 미화 2천 달러 이하의 의약품으로서 식품의약품안전청장이 추천한 물품. 다만, 일정한 치료주기가 필요한 물품에 한하여 최소 치료주기에 대한 소요량을 명기한 경우와 각 개인에 대한 진단서를 첨부하여 2명 이상에 필요한 의약품을 수입하는 경우 미화 2천 달러 이상의 경우라도 추천할 수 있다.

3) 운송사업자가 외국항공기에 공급하기 위하여 반입하는 식용품 및 「관세법」 제2조 제10호에 따른 기용품

차. 국제공동연구를 위하여 반입하는 연구기자재 또는 국제공동연구 결과물로서 산업통상자원부장관이 수입 추천하는 물품

카. 시험 · 연구를 위하여 반입하는 물품으로서 산업통상자원부장관이 추천한 물품

타. 신문사, 통신사 또는 방송국의 해외자사에서 구입 · 사용 후 내용연한이 경과된 방송 · 촬영장비중 무상으로 반입하는 것으로, 반입목적 등의 사유에 의하여 그 타당성이 인정되어 산업통상자원부장관이 주무부장관과 협의하여 수입추천하는 물품

파. 국내거주자가 자가사용을 위하여 정보통신망 등을 이용하여 구매신청 후 대금을 지급하는 거래에 의하여 외국으로부터 우편 등으로 반입하는 물품으로서, 가격 및 수량 등 그 반입의 목적 · 사유에 의하여 세관장이 타당하다고 인정하는 경우

[별표 5] 관광호텔용 식자재 및 부대용품

HS	품 명
0201, 0202	쇠고기
기타	법 제14조 제2항의 규정에 의한 승인대상물품으로서 주방용품, 소모성기계, 기자재류 및 객실 또는 부대 업장용 소모성 물품

[별표 6] 수입물품공급업자의 선용품 공급물품

HS	품 명
0201, 0202	쇠고기
기타	신조선 및 수리선박에 공급하기 위한 물품은 선용품 공급계약을 맺고 관세청장의 추천을 받은 품목

[별표 7] 관광업소

업 소 명	주 소
철도그릴 및 열차식당	철도청장이 지정하는 철도그릴 및 열차식당
세종문화회관 및 그릴	서울특별시 종로구 세종로 81-2
한국무역협회 회원식당	서울특별시 강남구 삼성동 159-1
	부산광역시 중구 중앙동 4가 87-7
김포공항 국제그릴(4층)	서울특별시 강서구 공항동 150
김포국제공항식당(4층)	서울특별시 강서구 공항동 150
(주)조선호텔 공항외식사업부	서울특별시 강서구 방화동 712-1
코엑스컨벤션센터내(주)조선호텔 운영식당	서울특별시 강남구 삼성동 159
(주)세종호텔 공항외식사업부	서울특별시 강서구 방화동 712-1
전국경제인연합회관	서울특별시 영등포구 여의도동 28-1
대한생명63빌딩	서울특별시 영등포구 여의도동 60
(국제회의장 및 특급전문식당)	서울특별시 중구 필동 2가 80-2
한국의 집	관광진흥법 제3조 제1항 제5호의 규정에 의거
관광식당	관광편의시설의 일종으로서 문화관광부장관이 지정하는 관광식당

[별표 8] 원산지표시대상물품

HS류별	품 목 코 드
01류	0102, 0106(자라에 한함)
02류	0102, 0201, 0202, 0203, 0204, 0205, 0206, 0207, 0208, 0209, 0210
03류	0301, 0302, 0303, 0304, 0305, 0306, 0307, 0308
04류	0401, 0402, 0403, 0404, 0405, 0406, 0407, 0408, 0409, 0410
05류	0504, 0506, 0507, 0510,
06류	0601, 0602, 0603, 0604
07류	0701, 0702, 0703, 0704, 0705, 0706, 0707, 0708, 0709, 0710, 0711, 0712, 0713, 0714
08류	0801, 0802, 0803, 0804, 0805, 0806, 0807, 0808, 0809, 0810, 0811, 0812, 0813, 0814
09류	0901, 0902, 0903, 0904, 0906, 0907, 0908, 0910
10류	1001, 1002, 1003, 1004, 1005, 1006, 1007, 1008
11류	1101, 1102, 1103, 1104, 1105, 1106, 1107, 1108, 1109
12류	1201, 1202, 1203, 1204, 1205, 1206, 1207, 1208, 1209, 1211, 1212
13류	1302
15류	1501, 1502, 1503, 1504, 1507, 1508, 1509, 1510, 1511, 1512, 1513, 1514, 1515, 1516, 1517, 1520, 1521, 1522
16류	1601, 1602, 1603, 1604, 1605
17류	1701, 1702, 1703, 1704
18류	1801, 1802, 1803, 1804, 1805, 1806
19류	1901, 1902, 1903, 1904, 1905

HS류별	품 목 코 드
20류	2001, 2002, 2003, 2004, 2005, 2006, 2007, 2008, 2009
21류	2101, 2102, 2103, 2104, 2105, 2106
22류	2201, 2202, 2203, 2204, 2205, 2206, 2207, 2208, 2209
23류	2301, 2303, 2308, 2309
24류	2401, 2402, 2403
25류	2501
28류	2815.11, 2853
30류	3003, 3004. 3005, 3006
31류	3101
32류	3201, 3202, 3203, 3204, 3205, 3206, 3207, 3208, 3209, 3210, 3211, 3212, 3213, 3214, 3215
33류	3301, 3302, 3303, 3304, 3305, 3306, 3307
34류	3401, 3402, 3403, 3404, 3405, 3406, 3407
35류	3504, 3505, 3506
36류	3604, 3605, 3606
37류	3702, 3703, 3704, 3707
38류	3808, 3814, 3820, 3824, 3826
39류	3916, 3917, 3918, 3919, 3920, 3921, 3922, 3923, 3924, 3925, 3926
40류	4006, 4007, 4008, 4009, 4010, 4011, 4012, 4013, 4014, 4015, 4016, 4017
41류	4114, 4115
42류	4202, 4203, 4205, 4206
43류	4303, 4304
44류	4402, 4409, 4410, 4411, 4412, 4413, 4414, 4415, 4416, 4417, 4418, 4419, 4420, 4421
46류	4601, 4602
48류	4802, 4803, 4803, 4804, 4805, 4806, 4807, 4808, 4809, 4810, 4811, 4813, 4814, 4816, 4817, 4818, 4819, 4820, 4821, 4823
49류	4905, 4909
50류	5006, 5007
51류	5109, 5110, 5111, 5112, 5113
52류	5204, 5207, 5208, 5209, 5210, 5211, 5212
53류	5309, 5310, 5311
54류	5401, 5406, 5407, 5408
55류	5502, 5508, 5511, 5512, 5513, 5514, 5515, 5516
56류	5601, 5602, 5603, 5604
57류	5701, 5702, 5703, 5704, 5705
58류	5801, 5802, 5803, 5804, 5805, 5806, 5807, 5808, 5809, 5810, 5811
59류	5909(소방호스에 한함)
60류	6001, 6002 6003, 6004, 6005, 6006

HS류별	품 목 코 드
61류	6101, 6102, 6103, 6104, 6105, 6106, 6107, 6108, 6109, 6110, 6111, 6112, 6113, 6114, 6115, 6116, 6117
62류	6201, 6202, 6203, 6204, 6205, 6206, 6207, 6208, 6209, 6210, 6211, 6212, 6213, 6214, 6215, 6216, 6217
63류	6301, 6302, 6303, 6304, 6305, 6306, 6307, 6308, 6309, 6310
64류	6401, 6402, 6403, 6404, 6405, 6406
65류	6501, 6502, 6504, 6505, 6506, 6507
66류	6601, 6602, 6603
67류	6704
68류	6801, 6802, 6804, 6806, 6809, 6810, 6815
69류	6902, 6903, 6907, 6908, 6910, 6911, 6912, 6913, 6914
70류	7003, 7004, 7005, 7006, 7007, 7008, 7009, 7010, 7013, 7014, 7015, 7018, 7020
71류	7113, 7114, 7116, 7117
72류	7208, 7210(전기, 용융, 착색 아연 도금강판에 한함), 7214, 7216, 7219, 7225, 7226, 7228
73류	7304, 7307(플랜지에 한함), 7311, 7315, 7317, 7318, 7319, 7320, 7321, 7322, 7323, 7324, 7325, 7326
74류	7415, 7418, 7419
75류	7508
76류	7607, 7612, 7613, 7615, 7616
78류	7806
79류	7907
80류	8007
82류	8201, 8202, 8203, 8204, 8205, 8206, 8207, 8208, 8209, 8210, 8211, 8212, 8213, 8214, 8215
83류	8301, 8302, 8303, 8304, 8305, 8306
84류	8407, 8408, 8409, 8413, 8414, 8415, 8416, 8417, 8418, 8419, 8421, 8422, 8423, 8424, 8425, 8431, 8432, 8433, 8434, 8435, 8436, 8437, 8438, 8440, 8441, 8442, 8443, 8448, 8450, 8451, 8452, 8453, 8456, 8465, 8466, 8467, 8468, 8469, 8470, 8471, 8472, 8473, 8476, 8479, 8481, 8482, 8483, 8484, 8487
85류	8501, 8502, 8503, 8504, 8505, 8506, 8507, 8508, 8509, 8510, 8511, 8512, 8513, 8514, 8515, 8516, 8517, 8518, 8519, 8521, 8522, 8523, 8525, 8526, 8527, 8528, 8529, 8531, 8532, 8533, 8534, 8535, 8536, 8537, 8538, 8539 8540, 8541, 8542, 8543, 8544, 8545, 8546, 8547, 8548
87류	8701, 8702, 8703, 8704, 8705, 8706, 8707, 8708, 8711, 8712, 8713 ,8715, 8716
89류	8903
90류	9001, 9002, 9003, 9004, 9005, 9006, 9010, 9011, 9012, 9013, 9015, 9016, 9017, 9018, 9019, 9021, 9024, 9025, 9026, 9027, 9028, 9029, 9031, 9032, 9033
91류	9101, 9102, 9103, 9104, 9105, 9106, 9107, 9108, 9109, 9110, 9111, 9112, 9113, 9114
92류	9201, 9202, 9205, 9206, 9207, 9208, 9209
94류	9401, 9402, 9403, 9404, 9405
95류	9503, 9504, 9505, 9506, 9507, 9508
96류	9603, 9604, 9605, 9607, 9608, 9609, 9610, 9611, 9612, 9613, 9614, 9615, 9616, 9617, 9618, 9619, 9620

[별표 9] 특정수입물품의 원산지

품 목 명	원산지판정기준
HS 9006.51 렌즈를 통하여 볼 수 있는 파인더(싱글렌즈레플렉스)를 갖춘 것 (폭이 35밀리미터 이하의 롤필름용인것에 한하며 특수용도사진기 또는 일회용 사진기는 제외) HS 9006.53 기타(폭이 35밀리미터의 롤필름용인 것에 한하며 특수용도 사진기 또는 일회용 사진기는 제외)	다음 각호의 기준을 순차적으로 적용한다. 1. 당해물품에 사용된 원료 및 부품의 부가가치가 완제품 부가가치의 35%이상인 경우 당해 원료 및 부품을 생산 또는 최초로 공급한 국가 2. 제1호의 국가가 없거나 2개국 이상인 경우는 주요부품(셔터, 렌즈, 줌경통, 파인더)이 차지하는 부가가치의 비율이 높은 국가
HS 0102 소	출생국을 원산지로 한다. 다만, 출생국과 사육국이 다른 경우에는 다음 기준에 따른다. 당해국가에서 6개월 이상 사육된 경우에는 당해 사육국을 원산지로 하고, 6개월 미만 사육된 경우에는 출생국을 원산지로 한다.
HS 0103 돼지	출생국을 원산지로 한다. 다만, 출생국과 사육국이 다른 경우에는 다음 기준에 따른다. 당해국가에서 2개월 이상 사육된 경우에는 당해 사육국을 원산지로 하고, 2개월 미만 사육된 경우에는 출생국을 원산지로 한다.
소와 돼지 이외의 그 밖의 가축으로서 HS 01류의 것	출생국을 원산지로 한다. 다만, 출생국과 사육국이 다른 경우에는 다음 기준에 따른다. 당해국가에서 1개월 이상 사육된 경우에는 당해 사육국을 원산지로 하고, 1개월 미만 사육된 경우에는 출생국을 원산지로 한다.

품 목 명		원산지기준(안)
HS 6101-6117 (편직된 의류 및 그 부속품)	1) 제품형태로 편물(knit to shape)되는 물품(부품과 부속품을 포함한다); 6101- 6117의 것	편직공정 수행국 (knit shape)
	2) 부품형태로 편물된 부품을 봉제하여 생산되는 물품 ; 6101-6115의 것	봉제공정 수행국
	3) 재단(cut to shape)된 부품을 봉제하여 생산되는 물품 ; 6101-6115의 것	봉제공정 수행국
	4) 자수된 편평제품 (손수건, 쇼울, 스카프, 머플러, 만틸라, 베일 및 이와 유사한 물품) ; 6117.10.6117.80의 것	편직공정 수행국. 단, 기포원단의 공장도 가격의 50%를 초과하는 자수공정을 수행할 경우 자수공정 수행국
	5) 그 밖의 편평제품 (손수건, 쇼울, 스카, 머플러, 만틸라, 베일 및 이와 유사한 물품) ; 6117.10.6117.80의 것	편직공정 수행국
	6) 부품형태로 편물된 부품을 봉제하여 생산되는 부속품(넥타이류, 장갑류 및 이와 유사한 물품) ; 6116, 6117.20, 6117.80의 것	부품의 편직공정 수행국 (형태를 갖게 knit된 곳)
	7) 재단된 부품을 봉제하여 생산되는 부속품(넥타이류, 장갑류 및 이와 유사한 물품) ; 6116, 6117.20, 6117.80의 것	봉제공정 수행국
	8) 부품형태로 편물된 부품을 봉제하여 생산된 부품 ; 6117.90의 것	부품 편직공정 수행국
	9) 재단된 부품을 봉제하여 생산되는 부품 ; 6117.90의 것	재단공정 수행국
	10) 자수되었으나 봉제되지 아니한 부품 ; 6101-6117의 것	편직공정 수행국. 단, 기포원단의 공장도 가격의 50%를 초과하는 자수공정을 수행할 경우 자수공정 수행국
	11) 그 밖에 봉제되지 아니한 부품 ; 6101- 6107의 것	편직공정 수행국
HS 6201-6217 (편직을 제외한 의류 및 그 부속품)	1) 부품을 봉제하여 생산되는 물품 (6209의 기저귀를 제외한다) ; 6201-6212	봉제공정 수행국
	2) 기저귀 ; 6209의 것	제직공정 수행국
	3) 자수된 편평제품(손수건, 쇼울, 스카프, 머플러, 만틸라, 베일 및 이와 유사한 물품) ; 6213, 6214, 6217.10의 것	제직공정 수행국. 단, 기포원단의 공장도 가격의 50%를 초과하는 자수공정을 수행할 경우 자수공정 수행국

품 목 명		원산지기준(안)
	4) 그 밖의 편평제품(손수건, 쇼울, 스카프, 머플러, 만틸라, 베일 및 이와 유사한 물품) ; 6213, 6214, 6217.10의 것	제직공정 수행국
	5) 부품을 봉제하여 생산된 부속품(넥타이류, 장갑류 및 이와 유사한 물품) ; 6215, 6216, 6217.10의 것	봉제공정 수행국
	6) 봉제된 부품 ; 6217.90의 것	재단공정 수행국
	7) 자수된 부품 ; 6201-6217의 것	제직공정 수행국. 단 기포원단의 공장도 가격의 50%를 초과하는 자수공정을 수행할 경우 자수공정 수행국
	8) 그 밖의 부품 ; 6201-6217의 것	제직공정 수행국
HS 6301-6308 (제품으로 된 방직용 섬유제품)	1) 부품을 봉제하여 생산되는 물품 ; 6303, 6304, 6306, 6307.20	제단공정 수행국
	2) 자수된 물품 ; 6301-6308의 것 (6301.10 제외)	제직(또는 편직)공정 수행국. 단 기포원단의 공장도 가격의 50%를 초과하는 자수공정을 수행할 경우 자수공정 수행국
	3) 부분품으로 구성된 물품 ; 6308의 것	Set의 본질적 특성을 구성하는 물품 제조국
	4) 그 밖의 제품 ; 6301, 6302, 6305, 6307.10, 6307.90 (6301.10 제외)	제직(또는 편직)공정 수행국
HS 7411.22 구리-니켈 합금으로 만든 것(백동)이나 구리-니켈-아연 합금으로 만든 것(양백)		냉간인발공정(인발,열처리,확관) 수행국

[별표 11] 원산지검사공무원증

ㅇ 앞면

<table>
<tr><td>

원산지검사공무원증

소 속 :
성 명 : (사 진)
직 급 :

위 사람은 대외무역법 제33조 제4항의 규정에 따라 원산지표시에 관한 사항을 검사 · 확인하는 공무원임을 증명합니다.

년 월 일

시 · 도지사(시 · 군 · 구청장)
세 관 장

</td></tr>
</table>

ㅇ 뒷면 1. 이 사람은 대외무역법 제33조 제5항의 규정에 의하여 국내 유통 중인 수입물품의 원산지표시에 관한 사항을 검사할 권한이 있습니다.

2. 이 증은 다른 사람에게 대여 또는 양도할 수 없습니다.

[별표 12] 조정비용기준

구 분	수수료
조정사건당	50,000원
조정위원 수당 조정안 작성수당	100,000원 50,000원

[별지 제1호 서식]

무역업고유번호신청서
APPLICATION FOR TRADE BUSINESS CODE

처리기간(Handling Time)
즉 시(Immediately)

① 상 호 (Name of Company)				
② 주 소 (Address)				
③	전화번호 (Phone Number)		④ 이메일주소 (E-mail Address)	
	팩스번호 (Fax Number)		⑤ 사업자등록번호 (Business Registry Number)	
⑥ 대표자 성명 (Name of Rep.)				

「대외무역법 시행령」 제21조 제1항 및 대외무역관리규정 제24조의 규정에 의하여 무역업고유번호를 위와 같이 신청합니다.

I hereby apply for the above-mentioned trade business code in accordance with Article 24 of the Foreign Trade Management Regulation.

신청일 : 년 월 일
Date of Application Year Month Day
신청인 : (서명)
Applicant Signature

사단법인 **한국무역협회 회장**
Chairman of Korea International Trade Association

유의사항 : 상호, 대표자, 주소, 전화번호 등 변동사항이 발생하는 경우 변동일로부터 20일 이내에 통보하거나 무역업데이타베이스에 수정입력하여야 함.

[별지 제2호 서식]

무역업고유번호신청사항 변경통보서

NOTIFICATION OF AMENDMENTS TO TRADE BUSINESS CODE

처리기간(Handling Time)
즉 시(Immediately)

①상 호 (Name of Company)		② 무역업고유번호 (Trade Business Code)	
③ 주 소 (Address)			
④ 전 화 번 호 (Phone Number)		⑤ 전자우편주소 (E-mail Address)	
④ 팩 스 번 호 (Fax Number)		⑥ 사업자등록번호 (Business Registry Number)	
⑦ 대표자성명 (Name of Rep.)			

변경내용(Contents of Amendment)	
변경 전(Before Amendment)	변경 후(After Amendment)

대외무역관리규정 제24조에 따라 무역업고유번호 신청사항의 변경내용을 위와 같이 통보합니다.

I hereby notify the above-mentioned amendment(s) to the trade business code in accordance with Article 24 of the Foreign Trade Management Regulation.

신청일 : 년 월 일
Date of Application Year Month Day

신청인 : (서명)
Applicant Signature

사단법인 **한국무역협회 회장**

Chairman of Korea International Trade Association

※ 첨부서류 : 변경사항 증빙서류

[별지 제3호 서식]

수출승인(신청)서
Export License(Application)

처리기간 : 1일 Handling Time : 1 Day

① 수출자 (Exporter) 무역업신고번호 (Notification No.) 상호,주소,성명 (Name of Firm, Address, Name of Rep.) (서명 또는 인) (Signature)	④ 구매자 또는 계약당사자 (Buyer or Principal of Contract) ⑤ 신용장 또는 계약서 번호(L/C or Contract No.)
②위탁자 (Requester) 사업자등록번호 (Business No.) 상호,주소,성명 (Name of Firm, Address, Name of Rep.) (서명 또는 인) (Signature)	⑥금액(Total Amount) ⑦결제기간(Period of Payment) ⑧가격조건(Terms of Payment)
③원산지(Origin)	④선적항(Port of Loading)

⑨HS부호 (HS Code)	⑩품명 및 규격 (Description/Size)	⑪단위 및 수량 (Unit/Quantity)	⑫ 단 가 (Unit Price)	⑬금 액 (Amount)

⑭승인기관 기재란(Remarks to be filled out by an Approval Agency)

⑮유효기간(Period of Approval)

⑯승인번호(Approval No.)

⑰승인기관 관리번호(No. of an Approval Agency)

⑱위의 신청사항을 「대외무역법」 제11조 제2항 및 동법시행령 제18조 제1항의 규정에 의하여 승인합니다.
(The undersigned hereby approves the above-mentioned goods in accordance with Article 11(2) of the Foreign Trade Act and Article 18(1) of the Enforcement Decree of the said Act.)

년 월 일

승인권자 (인)

※ 승인기관이 둘 이상인 경우 ⑮ - ⑱의 기재사항은 이면에 기재하도록 합니다.
※ 이 서식에 의한 승인과는 별도로 대금결제에 관한 사항에 대하여는 외국환거래법령이 정하는 바에 따라야 합니다.

2812-281-01611민
'98.1.12. 승인

210㎜ × 297㎜
일반용지 60g/㎡

[별지 제4호 서식]

수입승인(신청)서
Import License(Application)

처리기간 : 1일 Handling Time : 1 Day

①수입자 (Importer) 무역업신고번호 (Notification No.) 상호,주소,성명 (Name of Firm, Address, Name of Rep.) (서명 또는 인) (Signature)	⑤송화인(Consignor) 상호,주소,성명 (Name of Firm, Address, Name of Rep.)
②위탁자 (Requester) 사업자등록번호 (Business No.) 상호,주소,성명 (Name of Firm, Address, Name of Rep.) (서명 또는 인) (Signature)	⑥금액(Total Amount) ⑦결제기간(Period of Payment) ⑧가격조건(Terms of Payment)
③원산지(Origin)	④선적항(Port of Loading)

⑨HS부호 (HS Code)	⑩품명 및 규격 (Description/Size)	⑪단위 및 수량 (Unit/Quantity)	⑫ 단 가 (Unit Price)	⑬금 액 (Amount)

⑭승인기관 기재란(Remarks to be filled out by an Approval Agency)
⑮유효기간(Period of Approval)
⑯승인번호(Approval No.)
⑰승인기관 관리번호(No. of an Approval Agency)

⑱위의 신청사항을 대외무역법 제11조 제2항 및 동법시행령 제18조 제1항의 규정에 의하여 승인합니다.
(The undersigned hereby approves the above-mentioned goods in accordance with Article 11(2) of the Foreign Trade Act and Article 18(1) of the Enforcement Decree of the said Act.)

년 월 일

승인권자 (인)

※ 승인기관이 둘 이상인 경우 ⑭ - ⑰의 기재사항은 이면에 기재하도록 합니다.
※ 이 서식에 의한 승인과는 별도로 대금결제에 관한 사항에 대하여는 외국환거래법령이 정하는 바에 따라야 합니다.

2812-281-01711민 210㎜ × 297㎜
'98.1.12. 승인 일반용지 60g/㎡

[별지 제5호 서식]

수출입승인(신청)서
Export-Import License(Application)

처리기간 : 1일 Handling Time : 1 Day

①수출입자 (Ex-Importer) 무역업신고번호 (Notification No.) 상호,주소,성명 (Name of Firm, Address, Name of Rep.) (서명 또는 인) (Signature)	⑥신용장 또는 계약서번호 (L/C or Contract No.)	
②위탁자 (Requester) 사업자등록번호 (Business No.) 상호,주소,성명 (Name of Firm, Address, Name of Rep.) (서명 또는 인) (Signature)		

	수 출 (Export)	수 입 (Import)
③원산지 (Origin)		
④선적항 (Port of Loading)		
⑤도착항 (Port of Dispatch)		

수 출 (Export)	⑦ 금 액 (Total Amount)
	⑧ 결제기간 (Period of Payment)
	⑨ 가격조건 (Terms of Payment)
수 입 (Import)	⑩ 금 액 (Total Amount)
	⑪ 결제기간 (Period of Payment)
	⑫ 가격조건 (Terms of Payment)

수출물품의 명세

⑬HS부호 (HS Code)	⑭품명 및 규격 (Description/Size)	⑮단위 및 수량 (Unit/Quantity)	⑯단 가 (Unit Price)	⑰금 액 (Amount)

수입물품의 명세

⑱HS부호 (HS Code)	⑲품명 및 규격 (Description/Size)	⑳단위 및 수량 (Unit/Quantity)	㉑단 가 (Unit Price)	㉒금 액 (Amount)

㉓승인기관 기재란(Remarks to be filled out by an Approval Agency)

㉔유효기간(Period of Approval)

㉕승인번호(Approval No.)

㉖승인기관 관리번호(No. of an Approval Agency)

㉗위의 신청사항을 대외무역법 제11조 제2항 및 동법시행령 제18조 제1항의 규정에 의하여 승인합니다.
(The undersigned hereby approves the above-mentioned goods in accordance with Article 11(2) of the Foreign Trade Act and Article 18(1) of the Enforcement Decree of the said Act.)

년 월 일

승인권자 (인)

※ 승인기관이 둘 이상인 경우 ㉓ - ㉖의 기재사항은 이면에 기재하도록 합니다.

※ 이 서식에 의한 승인과는 별도로 대금결제에 관한 사항에 대하여는 외국환거래법령이 정하는 바에 따라야 합니다.

2812-281-01811민 210㎜×297㎜
'98.1.12. 승인 일반용지 60g/㎡

[별지 제9호 서식]

수출입승인사항변경승인 · 신고(신청)서

처리기간
1 일

<table>
<tr><td rowspan="3">②신청인 무역업신고번호
(상호,주소,성명)

(서명 또는 인)</td><td></td><td>②변경전승인일자</td></tr>
<tr><td></td><td>③변경전승인번호</td></tr>
<tr><td></td><td>④사후관리기관 · 단체명</td></tr>
<tr><td colspan="3">⑤변경내용(변경을 요하는 사항만을 기입하십시오)</td></tr>
<tr><td colspan="2">변 경 전</td><td>변 경 후</td></tr>
<tr><td colspan="2"></td><td></td></tr>
<tr><td colspan="3">⑥ 승인기관기재란</td></tr>
<tr><td colspan="3">⑦ 유효기간</td></tr>
<tr><td colspan="3">⑧ 승인(신고수리)번호</td></tr>
<tr><td colspan="3">⑨ 승인기관 관리번호</td></tr>
<tr><td colspan="3">위의 신청사항을 「대외무역법」 제11조 제3항 및 동법시행령 제18조에 따라 승인(신고수리)합니다.

년 월 일
승 인 권 자 (인)</td></tr>
</table>

2812-281-02011민
'98.1.12. 승인

210㎜ × 297㎜
일반용지 60g/㎡

[별지 제10호 서식]

수출실적의확인및증명발급(신청)서

처리기간
즉 시

<table>
<tr><td colspan="3">① 신청인(상호, 주소, 성명)

(서명 또는 인)</td><td colspan="2">② 발급용도</td></tr>
<tr><td>③수출(입금)일자</td><td>④매입번호</td><td>⑤품명</td><td>⑥수출실적</td><td>⑦비고</td></tr>
<tr><td></td><td></td><td></td><td></td><td></td></tr>
<tr><td colspan="5">⑧ 증명발급번호</td></tr>
<tr><td colspan="5">대외무역관리규정 제29조에 따라 위의 사실을 확인합니다.

년 월 일

증 명 권 자 (인)</td></tr>
</table>

2812-281-02411민
'98.1.12. 승인

210㎜ × 297㎜
일반용지 60g/㎡

[별지 제11호 서식]

수입실적의확인및증명발급(신청)서

처리기간
즉 시

① 신청인(상호, 주소, 성명) (서명 또는 인)			② 발급용도	
③수입일자	④품명	⑤수입실적	⑥수입용도	⑦비고
⑧ 증명발급번호				
대외무역관리규정 제29조의 규정에 의하여 위의 사실을 확인합니다. 년 월 일 증 명 권 자 (인)				

2812-281-05211민
'98.1.12. 승인

210㎜ × 297㎜
일반용지 60g/㎡

[별지 제12호 서식]

외화획득용원료수입승인(신청)서
Import for Re-Export License(Application)

처리기간 : 1일
Handling Time : 1 Day

<table>
<tr><td colspan="3">①수입자 무역업신고번호
(Exporter) (Notification No.)
상호,주소,성명
(Name of Firm, Address, Name of Rep.)
(서명 또는 인)
(Signature)</td><td colspan="3">⑥송화인 (Consignor)
상호,주소,성명
(Name of Firm, Address, Name of Rep.)</td></tr>
<tr><td colspan="3" rowspan="2">②위탁자 사업자등록번호
(Requester) (Business No.)
상호,주소,성명
(Name of Firm, Address, Name of Rep.)
(서명 또는 인)
(Signature)</td><td colspan="3">⑦금액 (Total Amount)</td></tr>
<tr><td colspan="3">⑧결제기간(Period of Payment)</td></tr>
<tr><td>③원산지(Origin)</td><td colspan="2">④선적항(Port of Loading)</td><td colspan="3">⑨가격조건(Terms of Payment)</td></tr>
<tr><td>⑤사후관리 기관명</td><td colspan="5"></td></tr>
<tr><td>⑩HS부호
(HS Code)</td><td>⑪품명 및 규격
(Description/Size)</td><td colspan="2">⑫단위 및 수량
(Unit/Quantity)</td><td>⑬단 가
(Unit Price)</td><td>⑭금 액
(Amount)</td></tr>
<tr><td colspan="6">⑮승인기관 기재란(Remarks to be filled out by an Approval Agency)</td></tr>
<tr><td colspan="6">⑯유효기간(Period of Approval)</td></tr>
<tr><td colspan="6">⑰승인번호(Approval No.)</td></tr>
<tr><td colspan="6">⑱승인기관 관리번호(No. of an Approval Agency)</td></tr>
<tr><td colspan="6">위의 신청사항을 「대외무역법」 제11조 제2항 및 동법시행령 제24조 제1항에 따라 승인합니다.
(The undersigned hereby approves the above-mentioned goods in accordance with Article 11(2) of the Foreign Trade Act and Article 24(1) of the Enforcement Decree of the said Act.)
년 월 일
승 인 권 자 (인)</td></tr>
<tr><td colspan="6">※이 서식에 의한 승인과는 별도로 대금결제에 관한 사항에 대하여는 외국환거래법령이 정하는 바에 따라야 합니다.</td></tr>
</table>

2812-281-01911민
'98.1.12. 승인

210㎜ × 297㎜
일반용지 60g/㎡

[별지 제13호 서식]

외화획득용원료 · 기재구매확인신청서

① 구매자 (상호)
(주소)
(성명)
(사업자등록번호)

② 공급자 (상호)
(주소)
(성명)
(사업자등록번호)

1. 구매원료 · 기재의 내용

③ HS부호	④ 품명 및 규격	⑤ 단위 및 수량	⑥ 구매일	⑦ 단가	⑧ 금액	⑨ 비고

2. 외화획득용 원료 · 기재라는 사실을 증명하는 서류

⑩ 서류명 및 번호	⑪ HS부호	⑫ 품명 및 규격	⑬ 금액	⑭ 선적기일	⑮ 발급기관명

3. 세금계산서(외화획득용 원료·기재를 구매한 자가 신청하는 경우에만 해당)

⑯ 세금계산서 번호	⑰ 작성일자	⑱ 공급가액	⑲ 세액	⑳ 품목	㉑ 규격	㉒ 수량

㉓ 구매원료 · 기재의 용도명세 : 원자재구매, 원자재 임가공위탁, 완제품 임가공위탁, 완제품구매, 수출대행 등 해당용도를 표시하되, 위탁가공무역에 소요되는 국산원자재를 구입하는 경우는"(위탁가공)"문구를 추가 표시

* 한국은행 총액한도대출관련 무역금융 취급절차상의 용도표시 준용

위의 사항을 대외무역법 제18조에 따라 신청합니다.

신청일자　　　년　　월　　일
신 청 자
전자서명

※ * ⑳ 내지 ㉒은 1. 구매원료·기재의 내용과 금액이 다른 경우에는 반드시 기재하여야 합니다.

210㎜ × 297㎜
일반용지 60g/㎡

1/총페이지수

[별지 제13-1호 서식]

외화획득용원료 · 기재구매확인서

※ 구매확인서번호 :

① 구매자	(상호) (주소) (성명) (사업자등록번호)
② 공급자	(상호) (주소) (성명) (사업자등록번호)

1. 구매원료 · 기재의 내용

③ HS부호	④ 품명 및 규격	⑤ 단위 및 수량	⑥ 구매일	⑦ 단가	⑧ 금액	⑨ 비고

2. 세금계산서(외화획득용 원료·기재를 구매한 자가 신청하는 경우에만 해당)

⑩ 세금계산서 번호	⑪ 작성일자	⑫ 공급가액	⑬ 세액	⑭ 품목	⑮ 규격	⑯ 수량

⑰ 구매원료 · 기재의 용도명세 : 원자재구매, 원자재 임가공위탁, 완제품 임가공위탁, 완제품구매, 수출대행 등 해당용도를 표시하되, 위탁가공무역에 소요되는 국산원자재를 구입하는 경우는 "(위탁가공)"문구를 추가표시
* 한국은행 총액한도대출관련 무역금융 취급절차상의 용도표시 준용

위의 사항을 대외무역법 제18조에 따라 확인합니다.

확인일자 년 월 일
확인기관
전자서명

이 전자무역문서는「전자무역 촉진에 관한 법률」에 따라 전자문서교환방식으로 발행된 것으로서 출력하여 세관 또는 무역유관기관 등 제3자에게 제출하려는 경우 업체는 동 법률 시행규정 제12조 제3항에 따라 적색 고무인을 날인하여야 합니다.

210㎜ × 297㎜
일반용지 60g/㎡

1/총페이지수

[별지 제14호 서식]

외화획득이행기간연장(신청)서

처리기간
7 일

①신청인(상호, 주소, 성명) (서명 또는 인)	②사후관리기관 · 단체	③사유

기간연장승인신청 내역

④HS부호	⑤품명 및 규격	⑥단위 및 수량	⑦금액	⑧당초만기일	⑨연장기간 및 연장후 만기일

소요원자재 수입내역

⑩HS부호	⑪품명 및 규격	⑫단위 및 수량	⑬금액	⑭수입신고세관	⑮수입신고일자 및 신고필증번호

대응수출 이행내역

⑯HS부호	⑰품명 및 규격	⑱단위 및 수량	⑲금액	⑳L/C번호	㉑수입신고일자

원자재 사용내역

㉒HS부호	㉓품명 및 규격	㉔단위 및 수량	㉕금액		

㉖ 승인조건

㉗ 승인번호

위의 신청사항을 대외무역관리규정 제38조의 규정에 의하여 승인합니다.

년 월 일

승 인 권 자 (인)

2812-281-02711민
'98.1.12. 승인

210㎜ × 297㎜
일반용지 60g/㎡

[별지 제15호 서식]

외화획득용원료구매내역신고서

<table>
<tr><td colspan="6">①HS(10단위)부호 및 원자재명</td></tr>
<tr><td>②구매근거번호</td><td>③구매일</td><td>④규격</td><td>⑤구매단위 및 수량</td><td>⑥금액</td><td>⑦비고</td></tr>
<tr><td colspan="6"></td></tr>
<tr><td colspan="6">대외무역관리규정 제45조에 따라 신고합니다.

년 월 일

신고인 상호 :
주소 :
성명 :

외화획득용원료수입 사후관리기관의 장 귀하</td></tr>
</table>

2812-281-03111민
'98.1.12.

210㎜ × 297㎜
일반용지 60g/㎡

[별지 제16호 서식]

외화획득이행신고서

외화획득용 원료(물품 등) 수입 및 구매명세 (근거서류명 및 번호 :)						
①수입(구매)일	②HS부호	③품명 및 규격	④단위 및 수량	⑤단가	⑥금액	⑦비고

외화획득 이행 내역 (근거서류명 및 번호 :)						
⑧외화획득이행일	⑨HS부호	⑩품명 및 규격	⑪단위 및 수량	⑫단가	⑬금액	⑭비고

대외무역관리규정 제47조에 따라 신고합니다.

년 월 일

외화획득용원료수입 사후관리기관의 장 귀하

210㎜ × 297㎜
일반용지 60g/㎡

[별지 제17호 서식]

외화획득용원료공급이행신고서

<table>
<tr><td colspan="3">① 신청인(상호, 주소, 성명)

(서명 또는 인)</td><td colspan="3">② 인수자(상호, 주소, 성명)

(서명 또는 인)</td></tr>
<tr><td colspan="3">③비고</td><td colspan="3">④인수자 사후관리기관명</td></tr>
<tr><td colspan="6">공급물품내역</td></tr>
<tr><td>⑤공급일자
(인수일자)</td><td>⑥내국신용장등 번호</td><td>⑦HS부호 및 수입제한구분</td><td>⑧품명 및 규격</td><td>⑨단위 및 수량</td><td>⑩금액</td></tr>
<tr><td></td><td></td><td></td><td></td><td></td><td></td></tr>
<tr><td colspan="6">기초원료 소요내역</td></tr>
<tr><td>⑪HS부호 및 수입제한구분</td><td>⑫품명 및 규격</td><td>⑬단위 및 수량</td><td>⑭금액</td><td colspan="2">⑮비고</td></tr>
<tr><td></td><td></td><td></td><td></td><td colspan="2"></td></tr>
<tr><td colspan="3">대외무역관리규정 제48조에 따라 위와 같이 외화획득용 원료의 공급이행사항을 신고합니다.

년 월 일

신고인 (서명 또는 인)</td><td colspan="3">위의 사항을 확인합니다.

년 월 일

외화획득용원료수입 사후관리기관의 장(인)</td></tr>
</table>

2812-281-03411민
'98.1.12. 승인

210㎜ × 297㎜
일반용지 60g/㎡

[별지 제18호 서식]

외화획득용원료사용목적변경승인(신청)서

처리기간
7 일

①신청인 무역업신고번호 (상호, 주소, 성명) (서명 또는 인)		②사후관리기관 · 단체명
		③비고

사용목적 변경승인 신청내역

④HS부호	⑤품명 및 규격	⑥단위 및 수량	⑦금액	⑧수입승인일자 및 번호

소요원자재 수입내역

⑨HS부호	⑩품명 및 규격	⑪단위 및 수량	⑫금액	⑬수입신고세관	⑭수입신고일자 및 신고필증번호

외화획득이행내역

⑮HS부호	⑯품명 및 규격	⑰단위 및 수량	⑱금액	⑲수출일자	⑳L/C번호

외화획득을 위한 원료사용내역

㉑HS부호	㉒품명 및 규격	㉓단위 및 수량	㉔금액	㉕비고

㉖ 승인조건

㉗ 승인번호

위의 신청사항을 대외무역관리규정 제49조에 따라 승인합니다.

년 월 일

승 인 권 자 (인)

2812-281-03511민 210㎜×297㎜

'98.1.12. 승인 일반용지 60g/㎡

[별지 제19호 서식]

외화획득용원료양도승인(신청)서

처리기간
7 일

①양도자(상호, 주소, 성명) (서명 또는 인)	②양수자(상호, 주소, 성명) (서명 또는 인)
③양도자사후관리기관 · 단체명	④양수자사후관리기관 · 단체명

양도원료내역

⑤HS부호 및 수입제한구분	⑥품명 및 규격	⑦단위 및 수량	⑧금액	⑨비고

원료수입내역

⑩HS부호 및 수입제한구분	⑪품명 및 규격	⑫단위 및 수량	⑬금액	⑭수입신고일자 (구매일자)	⑮수입신고 번호	⑯수입승인일자 및 번호

⑰승인요건

⑱승인번호

위의 신청사항을 대외무역관리규정 제50조에 따라 승인합니다.

년 월 일

승인권자 (서명 또는 인)

2812-281-03611민
'98.1.12. 승인

210㎜ × 297㎜
일반용지 60g/㎡

[별지 제20호 서식]

자율소요량계산서

외화획득이행 물품 등 명세 (관련서류명 및 번호 :   )

①HS부호	②품명 및 규격	③단위 및 수량	④가격조건 및 단가	⑤금액	⑥비고

자율소요량 명세

⑦HS부호 (10단위)	⑧품명 및 규격	⑨단위당기준소요량, 단위자율소요량	⑩단위 및 수량	⑪자율소요량 (⑨×⑩)	⑫비고

자율소요량 계산근거 및 내역

대외무역관리규정 제56조에 따라 위와 같이 자율소요량계산서를 작성 및 제출 합니다.

년 월 일

업체명 :
주 소 :

작성업체 대표 (인)

수입승인 기관 · 단체의 장 귀하

210㎜ × 297㎜
일반용지 60g/㎡

[별지 제21호 서식]

산업설비수출승인(신청)서

처리기간
5 일

(용)

<table>
<tr><td colspan="2" rowspan="3">①신청인 무역업신고번호
(상호, 주소, 성명)
(서명 또는 인)</td><td colspan="2">③신용장 또는 계약서 번호</td></tr>
<tr><td colspan="2">④수출승인유효기간</td></tr>
<tr><td colspan="2">⑤지급보증기관</td></tr>
<tr><td colspan="2" rowspan="3">②구매자 또는 계약상대자</td><td colspan="2">대금결재방식 및 수출승인 금액(계:)</td></tr>
<tr><td>⑥신용장</td><td>⑦송금환</td></tr>
<tr><td colspan="2">⑧기타</td></tr>
<tr><td colspan="2">⑨산업설비명</td><td colspan="2">⑩설치장소</td></tr>
<tr><td colspan="4">⑪수출의 범위
(설계) (기자재) (설치) (건설) (운전) (일괄수출)</td></tr>
<tr><td colspan="2" rowspan="3">⑫수출대금결제조건</td><td colspan="2">⑬송출인력직종 및 인원</td></tr>
<tr><td colspan="2">⑭기술용역수행자</td></tr>
<tr><td colspan="2">⑮건설시공수행자</td></tr>
<tr><td colspan="4">⑯승인조건</td></tr>
<tr><td colspan="4">⑰승인번호</td></tr>
<tr><td colspan="4">위의 신청사항을 「대외무역법 시행령」 제50조에 따라 승인합니다.
년 월 일
승인권자 (인)</td></tr>
</table>

2812-281-03911민 210㎜ × 297㎜
'98.1.12. 승인 일반용지 60g/㎡

[별지 제22호 서식]

산업설비수출승인사항변경승인(신청)서

(　　　　용)

처리기간
5 일

<table>
<tr><td rowspan="3">①신청인　　무역업신고번호
(상호, 주소, 성명)

(서명 또는 인)</td><td></td><td>②신용장 또는 계약서 번호</td></tr>
<tr><td rowspan="2"></td><td>③수출승인유효기간</td></tr>
<tr><td>④변경전승인번호</td></tr>
<tr><td colspan="3">변경내용</td></tr>
<tr><td colspan="2">⑤변경전</td><td>⑥변경 후</td></tr>
<tr><td colspan="2"></td><td></td></tr>
<tr><td colspan="3">⑦변경승인조건</td></tr>
<tr><td colspan="3">⑧승인번호</td></tr>
<tr><td colspan="3">위의 신청사항을 「대외무역법 시행령」 제50조에 따라 승인합니다.

년　　월　　일

승 인 권 자　　　　　　(인)</td></tr>
</table>

2812-281-04011민　　　　　　210㎜ × 297㎜
'98.1.12. 승인　　　　　　일반용지 60g/㎡

[별지 제24호 서식]

수출·수입실적의 확인 및 증명발급 신청서

당사는 「대외무역법 시행령」 제23조에 따라 다음과 같이 용역에 대한 수출·수입실적의 확인 및 증명 발급을 신청합니다.

1. 회사 현황

회사개요	회사명			대표자명	
	주소			사업자등록번호	
기업형태	□개인 □법인	□대기업 □중소기업	□상장 □비상장	□S/W전업 □기타겸업	
담당자명			전화번호		
무역업 고유번호			E-mail		

2. 수출입확인 사항

수출입실적 확인기간	년 월 일 부터 년 월 일 까지						
발급용도							
구분 (수출입)	용 역 명	거래형태 (L/C,T/T)	수출·수입 금액 (외화표시 /USD)	거래번호	대상국가 (계약자명)	입금 일자	거래 외국환은행

* 거래번호는 외화입금에 대해 해당 외국환은행에서 부여한 번호(reference number) 를 기입하시기 바랍니다.
* 확인 대상용역 2건 초과 시 [별지]의 자료를 이용하시기 바랍니다.

상기 수출입확인 신청사항 및 제출자료는 사실과 같으며 가격조작 등 부정사유가 발생하는 경우, 「대외무역법」에 따라 처벌을 받을 것을 서약합니다.

년 월 일

신청인 __________(인)

확인 및 증명기관의 장 귀하

첨부서류 : 1. 수출입계약서 사본 1부.
2. 사업자등록증사본 1부.
3. 은행이 발급한 외화매입 증명서류(외화 타발송금확인서 등 송금인/수취인 명시 및 USD환산액 표기) 1부.
4. 기타 거래 및 인수·인도사실 증명서류.

210㎜ × 297㎜
일반용지 60g/㎡

[별지 제25호 서식]

수출 · 수입실적의 확인 및 증명서

「대외무역법 시행령」 제23조에 따라 아래와 같이 용역에 대한 수출입 사실을 확인하고 실적증명서를 발급합니다.

1. 회사개요

회사개요	회사명		대표자명	
	주 소		사업자등록번호	
	전화번호		무역업고유번호	

2. 확인사항

수출입실적 확인기간	년 월 일 부터 년 월 일 까지
발급용도	

구 분 (수출입)	품 목 명	수출 · 수입 실적 (외화표시 /USD)	대상국가 (계약자명)	입금일자	거래 외국환은행

년 월 일

확인 및 증명권자(인)

210㎜ × 297㎜
일반용지 60g/㎡

[별지 제26호 서식]

수출 · 수입실적의 확인 및 증명발급 신청서

당사는 「대외무역법 시행령」 제23조에 따라 다음과 같이 용역에 대한 수출입사실의 확인을 신청합니다.

1. 회사 현황

<table>
<tr><td rowspan="2">회사개요</td><td>회사명</td><td colspan="2"></td><td>대표자명</td><td></td></tr>
<tr><td>주소</td><td colspan="2"></td><td>사업자등록번호</td><td></td></tr>
<tr><td>기업형태</td><td>□개인
□법인</td><td>□대기업
□중소기업</td><td>□상장
□비상장</td><td colspan="2">□S/W전업
□기타겸업</td></tr>
<tr><td>담당자명</td><td colspan="2"></td><td>전화번호</td><td colspan="2"></td></tr>
<tr><td>무역업
고유번호</td><td colspan="2"></td><td>E-mail</td><td colspan="2"></td></tr>
</table>

2. 수출입확인 사항

<table>
<tr><td colspan="2">수출입식적 확인기간</td><td colspan="6">년 월 일 부터 년 월 일 까지</td></tr>
<tr><td colspan="2">발급용도</td><td colspan="6"></td></tr>
<tr><td>구 분
(수출입)</td><td>용 역 명</td><td>거래형태
(L/C, T/T)</td><td>수출 · 수입
금액
(외화표시
/USD)</td><td>거래번호</td><td>대상국가
(계약자명)</td><td>입금일자</td><td>거래외국
환은행</td></tr>
<tr><td></td><td></td><td></td><td></td><td></td><td></td><td></td><td></td></tr>
<tr><td></td><td></td><td></td><td></td><td></td><td></td><td></td><td></td></tr>
</table>

* 거래번호는 외화입금에 대해 해당 외국환은행에서 부여한 번호(reference number)를 기입하시기 바랍니다.
* 확인 대상용역 2건 초과 시 [별지]의 자료를 이용하시기 바랍니다.

상기 수출입확인 신청사항 및 제출자료는 사실과 같으며 가격조작 등 부정 사유가 발생하는 경우, 「대외무역법」에 따라 처벌을 받을 것을 서약합니다.

년 월 일

신청인 ___________(인)

한국무역협회장 귀하

첨부서류 :
1. 수출입계약서 사본 1부.
2. 사업자등록증사본 1부.
3. 은행이 발급한 외화매입 증명서류(외화 타발송금확인서 등 송금인/수취인 명시 및 USD환산액 표기) 1부.
4. 기타 거래 및 인수 · 인도사실 증명서류.

210㎜ × 297㎜
일반용지 60g/㎡

[별지 제27호 서식]

수출 · 수입실적의 확인 및 증명서

「대외무역법 시행령」 제23조에 따라 아래와 같이 전자적 형태의 무체물에 대한 수출입 사실을 확인하고 실적증명서를 발급합니다.

1. 회사개요

회사개요	회사명		대표자명	
	주 소		사업자등록번호	
	전화번호		무역업고유번호	

2. 확인사항

수출입실적 확인기간	년 월 일 부터 년 월 일 까지
발급용도	

구 분 (수출입)	품 목 명	수출 · 수입 실적 (외화표시 /USD)	대상국가 (계약자명)	입금일자	거래 외국환은행

년 월 일

확인 및 증명권자(인)

210㎜ × 297㎜
일반용지 60g/㎡

[별지 제28호 서식]

상 사 명 :
주　　소 :
대표자명 :　　　　　　　(서명 또는 인)

대응외화획득 이행내역

수입 및 구매사항										수출 및 공급사항							잔 량			
HS부호 (10단위)	원자재명	수입분기 (구매 분기)	외화획득 만 기 일	건 수		수 량			금 액	수출기간 공급기간	건 수		수 량			금액	수량	미이행율	금액	비고 (미이행사유)
				수입	구매	수입	구매	계			수출	공급	수출	공급	계					

2812-281-02911민
'98.1.12. 승인

353㎜ × 250㎜
일반용지(특급) 100g/㎡

[별지 제29호 서식]

외화획득용원료 사후관리 이행 정리카드

상사명 :
주　소 :
대표자명 :

HS(10단위) 부호 :
원 자 재 명 :

수입 및 구매사항								수출 및 공급사항						잔량			미이행 사유	비고
확인번호	수입신고 수리세관 (공급자사후 관리기관·단체)	수입신고번호 (Local-L/C등 번호)	수입신고 수리일 (물품구매일)	외화획득 만기일	수량		금액 (US$)	이행 신고 번호	이행 신고 일자	수출신고번호 (Local-L/C등번호)	수출신고일자 (공급일자)	수량		수량	미이행율	금액 (US$)		
					수입	구매						수출	공급					

* 수입위탁의 경우에는 비교란에 수입자의 상사명, 주소, 대표자명을 명기할 것

2812-281-03211민
'98.1.12. 승인

353㎜ × 250㎜
일반용지(특지)100g/㎡

[별지 제30호 서식]

사후관리기관·단체 :

대응외화획득 미이행내역

장 : (인)

순위	회사		대표자			HS 및 수입제한 구분	수입 및 구매량					미이행량			업체별 당해분기총수입금액	미이행 사유	비고
	회사명 (개인·법인 표시)	소재지 (전화번호)	성명	주민등록번호	현주소		수입신고 필증번호	수입신고수리 (또는물품구매) 일자	외화획득 만기일	단위 및 수량	금액 (US$)	수량	금액 (US$)	미이행율(%)			

* 수입위탁의 경우에는 비고란에 수입자의 상사명, 대표자명, 주소를 명기할 것
* 수입시차별 규격별로 가격이 상이한 경우 품목별 미이행금액의 산출은 평균가격에 미이행수량을 곱할 것
* 미이행 사유를 반드시 명기할 것(예 : 수출부진, 도산등)
* 도산업체의 경우 비고란에 도산일자를 기록할 것
* 업체별 당해분기 총 수입금액은 당해분기에 만기가 되는 품목의 총 수입금액을 기록할 것

2812-281-03711민 353㎜ × 250㎜
'98.1.12. 승인 일반용지(특지)100g/㎡

참고문헌

강용찬, 무역법규, 형설출판사, 1997.
강이수, 대외무역법, 무역경영사, 1998.
고우복, 관세이론과 통관실무, 도서출판 두남, 1999.
김병학, 대외무역법, 강원대학교 출판부, 1994.
김병학, 대외무역법, 도서출판 두남, 2000.
김병학, 대외무역법연습, 도서출판 두남, 2000.
김선광 외, 국제통상학개론, 동성사, 1997.
김인수 외, 국제통상론, 박영사, 1998.
김주수, 민법개론, 삼영사, 1999.
김재식, 무역상품학, 도서출판 두남, 2000.
김증한, 법률학사전, 법문사, 1985.
남풍우, 무역상무론, 도서출판 두남, 1998.
문철한, 무역상무론, 동성사, 1999.
문희철·심상열, 무역자동화와 EDI, 무역경영사, 1998.
박종수, 국제통상무역관리, 삼영사, 1997.
박종수, 관세법, 법문사, 1998.
상공부무역정책위원회, 대외무역법, 법문사, 1988.
신유균, 신교역질서와 한국의 선택, 한국무역경제, 1997.
안광구, 무역거래법요론, 영문사, 1976.
오원석, 무역계약론, 삼영사, 1994.
윤광운, 무역법, 삼영사, 1998.
이상규, 신행정법론, 법문사, 1991.
이상호, 민법총칙, 서경대출판부, 1996.
이윤, 개정4판 대외무역법, 도서출판 두남, 2007.2.
전순환, 대외무역법, 한올출판사, 2007.
전정기·최홍배·이성형, 대외무역법, 탑북스, 2020.
조동성, 한국의 종합무역상사(상)(하), 법문사, 1984.
조석홍 외, 2008 대외무역법, 도서출판 두남, 2008.8.
지식경제부 무역정책관, 「대외무역법 법령 해설 및 유권해석 사례집」, 2012. 6.
한낙현·박지문, 대외무역법, 탑북스, 2020.

新堀聰, 國際統一賣買法, 同文館, 1991.
______, 貿易政策と國際賣買, 同文館, 1996.
______, 貿易取引入門, 日本經濟新聞社, 1992.
榊田善弘, 實戰 貿易實務, 日本貿易振興會, 1996.
藤田營一, 輸出入取引と書類の實務, 實務教育出版, 1996.
宮下忠雄, 図說 現行グローバル貿易實務, 實務教育出版, 1996.

[법률]
대외무역법(법률 제16929호), 2020. 2. 4.
대외무역법 시행령(대통령령 제32297호), 2021. 12. 31.
대외무역관리규정(산업통상자원부고시 제2021-238호), 2021. 12. 31.
통합공고(산업통상자원부고시 제2021-165호), 2021. 10. 8.
수출입공고(산업통상자원부고시 제2021-123호), 2021. 6. 30.

찾아보기

• 저자약력 •

라공우

· 강원대학교 무역학과 졸업 (경영학사)
· 건국대학교 대학원 무역학과 수료 (경제학석사, 경제학박사)
· 강원대학교, 강릉대학교, 관동대학교, 건국대학교 무역학과 강사
· 강원대학교 대학원 및 경영행정대학원 강사
· 대한무역투자진흥공사 강원지부 수출입학교 강사
· Michigan State University Visting Scholar
· 관세직 공무원시험 7급 및 9급 출제위원
· 관세사자격시험 출제위원
·경인여자대학 무역과 부교수
· 제주대학교 경상대학 부학장
· 제주대학교 경상대학 무역학과장
· 현) 제주대학교 경상대학 무역학과 교수
　　한국관세학회 회장
　　한국무역학회, 한국통상정보학회 부회장

저자와의
협의하에
인지생략

대외무역법

2022년 2월 10일 1판 1쇄 인쇄
2022년 2월 20일 1판 1쇄 발행

저 자 라 공 우
발행인 김 광 식
조 판 아 람 기 획

07285
발행처 서울특별시 영등포구 선유로3길 10, 617호
도서출판 **탑 북 스**
등 록 2009.12.21 제 2016-000101 호
전화 02)365-2223팩스02)365-2224

정가 25,000 원

ISBN 979-11-90247-57-3-93320